Seeger/Walter/Liebe/Ebert
Kosten-, Leistungsrechnung und Controlling

R. v. Decker's FACHBÜCHEREI
Öffentliche Verwaltung

Herausgegeben von

Michael Streffer
Ministerialdirigent im Bundesministerium
der Verteidigung

Kosten-, Leistungsrechnung und Controlling

Ein Erfahrungsbericht für die Praxis
über die Einführung der Standard-KLR
am Beispiel der Bundesverwaltung

von

Dr. Tilman Seeger

und

Dr. Matthias Walter

und

Rüdiger Liebe

und

Prof. Dr. Günter Ebert

R. v. Decker's Verlag
Heidelberg

Die Deutsche Bibliothek – CIP Einheitsaufnahme

Seeger/Walter/Liebe/Ebert:
Kosten-, Leistungsrechnung und Controlling in
der öffentlichen Verwaltung / von Tilman Seeger ...
– Heidelberg : v. Decker, 1999
   (R. v. Decker's Fachbücherei : Öffentliche Verwaltung)
   ISBN 3-7685-0799-8

Gedruckt auf säurefreiem, alterungsbeständigem Papier aus 100 % chlorfrei gebleichtem Zellstoff (DIN-ISO 9706). Aus Gründen des Umweltschutzes Umschlag ohne Kunststoffbeschichtung.

© 1999 R. v. Decker's Verlag, Hüthig GmbH, Heidelberg
Satz: Gottemeyer, Leonberg
Druck: Druckhaus Diesbach, Weinheim
ISBN 3-7685-0799-8

Geleitwort

Der R. v. Decker's Verlag hat sich zum Ziel gesetzt, in seiner Fachbücherei „Öffentliche Verwaltung" insbesondere den Nachwuchskräften des höheren und gehobenen Dienstes aller Verwaltungen geeignete Aus- und Fortbildungsliteratur anzubieten. Dabei bemühen sich Verlag und Herausgeber, auch und gerade dem interessierten Praktiker und gestandenem Verwaltungsbeamten Neues zu vermitteln und für die tägliche Arbeit Hilfen und Anregungen zu geben. Die methodisch-didaktische Aufbereitung der in der Fachbücherei behandelten Stoffe ist daher nicht vornehmlich „wissenschaftsorientiert", sondern gleichrangig an den Bedürfnissen der Praxis ausgerichtet.

Mit der „Kosten- und Leistungsrechnung" haben die Autoren ein Thema gewählt, das in aller Munde ist, zunehmend auch im Bereich der Öffentlichen Verwaltungen. Der Zeitpunkt, jetzt das Thema für die Verwaltungen aufzubereiten, erscheint richtig gewählt. Zum einen ist erst vor geraumer Zeit ein autorisiertes „Handbuch einer standardisierten Kosten- und Leistungsrechnung für die Bundesverwaltung" erschienen; zum anderen liegen auch im Bereich des Bundes positive praktische Erfahrungen vor. Noch ein Drittes spricht dafür, den Komplex Kosten- und Leistungsrechnung in der von den Autoren gewählten Art und Struktur einer größeren Zahl der Verantwortlichen näherzubringen: es gilt, die Einsicht in die Notwendigkeit zu mehren, die Kosten- und Leistungsrechnung in den Verwaltungen einzuführen und täglich danach zu verfahren. Der Einsatz der anerkannten Instrumente der Kosten- und Leistungsrechnung mit dem Ziel, wirtschaftlich zu handeln, sollte ebenso Allgemeingut jedes Angehörigen der Öffentlichen Verwaltung werden wie seine Überzeugung und sein Wille zum rechtsstaatlichen Handeln.

Der Herausgeber ist überzeugt, daß die Autoren mit dem vorliegenden Band einen wichtigen Beitrag dazu leisten, das Bewußtsein für die Bedeutung der Kosten- und Leistungsrechnung zu schärfen, und zugleich den unmittelbar Betroffenen und interessierten Praktikern wertvolle Hilfestellungen zu geben.

In diesem Sinn wünscht der Herausgeber dem Werk und seinen Autoren eine gute Aufnahme in der Lehre und Praxis sowie viel Erfolg.

Bonn, im Januar 1999 *Michael Streffer*

Vorwort

Das neue Feld der Kosten- und Leistungsrechnung (KLR) und des Controlling ist Teil eines betriebswirtschaftlichen Führungsinstrumentariums, das immer stärker auch in die Verwaltung Eingang finden wird.

Mit der Neufassung des § 7 BHO und der Herausgabe des „Handbuches einer standardisierten Kosten- und Leistungsrechnung für die Bundesverwaltung" (Standard-KLR), die im Auftrag des Bundesministeriums der Finanzen (BMF) von der Unternehmensberatung Arthur D. Little (ADL) entwickelt wurde, wächst der Druck auf alle Bundesbehörden und ihre Mitarbeiterinnen und Mitarbeiter, eine eigene KLR für ihre Behörde auf der Grundlage der Standard-KLR zu konzeptionieren und IT-gestützt umzusetzen. Das KLR-Handbuch zur Standard-KLR ist in der „Vorschriftensammlung Bundes-Finanzverwaltung (VSF)" veröffentlicht und kann über den buchhändlerischen Vertrieb: Bundesanzeiger Verlagsgesellschaft mbH, Postfach 1320, 53003 Bonn, Tel. 0228/ 38208-0, bezogen werden.

Gefordert sind aber auch die Bundesländer: Einige haben bereits beschlossen, sich der Standard-KLR für die Bundesverwaltung anzuschließen. Andere haben eigene Konzepte entwickelt; daher ist es notwendig geworden, in einem Bund-/Länder-Arbeitskreis Standardisierungen zu einer KLR zu konkretisieren und Empfehlungen abzugeben. Die Standard-KLR für die Bundesverwaltung wird dabei eine wichtige Rolle spielen; es ist zu erwarten, daß sich die Einführung der KLR auch in den Länderverwaltungen in Anlehnung an die Standard-KLR vollzieht und der Standard-KLR somit in der öffentlichen Verwaltung insgesamt eine zentrale Bedeutung zukommen wird.

Mit dem Vorliegen der Standard-KLR geht eine Phase des Experimentierens zu Ende, in der sich die Einführung einer KLR im Rahmen von Pilotprojekten bisher „auf der grünen Wiese" vollzogen hat. Die Standard-KLR steckt nunmehr den Rahmen ab, in dem sich künftige Projekte zu bewegen haben, und liefert ein betriebswirtschaftlich fundiertes Basiskonzept für die Implementierung einer KLR in der Bundesverwaltung. Eine Anpassung an die jeweilige Behörde wird dadurch in einer sehr viel kürzeren Zeitspanne möglich, und die Softwareausschreibung ebenso wie die weiteren Implementierungsschritte können bereits begleitend beginnen.

Die Standard-KLR ist allerdings – jedenfalls für den „Nichtbetriebswirt" – keine einfache Lektüre. Im Dienste einer strikten Orientierung an den Bedürfnissen der Praxis glauben wir vielmehr, daß es für den Leser hilfreicher ist, wenn sich die folgende Darstellung in drei große Teile gliedert. Damit – so wissen wir aus eigener Erfahrung – wird dem Bedürfnis an Information entsprochen, wie es sich in der Abfolge bei dem Prozeß der Konzeptionierung und Implementierung einer KLR ergibt.

Der erste Teil beschäftigt sich konkret mit der Einführung einer Kosten- und Leistungsrechnung in einer Behörde. Wir stellen uns vor, daß der Leser mit der Durchführung eines entsprechenden Projekts betraut worden ist und nun wissen möchte, welche Schritte er im Rahmen des Projektmanagements nacheinander zu absolvieren hat.

Im zweiten Teil kann der „Projektverantwortliche" in die betriebswirtschaftlichen Zusammenhänge einsteigen, wie sie die Standard-KLR anbietet. Nach unserer Vorstellung wird er diesen Teil nicht an einem Stück lesen; er soll ihm vielmehr als Richtschnur dienen, ob er an einen bestimmten Rahmen gebunden ist oder inwieweit er eigene Gestaltungsspielräume ausschöpfen kann.

Der dritte Teil wendet sich neben dem Kreis der „Projektverantwortlichen" auch an Führungskräfte und solche, die in Führungspositionen hineinwachsen. Er will aufzeigen, daß die Einführung einer KLR dann am sinnvollsten ist, wenn sie Bestandteil eines umfassenden Gesamtkonzepts ist; denn erst mit Hilfe des Controlling können die aus der KLR gewonnenen Daten einer sinnvollen Analyse zugeführt werden.

Dieser dritte Teil will dem Leser in möglichst anschaulicher Form vermitteln, daß Controlling ein „Dreiklang" ist, der sich aus einem Planungs-, einem Kontroll- und einem Informationsprozeß zusammensetzt. Das bedeutet die Entwicklung einer neuen „Kontrollkultur" ebenso wie die Vorgabe von Zielen für den Planungsprozeß durch die Führungskräfte. Das Formulieren von Zielen ist eben eine der vornehmsten Führungsaufgaben!

Alle, die an diesem Buch mitgeschrieben haben, waren in das Projekt der Einführung einer KLR und der Implementierung eines Controllingsystems im Presse- und Informationsamt der Bundesregierung (BPA) eingebunden. Das BPA ist als erste oberste Bundesbehörde zum 01.01.1998 in den sogenannten Wirkbetrieb gestartet.

Dr. Tilman Seeger und Dr. Matthias Walter waren als Mitarbeiter des BPA mit den Aufgaben des Projektleiters und Referatsleiters Haushalt ständig in das Projekt eingebunden und sind jetzt für seine Weiterentwicklung zuständig. Rüdiger Liebe hat als Projektmanager von Arthur D. Little Int., Inc. den Einführungsprozeß der KLR im BPA von 1995 bis 1997 begleitet und maßgeblich an der Erarbeitung der Standard-KLR mitgewirkt. Prof. Dr. Günter Ebert, der Begründer und Direktor des Instituts für Controlling (ifc), Nürtingen, hat sich insbesondere der Fortentwicklung der KLR zum Controlling angenommen.

So haben sich „Interne" und „Externe", die gemeinsam in einer Behörde an der Implementierung der KLR und ihrer Fortentwicklung zum Controlling gearbeitet haben, erneut zusammengetan, um mit diesem Buch praktische Erfahrung und Hilfe zum notwendigen Verständnis betriebswirtschaftlicher Zusammenhänge weiterzugeben. Viele Gespräche und Kontakte mit anderen Behörden, die vor der Aufgabe der Einführung einer KLR stehen, unterstreichen, daß es einen Bedarf für praxisorientierte und allgemeinverständliche Empfehlungen und Tips gibt; wir hoffen deshalb, daß auch dieses Buch einen kleinen Beitrag zu leisten vermag, die KLR bei den Bundesbehörden weiter zu verbreiten.

Bonn, im Dezember 1998　　　　　　　　　　　　　　　　*Tilman Seeger*
Matthias Walter
Rüdiger Liebe
Günter Ebert

Inhaltsverzeichnis

Geleitwort V

Vorwort VII

Erster Teil:
Die Einführung der Kosten- und Leistungsrechnung
in der Bundesverwaltung 1
(Tilman Seeger/Matthias Walter)

I. Muß der öffentliche Dienst die „Kröte" schlucken? 1
1. Ein mögliches Szenario für den Start 1
2. Ministerium – ein Unternehmen? 3
3. Was ist eigentlich Kameralistik? 5
4. Welches Mehr an Information braucht die Verwaltung? 7
5. Die verschlungenen Wege einer Reform des Haushaltsrechts 8
6. Wirtschaftlichkeit und Sparsamkeit in der Verwaltung 11
7. Neues Denken 14
8. Wie ist der Erfolg der Reform zu gewährleisten? 15

II. „Als wir das Ziel aus den Augen verloren hatten, ..."
   – Projektmanagement – 19
1. Die Zielsetzung und Zieldefinition 20
2. Die externe Unterstützung 25
3. Die Projektbeteiligten 27
4. Die Schulungsmaßnahmen 34
5. Die Projektkommunikation 37
6. Die Konzeptionierung und Umsetzung
   der Controllingorganisation 39
7. Die Pilotbetriebe und Pilotimplementierungen 43
8. Der Implementierungsplan 44
9. Schnelle Erfolge? 45

III. Der Vorteil vom modularen Aufbau
   der Kosten- und Leistungsrechnung – Teilprojekte – 47
1. Die Produktbildung 48
1.1 Das psychologische Problem des Produktansatzes 48
1.2 Die Erstellung des Produktkatalogs 53
1.3 Die Qualitätsindikatoren 57

2.	Die Kostenstellenbildung...............................	59
2.1	Die Zusammenführung von Aufgabe und Verantwortung	60
2.2	Budgetierung.......................................	61
2.3	Die Bildung der Kostenstellen	64
2.4	Kostenverteilung, -umlage und -verrechnung	66
3.	Die Kosten- und Leistungsartenbildung	70
3.1	Der Kosten- und Leistungsartenplan	70
3.2	Die Überführungsrechnung zum HKR-Verfahren.............	75
4.	Die Betriebsdatenerfassung	81
4.1	Sachkosten...	81
4.2	Personalkosten	85
4.3	Die Mengenerfassung.................................	89
5.	Die Anlagenbuchhaltung...............................	90
5.1	Vorüberlegungen und mögliche Arbeitsschritte	91
5.2	Die Altdatenübernahme	93
5.3	Die Neuerfassung	96
6.	Die IT-Unterstützung.................................	98
6.1	Die Vorbereitungsphase...............................	98
6.2	Die Ausschreibungsphase	101
6.3	Die Anpassungs- und Einführungsphase	104
7.	Das Planungs- und Zielsystem	106
7.1	Die „Philosophie" des Planens	106
7.2	Grundsätze der Planung...............................	108
7.3	Lernen durch Abweichung	110
8.	Das Berichtswesen und Kennzahlen	113
8.1	Die „Brücke" zum Controlling	113
8.2	Mögliche Kennzahlen.................................	115
8.3	Mögliche Berichtstypen	121
9.	Das behördenspezifische KLR-Handbuch	133

Literaturverzeichnis zum Ersten Teil 135

**Zweiter Teil:
Der Standard in der standardisierten Kosten-
und Leistungsrechnung für die Bundesverwaltung (Standard-KLR)** 138
(Rüdiger Liebe)

I. Entstehungsgeschichte der Standard-KLR 138
1. Das größte Problem der Standard-KLR:
   Die Verständlichkeit...................................... 139
2. Die Standard-KLR ist erst ein kleiner Ausschnitt 140

II. Status quo der Anwendung der Standard-KLR ... 144
1. Die Einführung der Standard-KLR ... 144
2. Die Weiterentwicklung der Standard-KLR ... 145
3. Vision: Die KLR ist in allen Bundesbehörden umgesetzt ... 146

III. Das Grundkonzept der Standard-KLR ... 147
1. Eine kurze Einführung in das Grundkonzept der Standard-KLR ... 147
2. Inhaltlicher und methodischer Standard ... 148
3. KLR-Ziele und die qualitätsorientierte Plan-KLR ... 150
4. Die Aufgabentypologisierung als Grundlage der optionalen Erweiterungen der qualitätsorientierten Plan-KLR ... 155

IV. Der festgelegte Standard in der Standard-KLR ... 157
1. Die Kosten- und Leistungsartenrechnung und die Überführungsrechnung ... 157
2. Die Personalkosten in der Standard-KLR ... 167
3. Vorsysteme und die Betriebsdatenerfassung ... 173
3.1 Die Mengenerfassung im Rahmen der Standard-KLR ... 173
3.2 Die Anlagenbuchhaltung ... 175
3.3 Die Betriebsdatenerfassung und Überlegungen zur Aufbau- und Ablauforganisation ... 179
3.4 Die Erfassung und die Bewertungsregeln ... 180
4. Die Produktbildung ... 182
4.1 Das Dilemma der klassischen KLR: Warum sind Dienstleistungen der Verwaltungen auch Produkte? ... 183
4.2 Die Definition von Dienstleistungen ... 183
4.3 Der Widerspruch von Prozeß und Produkt ... 185
4.4 Die 48 Standard-Produkte ... 186
4.5 Die Leistungsrechnung in der Standard-KLR ... 187
5. Die Leistungsverrechnung ... 189
5.1 Die innerbehördliche Leistungsverrechnung ... 189
5.2 Die zwischenbehördliche Leistungsverrechnung ... 194
6. Die Verarbeitungsmodule der Standard-KLR ... 197
7. Das Berichtswesen ... 199
7.1 Noch ein Berichtswesen in der Verwaltung? ... 199
7.2 Die Kennzahlen in der Standard-KLR ... 199
7.3 Ein Ansatz für ein controllingadäquates Berichtswesen in der Verwaltung ... 200
7.4 Die Qualitätsorientierung im Berichtswesen ... 202
7.5 Kennzahlenverdichtung durch Bildung eines Indexes ... 203
7.6 Die Messung der Produktwirkung ... 205
7.7 Die „balanced scorecard" ... 207

7.8	Implizites und explizites Wissen	208
7.9	Der Abgrenzungsbericht	209
8.	Ein kurzer Blick auf die IT-Unterstützung	210

V. Die weiteren Ziele der Standard-KLR – ein Ausblick 211

Literaturverzeichnis zum Zweiten Teil 212

Dritter Teil:
Die Erweiterung der Kosten- und Leistungsrechnung zum neuen Steuerungsmodell 214

(Günter Ebert)

I. Grundlagen und Zusammenhänge der Kosten- und Leistungsrechnung 214

1.	Stand und Entwicklung des Rechnungswesens	216
2.	Wesen der Kosten- und Leistungsrechnung	216
3.	Aufbau der Kosten- und Leistungsrechnung	217
3.1	Kostenartenrechnung	218
3.2	Kostenstellenrechnung	218
3.3	Kostenträgerrechnung	218
4.	Abwicklung der Kosten- und Leistungsrechnung	219
5.	Prinzipien der Kosten- und Leistungsrechnung	220
6.	Kostenrechnungssysteme	221
6.1	Vollkostenrechnungen	221
6.2	Teilkostenrechnungen	223
6.3	Plankostenrechnung	226
6.4	Prozeßkostenrechnung	228
6.5	Target Costing	232

II. Was ist Controlling? 234

1.	Wesen und Entwicklung des Controlling	234
1.1	Veränderungsprozesse in Betrieben und im Umfeld	234
1.2	Systemische Führung	239
1.3	Philosophie des Controlling	241
1.4	Strategisches/Operatives Controlling	244
2.	Prozessuale Gestaltung des Controlling	246
2.1	Horizontale Controllingprozesse	246
2.2	Vertikaler Controllingprozeß zwischen den Verwaltungsebenen	252
2.3	Integration und Koordination von vertikalen und horizontalen Controllingprozessen	257

3. Instrumente/Systeme des Controlling	260
3.1 Strategische Instrumente	260
3.2 Operative Controllingsysteme	260
4. Gestaltung des Controlling	268
4.1 Struktur und Ablauf der Verwaltungsfunktion	268
4.2 Organisatorische Gestaltung und Einordnung des Controlling	273
4.3 Aufgabenstellungen und Kompetenzen des Controllers	276
Literaturverzeichnis zum Dritten Teil	281

Anhang

Anlage Nr. 1: Muster einer Leistungsbeschreibung für die Ausschreibung einer externen Beratungsleistung (vgl. Erster Teil, II. 2./3.)	283
Anlage Nr. 2: Schematisch dargestellte „Idealorganisation" für ein KLR-/Controllingsystem (vgl. Erster, Teil, II. 6.)	297
Anlage Nr. 3: Beispiele für die Kostenartenbildung gemäß Bundeskontenrahmen (vgl. Erster Teil, III. 3.1)	298
Anlage Nr. 4: Der sog. „Formularweg" zur Kostenerfassung anhand des KLR-Softwaresystems M 1 der Firma MACH Software GmbH & Co. KG (vgl. Erster Teil, III. 3.2)	307
Anlage Nr. 5: Beispiel eines Fragebogens für Referenzkunden im Rahmen der Auswahl einer KLR-Software (vgl. Erster Teil, III. 6.2.)	311
Anlage Nr. 6: Fortbildungskonzept für die Standard-KLR, Bonn, Brühl 1998 – Ausschnitt zum Berichtswesen (vgl. Zweiter Teil, IV. 7.)	314
Stichwortregister	327

Erster Teil

Die Einführung der Kosten- und Leistungsrechnung in der Bundesverwaltung

I. Muß der öffentliche Dienst die „Kröte" schlucken?

1. Ein mögliches Szenario für den Start

Stellen Sie sich vor: Sie gehen zu Ihrem Behördenchef und sagen: „Nach reiflicher Überlegung bin ich zu der Überzeugung gelangt, daß wir in unserer Behörde eine KLR einführen sollten." Im ersten Moment mögen Sie diese Vorstellung als unrealistisch abtun; wir meinen aber, es würde sich lohnen, über eine Initiative zur Einführung betriebswirtschaftlicher Führungs- und Steuerungsinstrumente nachzudenken.

Im privatwirtschaftlichen Bereich beobachten wir, daß eine erfolgreiche Führung von Unternehmen durch immer größere Veränderungen in immer kürzeren Zeitabständen zunehmend schwieriger wird. Dabei liegt der Ausgangspunkt vieler Veränderungen beim Kunden. Daß seinen Vorstellungen besondere Bedeutung zukommt, ist ein spezifisches Merkmal der Marktwirtschaft. Sie zwingt die Unternehmen, den Kundenwünschen durch neue Denk- und Verhaltensweisen gerecht zu werden, um auf diese Weise in einem ständig wachsenden Wettbewerb bestehen zu können, der durch das Stichwort „Globalisierung" gekennzeichnet ist (*Ebert/Steinhübel*, Unternehmen im Wandel, in: Betrieb und Wirtschaft, 20/1997, S. 761 ff.).

Auch im öffentlichen Dienst sehen wir natürlich, daß Dinge in Bewegung geraten sind. Aber es gibt eine überraschend große Zahl von Mitarbeiterinnen und Mitarbeitern, die meinen, ihre eigene Arbeit habe damit nichts zu tun. Der Veränderungs- und Anpassungsdruck ziele auf die Unternehmen, die im Markt in einer Konkurrenzsituation ständen. Die Verwaltung hingegen habe im Interesse des Gemeinwohls einen Katalog von festen Aufgaben zu erfüllen, der gesetzlich festgeschrieben sei und damit nicht der Veränderung unterliege.

Eine höchst fragwürdige Auffassung, wie wir meinen; denn sie unterstellt, daß der öffentliche Dienst ein Inseldasein führen und selbst bestimmen könne, welche Aufgaben er wie zu erfüllen habe.

Das ist schon für die heutige Zeit nicht mehr richtig. Schon heute sehen wir, daß die Verwaltung unter Druck geraten ist: Stellenkürzungen sind dafür ebenso ein Beweis wie die um sich greifende Privatisierung. Es muß doch zu denken geben, daß landläufig der Eindruck besteht, Private könnten jede Aufgabe besser bewältigen als öffentlich Bedienstete.

Für die Zukunft ist die Auffassung vom Inseldasein existenzbedrohend; denn sie läßt Kritik, die von außen an den öffentlichen Dienst herangetragen wird, nicht zu und erstickt jede Bereitschaft zu einer Anpassung an veränderte Verhältnisse im Keim.

Jeder von uns hat sich schon einmal über einen unfreundlichen Sachbearbeiter geärgert oder darüber, daß er Stunden auf einer Amtsstube zubringen mußte. Darum geht es uns hier nicht. Uns interessiert vielmehr die Frage, ob die Verwaltung dafür gerüstet ist, aktiv den Wandel zu gestalten und ihren Teil dazu beizutragen, daß unser Staatswesen zukünftige Herausforderungen bestehen kann. Denken Sie beispielsweise nur an das Stichwort „Standort Deutschland" (vgl. *Herzog*, Aufbruch ins 21. Jahrhundert, Bulletin 1997, S. 353 ff.; *ders.*, Erziehung im Informationszeitalter, Bulletin 1998, S. 565 ff.; *Andersen* Consulting u.a., Modell Deutschland 21).

Vielleicht werden Sie einwenden, so schlecht könne es um eine Verwaltung nicht bestellt sein, die die Herstellung der deutschen Einheit so effizient bewältigt habe. Dieser Einwand ist in der Tat bedenkenswert – nicht, weil er im Widerspruch zu dem bisher Gesagten stände, sondern weil er die These von der Notwendigkeit einer Verwaltungsreform gerade unterstreicht.

Erstens: Auch wir sind der Auffassung, daß sich die Leistung der Verwaltung bei der Herstellung der deutschen Einheit sehen lassen kann. Nur: Die Tatsache, daß wir gut waren oder (noch) gut sind, sagt nichts darüber aus, daß wir auch in Zukunft gut sein werden. In einem statischen Umfeld sind einmal erworbene Kenntnisse ausreichend, um ein ganzes Berufsleben davon zu zehren. In einer sich immer schneller verändernden Welt gehört diese Vorstellung der Vergangenheit an; heute ist die Fähigkeit entscheidend, sich in einem ständigen Lernprozeß immer wieder für neue Herausforderungen zu rüsten.

Zweitens: Die Herstellung der deutschen Einheit ist ein hervorragendes Beispiel dafür, wie die Politik Ziele vorgegeben, die Verwaltung sich mit diesen Zielen identifiziert und sie engagiert umgesetzt hat.

Vielleicht war dies das bisher letzte Beispiel für ein solches glückliches Zusammenwirken. Der Alltag ist weniger spektakulär, und damit ist es offenbar sehr viel schwieriger, den Handlungsbedarf in Ziele umzusetzen und sie in der operativen Arbeit zu verwirklichen.

Darum aber genau geht es: Nicht festzustellen, daß wir „beschäftigt" sind, sondern etwas zu bewirken. Es muß klar definiert werden, welche Aufgaben die Verwaltung im Dienste ihrer Kunden erfüllen soll und welche strategischen und operativen Zielsetzungen sich daraus ergeben. Dazu brauchen wir das Parlament ebenso wie die Regierung und die verschiedenen Hierarchieebenen in der Verwaltung (vgl. dazu *Ebert/Steinhübel*: Controlling in der öffentlichen Verwaltung, in: Finanzwirtschaft 11/1997, S. 249).

Vor diesem Hintergrund innerhalb der Behörde die Initiative zur Einführung einer KLR zu ergreifen, hat für die Behörde den unschätzbaren Vorteil, daß sie sich noch an die Spitze der Bewegung setzen und sich die Möglichkeit offenhalten kann, bei vielen, auch durch die Standard-KLR nicht präjudizierten „Richtungsentscheidungen" mitwirken und mitgestalten zu können.

Der einzelne Mitarbeiter, der sich für die Sache des Controlling stark macht, muß natürlich zunächst seinen Amtschef überzeugen. Gelingt ihm das, hat er zweierlei erreicht: Einmal hat er eine entscheidende Voraussetzung für das Gelingen des Projekts erfüllt; denn nur wenn der Behördenchef voll hinter der Sache steht und sie mitträgt, kann die Einführung erfolgreich verlaufen. Zum anderen schafft er sich mit seiner Initiative ein zukunftsweisendes Arbeitsgebiet mit großer Eigenständigkeit und hoher Verantwortung.

Des weiteren ist die Eigeninitiative auch unter dem Aspekt vorausschauend, daß früher oder später jede Behörde die KLR wird einführen müssen. Wir werden darauf zu sprechen kommen, wenn wir die gesetzlichen Grundlagen der Haushaltsrechts-Reform behandeln.

Und schließlich: Wenn mit dem Controlling der Gedanke der Motivation und der Honorierung von Leistung stärker in den Vordergrund tritt, ist zu hoffen, daß auch das Engagement der Mitarbeiter „der ersten Stunde" berücksichtigt werden wird.

2. Ministerium – ein Unternehmen?

Wenn Sie mit Ihrer Behördenleitung das Für und Wider der Einführung betriebswirtschaftlicher Führungsinstrumente diskutieren, wird Ihnen möglicherweise entgegengehalten, daß die Einführung einer KLR nur dort sinnvoll sei, wo man sich an Gewinn und Umsatz orientiere. Häufig wird dieser Einwand in die Frage gekleidet, ob denn ein Ministerium ein Unternehmen sei.

Aus vielen Veranstaltungen haben wir den Eindruck mitgenommen, daß diese Frage nicht als Sachfrage gemeint ist, sondern der Fragesteller – nach seinem eigenen Standort jeweils unterschiedlich – daran eine Überzeugung festmachen will.

Der Unternehmer will ausdrücken: "Da muß die Verwaltung aber noch ganz gehörig dazulernen." Der gestandene Verwaltungsbeamte fügt der Frage dagegen ein „Nein danke!" oder „Gott behüte" an. Seine Weltsicht verbietet, eine Verwaltung, die auf Recht und Gesetz gegründet ist, mit einem auf Gewinnerzielung ausgerichteten Unternehmen „gleichzumachen".

Wir sind nun nicht der Auffassung, daß es ehrenrührig wäre, Geld zu verdienen. Aber in der Tat steht nach herkömmlichen Verständnis beim Unternehmen der

Begriff „ökonomisch" an oberster Stelle, während Verwaltung zuoberst durch den Begriff „rechtmäßig" gekennzeichnet ist.

Es fällt manchmal schwer hinzunehmen, daß ein Unternehmen nicht deswegen gegründet wird, damit dort schöne Maschinen zum Einsatz kommen oder Leute beschäftigt werden. Es wird gegründet, weil es einen ökonomischen Gewinn erwirtschaften soll. Deswegen können auf der einen Seite die Aktienkurse steigen, ohne daß damit auf der anderen Seite notwendigerweise ein Anstieg der Löhne und Gehälter verbunden wäre.

Diese ökonomische Ausrichtung ist übrigens keine Erfindung des Unternehmens, sondern ist so von der Gesellschaft gewollt. Die Rechtsordnung nimmt ein Unternehmen nämlich dann aus dem Markt, wenn es nicht mehr liquide ist – und nicht etwa, wenn es nicht mehr umweltverträglich, nicht mehr sozial oder nicht mehr auf dem neuesten Stand der Technik ist. Liquidität ist die entscheidende Größe, und deshalb wird ein Unternehmen alles tun, um – unter Vernachlässigung aller anderen Kriterien – seine Liquidität zu erhalten. Die Verhaltensweise des Unternehmers würde sich nur ändern, wenn wir beispielsweise in das Handelsgesetzbuch hineinschrieben: Ein Unternehmen kann nicht illiquide werden, solange es ökologisch ist.

Das ist die eine Seite und bedeutet natürlich nicht, daß ein Unternehmen nicht auch eine gesellschaftliche Verpflichtung hat. Zu recht hat der Bundespräsident kritisch angemerkt, daß manche Unternehmen Stellenabbau wie eine olympische Disziplin betrieben.

Umgekehrt gilt, daß das Merkmal „ökonomisch" neben dem Merkmal der Rechtmäßigkeit auch für die Verwaltung ein immer stärkeres Gewicht bekommt. Vielleicht ist es aufschlußreich, sich für einen Moment vorzustellen, wie sich der deutsche Staat als Firma präsentieren würde.

Wahrscheinlich sind wir uns einig, daß das Bild nicht positiv ausfiele: Einem hohen Personalaufwand steht seitens der Kunden eine verbreitete Unzufriedenheit mit den Resultaten staatlichen Handelns gegenüber. Die Haushaltsdefizite und die Abgabenquote steigen, die Gestaltungsspielräume für die Zukunft werden immer enger. Wäre Deutschland ein Unternehmen, dann müßten die leitenden Angestellten sich ernste Sorgen um den Fortbestand ihrer Firma machen (Das Sparpaket von *Arthur D. Little*, in: Der Spiegel, Ausgabe 20/1996 vom 13.05.1996, S. 38).

Es wäre dringend geboten, daß sich der Vorstand der „Deutschland AG", so hat *Arthur D. Little* (ADL) den Faden weitergesponnen, in einer Krisensitzung auf einen Zielkatalog verständigt, der durch eine überzeugende Vision die Bereitschaft zum Handeln erzeugen und folgende Elemente beinhalten müßte:

Bürgerorientierung: Das Vertrauen in den Staat soll durch sinnvolle Leistungen und nützliche Produkte für die Bürger stabilisiert werden.

Aufgabenbegrenzung: Staatliches Handeln konzentriert sich auf die Leistungen und Produkte, die unabdingbar vom Staat erstellt werden müssen; nichthoheitliche Aufgaben bleiben dem privaten Markt vorbehalten.

Kostenmanagement: Um wieder Gestaltungsspielraum zu erhalten, dürfen nicht die Leistungen für den Bürger reduziert werden, sondern sie müssen kostengünstiger erbracht werden.

Qualitätssteigerung: Auf der Grundlage von Bedarf und Nachfrage der Zielgruppen wird der Qualitätsstandard kontinuierlich angehoben.

Mitarbeiterzufriedenheit: Die Mitarbeiter sind die wichtigste Ressource für gute und schnelle Leistung; sie werden in den Reorganisationsprozeß einbezogen und für zielorientierte Produktion qualifiziert.

ADL schätzt, daß sich allein durch eine klare Kostenrechnung innerhalb von vier Jahren Einsparungen in Höhe von 40 Milliarden DM erzielen ließen. Wie ADL diese Zahl „errechnet" hat, ist uns nicht bekannt. Es ist aber glaubhaft überliefert, daß der Finanzstaatssekretär im Bundesministerium der Finanzen über die Zahl so aufgeschreckt war, daß er ADL sofort zu einem Gespräch bestellt hat.

Sie können mit Sicherheit davon ausgehen, daß das Einsparpotential erheblich ist. Und das allein wäre schon Grund genug, daß Sie sich mit Ihrer Behördenleitung auf einen vergleichbaren Zielkatalog verständigen und eine KLR einführen.

3. Was ist eigentlich Kameralistik?

Wenn wir auch nicht die Einsparung auf Heller und Pfennig beziffern können, so können wir doch darstellen, was wir grundsätzlich von der Einführung einer KLR erwarten dürfen: Die KLR bietet uns die Chance für ein effizientes Kostenmanagement. Das stellt sich deshalb nicht automatisch ein; denn was man mit einer KLR erreicht, hängt natürlich davon ab, wie man mit ihr umgeht.

Ein Rechnungssystem ist kein zufälliges Gebilde, sondern es ist so konzipiert, daß es bestimmte Informationen und Erkenntnisse liefert. Welche Erkenntnisse können wir nun von einer KLR erwarten, die über die Informationen und Erkenntnisse hinausgehen, die uns das gegenwärtig eingesetzte Rechnungssystem liefert?

Gegenwärtig arbeiten wir bekanntermaßen mit der Kameralistik. Unsere erste Frage lautet deswegen: Was soll und kann die Kameralistik leisten?

Die Kameralistik scheint beinahe zu einem Mythos geworden zu sein. Dabei ist vielleicht gerade das Beeindruckende an ihr, daß es sich um ein vergleichsweise einfach zu verstehendes und zu handhabendes System handelt, das gleichwohl Zahlungsströme in einer Größenordnung von über 400 Milliarden DM mit großer Zuverlässigkeit bewältigt.

Die Kameralistik ist entwickelt worden als ein Instrument zur Umsetzung klassischer, historisch gewachsener Haushaltsgrundsätze. Welche Grundsätze das sind, hätte man in der wechselhaften Geschichte des Budgetrechts zu unterschiedlichen Zeiten unterschiedlich definiert. Heute gehören nach herrschender Meinung bestimmte formale Kriterien der Budgetgestaltung zu den Standardprinzipien, wobei dem Haushaltsplan eine zentrale Stellung und Bedeutung zukommt (vgl. *Piduch/Dreßler*, Bundeshaushaltsrecht, Art. 110 GG, Anm. 17 ff.):

Grundsatz der Vorherigkeit des Haushaltsplans: Grundsätzlich muß der Haushaltsplan vor Beginn des Rechnungsjahres durch das Haushaltsgesetz festgestellt werden.

Grundsatz der Haushalts-Einheit: Der eine Haushaltsplan muß das gesamte Finanzgebaren in Einnahmen und Ausgaben ausnahmslos nachweisen. Ziel: Die umfassende Information über die Bundesfinanzen.

Grundsatz der Vollständigkeit oder Bruttoprinzip: Es dürfen keine Posten weggelassen und Posten der Einnahme- und der Ausgabeseite nicht gegeneinander aufgerechnet werden. Verbot der „schwarzen Kassen".

Grundsatz der Fälligkeit: In den Haushaltsplan dürfen nur die Einnahmen und Ausgaben eingestellt werden, die in dem betreffenden Haushaltsjahr voraussichtlich fällig und damit kassenwirksam werden. Aus dem Fälligkeitsprinzip folgt eine Trennung zwischen Ausgabe- und Verpflichtungsermächtigungen.

Grundsatz der Gesamtdeckung oder Nonaffektation: Die „Topfwirtschaft" durch die Zweckbindung bestimmter Einnahmen an bestimmte Ausgaben ist verboten; daraus folgt übrigens auch die Einheit der Kassenführung.

Grundsatz der Zweckbindung oder Affektation: Im Gegensatz zur Nonaffektation von Einnahmen ist bei Ausgaben deren unbedingte Zweckbindung vorgeschrieben und zu verfolgen.

Grundsatz der Jährlichkeit: Grundsätzlich ist für jedes Haushaltsjahr ein Haushaltsplan erforderlich.

Grundsatz des Haushaltsausgleichs: Der Haushaltsplan ist in Einnahmen und Ausgaben auszugleichen, das heißt, es dürfen nicht mehr Ausgaben vorgesehen werden, als Einnahmen zu ihrer Deckung realisiert werden können. Die entscheidende Frage ist dabei, inwieweit der Haushaltsausgleich durch Kreditfinanzierung hergestellt werden darf.

Grundsatz der Haushaltsklarheit, -wahrheit und -genauigkeit: Die Haushaltsklarheit verlangt, den Haushaltsplan transparent zu gestalten, das setzt eine durchdachte Haushaltssystematik voraus. Wahrheit und Genauigkeit gebieten, die voraussichtlichen Einnahmen und Ausgaben mit größtmöglicher Zuverlässigkeit zu veranschlagen.

Entsprechend ist das *kameralistische Rechnungswesen* grundsätzlich auf zahlungswirksame Vorgänge beschränkt; die Verbuchung knüpft vorwiegend an Kassenvorgänge und Geldbewegungen an. Den geplanten Einnahmen und Ausgaben werden die tatsächlichen Einnahmen und Ausgaben gegenübergestellt, so daß am Ende eines Haushaltsjahres vor allem Aussagen über das finanzielle Gleichgewicht zwischen Einnahmen und Ausgaben getroffen werden können (Bericht der Länderarbeitsgruppe zum Thema „Möglichkeiten einer leistungsfördernden Verbesserung des Rechnungswesens im staatlichen Bereich der öffentlichen Verwaltung", S. 8 ff.).

4. Welches Mehr an Information braucht die Verwaltung?

Somit können wir feststellen: Die Kameralistik ist eine Einnahmen- und Ausgabenrechnung (Geldrechnung) als Grundlage für die Budgetbewilligung, Budgetbindung und Dokumentation. Es sollen die Ausführung des Haushaltsplans, die Erfüllung der Kassenanordnungen und die Kassenvorgänge kontrolliert werden. Damit dient die Kameralistik vor allem dem Nachweis der Ordnungsmäßigkeit der tatsächlichen Ausgaben und Einnahmen. Sie ist ein externes Rechnungswesen, bestimmt für die Kontrolle durch die Öffentlichkeit und die Legislative.

Darüber hinaus werden mit der Kameralistik makroökonomische Steuerungsziele verfolgt. Die Kameralistik soll Aufschluß über die Verteilung der Ausgaben auf Konsum und Investitionen, der Umverteilung der Einkommen und des Vermögens sowie des Finanzausgleichs zwischen den Gebietskörperschaften geben (Bericht der Länderarbeitsgruppe, a.a.O.).

Sie waren aber in der Diskussion mit Ihrer Behördenleitung bereits einen Schritt weiter, als Sie den Begriff Kostenmanagement eingeführt haben. Kostenmanagement bedeutet u.a. eine klare Kostenrechnung. Wer steuern will und nicht nur rudern, der braucht Instrumente, die die Wirklichkeit abbilden.

Eine KLR gibt Auskunft darüber, welche Mittel zu welchem Zweck und mit welchem Ergebnis eingesetzt worden sind, schafft also *Transparenz der Kosten.* Kostenbewußt und wirtschaftlich kann nur handeln, wer seine Kosten kennt. Kostentransparenz entsteht erst, wenn alle kostenrelevanten Einflußgrößen mit großer Genauigkeit abgebildet werden.

Zu den kostenrelevanten Einflußgrößen gehören auch die kalkulatorischen Kosten. Fiktive Zahlungsströme, wie etwa Abschreibungen, kalkulatorische Zinsen oder Pensionsrückstellungen, werden von der kameralistischen Buchführung nicht erfaßt. Sie weist wegen ihrer Ausrichtung auf zahlungsrelevante Vorgänge lediglich nach, wann bestimmte Gegenstände (Investitionen) bezahlt wurden, nicht dagegen, wann sie verbraucht worden sind/sein werden. Im Mittelpunkt der Betrachtung steht der Mittelabfluß, nicht aber der – periodengerecht zugeordnete – Werteverzehr.

Die KLR schafft Kostentransparenz und ermöglicht damit erst *Aussagen zur Wirtschaftlichkeit:* Der Haushalt gibt durch die Zweckbestimmung der Titel vor, wieviel Mittel eingesetzt werden dürfen. Damit bemißt sich aber nur der Input. Unklar bleibt, welche Ziele damit erreicht werden und welche Maßnahmen durchgeführt werden sollen (Output). Solange aber nicht ersichtlich ist, welchen Zielen die Aktivitäten der einzelnen Ressorts dienen, kann über die Zweck-Mittel-Relation nichts ausgesagt werden.

Kostentransparenz ist dann die Voraussetzung dafür, die Kosten im einzelnen an die Nutzer weiterzugeben und zu kontrollieren, ob zwischen Geldeinsatz und Ergebnis ein akzeptables Verhältnis besteht.

Aus der KLR ergeben sich erst *Aussagen zur Vermögenssituation und zu den Folgewirkungen des gegenwärtigen Verwaltungshandelns:* Das Haushaltsrecht gibt viele Anreize für eine Verschiebung von finanziellen Lasten auf die Zukunft und/oder auf andere Gebietskörperschaften. Finanzielle Folgen von Entscheidungen, die erst in künftigen Haushaltsjahren zu einem Zu- oder Abfluß von Mitteln führen, können mit den derzeitigen Instrumenten kaum angemessen eingeschätzt werden. Dadurch entsteht die Gefahr einer „finanziellen Illusion" bei der Abschätzung der künftigen Leistungsfähigkeit des Staates.

Schließlich ist die KLR ein wichtiger Baustein für ein *Planungs- und Steuerungssystem:* Die Einführung einer KLR ist dann am sinnvollsten, wenn sie Bestandteil eines umfassenden Konzepts ist; denn erst über das Controlling mit den drei Komponenten Planungssystem, Kontrollsystem und Informationssystem können die aus der KLR gewonnenen Daten einer sinnvollen Analyse zugänglich gemacht werden.

5. Die verschlungenen Wege einer Reform des Haushaltsrechts

Um diese kostenrelevanten Aussagen zu erhalten, will sich auch die Bundesverwaltung künftig der KLR bedienen. Ihre Einführung ist nicht zwingend an die Umstellung auf die doppelte Buchführung gebunden, sondern kann auch in Ergänzung zur Kameralistik erfolgen. Diese Lösung hat der Gesetzgeber bevorzugt.

Darüber, welche Nachteile damit verbunden sind, wird noch zu reden sein. Aber umgekehrt ist klar, daß eine vollständige Umstellung der Kameralistik auf die doppelte Buchführung zu einem Stichtag nicht zu bewältigen gewesen wäre. Schon die Einführung der Standard-KLR erfordert einen erheblichen Kraftaufwand.

Im übrigen wird auch in einem Unternehmen der liquiditätsmäßige, finanzielle Strom abgebildet. Diese Darstellung der finanziellen Konsequenzen aufgrund der betrieblichen Tätigkeit wird üblicherweise als „cash flow" bezeichnet.

Die Reform des Haushaltsrechts ist im Haushaltsrecht-FortentwicklungsG enthalten, das am 22.12.1997 in Kraft trat (Bundesgesetzblatt, Teil I, 1997, S. 3251 ff.). Es wurde damit keine neue Kodifikation geschaffen, sondern das Haushaltsrecht-FortentwicklungsG novelliert das Haushaltsgrundsätzegesetz (dafür gibt es glücklicherweise eine eingeführte Abkürzung: HGrG) und – für den Bereich des Bundes – die Bundeshaushaltsordnung (BHO).

Zum Zweck einer flexibleren Handhabung der Grundsätze der Gesamtdeckung, der zeitlichen Spezialität und der sachlichen Spezialität wurden die §§ 7 und 15 des HGrG geändert, auf die wir hier aber nicht näher einzugehen brauchen.

Zur „Flankierung" der Flexibilisierung, wie es in der entsprechenden Bundestags-Drucksache (Deutscher Bundestag, Gesetzentwurf der Bundesregierung, Drucksache 13/8293, S. 1) heißt, erhält daneben auch § 6 HGrG eine neue Form. Zum Vergleich:

§ 6 HGrG alt:
Wirtschaftlichkeit und Sparsamkeit, Nutzen-Kosten-Untersuchungen
(1) Bei Aufstellung und Ausführung des Haushaltsplans sind die Grundsätze der Wirtschaftlichkeit und Sparsamkeit zu beachten.
(2) Für geeignete Maßnahmen von erheblicher finanzieller Bedeutung sind Nutzen-Kosten-Untersuchungen anzustellen.

§ 6 HGrG neu:
Wirtschaftlichkeit und Sparsamkeit, Kosten- und Leistungsrechnung
(1) *alte Fassung*
(2) Für alle finanzwirksamen Maßnahmen sind angemessene Wirtschaftlichkeitsuntersuchungen durchzuführen.
(3) In geeigneten Bereichen soll eine Kosten- und Leistungsrechnung eingeführt werden.

Bis hierher ist die Einführung einer KLR nichts weiter als eine Soll-Vorschrift, eine Empfehlung. Für den Bereich des Bundes tritt aber die Umsetzung in § 7 BHO hinzu, ebenfalls enthalten im Haushaltsrechts-Fortentwicklungsgesetz.

§ 7 BHO alt:
Wirtschaftlichkeit und Sparsamkeit, Nutzen-Kosten-Untersuchungen
(1) Bei Aufstellung und Ausführung des Haushaltsplans sind die Grundsätze der Wirtschaftlichkeit und Sparsamkeit zu beachten. Diese Grundsätze verpflichten zur Prüfung, inwieweit staatliche Aufgaben oder öffentlichen Zwecken dienende wirtschaftliche Tätigkeiten durch Ausgliederung und Entstaatlichung oder Privatisierung erfüllt werden können.
(2) Für geeignete Maßnahmen von erheblicher finanzieller Bedeutung sind Nutzen-Kosten-Untersuchungen anzustellen. In geeigneten Fällen ist im Rahmen eines Interessenbekundungsverfahrens festzustellen, inwieweit und unter welchen Bedingungen private Lösungen möglich sind.

§ 7 BHO neu:
Wirtschaftlichkeit und Sparsamkeit, Kosten- und Leistungsrechnung
(1) *alte Fassung*
(2) Für alle finanzwirksamen Maßnahmen sind angemessene Wirtschaftlichkeitsuntersuchungen durchzuführen. In geeigneten Fällen ist privaten Anbietern die Möglichkeit zu geben darzulegen, ob und inwieweit sie staatliche Aufgaben oder öffentlichen Zwecken dienende wirtschaftliche Tätigkeiten nicht ebenso gut oder besser erbringen können (Interessenbekundungsverfahren).
(3) In geeigneten Bereichen ist eine Kosten- und Leistungsrechnung einzuführen.

Wir hatten ja bereits eben angedeutet, daß früher oder später jede Behörde die KLR wird einführen müssen. Hätten wir uns angesichts des Gesetzeswortlauts nicht alle Erörterungen sparen können? Ist die Frage, die wir in die Worte gekleidet haben, ob der öffentliche Dienst die „Kröte" schlucken müsse, nicht durch den neuen § 7 Abs. 3 BHO bereits in der Weise beantwortet, daß ihm offenbar gar keine andere Wahl bleibt?

Wohl kaum. Sich schlicht auf den Gesetzeswortlaut zu berufen, hieße nämlich einmal, die Findigkeit der Verwaltung zu unterschätzen. Zwar heißt es in der Bundeshaushaltsordnung im Gegensatz zum Haushaltsgrundsätzegesetz „ist" statt „soll", aber die Vorschrift hat ja noch eine anderes „Schlupfloch", nämlich den unbestimmten Rechtsbegriff „in geeigneten Bereichen". Wer deshalb keine KLR will, wird immer argumentieren, daß der eigene Bereich nicht geeignet sei.

Hinzu kommt ein weiterer, ungleich wichtigerer Aspekt, der hier schon einmal angeklungen ist: Die KLR ist so gut, wie die Mitarbeiterinnen und Mitarbeiter sich ihrer Möglichkeiten bedienen.

Die Vorschrift in der BHO besagt ja nur, daß eine KLR eingeführt werden muß. Daß die Verwaltung dazu in der Lage ist, daran besteht kein Zweifel.

Manchmal ist zu hören, daß der gehobene Dienst, der Träger des operativen Verwaltungshandelns, nicht über die notwendigen Kenntnisse im Umgang mit betriebswirtschaftlichen Instrumenten verfüge.

Wir glauben, daß diese Bedenken, soweit sie vom höheren Dienst vorgebracht werden, eher dazu dienen sollen, von der eigenen Unzulänglichkeit abzulenken, die häufig zugleich auch die Unzulänglichkeit des Juristen beim Umgang mit der Betriebswirtschaft ist. Der gehobene Dienst steht an Lernfähigkeit dem höheren Dienst insoweit gewiß nicht nach.

Im übrigen wäre das Argument, selbst wenn es so stimmte, keine geeignete Begründung gegen die Einführung einer KLR. Es würde dann lediglich anmahnen, daß sich die öffentlichen Verwaltung in der fachlichen Qualifizierung und Ausbildung von Nachwuchskräften nicht vom Bedarf abkoppeln darf. Würde man stets den Bedenkenträgern nachgeben, hätten wir wahrscheinlich bis heute keine elektronische Datenverarbeitung in den Ministerien.

Nein, das Problem liegt nicht auf der handwerklichen Seite bei der Einführung eines betriebswirtschaftlichen Systems. Das Problem liegt darin, daß es von den Mitarbeiterinnen und Mitarbeitern für die tägliche Arbeit angenommen werden muß. Das heißt: Sie müssen Ihre Kolleginnen und Kollegen davon überzeugen, daß es sinnvoll ist, mit den neuen Instrumenten zu arbeiten. Notwendig ist ein Umdenken in den Köpfen, ein Wandel in der Einstellung. Ansonsten stellt die Einführung einer KLR nichts anderes dar als die Übernahme eines zwar luxuriösen, aber sündhaft teuren Haushaltsabrechnungssystems.

6. Wirtschaftlichkeit und Sparsamkeit in der Verwaltung

Diesem Plädoyer zum Umdenken werden Sie vielleicht entgegenhalten, daß doch auch bisher schon die Haushaltsführung der Wirtschaftlichkeit verpflichtet war. In der Neufassung spricht § 7 BHO in seinem ersten Absatz unverändert davon, daß bei Aufstellung und Ausführung des Haushaltsplans die Grundsätze der Wirtschaftlichkeit und Sparsamkeit zu beachten sind.

In der Kommentierung zu § 7 BHO heißt es, daß die Vorschrift mit dem traditionellen Haushaltsgrundsatz der „Wirtschaftlichkeit und Sparsamkeit" alle am Haushaltsaufstellungsprozeß beteiligten Verfassungsorgane sowie alle mit dem Haushaltsvollzug befaßten Mittelbewirtschafter dazu anhalte, sorgfältig und ökonomisch sinnvoll mit der Verwendung von Haushaltsmitteln umzugehen; denn wachsende Anforderungen der Gesellschaft an den Staat erforderten in Anbetracht der gestiegenen Staatsverschuldung eine stetige Überprüfung, inwieweit staatliche Aufgaben veränderten Bedingungen anzupassen seien (*Piduch/Dreßler*, § 7 BHO, Anm. 1).

Weiter sah § 7 Absatz 2 BHO bereits in der Vergangenheit vor, daß grundsätzlich alle haushaltswirksamen Maßnahmen Gegenstand von Wirtschaftlichkeitsuntersuchungen sein sollten. Die Kosten-Nutzen-Analyse als das bisher umfassendste Verfahren zur Wirtschaftlichkeitsuntersuchung verlangte eine gesamtwirtschaftliche Betrachtung, d.h. alle positiven wie negativen Wirkungen der Maßnahme waren in Ansatz zu bringen, unabhängig davon, wo und bei wem sie anfielen.

Wenn denn die Bundeshaushaltsordnung also schon seit jeher erkennbar großen Wert auf die Berücksichtigung von Wirtschaftlichkeitserwägungen gelegt hat (und natürlich auch weiterhin legt): Warum hat sie es nicht geschafft, diesem Prinzip zum Durchbruch zu verhelfen?

Es wäre sicher zu billig, einfach zu behaupten, daß bei der Erstellung der Wirtschaftlichkeitsuntersuchungen in dem oben beschriebenen Sinne nur einem formalen Erfordernis Genüge getan wurde und alle Beteiligten schon zufrieden waren, wenn damit wenigstens der Schein gewahrt blieb. Zu befürchten ist allerdings, daß so die Realität aussieht.

Uns geht es aber darum nachzuweisen, daß die fehlende Wirksamkeit nicht Ausdruck individueller Unvollkommenheit ist, sondern daß *strukturelle Mängel* bestehen, die über eine auch noch so akribisch durchgeführte Wirtschaftlichkeitsuntersuchung in dem oben beschriebenen Sinne nicht beseitigt werden können.

Die Verwaltung ist gekennzeichnet durch ein starkes Abheben auf eine gesetzliche Ermächtigung. Das ist historisch begründet: Bevor man staatliches Handeln auch als Leistungsverwaltung und Daseinsvorsorge verstanden hat, manifestierte es sich insbesondere als Eingriff in Freiheitsrechte des Bürgers. Diese Eingriffe sind nur rechtmäßig, wenn sie gesetzlich gedeckt sind. Um den Nachweis einer gesetzlichen Ermächtigung möglichst lückenlos führen zu können, sorgte die Verwaltung dafür, daß ein Geflecht von Rechts- und Verwaltungsvorschriften geschaffen wurde, das nun dazu verleitet, bisher verfolgte Aufgaben und Leistungen in unreflektierter Art fortzuführen, und die so zu einer Behinderung von laufenden Überprüfungen des Leistungsprogramms öffentlicher Einrichtungen beitragen (*Weber*, Controlling – Möglichkeiten und Grenzen der Übertragbarkeit eines erwerbswirtschaftlichen Führungsinstruments auf öffentliche Institutionen, in: DBW 48/1988, S. 175).

Das heißt: Die Verwaltung ist stark in der Vergangenheit verhaftet und in erster Linie darauf ausgerichtet, sich abzusichern. Gerade die „Youngsters", die Neuanfänger im öffentlichen Dienst stellen fest, daß *Innovationsfreude* und *Innovationsbereitschaft* offenbar nicht gefordert, ja häufig nicht einmal erwünscht sind. Auf Dauer verkümmert der Wille, gestaltend tätig zu werden – und zwar auch dort, wo es rechtlich durchaus möglich wäre.

Weiter läßt ein eng gezogener rechtlicher Rahmen grundsätzlich keine „Fehlertoleranzen" zu, die in der Privatwirtschaft zu Erhöhung der Wirtschaftlichkeit bewußt eingeplant werden. Ebenso fehlt der Verwaltung, die häufig als Monopolist auftritt, die Vergleichsmöglichkeit mit dem Markt und damit die Möglichkeit, sich im Wettbewerb zu legitimieren (*Weber*, a.a.O.).

Ein weiteres Problemfeld kommt hinzu: Wie die private Wirtschaft erbringen auch öffentliche Institutionen Produkte, wir werden noch ausführlich darüber sprechen. Im Gegensatz zur Privatwirtschaft ist es aber häufig schwierig, die Leistung öffentlicher Institutionen zu messen. Das gilt schon bei der Definition des Produkts: Was ist z.b. „Medienforschung" als Produkt des Referats „Medienpolitik"? Das gilt weiter bei der Festlegung der Qualitätsmerkmale: Wie läßt sich nachweisen, daß eine Maßnahme der Öffentlichkeitsarbeit Veränderungen in der Einstellung zu aktuellen politischen Fragen bewirkt hat und daß sie dafür ursächlich war? Und das gilt schließlich bei der Bestimmung optimaler Input-Output-Relationen: Wie hoch sollte die Auflage einer Broschüre sein?

Solange die Verwaltung aber glaubt, ihre Leistungen nicht über die Wirkung beurteilen zu können, sie sich also nicht als „Wirkeinheit" versteht, rückt automatisch der Mitteleinsatz in den Vordergrund. Sachziele werden durch Formalziele ersetzt. Sparsamkeit tritt an die Stelle von Wirtschaftlichkeit (*Weber*, a.a.O.).

Während die Wirtschaftlichkeit auf das Verhältnis von Mitteleinsatz zum Erfolg abhebt, setzt die Sparsamkeit eine absolute Obergrenze für die Höhe der Ausgaben.

In der Praxis ist diese Obergrenze bei der Aufstellung des Haushaltsplans wesentlich wichtiger als die Wirtschaftlichkeit im Einzelfall.

In der Kommentierung zur BHO wird das damit erklärt, daß wirtschaftliche Lösungen zu ihrer Umsetzung häufig einen so hohen Mitteleinsatz erforderten, daß die Leistungsfähigkeit der öffentlichen Hand zu diesem Zeitpunkt überfordert wäre. In solchen Fällen müßten wirtschaftliche Lösungen mit Rücksicht auf das Sparsamkeitserfordernis unterbleiben oder aufgeschoben werden. In solchen Fällen, in denen sich Wirtschaftlichkeit und Sparsamkeit im Zielkonflikt gegenüberständen, gebühre der Sparsamkeit der Vorrang, auch wenn das „Abstehen vom gegenwärtigen Genuß" zugunsten der Zukunft schwerfalle (*Piduch/Dreßler*, Einführung, VI.).

Dem ist einmal entgegenzuhalten, daß die Ausführungen schon faktisch an der Wirklichkeit vorbeigehen. Der größte Teil der Ausgaben, die im Haushaltsplan enthalten sind, beruhen auf Rechtsverpflichtungen. Der Haushaltsgesetzgeber hat kurzfristig also gar keinen Ermessensspielraum, über das „Ob" der Ausgaben zu befinden. Vielmehr ist er darauf beschränkt, die Höhe der Veranschlagung auf ihre Angemessenheit hin zu überprüfen.

Ziehen wir die Situation der Unternehmen als Vergleich heran, so ist ja auch in der privaten Wirtschaft die Situation nicht so, daß dort unbegrenzt Kapital vorhanden wäre. Aber die Unternehmen werden sich immer dann über Kredite finanzieren, wenn sich eine Investition langfristig rechnet.

Entscheidend ist aber die andere Seite des Sparsamkeitsdenkens: Wenn Mittel zur Verfügung stehen, wird ein Vorhaben realisiert, ohne zu fragen, ob es aktuell noch notwendig und sinnvoll ist, und ohne weiter zu fragen, ob es im eigenen Bereich und schon gar nicht im gesamten Bundesbereich andere Prioritäten gibt.

Daß nach Prioritäten nicht gefragt wird, sieht man bereits an den Plafonds, die – mit gewissen Zuwächsen, heute in der Regel „negativen Zuwächsen" – den Ressorts zur Verfügung stehen. Im Namen der Sparsamkeit wird alles Geld ausgegeben, damit Vorhaben im neuen Haushaltsjahr nicht am abgesenkten Plafond scheitern.

Dabei ist allerdings festzuhalten, daß die Unvernunft nicht nur auf der Seite der mittelverwendenden Ressorts besteht. Es ist ein Hohn, wenn im Haushaltsaufstellungsverfahren alle Einsparungen, die das Ressort aus eigener Einsicht und aus Verantwortungsbewußtsein erbracht hat, als globale Kürzung für das kommende Jahr fortgeschrieben werden.

7. Neues Denken

Es bleibt also bei unserer Feststellung, daß für den erfolgreichen Einsatz von betriebswirtschaftlichen Instrumenten ein Umdenken erforderlich ist. Das ist unter anderem deswegen eine echte Herausforderung, weil die KLR die Kameralistik nur ergänzt und die hergebrachten kameralistischen Elemente noch immer mit einem hohen Grad an Verbindlichkeit ausgestattet sind.

Der Bundesrat hätte gerne alternativ die Möglichkeit geschaffen, die Kameralistik durch eine KLR zu ersetzen. Im Zuge der oben dargestellten Reform des Haushaltsrechts hatte er deswegen den Vermittlungsausschuß mit dem Ziel angerufen, das Haushaltsgrundsätzegesetz um die §§ 6a (leistungs- oder outputorientierte Veranschlagung der Haushaltsmittel) und 33a (Buchführung und Bilanzierung in sinngemäßer Anwendung der Vorschriften des Handelsgesetzbuches) zu ergänzen, zu denen es im bisherigen Recht kein Pendant gab.

Zur Begründung führte der Bundesrat aus: Die HGrG-Novelle sehe zwar in § 6 Abs. 3 die Einführung einer Kosten- und Leistungsrechnung vor, ihr fehle hingegen die Verankerung der Buchführung und Bilanzierung nach den Grundsätzen des Handelsgesetzbuches. Erst mit der doppelten Buchführung werde jedoch die Voraussetzung einer ergebnisorientierten Steuerung geschaffen. Der derzeitige Stand der Reform perpetuiere in unvertretbarer Weise die Mängel der kameralistischen Buchführung (Deutscher Bundestag, Unterrichtung durch den Bundesrat, Drucksache 13/9326).

Als Ergebnis des Vermittlungsverfahrens wurden zwar die §§ 6a und 33a in das Gesetz eingefügt, jedoch mit einem Inhalt, der der ursprünglichen Intention des Bundesrats nicht Rechnung trug.

Der neue § 6a HGrG erfordert weiterhin eine Veranschlagung nach der Gruppierungssystematik. In der vom Bundesrat vorgeschlagenen Formulierung des § 33a („die Buchführung kann auch nach den Grundsätzen ... erfolgen") wurde vom Vermittlungsausschuß das Wort „auch" durch das Wort „zusätzlich" ersetzt. Dies bedeutet, daß im Sinne des ursprünglichen Gesetzentwurfes weiterhin ein kameralistisches Rechnungswesen zwingend ist. Daneben, das heißt zusätzlich noch ein doppisches Rechnungswesen zu führen, scheint aufgrund der doppelten Arbeit nicht sehr attraktiv und wäre natürlich auch schon nach bisher geltendem Recht möglich gewesen (*Lüder*, Verpaßte Chance. Das Haushaltsrechts-Fortentwicklungsgesetz vom 22.12.1997 und seine Konsequenzen für die Reform des öffentlichen Rechnungswesens, in: DÖV, 7/1998, S. 286).

Damit bleibt es dabei, daß wir in Zukunft mit einer „Verbundlösung", also mit einer KLR in Ergänzung der Kameralistik operieren müssen. Wie immer Sie zur Auffassung des Bundesrats stehen, sollte eines klargeworden sein: Die bloße Flexibilisierung von Haushaltsansätzen, verbunden mit der Einführung einer KLR, garantiert nicht automatisch ein stärkeres Kostenbewußtsein und eine höhere Effizienz. Dies wäre ein Wunschglaube, und das „Wunderheilmittel" KLR würde durch seine bloße Einführung nur zusätzliche Kosten in nicht unbeträchtlicher Höhe verursachen.

8. Wie ist der Erfolg der Reform zu gewährleisten?

Auf der zehnten Jahrestagung der Fachhochschule des Bundes für öffentliche Verwaltung 1997 in Mannheim kam Professor *Budäus* die Aufgabe zu, über die Probleme und Defizite der Verwaltungsreform auf Bundesebene zu sprechen. Obwohl er „das zarte Pflänzchen und die durchaus erkennbaren konkreten Bestrebungen zur Modernisierung der Bundesverwaltung nicht einem scharfen kritischen Wind" aussetzen wollte, sah er sich gehalten, darauf hinzuweisen, daß das Ergebnis zahlreicher Reformvorhaben aus der Vergangenheit eher ernüchternd gewesen sei (*Budäus*, Probleme und Defizite der Verwaltungsreform auf Bundesebene, in: Modernisierung der Bundesverwaltung, S. 335 ff.).

Wenn das so ist, stellt sich zwangsläufig die Frage, warum die Reform diesmal erfolgreich sein sollte. Was würde dafür sprechen, fragt Budäus, daß sich – selbst wenn im Vergleich zur Vergangenheit heute ein stärkerer Änderungsdruck bestände – Verwaltungen diesem Veränderungsdruck auch unterwerfen? Was spricht dafür, daß Verwaltungen nicht versuchen, diesem Änderungsdruck eine verstärkte Strategie der Erhaltung des Status quo entgegenzusetzen?

Und er gibt zu bedenken, daß es sich möglicherweise nur um eine virtuelle Verwaltungsreform handle, die mehr oder minder künstlich konstruiert werde und die mit dem realen Geschehen vergleichsweise wenig zu tun habe. Möglicherweise würden die derzeitigen Reformaktivitäten eher von Kernproblemen ablenken, als daß sie diese thematisierten (*Budäus*, a.a.O.).

Unangenehme Wahrheiten, wie wir meinen. Hoffnungsvoll kann allenfalls stimmen, daß es sich diesmal nicht um die Umsetzung eines unverbindlichen Katalogs eher zufälliger Maßnahmen handelt, sondern daß die Installierung einer KLR Teil eines systematischen Reformprogramms auf Bundesebene ist.

Das heißt umgekehrt: Wenn Sie sich schon der Mühe unterziehen, in Ihrer Behörde Verwaltungsreform durch die Einführung betriebswirtschaftlicher Instrumente zu praktizieren, muß und wird Ihnen daran gelegen sein, Ihr Projekt im Sinne des vorhin erwähnten Umdenkens zu einem Erfolg zu machen. Eine Hilfe dazu können die *Dezentralisierung* und die *Budgetierung* sein.

Dezentralisierung bedeutet die Zusammenführung von Sach- und Finanzverantwortung. Das heißt, die Mittelverantwortung soll nicht mehr an einer zentralen Stelle wahrgenommen, sondern demjenigen übertragen werden, der auch die tägliche Sacharbeit leistet.

Budgetierung ist ein System der dezentralen Verantwortung einer Organisationseinheit für ihren Finanzrahmen bei festgelegtem Leistungsumfang mit bedarfsgerechtem, in zeitlicher und sachlicher Hinsicht selbstbestimmtem Mitteleinsatz bei grundsätzlichem Ausschluß der Überschreitungen des Finanzrahmens.

In Reinform bedeutet Budgetierung, daß die Mittel nicht mehr nach der bisher geltenden Titelstruktur veranschlagt werden, sondern daß den einzelnen Verwaltungen eine Gesamtsumme zur Erfüllung der ihnen übertragenen Aufgaben zur Verfügung gestellt wird.

Ein Blick in den Haushaltsentwurf 1999, dem ersten nach Inkrafttreten des Haushaltsrechts-FortentwicklungsG, zeigt, daß die bisherige Titelstruktur im wesentlichen erhalten geblieben ist. Die Veränderungen gegenüber dem bisherigen Recht betreffen bekanntlich den flexibilisierten Bereich, bei dem die Möglichkeiten der Deckungsfähigkeit und der Übertragbarkeit ausgeweitet worden sind.

Es besteht deswegen auch keine Veranlassung, die Frage zu erörtern, ob die Reform des Haushaltsrechts in ihrer konkreten Ausprägung das Budgetrecht des Parlaments beeinträchtigen würde.

Das Budgetrecht des Parlaments bezieht sich nach herkömmlicher Auffassung nicht allein auf die Festlegung des jeweiligen Verfügungsrahmens der Exekutive, sondern auch darauf, die mit den Ausgaben verfolgten Zwecke zu bestimmen und sich jederzeit über die Verwendung der öffentlichen Mittel zu informieren. Die heutige parlamentarische Praxis legt das Budgetrecht in einem sehr extensiven Sinne aus, wie sich an der Anzahl von mehr als zehntausend Titeln im Bundeshaushalt erkennen läßt. Obwohl der Haushaltsplan damit in Deutschland traditionell sehr viel stärker spezifiziert wird als der Haushaltsplan anderer Staaten, ist die Art und Weise der Einzelveranschlagung nicht verfassungsmäßig festgelegt (*Piduch/Dreßler*, Bundeshaushaltsrecht, Art. 110 GG, Anm. 9)

Dies ist ein Buch aus der Praxis für die Praxis. Wir müssen uns angesichts der insoweit unverändert gebliebenen Rechtslage keine Gedanken darüber machen, ob an die Stelle von etwa zehntausend Titeln nunmehr ein Globaltitel treten könnte. Auch nach der neuen gesetzlichen Regelung bleiben „schlichte" Titel bestehen, von denen man unterstellt, sie hätten auch dann noch einen Informationswert, wenn sie für gegenseitig deckungsfähig erklärt und die Mittel im Deckungsverbund letzten Endes anders verwendet werden. Man sollte nur umgekehrt nicht so tun, als ob von der bestehenden Titelstruktur das Wohl oder Wehe eines ordnungsgemäßen Haushaltsvollzugs abhinge.

Durch die gegenwärtige Titelstruktur ist zwar gewährleistet, daß das Parlament seine Vorstellungen über die Verwendungsmöglichkeiten der Haushaltsmittel zur Geltung bringen kann; jedoch ist dadurch zugleich die Grenze der Übersicht über entscheidungserhebliche Zusammenhänge erreicht. Je höher der Grad der Detaillierung ist, desto stärker treten die Einzelmaßnahmen in den Blickpunkt der Betrachtung, und die Parlamentarier selbst führen Klage darüber, daß darüber die grundlegenden Entscheidungen nur allzu leicht zu kurz kämen (*Piduch/Dreßler*, a.a.O.).

Trotz des Detaillierungsgrades erweckt die Titelsystematik lediglich den Eindruck einer in Wirklichkeit nicht vorhandenen Genauigkeit. Die Scheingenauigkeit besteht darin, daß manche Titel Kleinstbeträge ausweisen, während andererseits Titel mit hohen Ansätzen viele ganz unterschiedliche Ausgabengrößen unter ihrem Dach zusammenfassen. Unter der Zweckbestimmung „Öffentlichkeitsarbeit" beispielsweise läßt sich viel, wenn nicht alles subsumieren.

Zu der Scheingenauigkeit tritt die Zufälligkeit von Titelstrukturen. Was uns bei der Lektüre des Haushaltsplans als ein gewachsenes, in sich schlüssiges System vorkommen mag, hängt in Wirklichkeit doch eher von Banalitäten wie beispielsweise den Erfordernissen der elektronischen Datenverarbeitung ab.

Wir sind deswegen überzeugt, daß die Flexibilisierung des Haushaltsrechts mit ihrer Flankierung durch die Einführung der KLR nicht weniger, sondern mehr

Möglichkeiten der Information und der Einflußnahme eröffnet, auch wenn sich möglicherweise die „Kontrollkultur" und die Kontrollinstrumente verändern.

Ergebniskontrolle muß die Verfahrenskontrolle ersetzen. Dann steht die Umsetzung von Sachzielen im Vordergrund, Formalziele treten demgegenüber zurück. Es darf nicht mehr darum gehen, ob und daß die Verwaltung den Titelansatz – und sei es auch bestimmungsgemäß – ausgeschöpft hat (die „Null-Mentalität", über die noch viel zu sagen sein wird), sondern entscheidend muß sein, was bei der Verwendung der Mittel herausgekommen ist.

Wenn die Reform des Haushaltsrechts von einer Budgetierung in Reinform auch noch weit entfernt ist, so hindert das die Verwaltungen aber keineswegs, intern für die Planung und die Durchführung ihrer Maßnahmen mit Sachbudgets arbeiten. Wie das im einzelnen aussehen kann, werden wir im Kapitel über die Kostenstellenbildung noch näher ausführen (S. 59 ff.).

Die Mitarbeiterinnen und Mitarbeiter in den Verwaltungen sollen vom Buchhalter zum Kaufmann werden. Um sich in das neue Denken hineinzufinden, müssen sie mit dem betriebswirtschaftlichen Instrumentarium arbeiten – und zwar ausschließlich mit diesem Instrumentarium. Sie müssen ihre Vorhaben auf der Grundlage der KLR planen, realisieren und „gegenchecken". Es braucht sie nicht nur nicht zu interessieren, wie ihr Budget im Haushalt abgebildet wird, sondern es darf sie auch nicht interessieren.

Es war sehr aufschlußreich: Als bei einem Workshop zu der inhaltlichen Ausgestaltung der KLR gefragt wurde, welche Berichte man von dem neuen System erwarte, beschränkte sich die Vorstellungskraft einzig und allein darauf, daß ein Bericht aufzeigen müßte, wie die Kostenplanung nach Kostenarten im Haushalt abgebildet wird. Damit ist in Zukunft aber allein das Haushaltsreferat befaßt. Alle anderen Mitarbeiterinnen und Mitarbeiter müssen betriebswirtschaftlich denken. Sie dürfen sich nicht mehr am Mittelabfluß im Sinne einer haushaltsrechtlichen Ausgabe orientieren, sondern müssen Kosten und die Möglichkeit ihrer Beeinflussung zum zentralen Punkt ihrer Überlegungen machen.

Motivation durch Übertragung größerer Verantwortung – das ist der entscheidende Gesichtspunkt. In allen Bereichen sehen wir, daß dort, wo die größte Eigenverantwortung besteht, am kreativsten gearbeitet wird. Es gibt keinen Grund anzunehmen, daß dies im öffentlichen Dienst anders wäre.

Der Ruf nach mehr Verantwortung ist ja auch allenthalben in den Behörden zu hören. Wenn es dann ernst wird, so zeigt die Erfahrung, daß manche Mitarbeiterinnen und Mitarbeiter zurückschrecken, weil sie Angst vor der eigenen Courage bekommen. Das ist normal: Natürlich müssen die Mitarbeiterinnen und Mitarbeiter, zumal wenn sie über lange Jahre eigenverantwortliches Arbeiten nicht mehr gewöhnt sind, an ihre neue Verantwortung herangeführt werden.

Dazu gehört, ihnen die Möglichkeit zu geben, Fehler zu machen. Wenn man sich insgesamt die Kreativität des einzelnen zu Nutze machen will, muß man das Risiko gelegentlicher Fehlentscheidungen in Dingen des Haushalts und unnötiger Geldausgaben im Einzelfall in Kauf nehmen. Es ist ja auch heute nicht so, als ob jede Ausgabe, die unter einer vermeintlich lückenlosen Kontrolle getätigt wird, notwendig wäre. Jedenfalls wäre das das Fazit aus den alljährlich vom Bundesrechnungshof veröffentlichten Bemerkungen.

Dazu gehört weiter, daß man es mit der Eigenverantwortung ernst meint. Das Umdenken kann nur dann funktionieren, wenn die Bereitschaft zu mehr Verantwortung nicht durch verwaltungsmäßige Restriktionen konterkariert wird. Wenn ein Budget eingeräumt ist, muß es auch bei der tatsächlichen Inanspruchnahme durch den Kostenstellenverantwortlichen Bestand haben.

Die Mitarbeiterinnen und Mitarbeiter müssen sich darauf verlassen dürfen, daß nicht seitens des Bundesfinanzministeriums mit einer globalen Minderausgabe oder einer Stellenbesetzungssperre nachträglich in die Planung eingegriffen wird. Sie müssen sich auch darauf verlassen können, daß die Leitung des Ressorts nicht willkürlich in die Planung eingreift. All dies würde die Motivation, um die es hier geht, nicht eintreten lassen.

Es mag Ihnen vielleicht so vorkommen, als ob wir damit weit über den Rahmen eines erfolgreichen Projektmanagements hinausgegangen wären. Wir glauben aber, daß es richtig war, den Bogen so weit zu schlagen: Bevor wir uns jetzt dem „Wie" zuwenden, wollten wir Ihnen das „Warum" deutlich machen; denn nur ein Projektverantwortlicher, der von der Sinnhaftigkeit seines Tuns überzeugt ist, wird das Projekt zu einem erfolgreichen Abschluß bringen.

II. „Als wir das Ziel aus den Augen verloren hatten, ..."
– Projektmanagement –

Oben waren wir von der gedanklichen Situation ausgegangen, daß Sie bei Ihrem Behördenchef für die Einführung einer KLR werben. Wenn wir diesen Faden nun weiterspinnen, so unterstellen wir, daß es Ihnen zwischenzeitlich gelungen ist, jedenfalls dem Grunde nach eine positive Entscheidung Ihrer Behörde herbeizuführen. Damit ist zwar ein wichtiger Schritt getan. Bis zur Aufnahme der eigentlichen Projektarbeit besteht allerdings noch ein erheblicher Abstimmungsbedarf (vgl. dazu auch *Arthur D. Little*, In zehn Schritten zur Kosten- und Leistungsrechnung, Sonderheft VOP 1/98).

1. Die Zielsetzung und Zieldefinition

Für einen in sich stimmigen Projektverlauf ist eine möglichst genaue Zielsetzung von großer Bedeutung (so auch *Buchholtz/Meierhofer*, Kosten- und Leistungstransparenz, S. 108 f.; *Mann*, Controlling für Einsteiger, S. 44); es geht um die vorherige Festlegung, was mit der KLR erreicht werden soll, wie die KLR aufgebaut sein soll, wen die KLR in erster Linie unterstützen soll, ob die KLR auch die Haushaltsmittelbewirtschaftung ersetzen/ergänzen soll etc. Wenn Sie keine Ziele definieren, kann es allzu leicht im Sinne von *Mark Twain* dazu kommen, daß Sie zur Unzeit feststellen müssen: „Als wir das Ziel aus den Augen verloren hatten, verdoppelten wir die Anstrengungen".

Auch die standardisierte Kosten- und Leistungsrechnung für die Bundesverwaltung (Standard-KLR, S. 9, 299–301) geht davon aus, daß das Projekt zur Einführung einer KLR mit der Grundsatzentscheidung in der Behörde über die Festlegung der Ziele, Leitlinien und Erwartungen beginnt.

Was können das für Ziele, Leitlinien und Erwartungen sein?

Natürlich stellen sie sich nicht für alle Behörden und Projekte gleich dar, aber es gibt doch einige Aspekte, die den Intentionen vieler Behörden bei der Einführung der KLR entsprechen werden; dabei erscheint es sinnvoll, zwischen Nahzielen (1 bis 2 Jahre) und Fernzielen (3–10 Jahre) zu unterscheiden. Die Nahziele sollten konkret und nachprüfbar sein, während die Fernziele etwas abstrakter gehalten sein können:

Beispiele für solche Nahziele könnten sein:

Herstellung von Kostentransparenz, insbesondere bezüglich der externen Produkte zur Steigerung der Erlöse, zur Ermittlung kostendeckender Gebühren u.ä.

Dieses Ziel orientiert sich an der Frage, welchen Preis die Behörde dem Kunden für ein bestimmtes Produkt (Dienstleistung) in Rechnung stellen müßte, wollte und könnte sie ein kostenneutrales Jahresergebnis vorweisen. Dabei ist nicht wichtig, ob man dies tatsächlich beabsichtigt, entscheidend ist vielmehr, daß transparent wird, ob die Behörde bei einem vernünftig kalkulierten Preis kostendeckend arbeitet oder nicht.

Nachvollziehbarer Nutzen und Wirtschaftlichkeit der KLR

Die durch die KLR hergestellte Transparenz der Kosten schärft das Kostenbewußtsein oder stellt es überhaupt erst her. Daraus resultiert die Möglichkeit, die Verantwortung mehr und mehr auf die Ebene der Sachkompetenz (Referent/Sachbearbeiter) zu verlagern.

Andererseits muß immer beachtet werden, daß auch das KLR-System selbst in einem angemessenen Kosten-/Nutzen-Verhältnis steht und selbst wirtschaftlich ist und bleibt („lean accounting").

Bewirken von optimierenden Organisationsveränderungen

Die Einführung von KLR und Controlling wird mit einer sich wechselweise bedingenden Optimierung der Aufbau- und Ablauforganisation einhergehen. Der tatsächliche Betrieb der KLR und noch stärker des Controlling wird immer wieder auch Schwachstellen in der Organisation zu Tage fördern. Andererseits kann es wünschenswert sein, Controlling von vornherein auf eine geeignete Organisationsstruktur aufzusetzen, die so flexibel ist, daß reaktionsschnell auf neue Anforderungen reagiert werden kann.

Empfehlenswert könnte daher ein Mittelweg sein: Werden bei der Konzeption und Implementierung der KLR gravierende Mängel in der Organisation festgestellt, so werden sie sofort beseitigt. Eine umfassende Neuorganisation erfolgt (zunächst) aber nicht.

Konkrete Ziele für optimierende Organisationsveränderungen könnten sein: Abflachung der Hierarchien („lean management"), Zusammenlegung von Aufgabenbereichen in größere Kostenstellen etc.

Abschaffung von langen (Einzel-) Genehmigungsverfahren durch Einführung eines Planungs- und Zielsystems

Das System der KLR und die Erkenntnisse aus der KLR gehen von einer detaillierten und spezifizierten Planung aus; erst mit einer in die Zukunft gerichteten Planung lassen sich Plan-/Ist-Vergleiche durchführen. Um in einer Behörde eine einheitliche und zeitnahe Planung durchführen zu können, empfiehlt sich die Konzeptionierung und Umsetzung eines Planungs- und Zielsystems. Im Rahmen eines derartigen Systems wird der Behördenleitung eine Gesamtplanung vorgelegt, so daß auf Genehmigungen einzelner Projekte verzichtet werden kann. Langfristig läßt sich das Planungs- und Zielsystem noch dadurch erweitern, daß der Mittelgeber (Aufsichtsbehörde, Parlament) durch die Vorgabe (auch politischer) Ziele in das System einbezogen wird.

Optimierung der Haushaltsplanung (mit Hilfe des Produktansatzes)

Mit Hilfe des Produktansatzes kann auch die Haushaltsplanung optimiert werden, da Transparenz dafür geschaffen wird, wofür die Mittel bei der Aufsichtsbehörde oder beim Parlament beantragt werden. Im Rahmen des Aufstellungsverfahrens für den Haushalt 2000 sollen innerhalb der Bundesregierung Pilotprojekte zum produktorientierten Haushalt durchgeführt werden. Ziel ist es dabei, durch eine produktorientierte Haushaltsplanung der Aufsichtsbehörde und dem Parlament die Möglichkeit zu geben, der Verwaltung (politische und globale) Ziele für die künftige Arbeit vorzugeben und den Zielerreichungsgrad nachzuvollziehen.

Optimierung der Mittelbewirtschaftung

Das Ziel der Optimierung ergibt sich quasi als Nebeneffekt der KLR-Einführung, wenn eine verstärkte Dezentralisierung bei der Mittelbewirtschaftung zugelassen wird. Das kommt einer Verlagerung der Ressourcenverantwortung auf die Sachebene schon sehr nahe. Diese Verlagerung der Verantwortung ist sinnvoll. Die Steuerung auf der Führungsebene bleibt über Produkte (und Budgets) uneingeschränkt erhalten.

Ansatz für konstruktive und konkrete Aufgabenkritik; wahrgenommene Aufgaben stehen im Verhältnis zum gesetzlichen Auftrag; laufende Überprüfung der Produktpalette

Die KLR setzt mit ihrem Ansatz der Zurechnung aller Kosten auf (interne und externe) Produkte nicht nur voraus, alle Behördenleistungen eindeutig zu definieren, sondern will auch die tatsächlichen (Voll-) Kosten jedes Produkts ermitteln. Dies bietet Ansatzpunkte für eine konstruktive Aufgabenkritik, vor allem unter dem Aspekt, ob die wahrgenommenen Aufgaben auch mit dem gesetzlichen Auftrag im Einklang stehen; daraus ergeben sich dann alle damit im Zusammenhang stehenden Fragen wie z.B. Verlagerung auf andere Behörden (des Geschäftsbereiches), soweit sich dadurch Synergieeffekte ergeben, oder Verlagerung auf private Organisationen (Outsourcing). Zusammen mit der Einrichtung eines Zielsystems, in dem die Behördenleitung kurz- und langfristige Ziele für die zukünftige Arbeit benennt, ergeben sich Möglichkeiten zur Etablierung einer fortlaufenden Überprüfung der Produktpalette.

Zielgruppe der KLR: Steuerungsinstrumentarium für die Amtsspitze, Abteilungsleiter, Referatsleiter, Sachgebietsleiter oder alle?

Die Definition der Zielgruppe ist für die Konzeptionierung und Implementierung der KLR und ihrer Erweiterung zum Controllingsystem von großer Wichtigkeit. Es wird viele Richtungsentscheidungen während des Projektverlaufs geben, die schnell entschieden werden können, wenn eindeutig feststeht, an welche Zielgruppe sich die Ergebnisse der KLR in erster Linie richten. Dabei kann auch eine Rangfolge festgelegt werden, so daß das Projektteam weiß, auf welche Zielgruppe besonders zu achten ist. Insbesondere bei der Entwicklung des Berichtswesens als entscheidendes Modul zur Verbesserung der Informationsversorgung und der Definition von bedarfsgerechten Kennzahlen ist diese Festlegung unverzichtbar.

Beispiele für Fern- und Globalziele könnten sein:

Effizienzsteigerung durch verbesserte Steuerung der Ressourcen

Das ist sicher *das* (globale) Ziel, weswegen die meisten Behörden den Weg der KLR gehen wollen. Um es operationabel und umsetzbar zu machen, ist es aber wichtig, Schwerpunkte zu bilden (z.b. Kostenreduzierung, Wirtschaftlichkeit, Qualitätsverbesserung).

Entscheidungsorientierte Informationsbereitstellung

Es soll ein Berichtswesen entwickelt werden, das auf Kennzahlen beruht und den individuellen Informationsbedürfnissen der einzelnen Empfänger in der Behörde entspricht (vgl. S. 113 ff., 199 ff.).

Wirkungsmessung von Behördenleistungen

Grundsätzlich zielt die KLR darauf, Informationen bezüglich der Kosten zu erlangen. Andererseits sind die so ermittelten Kosten im Verhältnis zur Leistung zu sehen. Mit der Definition der Leistung (des Produktes) allein wird jedoch noch keine direkte Aussage darüber getroffen, welche Wirkung die (Dienst-) Leistung bei der Zielgruppe erreicht. Auch wenn mit Hilfe der KLR nicht unmittelbar eine Wirkungsmessung erfolgen kann, macht es Sinn, bereits zu Beginn des Einführungsprojektes festzulegen, ob eine solche „Wirkungskontrolle" beabsichtigt ist. Wie die einzelnen Wirkungen dann gemessen und ermittelt werden (z.B. Meinungsumfragen) und wie daraus ein System entstehen könnte, wird man erst entscheiden können, wenn die KLR in ein umfassendes Controllingsystem integriert ist.

Messung von Qualitäten, Qualitätsindikatoren

Je nach Behördentyp wird diese Zieldefinition wichtiger oder weniger wichtig sein; generell gilt aber, daß eine KLR ohne die Berücksichtigung von Qualität und Qualitätsstandards nicht vollständig ist. Daher sieht die Standard-KLR (S. 71-74 und 155-251) die Aufstellung von Qualitätskriterien bereits bei der Produktdefinition vor (siehe dazu S. 57 ff.).

Kundenorientierung, Servicecharakter, Flexibilität bei Veränderung der Kundenwünsche

Dieses Ziel beschreibt ebenfalls den Willen einer Behörde, sich nicht mehr als klassische, hoheitlich agierende Eingriffsverwaltung zu verstehen, sondern als Serviceunternehmen, das den Anforderungen seiner Kunden gerecht werden will; dabei spielt das Selbstverständnis der Verwaltung die entscheidende Rolle, indem sie sich nicht mehr als Selbstzweck versteht, sondern anerkennt, daß sie sich nur aus ihrer dienenden Funktion gegenüber ihren Kunden rechtfertigt.

Die Servicefunktion der Verwaltung findet ihre Ausprägung in einer Vielzahl von Leistungen, die sie vor allem nach außen hin erbringt, und diese Leistungen lassen sich im Sprachgebrauch der Privatwirtschaft als „Produkte" bezeichnen. Die KLR kann durch ihre Produktorientierung dazu beitragen, daß die Mitarbeiter eine neue Sichtweise entwickeln.

Schaffung von Vergleichsmöglichkeiten innerhalb der Bundesverwaltung und mit dem privaten Markt

Dieses Ziel spricht das „benchmarking" an, d.h. das Lernen vom Besten. Dabei steht der Vergleich einzelner Behördenleistungen und/oder einzelner Produkte oder Prozesse zwischen Behörden und/oder privatwirtschaftlich organisierten Unternehmen im Vordergrund.

Definition der Zielgruppen als Abnehmer der Behördenleistung

Für eine kundenorientierte Arbeit einer Behörde ist Grundvoraussetzung, daß man sich über den Kreis seiner Kunden genaue Kenntnis verschafft und darüber nachdenkt, welche Zielgruppen mit den Behördenleistungen konkret angesprochen werden sollen.

Budgetierung

Grundvoraussetzung für die Verwirklichung einer Budgetierung ist die fortschreitende Flexibilisierung des Haushaltsrechts (insbesondere die Deckungsfähigkeit zwischen den einzelnen Hauptgruppen eines Haushaltsplans und die Überjährigkeit). Dennoch ist diese Zielvorgabe für den Ablauf des Projektes von nicht zu unterschätzender Bedeutung, da z.B. die Entscheidung für eine zentrale oder dezentrale Ausrichtung der KLR und des Controlling davon abhängig ist.

Stärkung der Eigenverantwortung und Motivation der Mitarbeiter

Diese Zielsetzung bei der Einführung der KLR und des Controlling mag zunächst verwundern; es gibt viele wissenschaftliche Beiträge und praktische Beispiele (vornehmlich aus der Privatwirtschaft), daß die Stärkung der Eigenverantwortung und Kompetenzen zu einem enormen Motivationsschub führt. Da die KLR und noch viel mehr das Controlling auf die Verlagerung der Verantwortung nach unten setzt, gehört dieses Ziel in diesen Katalog hinein. Bereits während der Projektarbeit können durch die Verlagerung der Verantwortung nach unten bemerkenswerte Erfolge bezüglich Motivation und Verantwortungsübernahme erzielt werden.

Diese Auflistung von möglichen Zielen ist nicht vollständig, was aufgrund der Eigenarten und Spezifika der einzelnen Bundesbehörden auch nicht zu leisten wäre. Uns lag daran, Anregungen zu geben, die dabei helfen können, (möglichst konkrete) Ziele für die jeweilige Behörde zu definieren.

Außerdem sollte klar werden, daß Zieldefinitionen – wie sie die Standard-KLR am Anfang eines solchen KLR-Einführungsprojektes empfiehlt – unmittelbare Auswirkungen auf den Projektverlauf haben können, indem sie Entscheidungen während des Projektes erleichtern.

Die Zieldefinitionen müssen grundsätzlich von der Behördenleitung selbst getroffen werden, auch wenn es in der Praxis häufig die Projektmitarbeiter sein werden, die sie zunächst zu entwickeln und zu formulieren haben. Auch ein externer Berater – soweit er in den Projektablauf eingebunden sein sollte – wird diese Zieldefinitionen von der Behörde „einfordern", weil seine Arbeit davon maßgeblich beeinflußt wird.

2. Die externe Unterstützung

Durch die Standard-KLR wird weder die Beauftragung eines externen Beraters verboten noch wird sie dadurch von vornherein verzichtbar. Der Sinn der Standard-KLR ist die Vereinheitlichung der KLR-Systeme und ihrer Einführung in den einzelnen Behörden. Deshalb wird Anwendbarkeit und Auswirkung der Standard-KLR auf die Bedürfnisse in den einzelnen Behörden zur Zeit in weiteren Pilotprojekten des BMF getestet.

Es ist Sache der jeweiligen Behörde, die notwendigen Mittel für eine externe Beratung in den Haushaltsverhandlungen (z.B. im Haushaltstitel 526 02 „Kosten für Sachverständige") zu beantragen. Die Aussicht, daß diese Mittel auch bewilligt werden, wird zugegebenermaßen immer geringer, je mehr Pilotprojekte mit verallgemeinerungsfähigen Ergebnissen abgeschlossen sind.

Dennoch sei vorweg gesagt: Ganz ohne eine externe Unterstützung wird es schwierig sein, die im Handbuch zur Standard-KLR vorgegebenen Projektlaufzeiten einzuhalten.

Daher sollte man sich zunächst der Frage zuwenden, in welcher Form eine externe Unterstützung sinnvoll sein könnte.

Die Antwort auf diese Frage hängt maßgeblich davon ab, inwieweit Mitarbeiter mit betriebswirtschaftlichem „Know How" in der Behörde zur Verfügung stehen. Dieses „Know How" ersetzt auch die Standard-KLR nicht. Da aber die Akzeptanz der KLR in der gesamten Behörde wesentlich größer sein wird, wenn sie von Mitarbeitern der Behörde selbst eingeführt wurde, sollten verstärkte Schulungsmaßnahmen durchgeführt werden, die ein betriebswirtschaftliches Grundverständnis bei den Mitarbeitern erzeugen können.

Der externe Berater wird jedoch als Coach in den Bereichen „Projektmanagement", „betriebswirtschaftliches Know How", „Organisationsvorschläge", „Softwareausschreibung" etc. unverzichtbar sein, damit das Projekt in einem straffen Zeitrahmen ablaufen kann und es möglichst schnell zur Aufnahme des tatsächlichen Betriebes der KLR sowie zu ersten Erkenntnissen kommt. Grundsätzlich ist daher der „Einkauf" von betriebswirtschaftlichem „Know How" die moderne Form des „Outsourcing", soll sich doch die öffentliche Verwaltung überall dort die Unterstützung privater Einrichtungen sichern, in denen es der private Dienstleister kostengünstiger und/oder besser kann.

Soweit also Beraterleistungen in einem bestimmten Umfang „zugekauft" werden müssen, stellen sich u.a. folgende Fragen:

Die voraussichtlichen Kosten der Beraterleistung

Die Kosten werden nur schwer zu ermitteln sein. Für eine Beantragung im Rahmen der Haushaltsaufstellung könnten die einzelnen Schritte aus dem Projektplan weiterhelfen, der im Handbuch zur Standard-KLR abgedruckt ist. Die dort angegebene Dauer in Wochen können als Anhaltspunkt für die Gesamtdauer des Projektes bis zur Aufnahme des Wirkbetriebes dienen (90 bis 142 Wochen = 1 ¾ bis 2 ¾ Jahre). Man kann daher schätzen, wie viele Tage ein Berater im Rahmen des Coaching-Modells in der Woche von der Behörde benötigt wird. Auf diese Weise kommt man auf eine Gesamtzahl an benötigten Beratertagen, die man mit einem durchschnittlichen Honorartagessatz multiplizieren kann.

Das ist zwar nur ein Richtwert, jedoch lassen sich von diesem Ausgangswert weitere individuelle Berechnungen vornehmen (z.B. die Veränderung der Annahme auf zwei Beratertage pro Woche oder einen insgesamt kürzeren/längeren Projektzeitraum).

„Einkauf" von Beratertagen

Möglich ist auch, keinen Festpreis mit dem Berater zu vereinbaren, sondern lediglich ein Gesamtvolumen von Beratertagen zu einem bestimmten Satz „einzukaufen" und dementsprechend auszuschreiben. In der Anlage Nr. 1 ist ein Muster für eine mögliche Leistungsbeschreibung mit einigen Alternativen (z.B. Ziff. 10) dargestellt, aus denen auch weitere Anregungen für den Umfang, Ablauf, Zeitdauer etc. hervorgehen.

Ausschreibung der Beratungsleistung

Die Beraterleistung wird öffentlich ausgeschrieben werden müssen, national oder europaweit je nach der voraussichtlichen Honorarhöhe. Schon die Aufstellung der Ausschreibungsunterlagen wird nicht immer leicht fallen.

Es bedarf auch der Entscheidung, ob die Beraterleistung „im Verbund" mit der Software ausgeschrieben wird oder der Berater die Softwareausschreibung begleitet und nach ihrer Auswahl diese in der Behörde einführt (vgl. dazu Ziff. 10.1. des Musters der Leistungsbeschreibung in Anlage Nr. 1).

Angebotskriterium „Sympathie"
Bei der Angebotsauswahl und -präsentation durch die Beratungsunternehmen müssen die einzelnen Kriterien bewertet werden, wie das bei jeder Ausschreibung der Fall ist. Dabei sollten bereits die mit der Projektdurchführung beauftragten Mitarbeiter der Behörde – soweit sie schon feststehen – einbezogen werden. Denn nicht zu gering sollte die Tatsache der „Sympathie" und der voraussichtlichen Akzeptanz der einzelnen Berater eingeschätzt werden, die vom Beratungsunternehmen vorgesehen sind. Die mit dem Projekt betrauten Mitarbeiter der Behörde werden viel Zeit mit den Beratern verbringen; je größer die Sympathie und Akzeptanz der Berater bei den Mitarbeitern sein wird, desto schneller werden sie als Team das Projekt erfolgreich zu Ende bringen.

Diese Empfehlungen sollen nicht dazu dienen, ein Argument dafür zu liefern, daß man mit der KLR (noch) nicht beginnen könne, solange das notwendige Geld für die Beraterleistung noch nicht verfügbar sei; sie sollen vielmehr Denkanstöße geben, über die Frage externer Unterstützung nachzudenken.

Entscheidend wird sein, in welchem Zeitraum die KLR eingeführt werden soll, welche Priorität die Einführung der KLR für die Behörde hat und wie groß der Personaleinsatz für die Projektumsetzung sein kann. Daran wird sich auch ausrichten lassen, wie man die notwendigen Ressourcen gegebenenfalls durch Umschichtung von Haushaltsansätzen und Freisetzung von Personal für das Projekt zur Verfügung stellen kann. So wird es schon vor Beginn des Projektes zum „Schwur" kommen, indem die Behördenleitung sich eindeutig zu dem KLR-Einführungsprojekt bekennen muß und die damit betrauten Mitarbeiter die Chancen für eine erfolgreiche Realisierung des Projektes im Hinblick auf die notwendige „Rückendeckung" der Behördenleitung ausloten können.

3. Die Projektbeteiligten

Ein umfangreiches Projekt, wie es die Einführung der KLR und des Controlling in einer Behörde darstellt, wird grundsätzlich über den gesamten Projektzeitraum jeden Mitarbeiter mehr oder weniger tangieren (z.B. bei der Aufstellung und Abstimmung des Produktkataloges).

Es würde jedoch sicher den Umfang dieses Leitfadens sprengen, wenn man auf die Zeitanteile aller Mitarbeiter eingehen wollte. Daher sollen an dieser Stelle nur die am KLR-Einführungsprozeß in der Behörde maßgeblich beteiligten Personen und zu bildenden Gremien behandelt werden.

Der Projektkoordinator

Schauen wir zunächst zurück auf den Anfang der Controllingeinführung in der Privatwirtschaft, was der Mitautor dieses Buches Professor *Ebert* in seinen Vorträgen häufig anhand einer kleinen Geschichte illustriert, die sich so oder so ähnlich abgespielt haben könnte:

Der Unternehmenschef war vor zehn oder zwölf Jahren auf einem Seminar über Controlling; dort hörte er, Controlling sei alles und ohne Controlling sei alles nichts mehr wert. Nachdem er nach Hause gekommen war, machte er – wie alle guten Chefs – erst einmal nichts. Zwei Jahre später erfuhr er, daß der größte Konkurrent entschieden habe, Controlling einzuführen. Jetzt war ihm klar, auch er braucht unbedingt Controlling, und erzählt deshalb seinen Mitarbeitern, daß man zwar lange habe warten müssen, aber jetzt der richtige Zeitpunkt für die Einführung von Controlling gekommen sei. Aus dem Seminar vor zwei Jahren hatte sich bei ihm der Eindruck festgesetzt, daß Controlling etwas mit Kontrollieren und das wiederum mit Rechnen zu tun habe. Er hatte ja jemanden, der rechnen konnte: er rief den Leiter des Rechnungswesens zu sich. Und so kam es, wie es kommen mußte: Der Chef erklärte dem Leiter Rechnungswesen, daß man Controlling brauche (der Leiter Rechnungswesen wußte, der Chef meint sich) und daß man das jetzt einführen müsse (der Leiter Rechnungswesen wußte, der Chef meint ihn). Weiter fügte der Chef hinzu, er kenne ihn (den Leiter des Rechnungswesens) ja als guten und informierten Mann, so daß er der Richtige für dieses Projekt sei; es solle auch sein Schaden nicht sein.

Wesentliche Erkenntnis ist sicher, daß man einen Verantwortlichen für die Projektdurchführung benötigt. Überträgt man die „privatwirtschaftliche Überlieferung" auf die öffentliche Verwaltung, wäre es logisch, daß der Behördenchef den Leiter des Haushaltsreferates mit der Aufgabe des KLR-Einführungsprojektes betraut. Andererseits sollte man in der öffentlichen Verwaltung gerade die Fehler der Privatwirtschaft zu vermeiden suchen: Denn was halten die Mitarbeiter vom Rechnungswesen, vom Haushalt? Meistens nicht viel, und die meisten sind froh, wenn sie mit dem Haushaltsreferat nichts zu tun haben. Der Haushaltsreferent hat grundsätzlich entweder schlechte Nachrichten (Einsparungsauflagen o.ä.) oder er will Informationen, was nicht ihm, sondern den anderen Arbeit macht; er erhebt die Daten ja meist nicht selbst.

Um den richtigen Projektkoordinator oder Projektleiter zu finden, reicht es aber sicher auch nicht, nur danach zu schauen, welcher Mitarbeiter gerade Freiräume hat oder wessen eigentliche Aufgabe am ehesten entbehrlich ist.

Vielmehr sollte man bereits zu Beginn des Projektes das Ziel verfolgen, aus dem Projektkoordinator auch den „Controller von morgen" zu machen. Durch das Projekt wird er am Ende die größten Kenntnisse haben und den KLR- und Controllingprozeß ab dem Wirkbetrieb daher am ehesten konsolidieren und weiterführen können.

Diese Ausführungen klammern den eher unrealistischen „Idealfall" aus, bei dem ein bereits erfahrener Controller für die Entwicklung, Einführung und Weiterentwicklung der KLR/des Controlling von außen „eingekauft" werden kann.

Was sind die wünschenswerten Eigenschaften und die wesentlichen Aufgaben des zukünftigen Controllers? (vgl. dazu auch Standard-KLR, S. 327-329):

Methodische und fachliche Fähigkeiten
- Beliebtheit bei den Mitarbeitern
- Beherrschen des Systems der KLR/des Controlling bzw. hohe Lernbereitschaft und -fähigkeit
- Fähigkeit zu ganzheitlichem und systemischem Denken
- Abstraktionsvermögen
- Fähigkeiten zur Führung von Mitarbeitern und Leitung einer Arbeitsgruppe; Erzeugen von Motivation; Überzeugungskraft
- Interesse an der Informationstechnik, ohne reiner IT-Fachmann zu sein;
- Allroundbegabung, Projektmanagementfähigkeiten
- Fähigkeit, gut und verständlich erklären zu können
- Begabung als Trainer, Coach
- Lernfähigkeit
- Analytische Neugier
- Beherrschen von Vorgehens- und Problemlösungstechniken
- Geschickter Einsatz von Kommunikationswerkzeugen (Flipcharts, Stiften, Overhead, Pinwänden, Konferenzmobiliar)

Verhaltensanforderungen
- Die Geduld, stets aufs neue die gleichen Sachverhalte zu interpretieren
- Liebenswürdige Penetranz
- Grundsatztreue und Gespür für die Veränderungsnotwendigkeit
- Toleranzbreite
- Bildhafte Ausdrucksweise (visualisieren können)
- Gespür für Widerstände
- Courage, nicht jeden Sachverhalt gleich an die große Glocke zu hängen
- Hofnarren-Allüren, um unangenehme Wahrheiten so zu bringen, daß man über sich selbst lacht
- Sich selbst nicht so wichtig nehmen
- Unverdrossenheit

Aufgabenschwerpunkte
- Entwicklung, Implementierung und Weiterentwicklung eines KLR-/Controllingsystems (ggf. zusammen mit einem externen Beratungsunternehmen)

- Integration, Koordinierung und Anstoßen der Controllingprozesse Planung, Information und Kontrolle
- Abstimmung und Analyse der Ergebnisse (Berichte, Kennzahlen) mit den Führungskräften
- Interne (Interpretations-) Beratung der Führungskräfte
- „Motor" für die Entwicklung der Behörde zu einer lernenden Organisation

In der Regel wird der Projektleiter für die Projektarbeit freigestellt werden müssen. Dadurch wird – wir haben es bereits mehrfach betont – erneut die Probe aufs Exempel gemacht, inwieweit man dem Projekt der KLR-/Controllingeinführung die notwendige Priorität zugesteht.

Der Lenkungsausschuß

Auch die Standard-KLR (S. 10) geht von der Notwendigkeit für die Einsetzung eines projektbegleitenden Lenkungsausschusses aus.

Der Lenkungsausschuß ist das Gremium, das die Verantwortung für den Erfolg des Projektes übernimmt und die Aufsicht über das Projekt führt. Ihm gegenüber sind sowohl der Projektkoordinator als auch die eingeschalteten Fremdfirmen (z.b. externe Beratungsunternehmen, Softwareanbieter) rechenschaftspflichtig. Dort werden die Vorschläge für die Umsetzung diskutiert und letztlich die Richtungsentscheidungen während des Projektes getroffen.

Der Lenkungsausschuß sollte durch den Behördenchef eingesetzt werden, der auch bestimmen sollte, wer den Vorsitz (z.B. der Leiter der Verwaltungsabteilung) in den regelmäßig (z.B. monatlich) stattfindenden Sitzungen führt.

Die Besetzung des Lenkungsausschusses spielt eine gewichtige Rolle, kann aber hier aufgrund der zu berücksichtigenden internen Gegebenheiten in jeder Behörde nicht allgemeingültig festgelegt werden. Man kann nur Beispiele aus den Erfahrungen bisheriger Projekte anführen, die in die anzustellenden Überlegungen einfließen können (vgl. dazu auch das Muster der Leistungsbeschreibung in Anlage Nr. 1, Ziff. 6.2.): Vertreter der Amtsleitung (z.B. persönlicher Referent des Behördenchefs), Leiter der Abteilung ... (ggf. alle Abteilungsleiter), Leiter des Referates Haushalt, Leiter des Referates Personal, Leiter des Referates Organisation, Projektkoordinator, Vertreter des Personalrates, Frauenbeauftragte, Vertrauensfrau/-mann der Schwerbehinderten.

Wichtig erscheint die Einbindung der Führungskräfte (z.B. Abteilungsleiter), die wesentlich von dem Steuerungs- und Führungsinstrumentarium der KLR/ des Controlling profitieren sollen. Die Amtsleitung sollte über den Fortgang des Projektes informiert sein; es spricht viel dafür, sie nicht direkt in die Arbeit des Lenkungsausschusses mit einzubeziehen, um sich eine „letzte Instanz" für Streitfälle offenzuhalten.

Die Referate, die durch die Einführung der KLR fachlich betroffen sein können, sollten im Lenkungsausschuß mitwirken.

Der Lenkungsausschuß wird sich einige geschäftsleitende Regeln geben, wie z.B. die Abstimmung im Konsensprinzip (vgl. dazu auch das Muster der Leistungsbeschreibung in Anlage Nr. 1, Ziff. 6.2.). Das Konsensprinzip hat sich in bisherigen Projekten durchaus bewährt; für die Annahme und das Betreiben der KLR/des Controlling ist die Freiwilligkeit ein entscheidendes Element, was durch die Abstimmung im Konsens gefördert wird.

Personalrat, Frauenbeauftragte, Vertrauensfrau/-mann der Schwerbehinderten

Die Sitzungen des Lenkungsausschusses sollten auch der Information von Personalrat, Frauenbeauftragter und der/des Vertrauensfrau/-manns der Schwerbehinderten dienen; daher empfiehlt sich die Einbeziehung dieser Gremien in den Lenkungsausschuß (vgl. auch *Buchholtz/Meierhofer*, Kosten- und Leistungstransparenz, S. 180 f.).

Von der neutralen bis positiven Haltung dieser Gremien wird der Erfolg des Projektes entscheidend beeinflußt werden (zu möglichen Problemen *Rürup*, Controlling als Instrument effizienzsteigernder Verwaltungsreformen, S. 8 f.); daher ist eine laufende Information besonders wichtig.

Es gilt, dem Personalrat eine Argumentation nahe zu bringen, die auch aus seiner Warte für die Einführung der KLR/des Controlling spricht: Wenn bei abnehmender Personalstärke (allein schon durch die Einsparauflagen des Parlaments) und gleichbleibendem Aufgabenumfang keine Aufgabenkritik und Aufgabenreduzierung durchgeführt wird, die sich an objektiv ermittelten Zahlen und Werten, z.B. durch die KLR, orientiert, so wird es unweigerlich zu einer enormen Arbeitsüberlastung des vorhandenen Personals kommen; das kann nicht im Interesse des Personalrates liegen.

In manchen Fällen wird es sich anbieten, eine Dienstvereinbarung über die Zusammenarbeit im Projekt abzuschließen, die nähere Einzelheiten (z.B. Mitarbeit im Lenkungsausschuß, Information, Testläufe, Zustimmung) regelt (vgl. ausführlich zu der Frage des Mitbestimmungsrechts des Personalrates *Wißmann*, Mitbestimmungsrechtliche Probleme des „Neuen Steuerungsmodells", in: Der Personalrat, 10/97, S. 438 ff.).

Das Projektteam

Im Projektteam wird die Detailarbeit hinsichtlich der einzelnen Module einer KLR insbesondere unter dem Aspekt geleistet, ein behördenspezifisches und passendes KLR-System zu entwickeln und einzuführen. Der Projektkoordinator leitet das Projektteam.

Das Projektteam sollte durch den Projektkoordinator zusammengestellt werden, da es für den Erfolg des Projektes entscheidend darauf ankommt, daß er mit den Mitgliedern gut zusammenarbeitet und sie zu einem tatsächlichen Team zusammenwachsen. Dazu kann beitragen, daß keine Hierarchie im Team herrscht.

Die Mitglieder des Projektteams sollten aus allen Abteilungen und unterschiedlichen Bereichen kommen, um ihr Wissen über die KLR/das Controlling in die Abteilungen transferieren zu können. Zudem sollte auch hier auf die persönliche Eignung der Mitarbeiter (insbesondere Aufgeschlossenheit gegenüber Veränderungen) größeres Gewicht gelegt werden als auf ein möglicherweise vorhandenes Vorwissen (z.B. im Haushaltsrecht). Auch hinsichtlich der Besoldungs-/Vergütungsgruppe sollte es kein Tabu geben; so wird man den höheren Dienst insbesondere als Multiplikator für die interne Kommunikation in den Referaten und Abteilungen sowie als Ansprechpartner für die jeweiligen Abteilungsleiter benötigen. Der gehobene Dienst wiederum wird aufgrund seiner Ausbildung schneller mit den Details vertraut sein. Diese Unterschiede auszugleichen, wird eine der wesentlichen Aufgaben des Projektkoordinators sein.

Auf welche Weise der Projektkoordinator bei der „Verpflichtung" seiner „Mannschaft" vorgehen wird, sollte man ihm überlassen; deshalb nur ein paar Tips, wie es vielleicht gelingen könnte, die „Wunschkandidaten" zu gewinnen:

Möglichkeit 1: Man handelt mit der Behördenleitung aus, daß alle Mitglieder bei Erfolg des Projektes befördert oder bei der Vergabe der Leistungsprämie berücksichtigt werden. Erfolgsaussichten: Idealfall, aber wohl wenig realistisch!

Möglichkeit 2: Man handelt mit der Behördenleitung aus, daß alle Mitglieder vom Behördenchef per Weisung zur Mitwirkung verpflichtet werden. Motivation: Null!

Möglichkeit 3: Man stellt die Namen des gewünschten Personenkreises zusammen und zwar nach den Kriterien der persönlichen Eignung, insbesondere Engagement und Leistungsbereitschaft. Man führt mit jedem potentiellen Mitglied ein Gespräch und versucht, sie oder ihn zu überzeugen. Erfolgsaussichten: Gering, da die Materie ohne konkreten Praxisbezug nur schwer darzustellen ist.

Möglichkeit 4: Man setzt ein Schreiben für den Behördenchef auf, in dem dieser die Abteilungsleiter zur Unterstützung der Arbeitsgruppe um die in dem Schreiben namentlich benannten Mitarbeiter bittet und die „Gewinnung" der bestimmten Mitarbeiter dem Abteilungsleiter überläßt. Erfolgsaussichten: gut, da der benannte Mitarbeiter merkt, daß sowohl Behördenchef als auch Abteilungsleiter konkret ihn um seine Mithilfe bitten.

Möglichkeit 5: Man überzeugt den Behördenchef, daß er mit jedem der benannten Mitglieder ein persönliches Gespräch führt und ihnen so die Bedeutung der Aufgabe verdeutlicht. Erfolgsaussichten: sehr gut, da zumindest motivierte und ehrgeizige Mitarbeiter eine solche Bitte des Behördenchefs nicht ausschlagen werden.

Die Bedeutung der Zusammenstellung des Projektteams sollte nicht unterschätzt werden; dies setzt eine gute Kenntnis des vorhandenen Personals voraus.

Die notwendige Leistungsbereitschaft zeigt sich dadurch, daß die Mitarbeit in dem Projektteam freiwillig und ohne Freistellung von den (Haupt-) Aufgaben erfolgt. Durch die Verteilung der Projektarbeit auf mehrere Mitglieder sollten Freistellungen erst bei konkretem Anlaß in Erwägung gezogen und nicht schon vor dem Beginn ohne Not pauschal versprochen oder realisiert werden.

Für die Organisation der Sacharbeit im Projektteam wird sich die Bildung von themenbezogenen Teilprojekten anbieten; Beispiele und Möglichkeiten für die Bildung solcher Teilprojekte sind ab S. 47 ff. detailliert beschrieben.

Die verantwortliche Bearbeitung eines Teilprojektes bis zur tatsächlichen Umsetzung sollte jeweils einem Mitglied des Projektteams übertragen werden; der Projektkoordinator sollte ebenfalls – schon aus Gründen der Motivation des Projektteams – ein Teilprojekt verantworten. Der „Teilprojektverantwortliche" sollte die Möglichkeit erhalten, sich aus dem verbliebenen Kreis der Mitglieder „seine" Mitarbeiter für das von ihm verantwortete Teilprojekt selbst auszusuchen, wobei jedes Mitglied bei höchstens drei Teilprojekten mitarbeiten sollte, um für eine ausgewogene Verteilung zu sorgen.

Jedes Teilprojekt stellt einen eigenen Projektplan auf, der sich an dem Implementierungsplan für das gesamte Projekt orientiert und mit diesem abgestimmt ist. Weiter sind die einzelnen Schritte bis zur Realisierung des Teilprojektes zu beschreiben. Der externe Berater – soweit er zur Verfügung steht – kann die Mitglieder des Projektteams bei der Konzeptionierung und Umsetzung unterstützen. Die jeweiligen Mitglieder der Teilprojekte sind bei der Implementierung der KLR-Software die Ansprechpartner der Behörde für die Softwarefirma in dem jeweils von ihnen verantworteten Bereich.

Das Projektteam trifft sich regelmäßig zur gegenseitigen Abstimmung, um den Überblick über das gesamte Projekt zu behalten (z.B. alle 2 Wochen). Zu diesen Sitzungen kommen auch die externen Berater und die mit der Anpassung betrauten Mitarbeiter der Softwarefirma, die zu dem „erweiterten Projektteam" gehören. Der Projektkoordinator sollte die Sitzungsprotokolle selbst verfassen, weil sie ein gutes „Informationsinstrument" innerhalb des Projektteams darstellen.

Aus der Anzahl der zu bildenden Teilprojekte können sich Rückschlüsse auf die Größe des Projektteams ergeben.

Ein erstes Anzeichen für eine gute und erfolgreiche Arbeit des Projektteams ist der „Zulauf" weiterer Mitarbeiter, die in dem Projektteam mitarbeiten wollen. Je nach „Zuwachs" des Projektteams und durch das geschickte Einbinden der „Neuen" in die Arbeit des Projektteams wird sich die Arbeitsbelastung der bisherigen Mitglieder des Projektteams verringern.

Aus dem Kreis der Projektteammitglieder werden – schon aufgrund ihrer angesammelten Kenntnisse – später auch die wesentlichen Mitarbeiter des Controlling erwachsen, was eine zusätzliche Motivation im Projektteam bedeuten kann.

Sobald sich die Mitglieder des Projektteams eingearbeitet haben und bemerken, daß sie eine prioritäre Aufgabe aktiv mitgestalten, wird sich eine enorme Leistungsbereitschaft und Motivation im Projektteam verbreiten; ein erster Erfolg für die KLR-/Controllingeinführung in der Behörde.

4. Die Schulungsmaßnahmen

Zunächst sollte auf die Fortbildungsmaßnahmen zurückgegriffen werden, die das BMF in Zusammenarbeit mit der FH Bund in Sachen Standard-KLR allen Bundesbehörden anbietet.

Wir sind jedoch der Meinung, daß diese Fortbildungsmaßnahmen nur für den Anfang und als „Einstiegsschulung" ausreichen. Es wird erforderlich sein, den Mitarbeitern weitere Schulungsmaßnahmen begleitend zum Fortschritt des Projektes anzubieten. Die Akzeptanz der KLR und des Controlling hängt ganz wesentlich von der Information und Kenntnis der Systeme ab; dies ist wiederum Voraussetzung für die tatsächliche Anwendung der Controllinginstrumente durch die Mehrheit der Mitarbeiter einer Behörde.

Vor der Durchführung konkreter Schulungsmaßnahmen ist es empfehlenswert, eine Konzeption der beabsichtigten Schulungen, insbesondere hinsichtlich ihrer thematischen Ausrichtung und der Zielgruppen, aufzustellen.

Es empfiehlt sich die Durchführung einer Marktanalyse, einer Orientierungsanfrage bei mehreren externen Schulungsanbietern oder sogar einer Ausschreibung, um sich einen Überblick zu verschaffen (dazu auch die Praxiserfahrungen bei *Buchholtz/Meierhofer*, Kosten- und Leistungstransparenz, S. 181).

Es hat sich bewährt, homogene Gruppen der Schulungsteilnehmer zu bilden. Damit wird die Akzeptanz gesteigert, überhaupt an Schulungsmaßnahmen teilzunehmen.

Schulungen für die Führungskräfte

Erfahrungsgemäß wird ein weitergehender Bedarf an Schulungen insbesondere in den mittleren und oberen Führungsebenen bestehen, und zwar nicht so sehr in den Grundlagen der KLR, sondern des Controlling im Sinne eines Steuerungs- und Führungsinstrumentariums. Es geht um die Vermittlung der Idee und Philosophie des Controlling bis hin zur Etablierung einer lernenden Organisation; die für die Führungskräfte notwendigen Basiskenntnisse über die KLR können bei dieser Gelegenheit ebenfalls vermittelt werden.

Ein solches Seminar wird erst allmählich „neue Horizonte" in Bezug auf das Controlling öffnen. Deshalb muß die Vermittlung dieses Wissens möglichst früh beginnen, da man schon bald nach Projektbeginn fachkundige Aussagen der Führungskräfte im Lenkungsausschuß und in diversen Workshops zum Berichtswesen benötigt. Ohne die aktive Einbeziehung der Führungskräfte wird Controlling auf Dauer nicht funktionieren.

Schulungen für Kostenstellenverantwortliche

Auch die Kostenstellenverantwortlichen müssen sich mit den Grundlagen der KLR auseinandersetzen. Sie sollen später in ihrer Kostenstelle mit den Auswertungen aus der KLR etwas anfangen und ihre Kostenstelle tatsächlich steuern können.

Schulungen für das Projektteam

Die Projektteammitglieder sollten mindestens eine Woche zum Thema KLR intensiv geschult werden. Dieser Personenkreis wird die KLR zum Controlling fortentwickeln müssen. Daher sollte rechtzeitig auch mit Controllingschulungen begonnen werden, wie sie für die Führungskräfte vorgesehen sind. Das Projektteam könnte beispielsweise ein geplantes Führungskräfteseminar zunächst „ausprobieren".

Schulungen für die gesamte Behörde

Es wäre natürlich wünschenswert, wenn alle Mitarbeiter der Behörde die Möglichkeit erhalten könnten, KLR- und Controllingschulungen zu erhalten; es wird jedoch vermutlich an den nötigen finanziellen Mitteln und an der Zeit fehlen, um dieses Ideal auch tatsächlich umsetzen zu können. Partiell könnten hier Schulungen durch eigene Behördenmitarbeiter Abhilfe schaffen (vgl. S. 36).

Seminartypen

Erfahrungsgemäß fällt den Controlinganwendern in der Behörde besonders schwer, die Planung nach einer neuen „Planungskultur" im Sinne des Controlling konkret umzusetzen. Es wird auch keinen Seminartyp geben, der dieses Thema in *einer* Veranstaltung erschöpfend behandeln kann. Daher wird man in diesem Bereich mehrere verschiedene Seminartypen über einen längeren Zeitraum durchführen müssen. Neben Vortrags- und Workshopseminaren sind auch Unternehmensplanspiele in die Überlegungen einzubeziehen. In anschließenden „Feedback-Veranstaltungen" muß dann ausgelotet werden, welcher Seminartyp für die jeweilige Zielgruppe besonders geeignet ist.

Behördenspezifische Seminare

Ein Problem bei der Durchführung von behördenspezifischen Schulungsveranstaltungen ist häufig, daß externe Seminaranbieter die Behörde und ihre Besonderheiten nicht kennen. Schulungen, die auf die Besonderheiten der Behörde abgestellt sind, können jedoch vertraglich vereinbart werden. Erfahrungsgemäß ist das von freien Seminaranbietern zu realisieren, wenn sie mit einer Reihe von 3 bis 4 Seminaren gleichen Inhalts und gleicher Struktur beauftragt werden. Fehlende Sachnähe des Externen kann auch dadurch kompensiert werden, daß der Projektkoordinator an den Schulungsveranstaltungen teilnimmt und sich immer dann in die Schulung einschaltet, wenn Behördenbesonderheiten gefragt sind. Je behördenspezifischer die Seminare schließlich werden, desto eher steigt das Akzeptanzniveau bei den Teilnehmern, was einen Schlüssel zum Erfolg der Schulungsaktivitäten bedeutet.

Möglich wäre auch die Organisation einer Schulungsreihe im sog. Multiplikatorenmodell (auch „Schneeballsystem"), wobei eine bestimmte Anzahl von Mitarbeitern mit dem Ziel geschult wird, die dort erworbenen Kenntnisse weiterzuvermitteln; das hieße, daß zunächst die Mitglieder des Projektteams geschult werden, die wiederum einen weiteren Kreis von Mitarbeitern schulen usw., bis alle Mitarbeiter die Grundlagen zur KLR/Controlling auf diesem Weg einmal gehört haben. Gegen diese Art der (kostengünstigen) Schulung spricht, daß es bei der Vermittlung der relevanten Kenntnisse auch entscheidend auf die Art und die pädagogischen Fähigkeiten ankommt. Zudem gilt auch hierfür das Sprichwort, wonach der „Prophet im eigenen Lande" nichts gilt.

Schulung durch den externen Berater

Auch die für das Implementierungscoaching eingesetzten externen Berater können mit der Durchführung von (behördenspezifischen) Seminaren zur KLR und Controlling beauftragt werden („Allroundpaket"). Dafür spricht, daß der Berater durch die tägliche Arbeit die Besonderheiten der Behörde bald erfaßt haben wird. Allerdings muß der Berater nicht zwangsläufig besonders ausgeprägte pädagogische Fähigkeiten mitbringen, und es kann sich der eine oder andere Konflikt bei der Einführung von KLR und Controlling in der Behörde negativ auf die Akzeptanz des Beraters auswirken. Zudem erhält die Behörde durch Schulungen mit einem anderen Seminaranbieter die Gelegenheit, konzeptionelle Erwägungen noch einmal überprüfen und ggf. in anderer Form darstellen zu lassen.

Zusammenfassend ist zu sagen, daß es bei der Durchführung der notwendigen Schulungsmaßnahmen für die Mitarbeiter der Behörde keinen „Königsweg" gibt. Laufende Schulungsaktivitäten sind notwendig, sie sollten zeitnah geplant werden.

Durch das frühzeitige Einstellen der notwendigen Ressourcen kann einmal mehr geprüft werden, ob das Einführungsprojekt die notwendige Priorität bei der Behördenleitung genießt.

5. Die Projektkommunikation

Die Standard-KLR hält zu Recht eine permanente Projektkommunikation für unabdingbar. Für die Praxis bedeutet das, enorme Ressourcen in diesen Bereich zu investieren, ohne daß der Erfolg der Maßnahmen während der Projektlaufzeit unmittelbar sichtbar wird. Nicht wenige Projektkoordinatoren werden – je länger das Projekt andauert – versucht sein, die Aktivitäten in puncto Projektkommunikation herunterzufahren.

Sobald aber der Wirkbetrieb unmittelbar bevorsteht und beispielsweise jedem Mitarbeiter eine Hausanordnung über die Durchführung der Zeiterfassung auf den Schreibtisch „flattert", wird sich die Resonanz einstellen, und Sie werden sich in Ihren Bemühungen um eine projektbegleitende Kommunikation bestätigt sehen.

Es gibt viele Möglichkeiten der Projektkommunikation; der Kreativität des Projektteams sind keine Grenzen gesetzt. Im Projektteam wird die Art und Weise der Kommunikation ein wichtiges Thema sein, das der Projektkoordinator immer wieder auf die Tagesordnung setzen sollte.

Es soll hier ausreichen, sich auf einige wesentliche Aspekte zu beschränken, die in der Standard-KLR angesprochen und bei vergleichbaren Projekten erfolgreich angewendet worden sind:

Projektlogo

Warum nicht ein Logo für ein behördeninternes Projekt? Ein Logo wird helfen, um das Projekt sofort zu erkennen und sich über das Logo damit identifizieren zu können (vgl. z.B. das Projektlogo zur Standard-KLR). Ein Logo ist mit Hilfe des Microsoft-Programms „Power Point" und ein bißchen Kreativität schnell erstellt.

Auftaktveranstaltung/Personalversammlungen

Eine Personalversammlung ist ein probates Mittel, um per Einladung den Beginn des Projektes zu kommunizieren; sie gibt dem Behördenchef die Möglichkeit, sich im Kreis der Mitarbeiter mit dem Projekt zu identifizieren.

Auch (Teil-) Ergebnisse lassen sich gut auf einer Personalversammlung präsentieren, Mitarbeiter auf Probebetriebe vorzubereiten etc. Wichtig ist dabei, daß Behördenchef, Personalrat, Frauenbeauftragte an derartigen Veranstaltungen teilnehmen. Ebenso eignet sich eine Personalversammlung, um Mitarbeiter auf eine besondere Anstrengung im Projekt „einzuschwören".

Mitarbeitergespräche

Das Mitarbeitergespräch ist wahrscheinlich eine der effektivsten und effizientesten Kommunikationsarten, da – unabhängig davon, ob es in Einzelgesprächen oder in Referats- oder Abteilungsrunden erfolgt – über den Projektkoordinator oder die Mitglieder des Projektteams ein unmittelbarer Kontakt zu dem Projekt entsteht. Daher ist es auch wichtig, daß sich die Mitglieder des Projektteams schon frühzeitig als Multiplikatoren für die Kommunikation in ihren Organisationsbereichen verstehen und aktiv auf die Kollegen zugehen.

Sprechstunden/Hotline

Es ist wichtig, den Mitarbeitern zu vermitteln, daß das Projektteam als Ansprechpartner zur Verfügung steht, indem Sprechzeiten und/oder Hotline-Telefonnummern über Hausmitteilungen, Mitarbeiterzeitungen, o.ä. bekanntgegeben werden.

Workshops

Im Gegensatz zu den Personalversammlungen sollen in den Workshops gemeinsam mit späteren KLR-/Controllinganwendern Teilgebiete bearbeitet werden, z.B. zum Informationsbedarf hinsichtlich des Berichtswesens; zugleich wird den Teilnehmern dabei auch immer wieder der Projektstand kommuniziert, den sie ihrerseits als Multiplikator an Kollegen weitergeben können.

Informationsbrief/Mitarbeiterzeitung

Ein regelmäßig erscheinender Informationsbrief zu dem KLR-Einführungsprojekt bietet eine gute Möglichkeit, den Mitarbeitern neben aktuellen Informationen zum Projektstand auch Grundlagen über KLR und Controlling zu vermitteln. Auch Meinungsäußerungen der Mitarbeiter, des Behördenchefs (z.B. in Form eines Interviews oder eines offenen Mitarbeiterbriefs) oder von Mitgliedern des Projektteams können auf diese Weise in der Behörde bekannt gemacht werden (als Beispiel mag der im Rahmen des Projektes zur Standard-KLR an die Behörden verschickte Informationsbrief dienen).

Vorträge/Schulungen

Vorträge von „externen Fachleuten" und/oder Vertretern anderer Behörden, die von ihren Erfahrungen aus gleich gelagerten Projekten berichten, und können in Ergänzung zur Durchführung von Schulungsveranstaltungen dazu eingesetzt werden, Verständnis und Interesse für das Projekt zu wecken.

Infomarkt/Infoseminar

Ein Infomarkt/Infoseminar ist erst geeignet, wenn das Projekt fortgeschritten ist und sich etwas demonstrieren läßt. Dann bietet es sich an, verschiedene „Demonstrationsstände" zum Softwaresystem, zum Ablauf der Zeiterfassung, zu Fragen des Projektverlaufs etc. innerhalb der Behörde aufzubauen und Mitarbeitern und Gästen in „lockerer Form" das Projekt vorzustellen.

6. Die Konzeptionierung und Umsetzung der Controllingorganisation

Auch wenn man zu Beginn eines KLR-Einführungsprojektes noch nicht an die spätere KLR-/Controllingorganisation denkt, ist es ratsam, sich darüber rechtzeitig Gedanken zu machen; denn auch im Projektverlauf werden von der Entscheidung in dieser Frage andere Weichenstellungen beeinflußt.

Die KLR und das Controlling gehen von der Grundidee aus, daß durch sie eine Verlagerung der Ressourcenverantwortung auf die Ebene der Sachkompetenz erfolgt, da Führungskräfte durch das Instrumentarium der KLR/Controlling jederzeit in die Lage versetzt werden, die Ebene der Sachkompetenz zu steuern. Entsprechend soll auch die Disposition über die Ressourcen dezentral erfolgen. Daraus folgt, daß die KLR und das Controlling dezentral organisiert werden sollten.

Dennoch wird man dieses „organisatorische Endstadium" der KLR und des Controlling oft nicht sofort mit dem Eintritt in den Wirkbetrieb realisieren können. Stattdessen wird die Umsetzung der KLR-/Controllingorganisation stufenweise erfolgen müssen.

Entscheidet man sich langfristig für die dezentrale Organisationsform, weil es der Natur der KLR und des Controlling entspricht und für die Fortentwicklung der KLR zum Controlling eine entscheidende Voraussetzung ist, muß eine weitere Entscheidung getroffen werden.

Zu der dezentralen Controllingorganisation kann ein zentrales Stabscontrolling hinzutreten, oder es kann bei einem sog. Liniencontrolling verbleiben. Zur

Unterstützung dieser Entscheidung sind folgende Vor- und Nachteile gegeneinander abzuwägen:

Vorteile des Liniencontrolling
- keine zusätzliche Arbeitseinheit (z.B. im Büro/Planungsstab des Behördenchefs) oder Referat notwendig

Nachteile des Liniencontrolling
- Führung des dezentralen Controlling, das Filtern und Verdichten der Information aus Sicht der Behörde insgesamt muß von der Behördenleitung selbst wahrgenommen werden

Vorteile des Stabscontrolling
- Controllinginformationen gehören zur Führungsaufgabe und sollen Signalwirkung erzielen, weshalb ein direkter Zugang zur Behördenleitung gegeben und organisatorisch eingerichtet sein sollte
- Direkte Informationswege zur Sicherung einer schnellen und „ungefilterten" Informationsweitergabe und Entlastung der Führungsebenen, die sonst die Informationsverdichtung für den Behördenchef übernehmen müßten
- „Expertenkenntnis" in der Stabsstelle über KLR/Controlling kommt unmittelbar der Behördenleitung zugute (z.B. bei Analysen und Entscheidungsaufbereitungen)
- Abteilungsübergreifende Koordinationsaufgaben sind nicht an bestehende Hierarchien gebunden und können unbürokratisch erledigt werden

Nachteile des Stabscontrolling
- Möglicherweise neue Stelle, neues Referat

Unserer Meinung nach ergibt sich aus dieser Gegenüberstellung, daß die Vorteile für die Einrichtung eines dezentral organisierten Stabscontrolling überwiegen (vgl. dazu die schematisch dargestellte Übersicht einer „Ideal-Organisation" in Anlage Nr. 2).

Mögliche Realisierung der dezentralen Organisation mit Stabsstelle

Ein möglicher Ablauf, wie eine dezentrale Organisation mit Stabsstelle realisiert werden kann, läßt sich folgendermaßen darstellen:
- Während des Einführungsprojektes werden die konzeptionellen Arbeiten und die Implementierungsvorbereitungen im Projektteam, also zentral wahrgenommen.
- Dort wird auch möglichst bald entschieden, an welchen und an wie vielen Arbeitsplätzen die dezentrale Kostenerfassung in der KLR-Software erfolgt und welche Mitarbeiter dafür eingesetzt werden sollen.

- Das Projektteam bleibt zu Beginn des Wirkbetriebes zunächst noch einige Monate bestehen und übernimmt die KLR-/Controllingaufgaben; der Projektkoordinator behält die Führung und Verantwortung der ersten KLR-Ergebnisse

- In jeder Abteilung der Behörde werden dann „Abteilungscontroller" installiert und hierarchisch eingebunden (entweder beim Abteilungsleiter direkt oder in einem Grundsatz-/Fachreferat), die sowohl die Kostenerfassung in der Software als auch die Auswertungen und das Berichtswesen für ihre jeweilige Abteilung koordinieren und – je nach Ausmaß – auch übernehmen. Aus dem Projektteam werden sich die dafür geeigneten Mitarbeiter entwickeln. Die Abteilungen übernehmen die Ergebnisverantwortung.

- Gleichzeitig wird eine Stabsstelle für Controlling, die direkt dem Behördenchef unterstellt sein sollte, eingerichtet, für deren Leitung sich der Projektkoordinator nach dem formalen Abschluß des erfolgreichen Einführungsprojektes anbietet. Seine Aufgabe wird es sein, die Abteilungscontroller zu koordinieren und zu unterstützen; außerdem wird er der Controller für die Behördenleitung sein, indem er die KLR- und Controllingaufgaben für diesen Bereich übernimmt, z.B. Kostenerfassung, Berichtswesen, Analysen, Beratung. Für die Funktionsfähigkeit des Controlling in der gesamten Behörde übernimmt die Stabsstelle die Verantwortung.

- Dann folgt die „Vision": Wenn sich in einigen Jahren das „Know-how" hinsichtlich der KLR und des Controlling in der Behörde erweitert hat, weitere „Öffnungen" im Haushaltsrecht hin zur Budgetierung stattgefunden haben und die einzelnen Kostenstellen nach einer Verlagerung der Verantwortung verlangen, sollten die KLR- und Controllingaufgaben von der zentralen Organisation innerhalb der Abteilung auf die Kostenstellen nach und nach ausgedehnt werden; letztendlich wird dann in jeder Kostenstelle die Kostenerfassung, das Berichtswesen etc. selbst ausgeübt.

Die Abteilungscontroller werden dann überflüssig. Die Stabsstelle wird stattdessen alle Kostenstellen hinsichtlich eines reibungslosen Controllingbetriebes zu koordinieren haben.

Mögliche Tätigkeiten für den Ablauf des Controlling in der Behörde

Die Aufgabenbereiche der einzelnen am KLR-/Controllingbetrieb beteiligten Mitarbeiter lassen sich folgendermaßen darstellen:

Behördenleitung:
Gesamtverantwortung für Planung, Steuerung und Kontrolle; Rückmeldung z.B. in Form von Berichten

Abteilungsleitung:
Abteilungsbezogene Gesamtverantwortung für die KLR-Planung, KLR-Steuerung, KLR-Kontrolle; Bericht über die Wirtschaftlichkeitsentwicklung in der Abteilung an die Behördenleitung; Abteilungsinterne Organisation der Controllingaufgaben

Stabsstelle Controlling:
Anleitung und Unterstützung der Fachabteilungen; Etablierung der Controllingverfahren mit einheitlichem Standard; Zusammenfassung und Aufbereitung der Einzelplanungen aus den Abteilungen zu einer Gesamtplanung für die Behördenleitung; Überwachung der Eingabe der Plandaten; Konsolidierung der Einzelberichte zu Gesamtergebnissen; Statistiken und Sonderanalysen zu abteilungsübergreifenden Themenstellungen; Berichtswesen und Entscheidungsvorbereitung für die Behördenleitung; Fortentwicklung des Berichtswesens durch Erprobung neuer Kennzahlen; Initialisierung und Koordinierung weiterer Schulungsmaßnahmen für die Behördenmitarbeiter zur Weiterverbreitung der Controllingphilosophie; Entwicklung eines strategischen Controlling für die Behördenleitung
(geschätzter Aufwand: insgesamt 2 Mitarbeiterjahre)

Abteilungscontrolling:
Koordinierung und Durchführung der Kosten- und Produktplanung; Eingabe in die KLR-Software; Budgetzuweisung, -verschiebung und -kontrolle; Koordinierung der Kostenbuchungen in der Abteilung; Fertigung und Abrufung der Standard- und Ad hoc -Berichte für die Abteilung; Mitwirkung bei der Fortentwicklung der verursachungsgerechten Verteilschlüssel im Rahmen der innerbehördlichen Leistungsverrechnung; Abteilungsinterne Abweichungsanalysen, Hochrechnungen, Frühwarnsysteme; Entscheidungsvorbereitung und Berichtswesen für die Abteilungsleitung; Allgemeine Ansprech- und Unterstützungsstelle für alle Fragen der KLR und Controlling in der Abteilung; Anwendungsadministration für die KLR-Software durch einen der Abteilungscontroller
(geschätzter Aufwand: 0, 5 Mitarbeiterjahre pro Abteilung)

Erfassung:
Allgemeine Kostenerfassung in der KLR-Software, wie Belegkontierung (Aufträge und Rechnungen), Mengenerfassung, evtl. Personalkostenerfassung (Zeiterfassungsbelege), evtl. Ergänzungsbuchungen, Ausbuchung der Belegkontierung, u.ä.
(geschätzter Aufwand: stellenneutral, da Tätigkeiten bisher auch wahrgenommen wurden, evtl. zusätzliche Kräfte bei zentraler Personalkostenerfassung, vgl. S. 87)

übrige Kostenstellen:
Durchführung und Koordinierung der Zeiterfassung in der Kostenstelle; Kostenerfassung (zukünftig); eigenes Berichtswesen (zukünftig); Berichtsempfänger (kein Mehraufwand durch Controlling)

Haushalt:
Haushaltsplanung; Überwachung der haushaltsmäßigen Umsetzung der produktorientierten Planungsansätze; allgemeine Angelegenheiten des Haushaltsvollzuges
(geschätzter Aufwand: wie bisher, evtl. weniger)

Der zusätzliche Aufwand an Stellen wird schon dadurch zu kompensieren sein, daß einige bisher wahrgenommene Aufgaben in den Abteilungen (z.B. Haushaltsplanung, Haushaltsvollzug) durch das System der KLR mit abgedeckt werden; diese Aufgaben sind daher nicht völlig neu, sondern sie werden im wesentlichen nach einem neuen System erledigt.

Es gibt viele Wege für eine funktionierende Controllingorganisation; jede Behörde wird daher für sich entscheiden müssen, welchen Weg sie beschreitet. Die Empfehlungen in diesem Buch resultieren aus positiven Erfahrungen in Modellprojekten. Je mehr Behörden den Weg der KLR und des Controlling gehen, desto umfassender werden sich Erkenntnisse und Erfahrungen darstellen, von denen auch andere profitieren können.

7. Die Pilotbetriebe und Pilotimplementierungen

Unter einem *Pilotbetrieb* verstehen wir den Testlauf eines bestimmten Moduls und/oder Teils des zu implementierenden KLR-/Controllinggesamtsystems. Ob und in welchem Ausmaß Pilotbetriebe vor der tatsächlichen „Inbetriebnahme" des KLR-/Controllingsystems sinnvoll oder sogar unabdingbar sind, wird von zahlreichen Faktoren und Bedingungen abhängen.

Erfahrungsgemäß werden sich viele Probleme, die im sog. „Wirkbetrieb" auftreten, auch nicht durch einen vorgelagerten Pilotbetrieb vermeiden lassen. Aus Gründen der Akzeptanz bei den Behördenmitarbeitern kann es aber ratsam sein, den einen oder anderen Probebetrieb durchzuführen. Beispielsweise kann ein Testlauf zur Zeiterfassung, bei dem ein Referat jeder Abteilung ein bis zwei Monate das Konzept erprobt, die größten Ängste nehmen; Voraussetzung dafür ist allerdings, daß man die Erkenntnisse aus einem solchen Probebetrieb allen zugänglich und verständlich macht (z.B. in einem Infobrief).

Weiterhin spricht auch der Zeitfaktor gegen einen Probebetrieb; er müßte, um eine gewisse Aussagekraft entfalten zu können, über eine längere Periode durchgeführt werden. Dazu wird jedoch kurz vor dem Beginn des Wirkbetriebes in der Regel die Zeit fehlen.

Etwas anderes gilt dann, wenn bereits bei Aufstellung des Implementierungsplans ein oder zwei Bereiche für einen Pilotbetrieb eingeplant worden sind. Dafür bieten sich die Zeiterfassung und der künftige „Zahllauf" (eventuell sogar unter Einbeziehung der Bundeskasse) in besonderer Weise an.

Unter *Pilotimplementierungen* verstehen wir die tatsächliche Inbetriebnahme (Wirkbetrieb) des gesamten KLR-/Controllingsystems in bestimmten, genau abgegrenzten Organisationsbereichen einer Behörde über einen längeren Zeitraum (z.B. 1 bis 2 Jahre); die sich daraus ergebenden Erkenntnisse sollen dann auf einen in Aussicht gestellten Wirkbetrieb der ganzen Behörde übertragen werden (dazu auch *Buchholtz/Meierhofer*, Kosten- und Leistungstransparenz, S. 180).

Ob Pilotimplementierungen sinnvoll sind und zunächst durchgeführt werden sollen oder ob die KLR sofort flächendeckend eingeführt wird, ist eine Führungsentscheidung. Sie hängt davon ab, inwieweit die Behördenleitung bestimmte Bereiche als besonders „KLR-geeignet" ansieht. Auch die Größe und eine große Aufgabenvielfalt können für eine Pilotimplementierung sprechen, schon um die Laufzeit des Einführungsprojektes überschaubar zu halten.

Dem Erfahrungsgewinn einer Pilotimplementierung steht gegenüber, daß die Philosophie der KLR und des Controlling nur sehr viel langsamer auf die gesamte Behörde übergreifen kann; auch werden die Erkenntnisse nicht immer auf andere Bereiche übertragbar sein.

Jedenfalls kann man feststellen, daß Pilotimplementierungen dann nicht erfolgversprechend sind, wenn gerade „schwierige" Bereiche ausgeklammert werden; schon gar nicht sollte man in der Verwaltungsabteilung beginnen, nur weil sich für diesen Bereich die meisten Beispiele in den einschlägigen Lehrbüchern finden.

8. Der Implementierungsplan

Schon mehrfach war von dem Implementierungs-, Einführungs-, Projekt-, Arbeits- und Terminplan die Rede. Für ein modernes Projektmanagement und ein Projekt von einer Laufzeit von 1 bis 2 Jahren ist ein solcher Implementierungsplan unerläßlich.

Wichtig erscheint die Festlegung eines Starttermins für den Wirkbetrieb, um ein Ziel zu haben, auf das man hinsteuert. Soweit möglich, sollte ein Termin zum Beginn eines Geschäftsjahres gewählt werden.

Im Handbuch der Standard-KLR (S. 11-15) ist ein Implementierungsplan enthalten. Seine Übertragung auf die Behörde, seine Überwachung und laufende Anpassung an die tatsächlichen Gegebenheiten ist eine der typischen Aufgaben des externen Beraters. Steht er nicht zur Verfügung, wird es die Aufgabe des Projektkoordinators sein, einen Implementierungsplan mit dem Projektteam abzustimmen und auf seine Einhaltung hinzuwirken.

Sobald die Entscheidung hinsichtlich der zu beschaffenden Software gefallen ist und die „Anpassungsberater" der Softwarefirma zu dem „erweiterten" Projektteam stoßen, müssen die Implementierungspläne der Behörde und der Softwarefirma aufeinander abgestimmt werden.

Wie der Implementierungsplan erstellt wird – ob mit Word, Excel, MS Project oder einem anderen Softwareprogramm – ist nicht entscheidend; wichtig ist, daß er schriftlich fixiert und laufend angepaßt wird, damit die Mitglieder des Projektteams ständig über den Projektstand informiert sind. Oberstes Gebot für den Projektkoordinator ist es, auf die Einhaltung des Implementierungsplans zu achten. Er muß jederzeit wissen, wo die Behörde im Projektverlauf steht und ob sie im Plan liegt.

9. Schnelle Erfolge?

Denken wir noch einmal an die Privatwirtschaft und „spinnen" das bereits erwähnte Beispiel weiter:

Der Chef des Unternehmens hatte sich für die Einführung des Controlling entschieden, den Leiter des Rechnungswesens zum Projektkoordinator bestimmt und ihm zur Motivation sofort eine Gehaltserhöhung von 500 DM pro Monat zugesagt. Der Leiter des Rechnungswesens ließ als erstes ein neues Türschild mit der Bezeichnung „Chef-Controller" anbringen. Dann beschloß er, daß er jetzt wohl noch mehr rechnen müsse, um seine Gehaltserhöhung zu rechtfertigen. Sonst machte er nichts; die übrigen Mitarbeiter hielten noch weniger von ihm und änderten auch nichts.

Als der Chef nach einem Jahr fragte, welche Erfolge denn das Controlling gebracht habe, konnte der Leiter Rechnungswesen nur vermelden, daß 6000 DM (Gehaltserhöhung) zusätzlich ausgegeben worden seien. Der Chef war entsetzt, und der Leiter Rechnungswesen schlug die Anschaffung einer Controllingsoftware vor, nach dem Motto: Wenn wir eine Software haben, haben wir auch Controlling. Das Resultat waren noch höhere Kosten, ohne daß sich etwas verändert hatte.

Was wurde dabei völlig vergessen?

Die Idee der KLR und des Controlling hatte gelitten, weil der Chef nicht erkannt hatte, daß alle Mitarbeiter die Philosophie leben müssen und es nicht reicht, daß man eine Person dazu bestimmt, Controlling zu machen und Investitionen zu tätigen.

Das vorausgeschickt, sollte bereits in die Projektüberlegungen einfließen, daß die KLR und das Controlling keine Erfolge hinsichtlich Effizienz-, Effektivitäts- und Wirtschaftlichkeitssteigerungen „über Nacht" erringen können. Es bedarf eines „langen Atems", bis Erfolge sichtbar werden.

Andererseits wird man – schon aufgrund der für die Einführung geleisteten Investition von Sach- und Personalkosten – bald nach dem Wirkbetrieb fragen, welche Erfolge gegengerechnet werden können.

Dies wird nicht immer in DM-Beträgen (für eine Vergleichbarkeit) möglich sein, denn: Wie bemißt man „Motivation", „Mitarbeiterzufriedenheit", „Eindämmung der Produktpalette" etc., d.h. die zunächst wahrscheinlichsten Erfolge bei der Controllingeinführung?

Warum ist es so schwer, schnelle Erfolge mit der KLR und dem Controlling zu erzielen?

Zunächst sind die praktischen Schwierigkeiten zu nennen, wie anfängliche Probleme beim Umgang mit der neuen KLR-Software, die es zunächst auszuräumen gilt und die viel Zeit am Anfang kosten können. Dann wird man einen längeren Zeitraum abwarten müssen, bis die ersten verläßlichen und aussagekräftigen Daten zur Verfügung stehen. Die interne Überzeugung bei den Mitarbeitern wird noch viel länger dauern.

Es gibt jedoch keine Alternative zu diesem mühsamen Beginn: Die KLR und das Controlling basieren darauf, daß alle Mitarbeiter die KLR und das Controlling annehmen, an ihre Wirksamkeit glauben und beides ernsthaft betreiben. Die KLR und das Controlling sind nur die Instrumente für die Reformwilligkeit und Reformfähigkeit einer Behörde. Letztlich müssen die Mitarbeiter – vom Sachbearbeiter bis zum Behördenchef – diesen Gedanken tagtäglich berücksichtigen, umsetzen und ihre täglichen Aufgaben laufend hinterfragen.

Macht man sich dies bewußt, kann man von KLR und Controlling keine „Wunderdinge" innerhalb eines kurzen Zeitraums verlangen; beide müssen erst allmählich in der Behörde Tritt fassen und können als Führungsinstrumentarien die Reformfähigkeit unterstützen. Voraussetzung für das Gelingen ist jedoch – wie bisher schon – Mut und Führungsstärke für die Umsetzung der Veränderungen.

Das sollte insbesondere von den Führungskräften, aber auch vom Projektkoordinator schon beim Einführungsprozeß der KLR/des Controlling beachtet werden.

III. Der Vorteil vom modularen Aufbau der Kosten- und Leistungsrechnung – Teilprojekte –

Wir hatten bereits davon gesprochen (S. 33 f.), daß sich für die Organisation der Sacharbeit im Projektteam die Bildung von themenbezogenen Teilprojekten anbietet. Nachfolgend wollen wir darstellen, welche Bezeichnungen und Inhalte die einzelnen Teilprojekte haben könnten.

Die Auswahl erfolgt natürlich nicht willkürlich, sondern orientiert sich an der Standard-KLR. Dort finden Sie eine Abbildung (S. 19) mit der Überschrift „Der modulare Aufbau der Standard-KLR schafft die Basis für eine flexible Anpassung an Ressortanforderungen und eine schnelle IT-Realisierung", in der die Module dargestellt sind, aus denen sich die Standard-KLR zusammensetzt.

Allen wesentlichen Modulen wird im folgenden ein Teilprojekt zugeordnet. Die Überschriften der folgenden Kapitel sind gleichzeitig mögliche Bezeichnungen für die einzelnen Teilprojekte (z.B. Teilprojekt „Produktbildung"). Die Reihenfolge der Darstellung orientiert sich an der logischen Abfolge im KLR-Einführungsprojekt, auch wenn grundsätzlich mit allen Teilprojekten gleichzeitig angefangen werden kann.

Das heißt: Die nachfolgenden Kapitel wollen beschreiben, was Sie in Ihrer Behörde „handwerklich" an Voraussetzungen schaffen müssen, damit Sie eine Kosten- und Leistungsrechnung „ans Laufen bringen". Anders ausgedrückt: Wir befassen uns zunächst mit der Installation aller notwendigen Komponenten oder Funktionen des Systems.

Wenn wir in diesem Zusammenhang von „Kosten- und Leistungs*rechnung*" sprechen, trägt dieser Begriff aus der Betriebswirtschaftslehre vielleicht eher zur Verwirrung bei. Zunächst einmal gibt es nichts zu „rechnen", sondern es geht schlicht darum, die Möglichkeit zu schaffen, Zahlen aufgrund einer bestimmten Systematik erfassen zu können.

Wie diese Zahlen dann später zueinander ins Verhältnis gesetzt werden, ist eine Frage der Anwendung. Es gibt nicht *die* KLR, sondern jede Behörde muß für sich spezifische Ziele definieren, die sie mit der Einführung einer KLR verfolgt. Aus den Zielen leiten sich dann die Rechnungssysteme ab, auf die wiederum die „KLR-Tool-Box" zur Anwendung kommt. Lassen Sie sich am Anfang durch betriebswirtschaftliche Fachausdrücke nicht abschrecken. In der Standard-KLR ist Teil III.1. (Grundsätze und Leitlinien einer standardisierten KLR, S. 17-41) deswegen so schwierig, weil dort das Gerüst der Standard-KLR in einer Sprache erläutert wird, die für den Nicht-Fachmann nur sehr schwer verständlich ist. Ihnen diesen Abschnitt gleichwohl anschaulich und verständlich zu machen, ist in diesem Buch Aufgabe des Zweiten Teils, S. 138 ff.

Zum Verständnis des folgenden Kapitels reicht es völlig aus, wenn Sie die Kosten- und Leistungsrechnung als eine systematische Erfassung von Zahlen oder als eine zweckneutrale Grundrechnung begreifen. Das bedeutet, daß die DV-mäßige Seite so ausgestaltet sein muß, daß Voll- und Teilkostenrechnungen parallel und jederzeit möglich sind.

Die Vollkostenrechnung basiert auf einer Unterscheidung der Kosten in Einzel- und Gemeinkosten. Sämtliche angefallenen Kostenarten werden auf die Kostenträger weiterverrechnet, und zwar die Einzelkosten direkt, die Gemeinkosten indirekt über die Kostenstellenrechnung.

Um die Genauigkeit der Kostenverrechnung auf die Kostenträger zu steigern, hat man die Prozeßkostenrechnung entwickelt. Sie stellt kein neues Kostenrechnungssystem dar, sondern ist eine Ergänzung und Erweiterung der Vollkostenrechnung.

Der Ansatz der Teilkostenrechnung ist die Einteilung der Werteverzehre in fixe und variable Kosten. Auch die Teilkostenrechnung geht von der Gliederung in Kostenarten, Kostenstellen und Kostenträgern aus, die fixen Kosten werden aber nicht über Umlagen auf die Produkte weitergewälzt, sondern dem Grunde nach beschränkt sich die Kostenkontrolle auf die beeinflußbaren variablen Kosten.

Sowohl die Vollkosten- wie die Teilkostenrechnung ist möglich auf der Basis von Ist-, Normal- oder Plankosten.

Schon wieder BWL-Fachbegriffe, werden Sie sagen. Aber keine Bange: An dieser Stelle sollen Sie sich nur darüber klar werden, daß man Kosten nach ganz unterschiedlichen Differenzierungen betrachten kann. Was die Begriffe im einzelnen bedeuten und welche Rolle sie im System einer KLR spielen, ist Gegenstand der Darstellung im Dritten Teil, S. 214 ff.

Damit hoffen wir, Ihnen die unterschiedlichen Sichtweisen und die Systematik der Darstellung zwischen dem Ersten, Zweiten und Dritten Teil dieses Buches verständlich gemacht zu haben, und können uns jetzt den einzelnen Funktionen oder Modulen der Standard-KLR zuwenden.

1. Die Produktbildung

1.1 Das psychologische Problem des Produktansatzes

In der Betriebswirtschaft sind Produkte „das Ergebnis einer bestimmten Abfolge von vorher definierten Aktivitäten (Arbeitsschritten) mit einem definierbaren Wert oder Nutzen für den Empfänger". Der Begriff „Produkt" mag in der Sprache der Verwaltung noch fremd klingen; wir sind aber davon überzeugt, daß die Produktsicht auch für die (Dienst-)Leistungen der öffentlichen Verwaltung der richtige Weg ist.

Die Standard-KLR (S. 63 ff.) sieht vor, daß Sie zu Beginn der KLR-Einführung einen umfassenden Katalog aller Produkte in Ihrer Behörde erstellen. Offenbar bestehen aber bei den Mitarbeiterinnen und Mitarbeitern in der öffentlichen Verwaltung Vorbehalte, ihre Tätigkeit als einen „Produkterstellungsprozeß" zu verstehen und sich damit anzufreunden, daß das Ergebnis ihrer Tätigkeit „Produkt" genannt wird. Deswegen ist es im Teilprojekt „Produktbildung" neben der „handwerklichen" Expertise bei der Aufstellung des Produktkatalogs Ihre wichtigste Aufgabe, den neuen Denkansatz begreiflich zu machen, der hinter der Produktsicht steht.

Wir müssen uns von der liebgewordenen Vorstellung verabschieden, daß Verwaltungshandeln einzigartig sei und sich nicht systematisch erfassen lasse. Das Gegenteil ist richtig: Verwaltungshandeln läßt sich beschreiben, die Tätigkeiten und ihre Ergebnisse sind meßbar, und ganz besonders wichtig ist die Erkenntnis: Verwaltungshandeln findet nicht im „luftleeren" Raum statt.

Dagegen wird häufig eingewandt, daß Verwaltungshandeln wegen der politischen Ausrichtung der Aufgaben für die Produktsicht ungeeignet sei. Dazu ist zu sagen:

Die Standard-KLR hat als Ergebnis vergleichender Untersuchungen einen Katalog von Aufgabenschwerpunkten in der Bundesverwaltung zusammengestellt. Diese Aufgabenschwerpunkte sind einer von drei möglichen Kategorien zugeordnet – Projekttätigkeit, Auftragstätigkeit oder repetitive Tätigkeit. Die politischen Aufgaben (z.B. Strategien, Konzepte, Normsetzung) fallen unter die anspruchsvolle Projekttätigkeit (grundsätzlich unterschiedliche Tätigkeiten mit individueller Aktivitätenfolge und Bearbeitungszeit).

Damit ist zum einen festzustellen, daß die politischen Aufgaben nur einen Teil des gesamten Aufgabenspektrums ausmachen. Es ist die bei der Erarbeitung eines Produktkatalogs vielleicht schmerzlichste Erkenntnis, daß selbst in einem Ministerium der Alltag bestimmt ist von wiederkehrenden oder grundsätzlich ähnlichen Tätigkeiten, deren Anfall im vorhinein absehbar ist.

Zum anderen gilt aber auch für die Projekttätigkeit, daß sie – ganz im Sinne obiger Definition – eine Leistung darstellt, die für einen Dritten innerhalb oder außerhalb der Behörde erbracht wird. Insoweit ist auch das Ergebnis der Projekttätigkeit ohne weiteres als Produkt zu erfassen.

Die Frage ist lediglich, inwieweit bei der politisch ausgerichteten Projekttätigkeit die Produktsicht einen Erkenntnisgewinn bringt. Das Problem liegt deswegen nicht bei der Produktdefinition, sondern bei der Bestimmung geeigneter Qualitäts- und Wirkungsindikatoren. Wir werden später noch darüber zu sprechen zu haben, daß wir hier in einen schwierigen Bereich vorstoßen, auf dem bisher wenig Vorarbeit geleistet ist. Insoweit wird die „operationale" Beschreibung der politischen Aufgaben am Anfang besonders schwerfallen, und es ist unschädlich, wenn sie zunächst zurücksteht, bis man in anderen Bereichen Erfahrung gesammelt hat.

Nur ist davor zu warnen, die Einführung einer KLR auf Dauer in eine „Schieflage" zu bringen: Es kann nicht angehen, daß man Tätigkeiten, die – wie beispielsweise die Erstellung eines Beihilfebescheides – einfach zu erfassen sind, im System abbildet und einer Effizienzprüfung unterwirft, während abstrakte Tätigkeiten des Nachdenkens und Forschens „außen vor bleiben". Es wäre ein Irrtum zu glauben, daß eine Tätigkeit, nur weil sie besonders kreativ ist, sich nicht erfassen ließe und es gar verboten wäre, nach ihrer Effektivität zu fragen. Gerade die anspruchsvolle Tätigkeit sollte auf eine Wirkung abzielen. Und einmal mehr stellt sich die Frage, wie diese Wirkung zu messen ist.

Der Produktkatalog ist die Summe vieler einzelner konkreter Verwaltungsleistungen. Wenn die Mitarbeiterinnen und Mitarbeiter zum ersten Mal vor der Aufgabe stehen, diese Leistungen in einem Produktkatalog beschreiben zu sollen, werden Sie möglicherweise das Gefühl haben, daß ihre Behörde „unendlich" viele Leistungen erbringt. Der erste Anlauf bei der Aufstellung eines Produktkatalogs wird deshalb mit großer Wahrscheinlichkeit zu einer überdimensionalen Bestandsaufnahme des Verwaltungshandelns führen.

Diesem ersten Entwurf merkt man dann aber sehr schnell an, daß er nicht „rund" ist. Ihn in sich stimmig zu machen, hat eine emminent wichtige Funktion: Es zwingt nämlich zu der Auseinandersetzung mit der Frage: Was machen wir eigentlich in unserer Behörde? (vgl. dazu *Schöneich*, Produkte – und was dann?, in: der städtetag, 6/1996, S. 451 f.). Richtig verstanden, ist das eine Frage nach der Ausrichtung der Behörde und ihrer Existenzberechtigung. Es genügt also nicht, festzustellen, daß wir die Leistungserstellung in der Behörde optimal organisiert haben, sondern wir müssen die Leistungen danach betrachten, ob sie noch wirksam sind, um den Menschen etwas zu bieten.

Oft unterscheiden sich die Eigenwahrnehmung des Produkts (was beispielsweise die Güte einer erbrachten Leistung anbelangt) von der Kundenwahrnehmung (wie hoch der Kunde den Nutzen einschätzt). Maßgeblich ist bei der Produktdefinition allein und ausschließlich die Kundensicht, da die Verwaltung nicht Selbstzweck ist, sondern sich nur aus ihrer Servicefunktion gegenüber ihren Kunden rechtfertigt. Ein Produkt hat deswegen immer einen Auftraggeber oder Besteller, der außerhalb des eigenen Verantwortungsbereichs liegt. Das heißt nicht notwendigerweise außerhalb der Behörde. Wie wir noch sehen werden, kann der Auftraggeber auch aus einem anderen Bereich derselben Behörde kommen.

Gefordert ist also eine Ausrichtung auf die Kunden öffentlicher Institutionen anstelle eines Leistungsdiktats. Aber: Wenn wir einmal selbstkritisch fragen, ob wir die Kundenorientierung wirklich für die tägliche Arbeit verinnerlicht haben, so erscheinen Zweifel angebracht. Sicherlich wird niemand mehr dem Grunde nach bestreiten, daß sich der öffentliche Dienst nur aus seiner Servicefunktion heraus legitimieren kann. Aber welchen Service wir erbringen und vor allem, wie wir ihn erbringen, das wollen wir doch, bitte schön, selbst bestimmen. Da könnte ja jeder kommen ...

Wir brauchen uns nur eine Beobachtung aus dem privatwirtschaftlichen Bereich vor Augen zu führen: Die Kunden verhalten sich nicht gleich, sondern jeder hat seine eigenen Vorstellungen, seinen eigenen Stil. In der Industrie hat das bereits Folgen. Die Autohersteller planen, daß in einem zeitlichen Rahmen von etwa fünf Jahren jeder sein Unikat von Auto fahren kann und trotzdem noch hohe Fertigungszahlen möglich sind.

Auch der Bürger als Kunde der Verwaltung hat diese individuellen Ansprüche. Sind wir als Verwaltung dann differenziert genug, diese individuellen Wünschen erfüllen zu können – oder lehnen wir das mit dem Hinweis ab, daß nur ein Anspruch auf eine Normleistung besteht? Wenn wir es mit der Servicefunktion ernst meinen, dann müssen wir akzeptieren, daß die maßgebliche Beurteilung über die Qualität der Leistung nicht mehr beim Beamten liegt, sondern daß darüber der Kunde entscheidet.

Kritische Menschen stellen Leistungen in Frage. Zur Zeit machen wir die Erfahrung, daß der Kunde der Verwaltung nicht nur kritisch, sondern extrem kritisch gegenübertritt. Aufgabe der Verwaltung muß es deshalb sein, aus einem kritischen Kunden wieder einen zufriedenen Kunden zu machen.

Für die Bürger- oder Kundenorientierung gibt es in der Betriebswirtschaft den korrespondierenden Begriff des Marketing. Marketing bedeutet, sich nicht über sich Gedanken zu machen, sondern über den anderen außerhalb des Unternehmens. Und wir gehen heute so weit, daß wir sagen, in dem Unternehmen Verwaltung müssen sich nicht einige wenige bürgerorientiert verhalten, sondern alle.

Was eine Behörde auszeichnet, ist nicht, daß sie eine Struktur hat, sondern was sie an Leistung erbringt. Warum haben die Bürger in Deutschland so große Schwierigkeiten mit ihrer Verwaltung? Wir glauben: weil die meisten Bürger die Leistungen oder Produkte der Verwaltung gar nicht kennen.

Bereits eine Kleinstadt erbringt um die tausend Produkte. Der Produktkatalog Ihrer Behörde wird, so haben wir es eingeschätzt, umfangreich, vielleicht im ersten Anlauf zu umfangreich sein. Aber wenn Sie auf die Straße gingen und den Bürger fragten, was seiner Meinung nach in Ihrer Behörde alles getan wird, die meisten würden Ihnen antworten: „Das möchte ich auch gerne wissen."

Genau das ist das Problem: Immer wenn die Kunden nicht wissen, was die Verwaltung leistet, dann kritisieren sie, daß die Verwaltung ineffektiv und zu teuer sei. Deswegen muß man im Sinne des Marketing gegenlenken und die Leistung der Verwaltung transparent machen.

Deswegen ist der Produktansatz so wichtig. Er macht nicht nur klar, daß die Produkterstellung die wichtigste externe Funktion einer Verwaltung ist, sondern auch, daß die Produkte das zentrale Bindeglied der Verwaltung zu ihren Kunden sind. Wenn wir die Legitimationskrise der öffentlichen Verwaltung überwinden wollen, so ist eine überzeugende Produktpalette ein erster Schritt dazu.

Wenn die These von der Legitimation der Verwaltung über ihre Servicefunktion richtig ist, dann gilt das übrigens auch innerhalb der Verwaltung. Wie in einem Unternehmen gibt es auch innerhalb der Verwaltung „Kunden" und „Lieferanten".

Deswegen sieht die Standard-KLR die Definition sogenannter interner Produkte vor. Letzten Endes sollen alle Kosten den externen Produkten zugerechnet werden. Dazu werden behördeninterne Leistungen typischerweise im Rahmen der Kostenstellenrechnung an die externen Produkte nach Maßgabe ihrer Inanspruchnahme oder nach pauschalen Schlüsseln weiterbelastet.

Dieses Überwälzen der Kosten könnte auch im Wege einer reinen Verrechnung erfolgen, das System einer KLR setzt die Bildung von internen Produkten nicht zwingend voraus.

Gleichwohl halten wir – mit der Standard-KLR – die Aufnahme interner Produkte für sehr sinnvoll. Auch die Mitarbeiterinnen und Mitarbeiter, die diese internen Produkte erstellen, sehen das Ergebnis ihrer Tätigkeit in der KLR abgebildet. Das beugt dem Gefühl vor, sich gegenüber den Verantwortlichen externer Produkte als Mitarbeiter zweiter Klasse zu fühlen und fördert insgesamt die Akzeptanz.

Durch die „Zwischenschlüsselung" auf interne Produkte werden die Kosten behördeninterner Leistungen transparent. Das hat zum Ziel, daß sich die internen Servicestellen eng an den Bedürfnissen ihrer behördeninternen Nachfrager ausrichten. So geht es beispielsweise nicht an, daß ein IT-Referat in eigener Machtvollkommenheit bestimmt, welches System für die Benutzer das geeignetste sei. Vielmehr hat es sich an den Wünschen und Bedürfnissen der Nutzer zu orientieren, die möglicherweise weniger Wert auf technische Perfektion als beispielsweise auf Benutzerfreundlichkeit legen.

Die behördeninternen Nachfrager wiederum sollen lernen, mit der Inanspruchnahme der internen Leistungen sparsam umzugehen. Die Inanspruchnahme verursacht Kosten – entgegen dem verbreiteten Glauben, intern seien die Ressourcen doch „eh' da".

In einer vielleicht nicht allzu fernen Zukunft werden sicherlich mit den internen Serviceeinheiten Zielvereinbarungen bzw. Kontrakte abgeschlossen werden. Darin werden Mengen- und (Verrechnungs-)Preisfestlegungen getroffen. Wenn dann die Möglichkeit besteht, bestimmte Leistungen alternativ auch von Externen zu beziehen, muß die Serviceinheit genau kalkulieren, um ihre Produkte noch „absetzen" zu können.

1.2 Die Erstellung des Produktkatalogs

Die Erstellung des Produktkatalogs vollzieht sich grundsätzlich in folgenden Schritten:
- Übernahme und Ergänzung der Produkte des allgemeinen Verwaltungsbereichs – oder –
- Entwicklung der fachlichen Produkte: Erste Erhebung von Produktbereichen, Produktgruppen, Produkten/Projekten, Aktivitäten, Prozeß-Ablaufanalysen
- Überprüfung der Plausibilität
- Erstellung des Produktkatalogs nach Standardvorgabe

Im Ergebnis soll ein umfassender, hierarchisch gegliederter Produktkatalog entstehen, der sich an den Spezifika der einzelnen Behörde orientiert und geeignete Zähl-, Meß- und Qualitätsstandards je Produkt bereithält. Die Produkte bilden die unterste Ebene im Rahmen der Steuerung.

Deshalb müssen Sie sich von Anfang an darüber klar werden, welchen Detaillierungsgrad Ihre Produkte aufweisen sollen. Wir hatten schon davon gesprochen, daß Ihr Produktkatalog im ersten Anlauf wahrscheinlich völlig überdimensioniert aussehen wird.

Hier liegt ein Zielkonflikt: Der einzelne Mitarbeiter wird wenig Neigung haben zu abstrahieren, sondern wird das Ergebnis seiner Tätigkeit als ein eigenes, als „sein" Produkt im Produktkatalog wiederfinden wollen. Je umfangreicher aber der Produktkatalog ausfällt, um so unübersichtlicher ist er natürlich und schränkt seine Brauchbarkeit für die Steuerung der gesamten Behörde ein.

Nehmen Sie beispielsweise das Produkt „Broschüre" bei einer Behörde, die für ihre Öffentlichkeitsarbeit eine Reihe von Darstellungen publiziert. Die einzelnen „Titel" unterscheiden sich untereinander nach Themenstellung, Zielgruppe, Gestaltung, Auflage und Abstimmungsaufwand mit anderen Stellen, aber auch nach Zulieferern wie Texter, Übersetzer, Redakteure und Autoren.

Je nach individueller Sichtweise und abhängig davon, worauf sich die Steuerung beziehen soll, haben Sie zwei Möglichkeiten:

Um die einzelne Broschüre in ihrer jeweiligen Eigenart beschreiben und den Aufwand bei ihrer Erstellung abbilden zu können, kann es sinnvoll sein, jeden einzelnen Titel als Produkt zu definieren.

Es kann andererseits beabsichtigt sein, Printmedien als Einheit beispielsweise im Gegensatz zu elektronischen Medien zu betrachten. Dann wäre es wahrscheinlich sinnvoll, alle hergestellten Broschüren unter dem Produkt Broschüre zusammenzufassen.

Um in diesem Fall dem Kostenstellenverantwortlichen die Möglichkeit der Differenzierung und der Feinsteuerung zu erhalten, bliebe nur die Möglichkeit, die einzelne Broschüre als Kostenträger unterhalb der Produktebene zu definieren, soweit das die KLR-Software zuläßt. Aus Gründen der konzeptionellen Klarheit ist aber einer Lösung der Vorzug zu geben, bei der Kostenträger und Produkt deckungsgleich sind.

Für die Steuerung ist nicht die Ebene unter dem Produkt wichtig, sondern entscheidend ist umgekehrt die Aggregierung der Produkte. Nur so läßt sich die Produktinformation empfängerorientiert verdichten. Wir werden im Kapitel Berichtswesen darauf zurückkommen, daß für den Kostenstellenverantwortlichen andere Informationen notwendig und geeignet sind als für den Abteilungsleiter oder die Amtsführung. Der Hierarchie in der Führung muß eine Berichtshierarchie entsprechen. So werden einzelne Produkte zu Produktgruppen und diese wiederum zu Produktbereichen zusammengefaßt.

Für den ersten Schritt bei der Produktbildung ist zu differenzieren: Aufgrund des bereits in der Standard-KLR vorgeschlagenen Produktkatalogs für die zentralen Verwaltungsaufgaben erfolgt die Produktbildung für den Bereich der allgemeinen Verwaltung in anderer, verkürzter Form gegenüber der Produktbildung bei den fachlichen Aufgaben.

Für die *fachbezogenen Produkte* muß man sich über die Aufgaben der Fachabteilungen klar werden. Diese Aufgaben können festgelegt sein in Gesetzen und Verordnungen, in der Vorbemerkung zu dem jeweiligen Einzelplan im Haushaltsplan, in internen Organigrammen, Geschäftsverteilungsplänen bzw. Organisationshandbüchern, Stellenbeschreibungen oder sonstiger Veröffentlichungen seitens der Behörde.

Das klingt sehr banal; die Frage, worauf sich die Aufgabenstellung einer Behörde gründet, kann aber häufig schon von den Mitarbeitern dieser Behörde nicht klar beantwortet werden. Um so schwerer tut sich ein externer Berater. Soll er verantwortlich bei der Erstellung des Produktkatalogs mitwirken, bedarf es großer Sorgfalt, ihn mit den Aufgaben der Behörde vertraut zu machen und bei ihm ein fundiertes Verständnis zu schaffen.

Sodann ist nachzuvollziehen, wie die Behörde ihre Aufgaben in die Praxis umsetzt oder „operationalisiert". Wenn die Aufgabe konkret ist, wird das relativ leicht fallen. Eine globale, sehr allgemein gehaltene Aufgabenstellung wird sich aber nur durch eine klare Zielbestimmung und eine klare Zielhierarchie fassen lassen.

Aus Gründen der Akzeptanz und zur Förderung der Mitarbeit bei der aufwendigen und anspruchsvollen Produktdefinition hat es sich als sinnvoll und erfolgversprechend erwiesen, von beiden Seiten der Hierarchie an die Produktdefinition heranzugehen: „Top-down" über Strukturierung einer Produktliste und Entwürfe von Produktsteckbriefen sowie „Bottom-up" über Beteiligung, Einbeziehung der Mitarbeiter und Kommunikation.

Ein ausgewähltes Team von Mitarbeitern, die Übersicht über die wesentlichen Tätigkeitsfelder der Behörde besitzen, sollte einen ersten Entwurf eines Produktkatalogs erstellen – gegebenenfalls in Zusammenarbeit mit dem externen Berater.

Bei der Identifizierung von Produkten ist der Weg vom Generellen zum Speziellen wahrscheinlich der einfachere. Man muß sich also zunächst über die Produktbereiche klar werden, unterteilt sie in Produktgruppen und konkretisiert die Gruppen schließlich mit den einzelnen Produkten.

Orientieren kann sich diese Projektarbeitsgruppe an der Standard-KLR. Um die Produktbildung zu erleichtern, wurden im Rahmen der Standard-KLR Hilfskriterien zur Produktbildung entwickelt.

Empfängersicht oder die Frage nach der Produktdefinition schlechthin: Welche Einzelleistungen und deren Zusammenfassungen wurden aus Sicht der maßgeblichen Empfängerseite als das „Verwaltungsprodukt" nachgefragt?

Differenziertheit: Anhand welcher Kriterien und Leistungsausprägungen unterscheidet sich ein Produkt von anderen Produkten bzw. Projekten? In diesem Zusammenhang wird abgefragt, inwieweit Leistungen einen inhaltlichen Zusammenhang aufweisen, der eine Zusammenfassung zu einem einheitlichen Produkt nahelegt (z.B. fachlich-sachlicher Zusammenhang, gleiche gesetzliche Grundlagen, gleiche Zähleinheit, gleiche durchschnittliche „Herstellkosten", einander zwingend ergänzende Teilergebnisse). Stichwort: Produktsortiment und Wiederholungsfähigkeit.

Spezifität: Welche Bezugsgrößen und Kennzahlen charakterisieren ein Produkt hinsichtlich Menge und Qualität?

Der Produktbildungsprozeß bei den Produkten für den Bereich der allgemeinen Verwaltung geht von den 48 Produkten aus, die in der Standard-KLR enthalten sind. Die Tätigkeit der Produktfindung beschränkt sich darauf, mit den betroffenen Arbeitseinheiten abzustimmen, ob der Standardkatalog im Interesse der Handhabbarkeit ausgeweitet oder zusammengezogen werden sollte. Unser Rat ist es, sich möglichst eng an den vorgegebenen Katalog anzulehnen. Welche Produkte aus Gründen einer besseren Steuerung behördenspezifisch noch aufzunehmen oder zu differenzieren sind, ergibt sich im Wirkbetrieb.

Die nach vorstehend beschriebener Methode identifizierten Produkte – und zwar die externen ebenso wie die internen – werden in einem ersten Entwurf eines Produktkatalogs zusammengefaßt. Dieser erste Entwurf sollte dann in einem zweiten Schritt allen Mitarbeitern vorgelegt werden, damit sie ihn für ihren konkreten Bereich auf Vollständigkeit und Praktikabilität überprüfen.

Statt dieser „Plausibilitätsprüfung" wäre es methodisch die sauberere Lösung, eine Zeit- und Mengenerhebung durchzuführen.

Bei diesem Verfahren müssen sie Parameter festlegen und bestimmte, wiederkehrende Aktivitäten rückwirkend für einen bestimmten Zeitraum, größenordnungsmäßig etwa ein Jahr, den Produkten zuschlüsseln. Die Zeit- und Mengenerhebung wäre dann so etwas wie ein Probelauf aus der Vergangenheit für die Zeitaufschreibung, wie sie die Standard-KLR in Zukunft verlangt.

Sie merken bereits, daß das Verfahren recht aufwendig ist. Hinzu kommt, daß am Beginn der Einführung einer KLR, also zu einem Zeitpunkt, zu dem das Verständnis für betriebswirtschatliche Instrumente und Verfahren noch nicht sehr ausgeprägt ist, der Nutzen einer Zeit- und Mengenerhebung kaum zu vermitteln ist.

Unsere Empfehlung lautet deswegen, daß Sie nicht über die Zeit- und Mengenerhebung gehen sollten. Ausnahme: Ihr Projekt ist so angelegt, daß der Standard der Vollkostenrechnung kurzfristig durch eine Prozeßkostenrechnung ergänzt werden soll. Das ist dann sinnvoll, wenn die Behörde ihre Leistungserstellungsprozesse bereits gut beherrscht. In der Regel wird dies gerade zu Beginn der Einführung betriebswirtschaftlicher Instrumente aber nicht der Fall sein: Leistungserstellungsprozesse erfolgen häufig über verschiedene Organisationseinheiten hinweg. Um sie einem spezifischen Endresultat zuordnen zu können, müßte man übergreifende Informationen von verschiedenen Geschäftseinheiten und Funktionen zusammenführen.

Wir raten Ihnen statt dessen zu dem vereinfachten Verfahren der Plausibilitätsprüfung. In der Regel reicht es aus, um vorhandene Schwachstellen im Entwurf des Produktkatalogs aufzudecken und entsprechende Korrekturen vornehmen zu können. Meist sind das Ergänzungen um bisher nicht beachtete Produkte oder aber die Zusammenlegung bisher getrennt ausgewiesener Produkte aufgrund mangelnder Trennschärfe.

Schließlich muß der Produktkatalog in einem dritten Schritt zu einem verständlichen Nachschlagewerk für die gesamte Behörde werden. Deswegen sind die Produkte inhaltlich durch den Produktersteller zu beschreiben. Dabei präzisiert er u.a. zugleich Produktziel und Produktempfänger und gibt Mengen- und Qualitätsmerkmale an. Somit wird jedem Produkt eine Reihe von Daten zugeordnet, die in ihrer Gesamtheit den Produktkatalog zu dem machen, was er sein soll: die zentrale Steuerungsgröße für die Behörde. Das Muster eines Projektsteckbriefes finden Sie in der Standard-KLR (S. 253), für die 48 Produkte aus dem allgemeinen Verwaltungsbereich sind die Projektsteckbriefe bereits weitgehend ausgefüllt (S. 137 ff., 155 ff.).

1.3 Die Qualitätsindikatoren

In privatwirtschaftlichen Unternehmen kann der Nutzen von Leistungen durch monetäre Größen wie z.B. durch Umsatzerlöse bestimmt werden. Solche Größen kommen in der öffentlichen Verwaltung auf der Leistungsseite zum Teil nicht vor, zum Teil sind sie Bestandteil der Wirkungsrechnung (dazu gleich). Unzweifelhaft wäre es aber zu kurz gegriffen, wenn man deshalb nur die Kostenseite betrachten wollte. Nur die Relation zwischen Kosten und Leistungen erlaubt ja eine Beurteilung von Effizienz und Effektivität. Und wenn anfänglich Skepsis gegenüber der Einführung einer KLR geäußert wurde, so war dafür zu einem wesentlichen Teil die Befürchtung ausschlaggebend, daß eine einseitige Betonung der Kostenseite den Wert der Leistung unberücksichtigt lassen und nur zu undifferenzierten Einsparappellen führen würde.

Bei der Erarbeitung der Standard-KLR war man sich dieser Problematik sehr wohl bewußt. Um die Leistungsseite entsprechend abbilden zu können, ergänzt die Standard-KLR (S. 71 f.) deshalb die Kostenrechnung um die Leistungsrechnung.

„Eine in der Bundesverwaltung funktionierende Leistungsrechnung muß die Produktqualität mit einschließen. Dieser „Hebel" ist neben den Kosten und dem Faktor Zeit wesentlicher Bestandteil der Steuerungswerkzeuge der Standard-KLR. Qualitätsmessung erfolgt grundsätzlich über Indikatoren, d. h. indirekt." (Standard-KLR, S. 72)

Zu Recht weist die Standard-KLR darauf hin, daß man zwischen Leistung und Wirkung differenzieren muß. Insoweit gibt es einen Unterschied zur Privatwirtschaft: Dort ist das Ziel der Tätigkeit die Erzielung von Gewinn – und deswegen konnten wir oben feststellen, daß die Leistung durch monetäre Größen meßbar ist. Anders in der Verwaltung: Sie verfolgt nicht-wirtschaftliche, meist politisch vorgegebene Ziele. Insofern ist die Wirkung der erbrachten Leistung hinsichtlich der Ziele von der eigentlichen Leistung zu unterscheiden. Entsprechend ist zu unterscheiden zwischen einer Verbesserung des Wirkungsgrades (das betrifft die Effektivität) und den Qualitätskriterien, die die Produkte und Projekte selbst, also gerade nicht ihre Wirkung, beschreiben (das betrifft die Effizienz). In der Standard-KLR wird diese Unterscheidung durch das Schaubild auf Seite 71 recht anschaulich.

Eine KLR kann keine Daten zur Verfügung stellen, die Aussagen zur Frage der Effektivität erlauben. Hier betreten wir das Gebiet des Controlling, das quantifizierbare und qualifizierbare Indikatoren und Kennzahlen der beabsichtigten Ziele und der erreichten Wirkungen gegenüberstellt.

Die Standard-KLR muß sich demgegenüber auf Qualitätsindikatoren zur Messung der Effizienz beschränken.

Nehmen Sie die Kette:

| Planung | – | Realisation | – | Kontrolle |

Wenn Sie den Kasten „Kontrolle" abdecken, erkennen Sie unschwer, daß Sie nicht nachprüfen können, ob Ihre Realisation der Planung entspricht. Umgekehrt, wenn Sie den Kasten „Planung" ausblenden, hängt Ihre Kontrolle, das heißt, die Messung der Effizienz in der Luft.

Zugleich wird deutlich, daß die Ziele und die für sie zu erbringenden Leistungen nicht nur definiert werden müssen, sondern daß dies auch in meßbarer Form geschehen muß, damit die Zielerreichung kontrolliert werden kann. Die Bezeichnung Leistungs*rechnung* in der Standard-KLR macht deutlich, daß die Indikatoren wägbar, meßbar oder zählbar sein müssen. Die Kosteninformation aus der KLR tritt dann in der Weise hinzu, daß sie den Rückschluß zuläßt, ob die angestrebten und/oder erreichten Ziele die Kosten rechtfertigen.

Als Qualitätskriterien für das Produkt „Pressearbeit" nennt die Standard-KLR:
- Einhalten zeitlicher Auflagen
- Schnelligkeit/Reaktions- und Auskunftsfähigkeit
- Nutzerfreundlichkeit der Aufbereitung
- Vollständigkeit der Recherchen
- Reaktionen der relevanten Öffentlichkeit
- Akzeptanz der Veröffentlichungen

Daran sehen Sie bereits, daß sowohl die Güte der Kriterien als auch der Aufwand für ihre Meßbarkeit sehr stark variieren können. So wird das Qualitätskriterium „Einhalten zeitlicher Auflagen" schon durch eine einfache Definition von Zeitpunkten und durch das Führen einer „Strichliste" gemessen werden können. Ein Ergebnis könnte beispielsweise sein: Bei einer geplanten Zeiteinhaltung von mindestens 90 % wurde im Monat Juli der zeitliche Rahmen zu 80 % erfüllt; Abweichung: 10 %. Das Qualitätskriterium „Nutzerfreundlichkeit der Aufbereitung" dagegen wird letztlich nur durch eine repräsentative Umfrage unter der Zielgruppe meßbar gemacht werden können. Dabei ist es wiederum wichtig, daß man sich *vor* Durchführung der Umfrage überlegt, welchen Zufriedenheitsgrad man mindestens anstrebt.

Daß wir hier noch am Anfang stehen, verwundert nicht weiter: Die Verwaltung hat die Entwicklung eines geeigneten Instrumentariums zur Qualitätsmessung bis zum heutigen Tage nicht für nötig erachtet. Nicht die Standard-KLR vernachlässigt die Leistungsseite, sondern die Verwaltungen selbst haben in der Praxis allenfalls Vergleichsdaten über Kostengrößen erhoben. Kennzahlen über die Leistung, die nach außen, also in der Regel an den Bürger abgegeben wird, fehlen völlig.

Es führt kein Weg umhin, diese Arbeit jetzt nachzuholen. Tröstlich ist dabei sicher, daß es sich um eine anspruchsvolle Arbeit handelt, die in erster Linie Kreativität erfordert. Und es ist eine Arbeit, die für den erfolgreichen Einsatz einer KLR höchste Priorität genießt: Ohne verläßliche Kriterien zur Einschätzung der Leistung sind weder politisch-strategische Steuerung, zielgerichtetes Verwaltungshandeln und Controlling noch eine leistungsbezogene Personalpolitik möglich (vgl. dazu *Adamaschek*, Nabelschau oder Wettbewerb?, in: iv 3/1995, S. 25 ff.).

2. Die Kostenstellenbildung

In diesem Kapitel wollen wir uns mit der Bildung von Kostenstellen und der Festlegung von Größen insbesondere zur Kostenumlage befassen. Beides ist erforderlich, damit die Kostenstellen*rechnung* ablaufen kann, vgl dazu Zweiter Teil, S. 189 ff. Hier gehen wir anhand eines praxisbezogenen Beispiels zunächst der Frage nach, was mit der Kostenstellenrechnung bewirkt werden soll; denn logischerweise haben die Ziele bei der Leistungsverrechnung Auswirkung auf die Ausgestaltung der Kostenstellen.

Die Kostenstellenrechnung beschäftigt sich mit den Kosten am Ort ihrer Entstehung. Sie bildet im Gesamtsystem der KLR und des Controlling die Verbindung zwischen der Kostenarten- und der Kostenträgerrechnung. Die Durchführung der Kostenstellenrechnung geschieht in den drei Teilschritten Kostenverteilung, Kostenumlage und Kostenverrechnung im Rahmen des Betriebsabrechnungsbogens. Darüber hinaus schafft die Kostenstellenrechnung die notwendige Kosten- und Leistungstransparenz getrennt nach Organisations- bzw.

Verantwortungsbereichen in der jeweiligen Behörde. Für die Kostenstellenrechnung ergeben sich somit die folgenden vier Ziele:

- Zurechnung der Kosten aus der Kostenartenrechnung auf die verursachenden Kostenstellen
- Darstellung der Leistungsbeziehungen von Kostenstellen untereinander und deren Verrechnung
- Bildung von internen Produkten bzw. Bezugsgrößen und den entsprechenden Verrechnungspreisen bzw. Kalkulationssätzen zur Verrechnung der auf den Kostenstellen aufgeschriebenen Gemeinkosten
- Schaffung der Grundlage für eine wirkungsvolle Planung, Kontrolle und Steuerung von Kosten und Leistungen innerhalb der Kostenstelle.

Eine Bemerkung vorweg: Die Standard-KLR spricht von Kosten- und Leistungsstellen (KL-Stellen). Das ist nur konsequent: So, wie die Leistungsrechnung neben der Kostenrechnung steht, sind die Kostenstellen nicht nur die Orte der Kostenverursachung, sondern auch der Leistungserstellung. Wir bleiben aber bei der klassischen Terminologie und verwenden im folgenden nur den Ausdruck Kostenstelle und Kostenstellenrechnung, wohl wissend, daß in der Kostenstelle auch die Qualitätsmessung der Leistung erfolgen muß.

2.1 Die Zusammenführung von Aufgabe und Verantwortung

Im Gefüge der KLR läßt sich an der Konstruktion der Kostenstellen am überzeugendsten darstellen, warum die KLR für die Mitarbeiterinnen und Mitarbeiter in der öffentlichen Verwaltung nicht nur Herausforderung, sondern auch Chance ist. Ohne Kostenstellen kann keine KLR funktionieren. Aber der entscheidende Gedanke bei der Bildung von Kostenstellen innerhalb einer Behörde ist nicht technischer Natur, sondern zielt auf die Stärkung der Eigenverantwortung: Die Kostenstellenrechnung will dazu beitragen, daß die einzelnen Organisationseinheiten sich selbst steuern und eigenverantwortlich Zeit- und Ressourceneinsatz übernehmen.

Deswegen erfolgt die Zuordnung der Kosten auf die Organisationseinheiten: Die Kosten erscheinen dort, wo sie tatsächlich anfallen und sie deswegen auch zutreffend bewertet werden können. Kosten fallen nicht vom Himmel; sie werden von Menschen verursacht, und deswegen können Menschen sie auch beeinflussen.

Es liegt daher nahe, Aufgabenverantwortung und Kostenverantwortung zusammenzuführen. In der Realität sind wir davon aber noch erstaunlich weit entfernt. In vielen Fällen werden die Mittel zentral verwaltet oder unterliegen jedenfalls der Kontrolle und der „Mitbestimmung" durch ein starkes Haushaltsreferat, während die operative Seite im Rahmen eines zugewiesenen Geld-

betrages agiert, ohne daß eine wirtschaftliche Bemessung von Ressourcen an der beabsichtigten Maßnahme stattfindet.

Die Zusammenführung von Aufgaben- und Kostenverantwortung fördert die Motivation und setzt bei den Mitarbeiterinnen und Mitarbeitern Flexibilität, Kreativität und ökonomische Vernunft frei. Gerade solche Fähigkeiten sprechen viele Kritiker den Angehörigen des öffentlichen Dienstes ab. Hier wird aber Ursache und Wirkung verkannt: Das System der Überzentralisierung und der hierarchischen Strukturen einer traditionellen Verwaltung läuft der Entfaltung solcher – vorhandenen – Potentiale zuwider (*Adamaschek*, Nabelschau oder Wettbewerb?, in: iv 3/1995, S. 25 ff.).

Der Fehler liegt im System. Gibt man den Mitarbeiterinnen und Mitarbeitern Freiräume, die sie selbst verantworten, so hat das positive Auswirkung auf die Leistungen. Die Delegation von Verantwortung schafft Sachnähe, mobilisiert die Potentiale der Mitarbeiter und fördert die Identifikation mit den Aufgaben (*Adamaschek*, a.a.O.).

2.2 Budgetierung

Wenn aber Aufgabenverantwortung und Kostenverantwortung in der Kostenstelle zusammengeführt werden, so wird damit zugleich die Vorstufe einer Budgetverantwortung geschaffen, was wiederum zwingende Voraussetzung für die Einführung der Budgetierung ist.

Budgetierung, so hatten wir bereits definiert, ist ein System der dezentralen Verantwortung einer Organisationseinheit für ihren Finanzrahmen bei festgelegtem Leistungsumfang mit bedarfsgerechtem, in zeitlicher und sachlicher Hinsicht selbstbestimmtem Mitteleinsatz bei grundsätzlichem Ausschluß der Überschreitung des Finanzrahmens.

Nun soll keineswegs abgestritten werden, daß die öffentliche Verwaltung schon immer geplant hat. Später werden wir darüber nachdenken, ob es sich dabei um eine steuerungsrelevante Ziel- und Kostenplanung oder lediglich um eine Planung des Mittelabflusses handelt. Aber auch innerhalb der herkömmlichen „Planungskultur" baut sich Kritik auf:

- Die für die operative Arbeit Verantwortlichen werden zu wenig an der Festlegung der Haushaltsansätze beteiligt.
- Die Mittelveranschlagung erfolgt vergangenheitsorientiert durch Fortschreibung der bisherigen Haushaltsansätze – korrigiert lediglich um einen Zu- oder Abschlag je nach allgemeiner Finanzlage.
- Das Jährlichkeitsprinzip und fehlende Deckungsfähigkeit bei den Programmhaushalten verhindert langfristiges Denken und flexible Anpassung auf Veränderungen.

Die Budgetierung beinhaltet demgegenüber sowohl bei der Haushaltsaufstellung als auch im Haushaltsvollzug neue Wege. Die Kommunale Gemeinschaftsstelle für Verwaltungsvereinfachung (KGSt) hat folgendes Verfahren vorgeschlagen (Bericht Nr. 6/1993): Das Mittelanmeldeverfahren alter Art entfällt. Vom Grundsatz her werden vorab die Einnahmen und Ausgaben ermittelt, die von den Referaten und Sachbereichen weder dem Grund noch der Höhe nach beeinflußt werden können oder sollen (Vorabdotierung). Aus der verbleibenden Finanzmasse wird der Rahmen für die operativen Budgets abgeleitet. Die Referate legen ihre Planung vor, die zu einer Gesamtplanung verdichtet werden muß. Im Rahmen dieser Gesamtplanung erhält dann jede Arbeitseinheit ihr Budget in eigener Verantwortung.

Soweit ist das auch unter geltendem Haushaltsrecht machbar. Für eine umfassende Budgetierung müßten aber erweiterte rechtliche Voraussetzungen geschaffen werden:

- Wegfall der sachlichen Spezialität und der Jährlichkeit auch bei den Programmhaushalten
- Einbeziehung des Personalhaushalts. Das würde bedeuten, daß die Personalverantwortung dezentralisiert und auch das Personal unter Wegfall des Stellenplans allein über den Geldansatz gesteuert wird.

Das ist sicher Zukunftsmusik. Kurzfristig ist nicht mit einer Budgetierung im umfassenden Sinn zu rechnen. Nur sollten die bestehenden Rahmenbedingungen nicht als Rechtfertigung herhalten, deswegen das Thema „Budgetierung" ad acta zu legen.

Einmal hatten wir festgestellt, daß auch das geltende Recht bereits Möglichkeiten in Richtung einer Budgetierung zuläßt. Unsere Erfahrung ist, daß häufig Spielräume – und zwar insbesondere Planungsspielräume – nicht ausgeschöpft werden, weil es leichter ist, über Defizite bei den Rahmenbedingungen zu klagen, als eigene Ideen zu entwickeln.

Vielleicht wäre sogar umgekehrt festzustellen, daß sich mit der Einführung der Budgetierung die Anforderungen an die Führungskraft ebenso wie an den Kostenstellenverantwortlichen noch weiter erhöhen würden. Über ein Budget zu verfügen, bedeutet nicht automatisch, daß alles besser wird. Um mehr Effizienz zu erreichen, ist entscheidend, wie der Kostenstellenverantwortliche mit dem Budget umgeht.

Nehmen Sie zunächst den Personalhaushalt: Verwaltungen neigen dazu, zunächst einmal den Personalbestand „auskömmlich" zu gestalten und möglichst hochrangige Stellen einzurichten. Wenn in weiten Bereichen der Verwaltung die personelle Überbesetzung das Problem überhaupt ist, so muß der Weg zur freien Verfügung über Personalmittel solange versperrt bleiben, bis die Verwaltungen nachgewiesen haben, daß sie willens und in der Lage sind, dieses Problem aus eigener Kraft zu lösen (vgl. Deutscher Bundestag, Öffentliche Anhörung zu dem Gesetzentwurf der Bundesregierung – Haushaltsrechts-Fortentwicklungsgesetz –, Protokoll der 77. Sitzung des Haushaltsausschusses, S. 13 ff.).

Entscheidungen im Personalbereich bringen eine langfristige Bindung von Mitteln mit sich. Für einen Mitarbeiter, den Sie neu einstellen, müssen Sie mit einem Aufwand von drei bis sechs Mio DM rechnen. Es reicht also nicht, daß Sie bei der Einstellung über ein Budget verfügen, in dem das Gehalt des laufenden Jahres enthalten ist. Vielmehr müssen Sie sicherstellen, daß Sie auch für die Folgejahre die langfristige Bindung, die Sie mit der Einstellung eingegangen sind, bedienen können.

Umgekehrt würde die Steuerung des Personals über den Geldansatz zwingend verlangen, daß bei einer betriebsbedingten Veränderung gegebenenfalls auch eine Kündigung ausgesprochen wird. Das würde bedeuten, daß die Führungskräfte in der öffentlichen Verwaltung auch unpopuläre Maßnahmen durchsetzen müßten. Solange sie eher dahin tendieren, Druck „von unten" nicht auszuhalten, kommt dem Stellenplan ein objektivierendes, stabilisierendes Element zu.

Ebenso hat auch der Sachhaushalt seine Probleme bei der Budgetierung. Auch hier gilt: Selbstbestimmter Mitteleinsatz bei grundsätzlichem *Ausschluß der Überschreitung* des Finanzrahmens.

Wenn wir auf die ersten Haushaltsverhandlungen im Zuge der Flexibilisierung zurückschauen, so zeigt sich, daß sie ganz im Zeichen der „Sondertatbestände" standen. Das heißt: Die Ressorts reklamierten zunächst die Ansätze im Rahmen der Flexibilisierung, über die im einzelnen nicht mehr verhandelt wurde. Sodann forderten sie eine Erhöhung für Maßnahmen im Gefolge besonderer Umstände, die nicht vorhersehbar gewesen seien. Das ist natürlich nicht die Logik der Flexibilisierung, sondern Flexibilisierung heißt, wie der Begriff bereits sagt, flexibel auf veränderte Umstände durch Bildung von Prioritäten zu reagieren.

Dasselbe gilt entsprechend für die Kostenstelle. Der Kostenstellenleiter würde seiner Verantwortung nicht gerecht, wenn er zunächst alle Posterioritäten bedient, bis sein Budget erschöpft ist. Anschließend wendet er sich den unabweisbaren und unaufschiebbaren Prioritäten zu und stellt zunächst einen üpl-Antrag. Und wenn Sie dies für ein übertriebenes Beispiel halten: Unserer Erfahrung zufolge werden gerade die Mittel im Reisekostenbereich genau nach dieser Taktik verausgabt. Das ist aber keine Budgetierung. Und je enger die finanziellen Spielräume sind, um so schwieriger wird es, auch nur die Prioritäten aus dem Budget zu realisieren.

Wenn Sie nun glaubten, dies sei ein Plädoyer gegen die Budgetierung, so hätten Sie uns gründlich mißverstanden. Wir wollten lediglich vor dem Irrglauben warnen, Budgetierung sei bereits damit erreicht, daß gesetzliche Rahmenbedingungen geändert werden. Budgetierung will gelernt sein.

Damit schließt sich der Kreis. Voraussetzung für eine Budgetierung der Kostenstellen ist eine entsprechend dieser Zielsetzung ausgestaltete Kosten- und Leistungsrechnung. Eine Verbesserung der Kostensituation ist nur dann möglich, wenn der Kostenstellenverantwortliche tatsächlich über Umfang und Zusammensetzung der Personal- und Sachkosten informiert ist. Mit diesen Informationen richtig umzugehen, erfordert einen ständigen Lernprozeß. Und in dem Maße, wie man im Umgang mit der KLR Erfahrung sammelt, ist dies auch die beste Vorbereitung auf den Umgang mit dem Budget.

Noch eine abschließende Bemerkung zum Budget: Wir haben den Begriff vorstehend undifferenziert benutzt und nicht unterschieden, ob wir ein Kosten- oder ein Ausgabenbudget meinen. Die Frage ist durchaus nicht nur akademischer Natur, wie Sie bei der Erörterung des Kostenbegriffs im Dritten Teil, S. 221 ff. unschwer erkennen werden.

Gerade am Anfang der Einführung einer Kostenstellen- und Budgetverantwortung wird es nicht ganz einfach sein, begreiflich zu machen, daß der Kostenstellenleiter auch für Gemeinkosten und sogar kalkulatorische Kosten verantwortlich ist. Im Zuge der Verwirklichung einer umfassenden Budgetierung gehört es aber selbstverständlich dazu, daß der Kostenstellenleiter beispielsweise anteilige Mieten ebenso einstellt wie Abschreibungen. Im Gegenzug muß er dann natürlich auch selbst über die Investition entscheiden; sie darf dann nicht mehr in der Verantwortung einer externen Beschaffungsstelle liegen.

2.3 Die Bildung der Kostenstellen

Im Rahmen der Kostenstellenrechnung ist die gesamte Organisation Ihrer Behörde in Kostenstellen aufzuteilen, auf deren Basis eine verursachungsgemäße Verrechnung von Gemeinkosten zwischen den Kostenstellen und zwischen Kostenstellen und Kostenträgern erfolgt.

Die Bildung von Kostenstellen kann nach verschiedenen Gliederungsprinzipien erfolgen, in der Praxis dominiert die Einteilung nach dem Funktions- und Verantwortungsprinzip. In der Bundesverwaltung sind die Referate die operativen Stellen für die Aufgabenerledigung. Es liegt deshalb nahe, Referate als Kostenstellen zu definieren.

Kostenstellenverantwortlicher wird in der Regel dann der Referatsleiter sein.

Falls in einem Referat viele, sehr unterschiedliche Leistungen erbracht oder Produkte erstellt werden, kann es erforderlich sein, jedes Sachgebiet als eine Kostenstelle auszuweisen. Eine Zwischenlösung, die allerdings auch IT-technisch realisierbar sein muß, wäre, das Referat als Kostenstelle zu definieren und eine Untergliederung nach Kostenplätzen je Sachgebiet vorzunehmen. Der praktische Nutzen dieser Zwischenlösung ist darin zu sehen, daß jede organisatorische Einheit für sich ihre direkten Kosten sieht, die innerbetriebliche Leistungsverrechnung oder Kostenumlage jedoch nur auf eine und von einer Kostenstelle zu erfolgen hat.

Mit einer solchen Zwischenlösung läßt sich auch die Anzahl der zu bildenden Kostenstellen beeinflussen. Grundsätzlich ist zu erwarten, daß die Arbeitseinheiten darauf dringen werden, möglichst viele Kostenstellen einzurichten, um ihr Sachgebiet als „eigene" Kostenstelle wiederzufinden.

Das wirft an anderer Stelle Probleme auf: Die Schlüsselung der Gemeinkosten wird mit einer stark anwachsenden Zahl von Kostenstellen immer komplizierter. Das führt nicht zu mehr Erkenntnis, sondern zu mehr Betriebsaufwand.

Außerdem ist die Größe einer Kostenstelle auch unter dem Aspekt der Budgetierung zu sehen: Wenn wir vorhin verlangt haben, daß im Rahmen des Budgets flexibel auf Veränderungen der Rahmenbedingungen reagiert werden muß, so muß eine Kostenstelle so geschnitten sein, daß das von ihr zu verantwortende Budget in Art und Umfang diese Flexibilität zuläßt.

Bei diesem Zielkonflikt hilft eine Rückbesinnung auf die internen Produkte. Wir hatten festgestellt, daß sie besonders gut geeignet sind, innerbetriebliche Leistungserstellungsprozesse abzubilden und transparent zu machen. Je größer der Anteil interner Produkte ist, um so geringer ist die Bedeutung von Kostenstellen. Sie sollten deswegen zweckmäßigerweise die Feinsteuerung nicht über Kostenstellen, sondern über Produkte vornehmen (vgl. dazu Standard-KLR, S. 76 f.).

Zur besseren Übersicht und für die elektronische Verarbeitung der Daten werden alle Kostenstellen mit einer Kostenstellennummer versehen und in einem Kostenstellenverzeichnis festgehalten. Gemäß den Bestimmungen in der Standard-KLR zum Bundeskontenrahmen beginnen alle Kostenstellennummern mit der Ziffer sieben (7). Ansonsten sind Sie bei der Numerierung frei und sollten nur eine gewisse Systematik beachten, die es den Mitarbeiterinnen und Mitarbeitern in der Kostenstelle erlaubt, ihre Kostenstellennummer abzuleiten. Um diese Systematik auch über mögliche strukturelle Veränderungen in der Aufbauorganisation hinweg zu erhalten, sollten Sie nicht „durchnumerieren", sondern zwischen den Kostenstellen Nummern unbelegt lassen, die Sie gegebenenfalls später noch vergeben können. Da Ihnen genügend Ziffern zur Verfügung stehen, können Sie auch Kostenstellen mit einer besonderen Funktion (beispielsweise Grundsatz-, Haushalt- oder Controllingreferate) mit einer gleichen Endziffer belegen.

Weiter werden die Kostenstellen in der öffentlichen Verwaltung nach der Art der von ihnen erbrachten Leistungen bzw. nach der Art der Weiterverrechnung der bei ihnen angefallenen Kosten unterscheiden.

Die Einteilung nach der Art der erstellten Leistungen führt zu den leistungsbezogenen Begriffen Hauptkostenstellen und Hilfskostenstellen.

Dabei sind Hauptkostenstellen solche, die Produkte erstellen, die extern nachgefragt werden.

Hilfskostenstellen unterteilt die Standard-KLR:

- Service-Kostenstellen erstellen intern nachgefragte Produkte, die direkt den Leistungsprozeß unterstützen. Beispiel sind die IT-Kostenstellen.
- In den Administrationskostenstellen werden interne, administrative Produkte erstellt, z.B. Beschaffung, Personal oder allgemeine Abteilungsangelegenheiten.
- Schließlich die Leitungs- und Managementkostenstellen. Die hier erbrachten Leistungen werden nicht direkt nachgefragt, sind aber für den Bestand der Organisation wichtig: Behördenleitung, Planung, Koordination.

Nur eine erläuternde Bemerkung am Rande: Häufig ist auch von dem Begriffspaar Vor- und Endkostenstellen die Rede. Sie werden häufig mit den Haupt- und Hilfskostenstellen übereinstimmen, das muß aber nicht so sein. Die unterschiedliche Benennung kommt daher, daß das Begriffspaar Vor- und Endkostenstelle bei der Einteilung der Kostenstellen auf die Art ihrer Weiterverrechnung abstellt.

2.4 Kostenverteilung, -umlage und -verrechnung

Nachfolgend ist das Muster eines *Kostenstellenberichts* abgebildet, wie er im Wirkbetrieb jedem Kostenstellenverantwortlichen z.B. monatlich oder halbjährlich auf den Schreibtisch gelegt werden könnte:

Beispiel-BAB für Kostenstelle*	Plan	beauftragt	Ist	Ist + beauftragt/ Plan in %
Erlöse Verkauf Produkt xy	-50 000,00	0,00	-10 000,00	20,0
Kalkulatorische Erlöse „Verkauf" Produkt xy	-80 000,00	0,00	-30 000,00	37,5
Summe Erlöse	**-130 000,00**	**0,00**	**-40 000,00**	**30,8**

Beispiel-BAB für Kostenstelle*	Plan	beauf-tragt	Ist	Ist + be-auftragt/ Plan in %
Produkteinzelkosten				
Personaleinzelkosten				
Personalkosten	80 000,00	0,00	40 000,00	50,0
Sacheinzelkosten				
Veranstaltungskosten	200,00	100,00	50,00	75,0
Bücher, Zeitungen	500,00	100,00	100,00	40,0
Reisekosten	1 000,00	500,00	600,00	-10,0
Summe Sacheinzelkosten	*1 700,00*	*700,00*	*750,00*	*85,3*
Summe Produkteinzelkosten	**81 700,00**	**700,00**	**40 750,00**	**50,7**
Gemeinkosten				
Personalgemeinkosten				
Nichtproduktbezogene Arbeitszeit	16 000,00	0,00	7 500,00	46,9
Leitung/Führung	1 000,00	0,00	300,00	30,0
Summe Personalgemeinkosten	*17 000,00*	*0,00*	*7 800,00*	*45,9*
Sachgemeinkosten				
Bürobedarf	400,00	0,00	200,00	50,0
DV-Kosten	18 000,00	0,00	18 000,00	100,0
Abschreibungen	100 000,00	0,00	30 000,00	30,0
Kalkulatorische Miete	5 000,00	0,00	3 000,00	60,0
Kalkulatorische Zinsen	7 000,00	0,00	2 000,00	28,6
Summe Sachgemeinkosten	*130 400,00*	*0,00*	*53 200,00*	*40,8*
Summe Gemeinkosten	**147 400,00**	**0,00**	**61 000,00**	**41,4**
Kostenstellenergebnis vor Umlagen/Verrechnungen	99 100,00	700,00	61 750,00	63,0
Innerbetriebliche Umlagen/Verrechnungen				
Umlagen innerhalb der Abteilung				
Umlage Kostenstelle xy	5 000,00	0,00	3 750,00	75,0
Umlagen abteilungsübergreifend				
Umlage Behördenleitung	7 000,00	0,00	5 000,00	71,4
Verrechnungen interne Produkte				
Controlling	600,00	0,00	250,00	41,6
Entlastung Hauptkst. auf externe Produkte				
Produkt xy	-160 000,00	0,00	-70 000,00	43,6
Summe Umlagen/Verrechnungen	**-147 400,00**	**0,00**	**-61 000,00**	**41,4**
KSt.-Ergebnis nach Umlagen/Verrechnungen	**-48 300,00**	**700,00**	**750,00**	**3,0**
Rechenzeilen				
Personalkost. zu Gesamtkost. vor Umlagen	42,34 %		46,98 %	
Sacheinzel- zu Sachgemeinkosten	1,30 %		1,41 %	
Fiktive Zahlen, z.B. für einen Monats-/Halbjahresbericht				

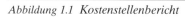

Abbildung 1.1 Kostenstellenbericht

Die Kostenstellenrechnung mit ihren drei Teilschritten Kostenverteilung, Kostenumlage und Kostenverrechnung sorgt dafür, daß die einzelnen Beträge in den Kostenstellenbericht gelangen.

Der erste Abrechnungsschritt ist die *Kostenverteilung*. (Kalkulatorische) Erlöse und Einzelkosten können, wie der Name schon sagt, den Kostenträgern direkt zugerechnet werden. Eine Aufnahme in den Kostenstellenbericht wäre daher aus abrechnungstechnischen Gründen nicht erforderlich. Aus Informations- und Kontrollgründen ist es dennoch empfehlenswert, auch die Einzelkosten aufzunehmen.

Die Gemeinkostenarten werden anteilig nach dem Prinzip der Verursachung auf die Kostenstellen zugerechnet, in denen die Teilbeträge entstanden sind. Bei der Durchführung der Kostenverteilung zeigt sich, daß bestimmte Gemeinkosten direkt, andere jedoch nur indirekt auf die Kostenstellen zurechenbar sind (vgl.dazu *Ebert*, Kosten- und Leistungsrechnung, S. 70 f.).

Im Muster des Kostenstellenberichts werden Kostenstelleneinzelkosten und Kostenstellengemeinkosten addiert, die (kalkulatorischen) Erlöse subtrahiert. Auf diese Weise erhält man das „Kostenstellenergebnis vor Umlagen/Verrechnungen", das zugleich die Summe der sog. primären Kosten ist.

In dem Block „Innerbetriebliche Umlagen/Verrechnungen" sind die sekundären Kosten dargestellt, mit denen die Kostenstelle in einem zweiten Schritt im Zuge der *Kostenumlage* belastet wird.

Leistungen, die nur mittelbar zur Erstellung der Endprodukte beitragen, werden als innerbetriebliche Leistungen bezeichnet. Sie entstehen vorwiegend in den vorhin näher bezeichneten Hilfskostenstellen, teilweise sind sie als interne Produkte definiert.

Die Weiterverrechnung der Gemeinkosten auf die Kostenträger erfolgt über die Endkostenstellen. Die Kosten der Vorkostenstellen und der internen Produkte müssen ebenfalls von den externen Produkten getragen werden. Daher ist es erforderlich, die Kosten der Vorkostenstellen vor der endgültigen Verrechnung auf die Endkostenstellen umzulegen, um eine vollständige Zurechnung der Gemeinkosten auf die Endleistungen sicherzustellen (*Ebert*, a.a.O.)

Die Kostenstellenumlage wird auch als innerbetriebliche Leistungsverrechnung bezeichnet. Sie führt zur Entlastung der leistenden und zur Belastung der empfangenden Kostenstelle. Im Muster des Kostenstellenberichts wird daher die Kostenstelle sowohl mit den abteilungsinternen als auch abteilungsübergreifenden Umlagen belastet; weiterhin werden auch die Kosten der internen Produkte nach einem festgelegten Schlüssel auf die Endkostenstellen „abgewälzt".

In einem dritten Schritt wird die Hauptkostenstelle wiederum um den Betrag der Gemeinkosten (der Kostenstelle) plus der zugeschlüsselten Umlagen entlastet, indem eine *Kostenverrechnung* auf die externen Produkte erfolgt. Die Hauptkostenstelle ist danach quasi wieder von allen ihren Kosten „befreit" und „leer geräumt".

Die *Kostenumlage* wird mit Hilfe des sogenannten *Betriebsabrechnungsbogens* (BAB) durchgeführt. Er ist die tabellarische Zusammenstellung aller Kostenstellen und ihrer leistungsmäßigen Verflechtung untereinander. In der Vertikalen werden alle kostenstellenbezogenen Kostenarten aufgeführt, in der Horizontalen alle Kostenstellen.

Für die Durchführung der Kostenumlage stehen verschiedene Verfahren zur Verfügung. Insbesondere ist zwischen einseitiger und gegenseitiger Leistungsverrechnung zu unterscheiden.

Die einseitige Leistungsverrechnung beruht auf dem Liefer-Abnehmer-Prinzip, das heißt, die Kostenstellen sind so angeordnet, daß sie von vorhergehenden Kostenstellen Leistungen erhalten und dann an nachfolgende Kostenstellen ihre Leistungen abgeben (*Ebert*, a.a.O.).

Im Betriebsabrechnungsbogen entsteht dadurch das bekannte Bild der Stufung, wobei unterstellt wird, daß die abgebende Kostenstelle nicht zugleich auch Leistungen von nachgeordneten Kostenstellen empfängt.

Natürlich ist das nur ein Modell; in der Wirklichkeit sind Kostenstellen durch ein Netz gegenseitiger Leistungen miteinander verbunden. Wollte man diese Gegenseitigkeit abbilden, müßte man mit der gegenseitigen Leistungsverrechnung operieren und immer wieder auch „zurückrechnen". Unser dringender Rat ist, sich mit dieser vergleichsweise komplizierten Methode gerade am Anfang eines Projekts nicht zu belasten. Der Aufwand steht in keinem Verhältnis zu den Erkenntnissen, die aus der gegenseitigen Leistungsverrechnung zu erwarten sind.

Insgesamt darf man feststellen: Die verursachungsgerechte Gemeinkostenverteilung setzt genaue Kenntnis über die tatsächlich ablaufenden Prozesse voraus. Die Fachleute werden die Prozesse in ihrem Verantwortungsbereich sicherlich kennen, haben aber (bislang) nicht das Know-How, sie in der KLR auch tatsächlich abzubilden. Deswegen raten wir zu dem umgekehrten Weg: Gemeinkosten werden über pauschale Verteilungsschlüssel zugewiesen, und es bleibt dem Kostenstellenleiter überlassen, gemeinsam mit dem Controller eine verursachungsgerechte Änderung des Verteilschlüssels herbeizuführen, wenn er die ursprüngliche Belastung seiner Kostenstelle für unbillig hält.

Das schafft zudem den durchaus erwünschten Zwang, sich mit den Informationen über die eigene Kostenstelle auseinanderzusetzen. In Zukunft können dann – nach dem Beispiel der Privatwirtschaft – die Verteilschlüssel zu einem festgelegten Zeitpunkt einmal jährlich überprüft werden. Zu diesem Zeitpunkt lassen sich dann umlagebedingte Verzeichnungen schnell beseitigen.

Früher hatten wir überhaupt kein Bewußtsein für die Gemeinkosten, die ihren Teil zu den Kosten eines Produkts beitragen. Es schiene daher überzogen, nunmehr gleich auf die fünfte Stelle hinter dem Komma genau abzuzielen. Statt dessen sollten Sie den Wirkbetrieb nur mit einigen wenigen Verteilschlüsseln beginnen. Mehr Aufwand wäre im Verhältnis zum Erkenntnisgewinn nach unserer Einschätzung nicht gerechtfertigt.

3. Die Kosten- und Leistungsartenbildung

Neben der Aufgabe der Kosten- und Leistungsartenbildung wird bei diesem Teilprojekt auch die Frage nach der geeigneten Überführungsrechnung zum Haushaltssystem zu entscheiden sein. Daher werden die Fragen zur Überführungsrechnung in diesem Teilprojekt dargestellt, auch wenn sie für das Teilprojekt Betriebsdatenerfassung bei der Frage der Sachkostenerfassung ebenso wichtig sein werden.

3.1 Der Kosten- und Leistungsartenplan

Neben den Kostenträgern und Kostenstellen sind auch die Kosten- und Leistungsarten zu konzipieren. Während die Kostenarten darüber Auskunft geben sollen, *wofür* die Kosten in der Behörde angefallen sind, sollen die Leistungsarten nach der Begriffsdefinition der „Standard-KLR" beschreiben, *wofür* die Erlöse und Erträge erzielt wurden.

Bei der Kostenartenbildung soll man sich grundsätzlich an den drei großen Zielen der Kostenerfassung auf der Grundlage von Kostenarten orientieren: Dokumentation der Kosten/Leistungen, Gliederung der Kosten/Leistungen und Abgrenzung der Kosten/Leistungen (weiterführend dazu *Ebert*, Kosten- und Leistungsrechnung für Einsteiger, S. 14 ff., 90; auch *Rollwage*, Kosten- und Leistungsrechnung, S. 10 ff.).

Das Rechnungswesen hat die Aufgabe, alle Geschäftsvorfälle in zeitlicher und lückenloser Form anhand von Belegen aufzuzeichnen (Finanzbuchhaltung); die KLR als Teil des Rechnungswesens in einem Betrieb wirkt dabei mit, indem sie die Struktur bestimmt, wie die Belege erfaßt und zugerechnet werden, und liefert damit quasi ein Abbild der gesamten kostenmäßigen Behördentätigkeit. Die KLR unterstützt also die Dokumentation der Kosten und regelt die Kostenerfassung im engeren Sinne; die KLR stellt ein großes „Belegarchiv" aus allen bezahlten Rechnungen (und den verbuchten Erlösen/Erträgen) auf, das dann durch seine systematische Strukturierung die häufig „beschworene" Transparenz herstellt.

Die Gliederung der Kosten erfolgt in der Betriebswirtschaft üblicherweise in den fünf Bereichen Arbeits-, Material-, Kapital-, Fremdleistungskosten und Kosten des Unternehmens.

Bei der Kostenabgrenzung wird zwischen den in der Finanzbuchhaltung und den in der KLR zu erfassenden Kosten unterschieden, denn während die Darstellung der Ausgaben in der Finanzbuchhaltung der Darstellung des Unternehmens-(Behörden-)ergebnisses dient, sollen die Kosten in der KLR die Wirtschaftlichkeit der Unternehmens-/Behördentätigkeit kontrollieren helfen.

Nun könnte man noch viel tiefer in den Kosten- und Leistungsartenbildungsprozeß mit Hilfe einer Fülle von betriebswirtschaftlicher Literatur einsteigen; hier zeigt sich nun aber ein Verdienst der Standard-KLR (S. 43-50; 337-355), denn dort ist bereits zu ca. 80 % beschrieben, wie ein Kostenartenplan in einer öffentlichen Verwaltung auszusehen hat.

Der Bundeskontenrahmen ist die Vorgabe

Der Bundeskontenrahmen regelt den grundlegenden Aufbau des Kostenartenplans für die Bundesverwaltung. Strukturell ist er also quasi das Pendant zu den Haushaltsplänen der einzelnen Behörden; gleiches gilt auch für den angestrebten Effekt: Jeder, der den Haushalt seiner Behörde „lesen" und verstehen kann, findet sich aufgrund der einheitlichen Struktur auch schnell in den Haushaltsplänen einer anderen Behörde zurecht. Durch den mit der Standard-KLR vorgegebenen Bundeskontenrahmen wird man daher in der Zukunft erreichen können, daß beispielsweise der Kostenartenplan jeder Behörde für den Haushaltsausschuß jederzeit transparent wird; sicher eine wesentliche Voraussetzung für eine umfassende Akzeptanz der KLR in der Bundesverwaltung.

Der Bundeskontenrahmen stellt somit das für die Bundesverwaltung maßgebliche Kontenordnungssystem dar (weitere Einzelheiten im Zweiten Teil, S. 157 ff.).

Damit ist auch ein einheitliches und in sich logisches Numerierungssystem für die Kosten- und Leistungsarten festgelegt, damit die für einen Buchungsvorgang maßgebliche Kosten- oder Leistungsartennummer schnell ermittelt werden kann. Über die Frage, wie ein solches Nummernsystem aufzubauen ist, muß man sich daher keine Gedanken machen, sondern man folgt „ganz einfach" der Standard-KLR; dadurch daß dort auch nur die ersten zwei Nummern (z.B. 60 = Geschäftsbedarf) festgelegt sind, bleibt jeder Behörde ausreichend Gestaltungsspielraum für weitere Untergliederungen, für die Einstellung von „Lücken" im Numerierungssystem, um spätere Anpassungen vornehmen zu können, und für die Abbildung behördenspezifischer Kostenarten im Numerierungssystem (z.B. 60 114 Kauf von Kopierpapier u.ä.). Denn es liegt auf der Hand, daß der Rahmen, den die Standard-KLR im Bereich der Kosten- und Leistungsarten nur allgemein vorgeben kann, für jede Behörde unter Berücksichtigung ihrer jeweiligen Spezifika verfeinert und näher detailliert werden muß. Die Kosten- und Leistungsarten stellen die Basis für die Erfassung und Buchung sämtlicher (Kosten- und Erlös-)Belege dar; es muß daher berücksichtigt werden, welche Art von Rechnungen die Behörde typischerweise bezahlen muß. Die Kontonummern sind die jeweiligen „Schlüssel" zur Aufnahme und Gliederung der Rechnungsbelege durch die KLR-Software, muß diese doch die einzelnen Belege nach ihrer Erfassung wiederfinden, zusammenstellen und auswerten können.

Vorüberlegungen und Möglichkeiten für das praktische Vorgehen

Bei der Aufstellung eines behördenspezifischen Kosten- und Leistungsartenplans muß ein wesentlicher Unterschied zwischen Haushalts- und KLR-Ergebnis berücksichtigt werden: Das KLR-Ergebnis soll der Behörde selbst für die auf die Zukunft gerichtete Steuerung der Aufgabenerfüllung dienen, so daß die Behörde einen großen Gestaltungsspielraum für die Konzeptionierung „ihres" KLR-Systems hat, während die Rechnungslegung im Haushalt Dritten (z.B. BMF, Parlament) gegenüber bestimmte Erfordernisse erfüllen muß und deshalb nicht im Ermessen der Behörde steht.

Es kann an dieser Stelle nicht jede einzelne Kosten- oder Leistungsart erklärt werden; das Vorgehen zur Verfeinerung der „Standard" – Kostenartengruppen muß sich vielmehr nach den Gegebenheiten und Möglichkeiten in der Behörde orientieren.

Es bleibt jedoch die Frage: Wie nimmt man die Verfeinerung vor?

In einigen Projekten zur Einführung einer KLR in der Bundesverwaltung war zu beobachten, daß sich das Vorgehen über den Haushaltsplan anbietet:

Die einzelnen Titel des jeweiligen Haushaltsplans liefern erste Erkenntnisse darüber, welche Kostenartengruppen man aus dem „Angebot" der Standard-KLR überhaupt benötigt. Dabei kann eine gewisse „Vermutung" bereits weiterhelfen, wonach die betragsmäßig „kleinen" im Verhältnis zu den „großen" Haushaltstiteln bereits eine Kostenart für sich darstellen können, z.B. Titel 527 01 Reisekosten.

Häufig bestehen für einzelne Haushaltstitel auch bereits Erläuterungen oder sog. Objektkonten bei der Bundeskasse. Deren Zweck ist wie bei den Kosten- und Leistungsarten, daß eine weitere Verfeinerung und Untergliederung der Haushaltstitel stattfindet. Soweit daher Erläuterungen im Haushalt der Behörde und/oder Objektkonten bei der Bundeskasse bestehen, gilt es sie auf ihre

„Kostenartentauglichkeit" zu überprüfen. Auf diese Weise läßt sich bereits ein Kosten- und Leistungsartenplan aufstellen, der ungefähr 80 % des zukünftigen Inhaltes entspricht.

Für die „Auffüllung" der fehlenden 20 % kann man sich am letzten Jahr orientieren, indem man die Jahresschlußabrechnung daraufhin untersucht, wofür die Ausgaben getätigt wurden. Grundsätzlich bedarf es aber eines gewissen Maßes an Kreativität; so könnte man der Frage nachgehen, was man auf der Grundlage des Haushaltsplanes schon immer genauer wissen wollte, ohne daß es die Struktur des Haushalts bisher hergab. Häufig hilft hier ein Gespräch mit dem „Haushälter" der Behörde, soweit er nicht bereits im Projektteam dieses Teilprojekt übernommen hat.

Bei dem gesamten Verfahren der Kosten- und Leistungsartenbildung sollte nach dem Motto verfahren werden, daß häufig „weniger mehr bedeutet", will sagen, daß die Akzeptanz und die Anwendung der Kosten- und Leistungsarten (u.a. auch bei den Erfassungskräften) sehr viel höher sein wird, wenn es sich nicht um Hunderte von einzelnen Kosten- und Leistungsarten handelt und bei den jeweiligen Buchungsvorgängen laufend die passenden Kosten- und Erlösarten erst gesucht werden müssen; so wird es beispielsweise ausreichen, *eine* Kostenart „(Um-)Schulung, Fortbildung und Weiterbildung" zu haben, anstelle gleich mit drei getrennten Kostenarten zu starten. Auch wird das erste Jahr im sog. „Echtbetrieb" erst wirklich zeigen können, welche Kosten- und Leistungsarten in der Behörde benötigt werden; deshalb sollten lieber noch Anpassungen während und nach dem ersten Jahr vorgenommen werden.

Sinnvoll ist es, bereits beim Aufstellungsverfahren des Kosten- und Leistungsartenplans einige weitere Parameter festzulegen, die bei der Beschreibung der einzelnen Kostenarten helfen und die man später benötigen wird (vgl. dazu auch den Zweiten Teil, S. 157 ff.).

Handelt es sich bei der Kostenart um Einzel-, Gemein- oder kalkulatorische Kosten?

Die Festlegung einer Kostenart als Einzel- oder Gemeinkostenart gibt wesentliche Hinweise für den Aufbau der innerbetrieblichen Leistungsverrechnung (vgl. S. 66 ff., 189 ff.); dabei sollte man sich an einer „Eselsbrücke" orientieren: Sind die in einer Kostenart auflaufenden Kosten für die Arbeit aller Mitarbeiter oder Kostenstellen und damit für die „Produktion" grundsätzlich aller Kostenträger (Produkte) notwendig (dann Gemeinkostenart, z.B. Stromkosten)? Oder handelt es sich um Kosten, die üblicherweise nur bei der Arbeit von wenigen, klar zu bezeichnenden Mitarbeitern oder Kostenstellen und damit nur für die Erstellung einzelner, konkret zu benennender Kostenträger (Produkte) anfallen (dann Einzelkostenart, z.B. Honorare für Dritte)?

Einfacher ist die Abgrenzung einer Kostenart als kalkulatorische Kosten; das sind alle die Kosten, denen keine echten Zahlungen gegenüberstehen (z.B. Abschreibungsbeträge) und die daher auch nicht im Haushaltsplan stehen. Bei der Bildung der kalkulatorischen Kosten- und Erlösarten lohnt allerdings eine genaue Analyse, weil dabei gerade die Unterschiede zwischen Haushalt und KLR besonders ausgeprägt sind und Hinweise für eine effiziente „Produktion" geben können.

Beschreiben die auf der jeweiligen Kostenart gesammelten Belege eher fixe oder variable Kosten (Erlöse)?

Die Unterscheidung, ob eine Kosten- oder Leistungsart fixe oder variable Kosten oder Erlöse beinhaltet, gibt erste Anhaltspunkte für die Erstellung eines Fixkostenstrukturberichts (vgl. S. 130 f.); sie wird davon abhängen, inwieweit die einer Kosten- oder Erlösart zugehörigen Kosten oder Erlöse kurzfristig oder nur langfristig von der Behörde selbst beeinflußbar sind (vgl. dazu *Adam*, Philosophie der Kostenrechnung, S. 26 ff.). Die wenigsten Kostenarten werden allerdings vollständig variabel sein. Man sollte sich davon frei machen, konkrete Umstände in der Behörde in die Überlegungen mit einzubeziehen, sondern vielmehr eine etwas idealtypische Betrachtungsweise im Behördenumfeld walten lassen; sollte beispielsweise die Behördenleitung entscheidungsschwach sein, sind nicht deshalb automatisch sämtliche Kosten als fixe Kosten einzustufen.

Beispiele für typische variable Kosten sind Kosten für ein Gutachten („kein Gutachten, keine Kosten"), Materialkosten, Überstundenvergütungen, Stromkosten; Beispiele für typische fixe Kosten sind (Abteilungs-)Leitungskosten, Gehälter, Mieten, Zinsen, Abschreibungen.

Man wird sich auch behelfen können, indem man Zeiträume für eine mögliche Beeinflußbarkeit bestimmter Kosten und Erlöse definiert (z.B. Kostenart xy abbaubar/beeinflußbar in weniger/mehr als 5 Jahren).

Sind die Kosten oder Erlöse eher (nicht) betriebsbedingt, periodenrichtig/-falsch und/oder normal/außergewöhnlich?

Die Definition dieser Kriterien sind für die laufenden Arbeiten wichtig, sind aber gleichzeitig auch die maßgeblichen Vorarbeiten für die Erstellung der Jahresschlußarbeiten und eines Abgrenzungsberichts zwischen Haushalts- und KLR-Ergebnis (vgl. Standard-KLR S. 110 ff. und im Zweiten Teil., S. 209 f.).

Mit der Unterscheidung in *betriebsbedingt oder nicht betriebsbedingt* kann die KLR für die jeweilige Behörde exakt dem Behördenzweck angepaßt werden, indem beispielsweise Erlöse, die nicht dem Betriebszweck entsprechen, auch nicht in das Betriebsergebnis einfließen. So wird es beispielsweise meist nicht zum Betriebszweck einer Bundesbehörde gehören, Mieteinnahmen zu erzielen, auch wenn die Behörde eine bundeseigene Liegenschaft verwaltet und über ihren Haushaltsplan die Mieteinnahmen eines Dritten an den Finanzminister geleitet werden.

Durch die Kennzeichnung einer Kosten-/Erlösart als *periodenrichtig oder periodenfalsch* soll eine Orientierung gegeben werden, ob es sich um typischerweise in einem oder mehreren Geschäftsjahren anfallende Kosten handelt; dies kann wichtig sein, wenn man am Ende eines Geschäftsjahres die Abgrenzungen für die Erstellung eines Betriebsergebnisses vornehmen und gleichzeitig weitere Informationen für eine betriebliche Finanzbuchhaltung erhalten will; es sollen damit auch Hinweise an die Erfassungskräfte gegeben werden, bei Kostenarten, die als periodenfalsch eingestuft wurden, besondere Vorsicht an den Tag zu legen, ob diese nicht doch einer anderen Periode zuzuordnen wären; selbst wenn z.B. das Geschäftsjahr schon abgeschlossen ist, können die Kosten oder Erlöse als außergewöhnliche Kosten/Erlöse noch aus dem aktuellen Betriebsergebnis herausgerechnet werden. Das kann z.B. bei Zuwendungen der Fall sein, wenn aufgrund einer Verwendungsnachweisprüfung erst später eine Rückforderung (Erlöse) realisiert wird, die dann nicht mehr dem Geschäftsjahr, in dem die Zuwendung gegeben wurde, und damit nicht mehr periodenrichtig zugeordnet werden kann.

Die Abgrenzung zwischen *normalen und außergewöhnlichen Kosten* einer Behörde erfolgt in der Regel dadurch, daß man sich fragt, ob es sich um einmalige und/oder befristete Vorgänge und Maßnahmen handelt, die man in einem Vergleich zwischen zwei oder mehreren Geschäftsjahren herausrechnen sollte, um den Vergleich zwischen den KLR-relevanten Ergebnissen nicht zu verfälschen.

Zur Orientierung bei der Aufstellung und Verfeinerung des behördenspezifischen Kosten- und Leistungsartenplans ist in der Anlage 3 eine Tabelle enthalten, die anhand der Kostenartengruppen der Standard-KLR eine beispielhafte Untergliederung einzelner Kostenarten (einschließlich der erwähnten weitergehenden Festlegungen) enthält; dabei kann es sich nur um Beispiele handeln, denn der Kosten- und Leistungsartenplan einer Behörde läßt sich eben nur sehr bedingt auf eine andere Behörde übertragen.

3.2 Die Überführungsrechnung zum HKR-Verfahren

Der Kosten- und Leistungsartenplan läßt sich nicht isoliert vom Haushaltsplan der jeweiligen Behörde betrachten, solange der Haushaltsplan im Verhältnis zum BMF noch das „Maß aller Dinge" ist. Deshalb müssen auch nach der KLR-Einführung weiterhin alle tatsächlich anfallenden Einnahmen und Ausgaben auf den jeweils dafür vorgesehenen Haushaltstiteln „landen", auch wenn sie zunächst in dem KLR-System gebucht werden. Nur dann können die Rechnungen über die Bundeskasse auch an den Rechnungssteller überwiesen werden und können Erlöse über die Bundeskasse als Einnahmen dem Haushalt der Behörde wieder zufließen. Die Bundeskasse selbst wird auch weiterhin die über sie abgewickelten Ausgaben und Einnahmen im HKR-System (Haushalts-, Kassen- und Rechnungswesen des Bundes) eingeben und über die von ihr an die Behörden verschickten Kontoauszüge die erfolgten Zahlungen und Einnahmen dokumentieren.

Damit aber dieses grundlegende Verfahren der Abwicklung des Zahlungsverkehrs nicht verändert wird und auch der KLR die einzelnen Zahlungs- und Einnahmepositionen in Form von Belegen zugeführt werden, bedarf es einer sog. Überführungsrechnung, um eine Doppeleingabe in beide Systeme zu vermeiden.

Die Überführungsrechnung ist daher die von beiden Seiten begehbare Brücke zwischen dem KLR- und dem HKR-System. Aufgrund eines automatisierten Verfahrens sollen die haushaltsrelevanten Daten mit der KLR der jeweiligen Behörde ausgetauscht werden.

Um diese Brücke zwischen Kameralistik und KLR schlagen zu können, wird neben dem Haushaltstitel jede Zahlung auch als Kostenart in der KLR erfaßt. Deshalb muß man sich auch der Mühe unterziehen, neben Kostenstellen- und Kostenträgerplan einen behördenspezifischen Kosten- und Leistungsartenplan aufzustellen. Außerdem wird die Buchung – soweit möglich – einer Kostenstelle und einem Kostenträger zugeordnet.

Um eine Überführungsrechnung in einem automatisierten Verfahren durchzuführen, gibt es unterschiedliche Wege:

Der sog. Formularweg

Diesem Ansatz liegt der Gedanke zugrunde, an dem bisherigen Weg des „externen" Zahlungsverkehrs über die Bundeskasse, wie er grundsätzlich in jeder Bundesbehörde abgewickelt wird, nichts zu ändern. Nur die Organisation des „internen" Zahlungsverkehrs in der Behörde selbst, also bis zur „Kontaktaufnahme" mit der Bundeskasse, wird aufgrund der KLR-Einführung verändert.

Eine kurze Schilderung des „Formularweges" soll dies verdeutlichen:

Sobald eine zahlungsbegründende Maßnahme (z.B. Ausschreibung, Auftrag) von der Behörde begonnen wird, ist diese in der KLR-Software abzubilden, indem der voraussichtlich dafür benötigte Betrag entsprechend der vorausgegangenen Planung „gesichert" wird, d.h. vorgemerkt, vorgebunden, festgelegt oder wie es in der jeweiligen Behörde auch immer genannt werden mag.

Bereits bei diesem Vorgang ist eine Prüfung des Planungsansatzes dieser Maßnahme und des Haushaltstitels, der später durch die Zahlung belastet werden soll, von der KLR-Software durchzuführen, damit nicht eine rechtliche Verpflichtung eingegangen wird, ohne daß die dafür benötigten Haushaltsmittel zur Verfügung stehen. Bei der Eingabe in die KLR-Software ist die zu bebuchende Kostenart anzugeben; wurde der Kostenart ein entsprechender Haushaltstitel zugeordnet, kann die KLR-Software diese Mittelüberprüfung automatisch durchführen. Ob eine feste Verbindung zwischen Kostenart und Haushaltstitel eingestellt wird oder ob lediglich bei der Auswahl einer bestimmten Kostenart der hinterlegte Haushaltstitel angeboten wird, so daß man in begründeten Ausnahmefällen auch davon abweichen kann, ist von der Entscheidung der jeweiligen Behörde abhängig.

Soll dann – nach Rechnungseingang – gezahlt werden, wird entweder die bereits erfolgte „Festlegung" in eine Buchung umgewandelt oder – soweit kein Auftrag als „Bestellung" eingegeben wurde – die Rechnung mit den dafür erforderlichen Daten erstmals in die KLR-Software eingegeben. Die benötigten Mittel werden gegenüber Planungs- und Haushaltsansatz geprüft; gegebenenfalls wird die Buchung abgewiesen.

Damit ist der Rechnungsbetrag in der KLR in Form eines Beleges gebucht und wird automatisch neben der eingegebenen Kostenart einer Kostenstelle und – soweit es sich um Einzelkosten handelt – auch einem Kostenträger zugeordnet.

Die „Zahlung" ist dann jedoch bisher nur im internen System der Behörde erfaßt und noch nicht zur tatsächlichen Auszahlung an den Rechnungsempfänger über die Bundeskasse gelangt. Grundsätzlich müßte man nun auch noch das passende Formular (quasi „Überweisungsträger") ausfüllen, um es an die Bundeskasse weiterzuleiten.

Zur Vermeidung einer unnötigen Doppelerfassung kann das Softwaresystem die bereits für die KLR-Buchung eingegebenen Zahlungsdaten automatisch in die entsprechenden Felder des „Überweisungsformulars" überspielen. Die jeweils von der Behörde benötigten Formulare (z.B. F 14, F 07, F 09, F 11, M 03) können in der KLR-Software programmiert oder in einem Fremdsystem hinterlegt werden (z.B. im Format WORD); die Erstellung dieser Formulare in einem Softwareprogramm ist mittlerweile in vereinfachter Form möglich (vgl. das Rundschreiben des BMF vom 26.03.1998 – II A 6 – H 2093 – 13/98, abgedruckt im GMBl. 14/1998, S. 305).

Häufig werden in diesen Formularen mehr Angaben notwendig sein, als es die KLR-Buchung erfordert, so daß gegebenenfalls in einer Zusatzmaske der KLR-Software weitere Eingaben erforderlich werden können.

Nach dem Ausdruck des so mit Hilfe der KLR-Software erstellten Formulars wird es – wie bisher – an die Bundeskasse geschickt, die die Zahlung zu Lasten des angegebenen Haushaltstitels ausführt; aufgrund des Kontoauszuges der

Bundeskasse kann die erfolgte Zahlung in der KLR-Software entsprechend vermerkt werden („Ausbuchung").

Dieses Verfahren ist zur weiteren Veranschaulichung in der Anlage Nr. 4 anhand der KLR-Software M 1 der Firma MACH Software GmbH & Co. KG abgebildet.

Vor- und Nachteile des sog. Formularweges:

Für diesen Weg spricht, daß die KLR-einführende Behörde keine Abstimmungen mit anderen Behörden (BMF, Bundeskasse etc.) durchführen muß, daher das KLR-Einführungsprojekt allein nach ihren Vorstellungen in der Hand behält und auch zeitlich den Start des Wirkbetriebes selbst bestimmen kann.

Gegen dieses Verfahren ist anzuführen, daß es zwischen der Behörde und der Bundeskasse zu keinen neuen (möglichen) Synergieeffekten kommt, da letztlich das herkömmliche Verfahren eingehalten wird, obwohl sich der Ablauf des Zahlungsverkehrs in der Behörde selbst schon verändert; es läge nahe, dann jedenfalls auch gleichzeitig mögliche Zusatzeffekte auszunutzen, was sich auch bei der Begründung für die Einführung eines neuen Verfahrens bei den Mitarbeitern positiv bemerkbar machen würde.

Die sog. F 15-Schnittstelle

Hinter diesem Begriff verbirgt sich ein Verfahren für den elektronisch gesteuerten Datenaustausch zwischen der anordnenden Behörde und der Bundeskasse. Dabei werden einzelne Anordnungen zu einer Sammelanordnung auf einer Diskette zusammengefaßt; diese so erstellte Diskette wird dann zusammen mit einem vom Anordnungsbefugten unterschriebenen Begleitformular und einem Begleitzettel an die Bundeskasse geschickt und braucht dort nur noch eingelesen zu werden. Auf der erstellten Diskette können zahlreiche Anordnungen zusammengefaßt werden, die sonst einzeln auf Papier an die Bundeskasse gelangen würden und dort erneut erfaßt werden müßten. Die F 15-Schnittstelle will daher die Einmalerfassung der überwiegenden Zahl von Auszahlungsanordnungen nicht nur in der anordnenden Behörde, sondern auch zwischen Behörde und Bundeskasse erreichen.

Grundlegend für die Ausgestaltung des für die Einrichtung der F 15-Schnittstelle notwendigen Verfahrens ist das „Merkblatt für die Genehmigung von IT-Verfahren zur Bewirtschaftung und Zahlbarmachung von Haushaltsmitteln des Bundes" (hrsg. vom Bundesministerium der Finanzen, Referat II A 6, Stand 1/97; nachfolgend „Merkblatt F 15" genannt).

Das gesamte Verfahren muß verschiedenen Grundsätzen entsprechen wie beispielsweise dem Vier-Augen-Prinzip, der Förmlich-, Prüfbar- und Nachvollziehbarkeit sowie der Unveränderbarkeit festgestellter und/oder angeordneter Daten.

Mit dem Verfahren nach F 15 soll auch die Einheitlichkeit sichergestellt werden, wenn Behörden bei der Bewirtschaftung von Haushaltsmitteln IT-Verfahren einsetzen und keine Zahlungsverkehrsunterlagen mehr erstellen.

Daraus folgt letztlich, daß der Weg einer *elektronischen* Überführungsrechnung momentan nur über die F 15-Schnittstelle erfolgen kann.

Für die Nutzung der F 15-Schnittstelle ist ein organisatorischer und technischer Verfahrensablauf zu definieren, wie er in dem „Merkblatt F 15" im wesentlichen vorgeschrieben ist.

Zunächst ist festzuhalten, daß mit der Sammelanordnung F 15, die auf einer Diskette die jeweils dazugehörigen Einzeldatensätzen zusammenfaßt, nicht alle möglichen Zahlungen angeordnet werden können. Barauszahlungen (einschließlich Handvorschüssen) und Auslandszahlungen sind weiterhin in Papierform mit den Formularen F 16 und F 26 auszuführen.

Während der technische Verfahrensablauf in dem „Merkblatt F 15" und der Datenträgeraufbau in dem „Merkblatt HKR-Verfahren des Bundes; Satzbeschreibungen für den Anordnungsdatenträger mit Sammelanordnung F 15" (hrsg. vom Bundesministerium der Finanzen, Referat II A 7, Stand 1/97; nachfolgend „HKR-Merkblatt" genannt) sehr genau beschrieben sind, ist der organisatorische Weg auch unter behördenspezifischen Aspekten zu betrachten, ohne daß dadurch die wesentlichen Prinzipien der genannten Merkblätter umgangen werden dürfen.

An dieser Stelle soll daher nur kurz ein möglicher Verfahrensablauf geschildert werden:

Die zu buchenden Belege werden in der KLR-Software erfaßt und in einem dafür eingerichteten Stapel abgelegt; dort können sie vom Anordnungsbefugten geprüft werden, der dann die unrichtigen Belege an den Erfasser zurückgibt und nur die korrekten Belege im Stapel beläßt; diese werden dann als „freigegeben" gekennzeichnet.

Der Stapel mit den darin abgelegten richtigen Belegen wird anschließend in der KLR-Software gebucht. Gleichzeitig werden die als „Stapelbelege" erfaßten einzelnen Kassenanordnungen auf eine Diskette geschrieben und als Datei in der KLR-Software gespeichert. Die KLR-Software erzeugt auch den vorgeschriebenen Datenträgerbegleitzettel und die vom Anordnungsbefugten zu unterschreibende Sammelkassenanordnung.

Die so erstellte Diskette mit zahlreichen Auszahlungs-/Annahmeanordnungen wird zusammen mit den beiden „Begleitformularen" (Datenträgerbegleitzettel und Sammelkassenanordnung) an die Bundeskasse geschickt. Dort wird die

Diskette eingelesen und die Zahlungen veranlaßt. Auf dem Datenträgerbegleitzettel wird die (Nicht-)Ausführung der Zahlungen vermerkt, der dann an die anordnende Behörde zurückgeschickt wird.

Das F 15-Verfahren ist vor dem tatsächlichen Einsatz vom BMF zu genehmigen.

Weitere Einzelheiten können den angegebenen Merkblättern des BMF entnommen werden; will man dieses Verfahren praktisch umsetzen, wird man sicher nicht daran vorbeikommen, diese Merkblätter eingehend zu studieren. An dieser Stelle sollte nur ein erster Überblick gegeben werden, um das „geheimnisumwitterte" Schlagwort „F 15-Schnittstelle" ein wenig lüften zu helfen.

Nach unserer Kenntnis ist das Verfahren der F 15-Schnittstelle bisher in keiner Bundesbehörde in Kombination mit der KLR-Einführung tatsächlich realisiert worden; das Kraftfahrtbundesamt in Flensburg beginnt jedoch damit nach erteilter Genehmigung durch den BMF (voraussichtlich ab 1.1.1999).

Vor- und Nachteile des Verfahrens der F 15-Schnittstelle:

Vorteilhaft an diesem elektronischen Zahlungsverfahren mit der Bundeskasse sind die Synergieeffekte der Einmalerfassung, auch wenn diese eigentlich nur bei der Bundeskasse eintreten; die Erfassung selbst verbleibt bei der anordnenden Behörde, die auch das Verfahren einrichten und die Programmierung der KLR-Software entsprechend der F 15-Schnittstelle bezahlen muß. Gleichzeitig wird sich aber die dadurch mögliche Beschleunigung der Überweisungen durch die Bundeskasse auch positiv für die anordnende Behörde auswirken. Eine Entlastung tritt auf jeden Fall beim Anordnungsbefugten ein, der nur noch die einzelnen Belege (am PC) prüfen, aber nicht mehr einzeln, sondern nur noch insgesamt einmal unterschreiben muß. Zudem können sich die Datenkonsistenz und eine Abnahme der Fehlerhäufigkeit positiv bemerkbar machen.

Als nachteilig könnten sich höhere Kosten (als beim „Formularweg") durch die Softwareprogrammierung, Abstimmungen der einzelnen Satzbeschreibungen für den Anordnungsdatenträger mit der Bundeskasse und ein längeres Genehmigungsverfahren beim BMF herausstellen.

Letztlich kann also auch das zur Zeit als einzige IT-gestützte Möglichkeit des Datenaustausches zwischen Behörde und Bundeskasse einsetzbare F 15-Verfahren nicht vollständig überzeugen; nach den bisherigen Erkenntnissen sind Synergieeffekte bei der anordnenden Behörde kaum erkennbar.

Vision: Die Online-Verbindung

Es wird noch einige Zeit ins Land gehen, bis auf beiden Seiten, also Bundeskasse und anordnender Behörde, die Möglichkeiten in technischer wie auch genehmigungsrechtlicher Hinsicht gegeben sind, einen vollständig IT-gestützten Datenaustausch online zwischen den Sachbearbeitern beider Behörden (unter vorheriger Beteiligung des Anordnungsbefugten) zu implementieren. Allerdings wird erst die Online-Verbindung zu einer fortschreitenden Dezentralisierung und sich auswirkenden Synergien auch in der anordnenden Behörde führen können, wenn dann theoretisch jeder Mitarbeiter seine Rechnungen am PC direkt über die Bundeskasse anweisen kann, damit aber auch selbst die Verantwortung übernehmen muß.

An dieser Vision, wie es sich im Augenblick noch darstellt, sollten jedoch alle beteiligten Behörden arbeiten, damit sie irgendwann einmal Wirklichkeit zu werden vermag.

4. Die Betriebsdatenerfassung

In diesem Teilprojekt geht es um die Frage, wie die Kosten überhaupt in die KLR und insbesondere in die KLR-Software kommen. Diese Frage ist sowohl unter konzeptionellen als auch organisatorischen Gesichtspunkten zu beantworten; insbesondere wird sich die Lösung auch daran orientieren müssen, welche Möglichkeiten innerhalb und außerhalb der Behörde gegeben sind (z.B. Übernahme von Daten aus Fremdsystemen wie Reisekosten- oder anderen Softwareprogrammen). Mit der Umsetzung dieses Teilprojektes wird das gesamte KLR-System erst mit „Leben" gefüllt. Es wird am Anfang schwer fallen, sich den Ablauf der Kosten- und Mengenerfassung für die gesamte Behörde vorzustellen; eine gewisse Vorstellung ist aber wichtig, um ein Konzept zu entwickeln, mit dem man beginnt und auf das man dann weitere Verbesserungen (auch noch im tatsächlichen Betrieb) aufbauen kann.

Dabei will dieses Kapitel helfen (vgl. dazu auch *Buchholtz/Meierhofer*, Kosten- und Leistungstransparenz, S. 110 f.).

Unter dem Begriff der Betriebsdatenerfassung werden sämtliche Erfassungstätigkeiten im KLR-System verstanden. Entgegen der gewohnten Abläufe im Zusammenhang mit der Haushaltsmittelbewirtschaftung (Führung von Haushaltsüberwachungslisten, Eingabe in das HKR-Verfahren etc.), bei denen es allein um die Ausgaben geht, die auch tatsächlich von der Behörde geleistet werden, sind die Erfassungstätigkeiten beim KLR-System sehr viel weiter; dabei ist immer zu berücksichtigen, daß nur das, was man ins System eingibt, für Auswertungen zur Verfügung steht.

4.1 Sachkosten

Die tatsächliche Eingabe der Buchungsdaten in das KLR-System wird im wesentlichen von dem in der KLR-Software vorgeschriebenen Weg bestimmt. Im

Gegensatz zu einer Erfassung der Sachkosten in einem Haushaltsmittelbewirtschaftungssystem ist neu, daß jeder Betrag und damit jede Buchung die Angabe einer Kostenart und – soweit möglich – einer Kostenstelle sowie eines Kostenträgers voraussetzt.

Organisation der Rechnungsbearbeitung bis zur Erfassung in der KLR-Software

Zunächst wird man sich über den Ablauf der Rechnungsbearbeitung in der Behörde bis zur Erfassung in der KLR-Software und über eine geeignete Organisation Gedanken machen müssen:

Grundsätzlich geht die KLR davon aus, daß die Kosten dezentral erfaßt werden; die Kosten sollen dort transparent werden, wo sie entstehen, nämlich – nach der Systematik der KLR – in den einzelnen Kostenstellen. Bisher ist die Sachkostenerfassung in den Behörden überwiegend zentral (z.B. im Haushaltsreferat) organisiert. Dann wird die Schwierigkeit darin bestehen, weitere Mitarbeiter der Behörde für die KLR-gestützte Sachkostenerfassung einzusetzen. Zwischenlösungen können helfen und die Mitarbeiter an eine Dezentralisierung heranführen. So könnte zunächst zentral in den einzelnen Abteilungen erfaßt werden; ein von dem Teilprojekt zu entwickelndes Konzept zur Organisation der Sachkostenerfassung sollte langfristig darauf angelegt sein, daß trotz der zunächst höheren Fehleranfälligkeit ein dezentrales Erfassungssystem in der Behörde etabliert werden kann. Wie rasch dieses Konzept umgesetzt werden kann, richtet sich sehr stark nach den Möglichkeiten und Gegebenheiten in der Behörde selbst.

Entscheidet man sich in der Behörde für eine zentrale Sachkostenerfassung (z.B. wie bisher im Haushaltsreferat), ist es zwingend, daß die einzelnen Projekt-/Produktverantwortlichen, die die eingehenden Rechnungen in der Regel als erste von der Postverteilstelle erhalten, neben der sachlichen und ggf. rechnerischen Richtigzeichnung auch die Nummern der Kostenart, der Kostenstelle und des Kostenträgers auf der Rechnung vermerken. Aus Gründen der Akzeptanzförderung bietet sich die Anfertigung von Stempeln an; in den Stempelabdruck auf der Rechnung können die für die eigentliche Sachkostenerfassung benötigten Angaben gemacht werden, z.B.:

– Sachlich und rechnerisch richtig: .... (Unterschrift des Produktverantwortlichen) .....
– Kostenartennummer: ....
– Kostenstellennummer: ....
– Kostenträgernummer: ....

Auf dieser Grundlage kann dann der zentrale Erfasser die Buchung der Rechnung im KLR-System vornehmen. Bereits die Tatsache, daß sich der Projekt-/Produktverantwortliche durch die Angabe der Kostenarten-, Kostenstellen-

und Kostenträgernummer auf der Rechnung über die formale sachliche und rechnerische Richtigzeichnung hinaus Gedanken machen muß, wird schon ein Stück Kostenbewußtsein schaffen helfen.

Bei einer dezentralen Organisation der Sachkostenerfassung könnte dieser Schritt entfallen, da der Projekt-/Produktverantwortliche selbst „seine" Rechnungen in der KLR-Software erfaßt.

Die Erfassung der Rechnungen in der KLR-Software

Unabhängig von der Entscheidung für eine zentrale oder dezentrale Erfassung der Sachkosten in der KLR-Software werden weitere Überlegungen anzustellen sein:

Für die Eingabe des Haushaltstitels, der aufgrund der Überführungsrechnung zwingend anzugeben ist, bieten die KLR-Softwareprogramme an, daß der Haushaltstitel durch eine feste Verbindung mit der eingegebenen Kostenart automatisch ermittelt wird und nicht mehr manuell eingegeben zu werden braucht (für den „umgekehrten" Buchungsweg von Haushalt in KLR vgl. *A. Müller*, Wirkungsvolle Integration der Rechnungssysteme, VOP 7-8/98, S. 39 f.). Aufgrund von vorher definierten Deckungsringen im Haushaltsbereich lassen sich mehrere Titel mit einer Kostenart verknüpfen. Will man sich eine gewisse Flexibilität bei der Auswahl des Haushaltstitels bewahren, kann die KLR-Software auch so eingestellt werden, daß aufgrund der eingegebenen Kostenart entweder alle oder nur die in Frage kommenden Haushaltstitel angeboten werden und per „Mausklick" der jeweils korrekte Titel vom Erfasser ausgewählt wird.

Die weiteren Eingaben wie z.B. Rechnungsempfänger, Bankverbindung (vgl. dazu S. 84), Betrag, Warenbereich und Liefermenge werden je nach KLR-Software einzeln abgefragt und ausgefüllt (vgl. dazu das Beispiel in Anlage Nr. 4, Bildschirmmasken 1 bis 3).

Der weitere Ablauf nach Eingabe der KLR-Buchung wurde bereits bei der Überführungsrechnung (S. 76 ff.) dargestellt.

Das Teilprojekt „Betriebsdatenerfassung" wird daher in enger Abstimmung mit dem Teilprojekt „Kostenartenbildung/Überführungsrechnung" zu bearbeiten sein, da sowohl die Frage der Kosten- und Leistungsartenbildung als auch die Konzeption der Sachkostenerfassung eng mit dem zu beschreibenden Weg der Überführungsrechnung zum HKR-Verfahren zusammenhängen; die dort getroffene Entscheidung wird auch die Strukturierung und Organisation der Eingabe der Sachkosten in das KLR-System beeinflussen.

Im Rahmen der Konzeption der Sachkostenerfassung können noch weitere Teilbereiche erledigt werden, beispielsweise:

Lieferanten-/Kundenmanagement

Viele Softwaresysteme geben die Möglichkeit, eine zentrale Datei aufzubauen, in der alle Zahlungsempfänger der Behörde (z.b. Lieferanten, Kunden) mit allen zahlungsrelevanten Angaben (z.b. Adresse, Kontoverbindung) einmal erfaßt werden können, so daß sie bei nachfolgenden Buchungsvorgängen nur noch aufgerufen werden müssen.

Auch wenn sich diese Datei mit jedem Buchungsvorgang, bei dem ein neuer Lieferant, Kunde etc. hinzukommt, immer weiter füllt, empfiehlt es sich, bereits zu Beginn des Wirkbetriebes einen „Grundstock" eingegeben zu haben. Dazu sollte frühzeitig eine Abfrage in der Behörde veranlaßt werden, damit alle Abteilungen und Referate ihre wichtigsten Lieferanten u.ä. mit Adresse etc. mitteilen.

IT-gestützte Formulare

Ebenso bieten die Softwaresysteme die Möglichkeit, die in der KLR eingegebenen Daten über eine integrierte Schnittstelle zu anderen Softwareprogrammen (z.b. WORD, Excel) in behördenspezifisch gestaltete Formulare zu überführen (vgl. dazu das Beispiel in Anlage Nr. 4, Bildschirmmaske 2). Die Erstellung dieser Formulare zusammen mit dem Softwareanbieter sollte ebenfalls durch das Teilprojekt erledigt werden.

Einnahmen/Erlöse/Gebühren

Die IT-gestütze Gebührenerhebung und -berechnung mit dem KLR-System wird in manchen Behörden gerade das Ziel der KLR-Einführung ausmachen, so daß darauf ein Schwerpunkt der Konzeption der KLR liegen wird.

Sinnvoll ist es aber, sich auch in den Behörden, die keine Gebühren und nur geringe Einnahmen erzielen, über die Systematik der Erlöszuordnung Gedanken zu machen. Auch wenn der Haushalt der Behörde noch nicht zuläßt, daß Einnahmen den Ausgabetiteln gegengerechnet werden dürfen, können dennoch im KLR-System die Einnahmen aus dem Haushalt als kalkulatorische Erlöse der Kostenstelle und/oder dem Kostenträger zugeordnet werden, die/der diese Erlöse auch erzielt hat.

Das wird das Bewußtsein schärfen, sich mit der immer wichtiger werdenden Frage auseinanderzusetzen, welche Möglichkeiten es gibt, Erlöse der Behörde – auch wenn sie zum Teil nur kalkulatorisch abgebildet werden – zu steigern; nur die wenigsten Produkte einer Behörde werden für den Empfänger so wertlos sein, daß er dafür nicht auch etwas bezahlen würde. Darüber nachzudenken, lohnt sich unseres Erachtens auf jeden Fall.

4.2 Personalkosten

Bei der Erfassung der Personalkosten läßt sich die bei der Sachkostenerfassung angestrebte Einmaleingabe zwischen KLR- und Haushaltssystem nicht aufrecht erhalten. Zu sehr überwiegen die Unterschiede zwischen den beiden Systemen. Während im Haushalt allein die Auszahlung der Besoldung, Vergütung und Löhne interessiert und im Bereich des Bundes vom Bundesamt für Finanzen für die Behörden durchgeführt wird, geht es der KLR gerade nicht um die Auszahlung der Personalkosten, sondern um ihre Erfassung und Zuordnung auf Kostenstellen und Kostenträger; nur dann kann nämlich ermittelt werden, für welche (Dienst-)Leistungen der Behörde (Produkte) die Personalkosten angefallen sind. Daher muß ein geeignetes Verfahren zur Erfassung der Personalkosten im KLR-System gefunden werden.

In der Standard-KLR (S. 59-62; 305-307; 331-335) sind „Eckpfeiler" für ein solches Verfahren festgelegt; es wird dort als „Personalzeitermittlung und -verrechnung" bezeichnet, kurz „Zeiterfassung" oder „Zeitaufschreibung" genannt.

Die Standard-KLR behandelt hauptsächlich den Standardisierungsbedarf (dazu vgl. im Zweiten Teil, S. 167 ff.) geht aber nicht auf die Fragen der Mitarbeiter, Personalräte etc. ein. Neben der Entwicklung eines für die Behörde praktikablen Verfahrens sind es die vielen Ängste und psychologischen Probleme, die die Einführung der Zeitaufschreibung so schwierig machen; deshalb soll hier versucht werden, einige der vielen Fragen zu beantworten und damit Unsicherheiten abzubauen.

Der erste Ansatzpunkt, über den auch am meisten gestritten wird, ist das Zeiterfassungsformular. Sein Aussehen hängt von der Gestaltung des Verfahrens ab. Ein Vorschlag ist in der Standard-KLR (S. 61) enthalten. Dabei geht das Zeitaufschreibungsformular von grundlegenden Festlegungen aus, die von der Behörde zu treffen sind:

- *Wer aufschreibt:* Grundsätzlich schreibt jeder Mitarbeiter selbst und eigenverantwortlich auf. Dies gilt auch für die Behördenleitung.
  Ausnahmen können selbstverständlich zugelassen werden; insbesondere sollte man den Arbeitseinheiten die Zeitaufschreibung ersparen, die nach festen Dienstplänen arbeiten und/oder die nur auf ein bestimmtes Produkt aufschreiben. Ob eine pauschale Erfassung jedoch wirklich der wöchentlichen Aufschreibung entspricht, wird erst realistisch nach einem halben Jahr des Echtbetriebes beurteilt werden können; bis dahin sollten zunächst alle Mitarbeiter aufschreiben.

- *Wie oft man aufschreibt:* Für eine monatliche Auswertung der KLR-Daten muß auch eine mindestens monatliche Zeitfassung erfolgen. Um aber eine zeitgenaue Erfassung der Personalkosten und eine regelmäßige Auslastung einer ggf. zentralen Erfassungsstelle gewährleisten zu können, sollte wöchentlich aufgeschrieben werden.

- *Was auf dem Zeitaufschreibungsformular vermerkt werden muß:* Verändert man das Zeiterfassungsformular der Standard-KLR nicht, wird der Name, die Kostenstellennummer, die Entgeltstufe (empfehlenswert ist hier das Einfügen einer Tabelle zum Ankreuzen, ob es sich um eine „Gehaltsstufe" des einfachen, mittleren, gehobenen oder höheren Dienstes handelt, da dies bei gleichen „Gehaltsstufen" für die Ermittlung des richtigen Stundensatzes wichtig ist), die Kalenderwoche mit Datum, die Nummern der Produkte, die innerhalb der Woche/Monat bearbeitet wurden und die jeweilige Zeiteinheit, die festzulegen ist (z.B. 5 Minuten, 30 Minuten oder Stunden) aufgeschrieben. Die Angabe der einzelnen Zeiteinheiten pro Wochentag ist freiwillig, kann aber der Selbstkontrolle dienen. Pflicht ist allerdings der Eintrag der Zeiteinheiten pro Produkt und Woche/Monat in der letzten Spalte des „Standard-Zeitaufschreibungsformulars". Die Unterschrift des Mitarbeiters wird – wie die Angabe des Namens überhaupt – mit dem Personalrat zu verhandeln sein. Die Unterschrift des Kostenstellenleiters muß erfolgen, wenn dieser die Vollständigkeit und Plausibilität der Angaben überprüfen und dokumentieren soll.

- *Wie lange das Ausfüllen des Zeiterfassungsformulars höchstens dauern sollte:* Bei der Aufschreibung ist zu berücksichtigen, daß der einzelne Mitarbeiter in der Regel nicht an sehr vielen Produkten pro Woche/Monat arbeiten wird. Daher muß man nur einmal den Aufwand treiben, sich aus dem Produktkatalog diese Produkte herauszusuchen und die entsprechenden Nummern zu notieren; in der Folge wird sich der Aufwand enorm verringern: am Ende einer jeden Woche/Monat wird die Arbeitszeit entsprechend auf diese Produkte verteilt. Pro Aufschrieb sollten daher maximal 10 Minuten für das Ausfüllen des Zeitaufschreibungsformulars im Wirkbetrieb ausreichen.

- *Warum der Aufschrieb der nichtproduktbezogenen Arbeitszeit wichtig ist:* Grundsätzlich ist es das Ziel der Zeitaufschreibung, die Verteilung der gesamten Arbeitszeit auf die Produkte zu bewerkstelligen. Damit die Produkte jedoch nicht mit mehr Stunden belastet werden, als man auch tatsächlich an ihnen gearbeitet hat, soll die übrige Zeit auf die Produktgruppe „Nicht-produktbezogene Arbeitszeit" aufgeschrieben werden.
Ohne eine solche Produktgruppe bestünde die Gefahr, daß der Aufschreibende fälschlicherweise meint, er müsse seine gesamte Arbeitszeit auf Produkte verteilen. Richtig ist das Gegenteil: Das Produkt soll nur mit den Zeiten belastet werden, die tatsächlich für seine Erstellung aufgewandt wurden. In der Einteilung ihrer Zeit bleiben die Mitarbeiter auf diese Weise wie bisher frei.

Welche Produkte man im einzelnen unter die Produktgruppe der nichtproduktbezogenen Arbeitszeit faßt (z.b. allgemeine Sitzungen, Schreibarbeiten, Krankheit, Urlaub) und ob man diese separat oder gesammelt in den Berichten ausweist, ist eine Entscheidung der Behörde im Einvernehmen mit dem Personalrat.

- *Nach welcher Reihenfolge aufgeschrieben werden soll:* Eine „Faustformel" könnte besagen, daß grundsätzlich zunächst auf die externen Produkte, dann auf die internen Produkte und erst dann auf die nichtproduktbezogene Arbeitszeit aufgeschrieben wird. So sollte die Schreibkraft, wenn sie einen Vermerk für ihren Chef schreibt, zunächst versuchen, das richtige externe oder interne Produkt zu finden, und auf das Produkt „Allgemeiner Schreibdienst" erst „ausweichen", wenn sie eine solche Zuordnung nicht treffen kann.

- *Welche Wochenarbeitszeit aufgeschrieben werden muß:* Grundsätzlich soll die Anzahl der Zeiteinheiten aufgeschrieben werden, die tatsächlich gearbeitet wurde. Soweit man volle Stunden aufschreiben muß, muß dann bei der regelmäßigen Wochenarbeitszeit von 38, 5 Stunden auf- oder abgerundet werden.

- *Ob Feier-, Urlaubs-, Krankheitstage und Überstunden auch aufgeschrieben werden müssen:* Grundsätzlich wird die Arbeitszeit aufgeschrieben, für die man vom Arbeitgeber bezahlt wird. Dazu gehören auch Feier- und Urlaubstage sowie Krankheitstage, soweit sie der Lohnfortzahlung unterliegen. Für die Frage der Überstunden gilt die Standard-KLR (S. 60/61); sie wird im Zweiten Teil, S. 171, näher erläutert.

Aber auch über die Gestaltung und das Ausfüllen des Zeitaufschreibungsformulars hinaus sind weitere Regelungen zu treffen, die das Verfahren und den Ablauf der Zeitaufschreibung bestimmen:

- *Wie die Zeiterfassung organisiert werden kann:* Auch hier muß wieder danach entschieden werden, ob eine zentrale oder dezentrale Erfassung realisiert werden soll. Dabei gibt es für beide „Modelle" Vor- und Nachteile: Für die dezentrale Erfassung, bei der jeder Mitarbeiter IT-gestützt von seinem Arbeitsplatz das Erfassungsformular ausfüllt und in die KLR-Software eingibt, spricht die Vermeidung einer „Doppelerfassung" und der Einrichtung einer zentralen Erfassungsstelle. Dagegen ist anzuführen, daß dieses Modell fehleranfällig ist und möglicherweise datenschutzrechtliche Probleme aufwirft. Demgegenüber wird eine zentrale Erfassungsstelle Personalressourcen binden.
Deshalb ist es erwägenswert, eine „Mischform" zu realisieren: Die Mitarbeiter erfassen ihre Arbeitszeit auf dem Zeiterfassungsformular über ihren PC (z.B. Word, Excel) und schicken es an ihren Kostenstellenleiter; von dort wird es über eine Schnittstelle elektronisch in die KLR-Software eingelesen.

- *Wie die anonyme Speicherung der Personalkosten erfolgen kann:* Grundsätzlich werden nur die Personalkosten gespeichert, die die KLR-Software aufgrund von hinterlegten Gehaltsstufen pro Stunde automatisch errechnet. Damit erscheinen in einer Auswertung auch nur diese Beträge über die belastete Kostenstelle und den belasteten Kostenträger.
Die KLR-Software würde aber auch andere Verfahren leisten können: So können die Anzahl der Stunden oder Mitarbeitertage gespeichert werden, was eine produktorientierte Planung der Personalkapazitäten unterstützen würde und auch eine Auswertung über eventuell verfügbare Personalkapazitäten ermöglicht. Ebenso können auch „Gehaltsgruppen" pro Stunde/Mitarbeitertag oder auch die Namen der einzelnen Mitarbeiter gespeichert werden. Hierüber wird mit dem Personalrat zu verhandeln sein.
- *Was mit den Zeiterfassungsformularen nach der Erfassung passiert:* Nach einem gewissen Zeitraum (ca. 3-4 Wochen) zur Korrektur von offensichtlichen Fehlbuchungen sollten die Zeiterfassungsformulare vernichtet werden.
- *Wie die Personalkostensätze pro Zeiteinheit errechnet werden:* Damit die KLR-Software die Personalkosten ermitteln kann, muß ein entsprechender Betrag pro Zeiteinheit hinterlegt werden. Um das personenbezogene Gehaltssystem des öffentlichen Dienstes vergleichbar zu machen, werden behördenspezifische Monatsbezüge pro Entgeltstufe vom Bundesamt der Finanzen zur Verfügung gestellt. Da es sich somit nicht um die tatsächlichen Ist-Werte, sondern um kalkulatorische Beträge handelt, können auch weitere Gehaltsbestandteile wie Pensionsrückstellungen für Beamte, Beihilfe- oder Trennungsgeldzahlungen etc. eingerechnet werden. Durch die Standard-KLR (S. 62) werden nur einige Grundlagen standardisiert (z.B. Pensionsrückstellungen für Beamte); damit bleibt viel Raum für behördenspezifische Berechnungsmethoden. Wichtig ist nur, daß man den Weg der Berechnung der Personalkostendurchschnittssätze in der Behörde nachvollziehbar festhält, damit später Abweichungen bei zwischenbehördlichen Vergleichen jederzeit erklärbar sind.
- *Wie der Personalrat einzubeziehen ist:* Jedes Verfahren für die Zeitaufschreibung wird zumindest den Anschein erwecken können, als ob damit personenbezogene Daten elektronisch gespeichert würden, die auf eine Leistungskontrolle zielen könnten, auch wenn das gerade nicht das Ziel der Zeitaufschreibung ist. Deshalb ist in diesem Punkt der KLR-Einführung die Einbeziehung des Personalrats besonders wichtig. Die beste Möglichkeit ist, über das zu implementierende Verfahren der Zeitaufschreibung eine Dienstvereinbarung abzuschließen, auch wenn es juristisch umstritten sein mag, ob der Personalrat darauf einen Anspruch nach dem BPersVG hat oder nicht (dazu *v. Harten/Rothkegel*, Controlling in der öffentlichen Verwaltung, in: Der Personalrat 10/97, S. 447 ff.). Beispiele von Dienstvereinbarungen sind in der

Standard-KLR (S. 331-335) vorhanden. Hilfreich kann es auch sein, den Personalrat seiner Behörde mit dem anderer Behörden, die die KLR bereits eingeführt haben, zusammenzubringen, um über das Verfahren und mögliche Regelungen in einer Dienstvereinbarung Erfahrungen auszutauschen.

- *Wie die Personalratsmitglieder, Vertreter der Schwerbehinderten, Frauenbeauftragte ihre hierauf verwendete Arbeitszeit aufschreiben können:* Grundsätzlich dürfen nach dem Betriebsverfassungsgesetz diese Tätigkeiten nicht zeitlich dimensioniert erfaßt werden, weshalb es ohne Zustimmung des Personalrates weder eine entsprechende Kostenstelle (Personalrat) noch ein entsprechendes Produkt (z.B. Personalratstätigkeit) geben darf. Sollten die Gremiumsmitglieder dennoch aufschreiben wollen, könnten diese Zeiten unter der Kostenstelle, der das jeweilige Gremiumsmitglied angehört(e), und dem internen Produkt „Allgemeine Personalangelegenheiten" erfaßt werden. Ein gangbarer Weg wäre aber auch, diese Zeiten überhaupt nicht in der KLR zu erfassen, da dies das Gesamtergebnis nicht entscheidend beeinflussen wird.

- *Was die Zeitaufschreibung nicht leisten will und kann:* Die Zeitaufschreibung verfolgt *nicht* das Ziel einer personenbezogenen Kontrolle der Leistung. Auch ist die produktorientierte Zeitaufschreibung nicht geeignet, eine analytische Personalbedarfsberechnung zu ersetzen, da die dort anzuwendende Sichtweise auf die Art der Aufgabenerledigung gerichtet ist und daher andere Maßstäbe an die Zuordnung der Arbeitszeit angelegt werden. Zudem soll keine Anwesenheitskontrolle und die Erfüllung der tariflich/gesetzlich vorgeschriebenen Arbeitszeit erreicht werden.

Dies sind nur einige der Fragen und Ängste, die erfahrungsgemäß bei der Einführung der Zeitaufschreibung in die Diskussion gebracht werden; für das (Teil-)Projektteam bedeutet es, daß es sich um ein nachvollziehbares und praktikables Verfahren und eine frühzeitige Abstimmung mit dem Personalrat bemühen muß. Es besteht sonst schnell die Gefahr, daß das gesamte Projekt in Mißkredit gerät.

4.3 Die Mengenerfassung

Um bereits bei der Einführung möglichen Anforderungen aus dem Berichtswesen (vgl. S. 113 ff.) gerecht zu werden, muß frühzeitig ein Konzept zur Mengenerfassung entwickelt werden (vgl. dazu die Standard-KLR, S. 120/121). Das Berichtswesen wird schnell die Fragen nach all dem aufwerfen, was man messen, wägen und zählen kann, also nach quantitativ meßbaren Zahlen, damit beispielsweise Stückkosten u.ä. errechnet werden können. In den meisten Behörden werden diese Zahlen zwar an irgendwelchen Stellen vorliegen, jedoch bedarf es ihrer Zusammenführung und Erfassung in der KLR-Software, damit sie im Zusammenhang mit den Kosteninformationen auswertbar sind.

Bei der Aufstellung und Umsetzung eines solchen Konzeptes zur Mengenerfassung wird man sich im wesentlichen an den Vorgaben der KLR-Software und an den Möglichkeiten in der Behörde orientieren müssen. Erfahrungsgemäß können die meisten mengenbezogenen Daten in einem Zug mit der Sachkostenerfassung (Buchung der Rechnungen) eingegeben werden. Da diese Daten bei der bisherigen Haushaltsbewirtschaftung keine Bedeutung haben, könnte dieser Aspekt leicht in Vergessenheit geraten. Das sollten Sie aber unbedingt vermeiden: Die nachträgliche Einführung der Mengenerfassung dürfte ungleich schwieriger sein, als diese Änderungen sofort in den Veränderungsprozeß der Kostenerfassung mit einzubringen.

5. Die Anlagenbuchhaltung

Die Anlagenbuchhaltung bildet das Fundament für drei kalkulatorische Kostenarten im System der KLR: Abschreibungen, Zinsen und Mieten (Nutzungsentgelt).

Kalkulatorische Abschreibung

Mit Hilfe der kalkulatorischen Kostenart „Abschreibung" werden die Werte, die in Vermögensgegenständen, Immobilien o.ä. gebunden sind, in die Betrachtungsweise der KLR einbezogen. Da den Abschreibungen keine echten Zahlungen zugrunde liegen und deshalb auch ein Pendant im Haushaltsplan fehlt, geht es um eine kalkulatorische Betrachtungsweise: Im Vordergrund steht nicht der Anschaffungswert eines Vermögensgegenstandes, sondern in der KLR soll der kostenmäßige Werteverzehr durch Abnutzung eines Vermögensgegenstandes mit Hilfe einer (kalkulatorischen) Kostenangabe bewertbar gemacht werden.

Kalkulatorische Zinsen

Der kalkulatorischen Kostenart „Zinsen" liegt die Überlegung zugrunde, daß der vom BMF zugewiesene Haushaltsansatz sowie das in Vermögensgegenständen, Immobilien o.ä. gebundene Geld dem Kapital eines privatwirtschaftlich agierenden Unternehmens entspricht. Unter dieser Prämisse müßte sich die Behörde wie ein privatwirtschaftliches Unternehmen dieses Kapital eigentlich auf dem Kapitalmarkt besorgen, wodurch Zinsen anfielen. Diesen Vergleich nachzuvollziehen, wird dann etwas leichter, wenn man sich die Tatsache bewußt macht, daß sich auch der Staat Geld auf dem Kapitalmarkt besorgt und dafür Zinsen in nicht zu geringem Ausmaß bezahlt. Unter der kostenmäßigen Betrachtungsweise der KLR gehören also auch diese kalkulatorischen Kosten in das Betriebsergebnis.

Kalkulatorische Miete (Nutzungsentgelt)

Die kalkulatorische Kostenart „Miete" oder „Nutzungsentgelt" soll dafür sorgen, daß die Gebäude, in der die Behörde ihren Sitz hat, und die sich im Eigentum des Staates befinden, nicht außerhalb der KLR-Betrachtung gelassen werden. Befände sich die Behörde in einem privat angemieteten Gebäude, wäre die tatsächlich gezahlte Miete unzweifelhaft als betriebsbedingt in die KLR aufzunehmen. Nichts anderes kann aber gelten, wenn die Behörde in einem privat gemieteten Gebäude arbeitet: Da der Betrachtungsweise der KLR zugrundeliegt, alle Kosten zu erfassen und eine Vergleichbarkeit herzustellen, können auch diese kalkulatorischen Kosten nicht ausgeklammert werden.

5.1 Vorüberlegungen und mögliche Arbeitsschritte

Nun reicht es leider nicht, diese drei kalkulatorischen Kostenarten einfach in den Kostenartenplan aufzunehmen. Da keine echten Zahlungen erfolgen, müssen die kalkulatorischen Kosten nach einem anderen Verfahren ermittelt werden, bis sie in der KLR-Software gebucht werden können.

Daher soll hier im Vordergrund stehen, wie man an den Aufbau einer Anlagenbuchhaltung herangehen kann; dabei sei vorausgeschickt, daß der Aufbau einer Anlagenbuchhaltung ein langer Prozeß ist, bis alle Details zufriedenstellend umgesetzt sind. Die Anlagenbuchhaltung sollte jedoch nicht der Grund sein, daß der Beginn des Wirkbetriebes aufgeschoben werden müßte; viele Einrichtungen und Eingaben in der KLR-Software können noch während des Wirkbetriebes gemacht werden, da die Anlagenbuchhaltung grundsätzlich ein gesamtes Jahr betrachtet und rückwirkende (z.B. monatliche) Buchungen der kalkulatorischen Kosten durchaus möglich sind.

Die Einbeziehung der Anlagenbuchhaltung in das KLR-System ist eine ganz entscheidende Voraussetzung dafür, daß die KLR und das Controlling zu einem verantwortungsbewußten Umgang mit den der Behörde und seinen Mitarbeitern zur Verfügung stehenden Ressourcen führen. Zudem können bisher nur schwer durchschaubare Sachverhalte geklärt werden, z.B.: Wie hoch waren die Ab- und Zugänge der Vermögensgegenstände pro Monat/Jahr? Wie alt sind die Anlagegüter? Wie wirkt sich eine veränderte Nutzungsdauer aus?

Für das Vorgehen dieses Teilprojektes sind daher grob die folgenden Arbeitsschritte zu skizzieren:
- Klärung von grundlegenden Vorfragen wie z.B.:
  – Ist die Ausstattung der Behörde heterogen?

- Sollen vorhandene Unterschiede in der Büroausstattung überhaupt transparent werden und unterschiedliche Kosten zugerechnet werden? Wenn nicht, sollten besser Standard-Kostensätze gebildet werden (z.B. entweder für einen bestimmten Dienststellentyp oder für einen PC-Arbeitsplatz), die dann kostenstellengenau verteilt werden.
- Existiert eine IT-gestützte Inventarisierung (oder sogar Anlagenbuchhaltung)?
- Soll ggf. eine IT-gestützte Anlagenbuchhaltung (und Inventarisierung) aufgebaut werden?
- Wird ein Pilotbetrieb der Anlagenbuchhaltung angestrebt?
- Wie sollen die Daten der Anlagenbuchhaltung in den Betriebsdatenerfassungsprozeß eingebaut werden?

- Ermittlung der vorhandenen Vermögensgegenstände in der Behörde entsprechend den in der Standard-KLR festgelegten Rahmenbedingungen (S. 54-58) und schriftliche Niederlegung eines behördenspezifischen Konzeptes zur Anlagenbuchhaltung, um die wesentlichen Parameter zunächst einmal festzuschreiben
- Festlegung eines Stichtages für die Aufnahme der vorhandenen Vermögensgegenstände
- Festlegung von Wertgrenzen und Wertansätzen (soweit sie nicht bereits in der Standard-KLR als Standard definiert sind)
- Gliederung und Bewertung des vorhandenen Anlagevermögens
  - Festlegung der Abschreibungsmethode
  - Festlegung des anzusetzenden Zinssatzes
  - Festlegung der Vorgehensweise zur Ermittlung der kalkulatorischen Miete (z.B. ortsübliche Vergleichsmiete)
- Konzept zur Übernahme bestehender IT-gestützter Datenbestände (z.B. Inventarsoftware, Gebäudemanagementsoftware) bzw. Art der Aufnahme der Anlagebestände in eine IT-gestützte Form (sofort in die KLR-Software oder über Schnittstelle aus einer anderen Software, z.B. Excel-Liste)
- Bewertung von Anlagen im Bau und Anzahlungen auf Anlagen (unter Verwaltung der Behörde)
- ggf. Bewertung von Eigenleistungen zur Erstellung von Vermögensgütern
- Festlegungen hinsichtlich außerplanmäßiger Abschreibungen, nachträglicher Korrekturen, Behandlung von Verkaufserlösen u.ä.

Wichtig für die Durchführung der einzelnen Arbeitsschritte ist eine möglichst schnelle Auswahl der KLR-Software, die in der Behörde zum Einsatz kommen soll. Die KLR-Software wird einige der genannten Festlegungen schon getroffen haben. Dann bedarf es zwar noch des Abgleichs, ob dies mit den Besonderheiten der Behörde zu vereinbaren ist, jedoch besteht auf diese Weise wenigstens schon ein konkreter Lösungsvorschlag. Die Berater der Softwarefirma, die meistens ausgebildete Betriebswirte sind, werden bei diesen Festlegungen weiterhelfen können.

Die für den Aufbau einer Anlagenbuchhaltung wesentlichen „Meilensteine" sollen nachfolgend kurz angesprochen werden.

5.2 Die Altdatenübernahme

Der Ansatzpunkt für das praktikabelste Vorgehen zur Übernahme der Altdaten in die KLR-Software sind die in jeder Behörde bestehenden Inventarlisten. Liegen diese bereits in IT-gestützter Form vor, so bedarf es neben der Bewertung der dort verzeichneten Vermögensgegenstände nach den Grundsätzen der Anlagenbuchhaltung lediglich noch der Klärung ihrer Übernahme in die KLR-Software (über eine ggf. zu programmierende Schnittstelle).

Häufig werden die Inventarlisten jedoch nicht in einem Softwaresystem gespeichert sein, sondern in Papierform (z.B. Karteikarten) in der Behörde vorliegen.

Dann wird es für den möglichst raschen und reibungslosen Aufbau der Anlagenbuchhaltung darauf ankommen, inwieweit es gelingt, pragmatisch vorzugehen:

Das Ziel kann nicht sein, neben dem bestehenden System der Inventarisierung ein weiteres umfangreiches Erfassungssystem zu installieren, sondern darauf abzustellen, ob in den vorhandenen und bereits inventarisierten Anlagegegenständen noch (abschreibbare) Werte entsprechend betriebswirtschaftlicher und steuerrechtlicher Bestimmungen vorhanden sind. So sollte von vornherein darauf verzichtet werden, Anlagen zu erfassen, die allenfalls noch mit der berühmten symbolischen Mark bewertet werden können.

Unterschiede zwischen Inventarisierung und Anlagenbuchhaltung

Bei der Bewertung des Altdatenbestandes muß man sich die unterschiedliche Zielsetzung zwischen Inventarisierung und Anlagenbuchhaltung kurz vergegenwärtigen:

Unter Inventarisierung versteht man in der Bundesverwaltung (wie auch in der Privatwirtschaft) den wertmäßigen Nachweis von beweglichen Geräten und sonstigen Gebrauchsgegenständen in einem Bestandsverzeichnis und einem Geräteverteilungsverzeichnis. Das Inventar ist damit ein Verzeichnis aller gekauften, beschafften und selbst erstellten Vermögensgegenstände. Weiterhin umfaßt die Inventarisierung die Eigentumskennzeichnung, die meist durch das Aufkleben einer fortlaufend vergebenen Nummer auf den einzelnen Gegenständen erfolgt. Die Inventarisierung entspricht den geltenden Vorschriften des BMF zum Führen und Nachweis der Gegenstände in einem Bestandsverzeichnis (Buchführungs- und Rechnungslegungsordnung für das Vermögen des Bundes, VBRO).

In der Anlagenbuchhaltung werden alle gebrauchsfähigen und einem regelmäßigen Gebrauch unterliegenden Gegenstände erfaßt, deren Anschaffungskosten unter Berücksichtigung der relevanten Anschaffungsnebenkosten (z. B. Transport und Einbau) mehr als DM 800,– netto bzw. DM 928,– inkl. MWSt. betragen; die Anschaffungskosten können entweder der noch vorliegenden Rechnung oder aus der Inventarliste entnommen werden, wobei gewährte Rabatte oder in Anspruch genommene Skonti nicht berücksichtigt werden sollten.

Zielsetzung dieser Erfassung ist die Verteilung der Anschaffungskosten auf die Jahre der Nutzung (Abschreibung) sowie die Zurechnung dieser jährlichen Kosten auf die verursachenden Kostenstellen aus Gründen der Transparenz. Diese Periodisierung der Anschaffungskosten soll den tatsächlichen Werteverzehr aufzeigen.

Neben dieser „kostenrechnerischen Inventarisierung" sollte die KLR-Software in Zukunft auch für die Inventarisierung der Gegenstände mit einem Anschaffungspreis ab 150 DM (inkl. MWSt.) genutzt werden. Die Anschaffungskosten dieser Gegenstände mit einer Wertgrenze zwischen 150 und 928 DM, die in der Betriebswirtschaft als *geringwertige Wirtschaftsgüter* bezeichnet werden, verteilt man im Gegensatz zu den Anlagegütern nicht über die Jahre der Nutzung, sondern man schreibt sie vollständig im Jahr der Anschaffung ab und belastet damit die verursachenden Kostenstellen.

Bewertung der vorhandenen Gegenstände:
Ermittlung der kalkulatorischen Abschreibungswerte

Auch wenn es eine zeitintensive Arbeit sein wird, müssen alle in der Behörde vorhandenen beweglichen Vermögensgegenstände anhand der zuvor getroffenen Bewertungsregeln „durchforstet" werden, um die jeweiligen Abschreibungssätze zu ermitteln. Diese lassen sich anhand der auf den Inventarlisten verzeichneten Anschaffungswerte und der zugrundegelegten Nutzungsdauertabelle errechnen. Die Vermögensgegenstände, die noch einen abschreibungsfähigen Wert aufweisen, und deren Abschreibungswerte werden dann in die Anlagenbuchhaltung übernommen; entweder gibt man sie manuell in die KLR-Software ein oder spielt sie über eine Schnittstelle von der bisher verwendeten Inventarisierungssoftware ein.

Verbrauchsmaterialien sollten dagegen nicht im Rahmen der Altdatenübernahme nacherfaßt werden, da sich dieser Aufwand nicht lohnen würde.

Für die „Alt-Anlagen" müssen die zur Berechnung der Abschreibungswerte herangezogenen Parameter, wie z.b. Anschaffungsdatum, Anschaffungspreis, Nutzungsdauer, hinterlegt werden. Aus Vereinfachungsgründen kann eine Nutzungsdauer für alle Altgeräte einheitlich (z.b. 5 oder 10 Jahre, mit Ausnahme der IT-Ausstattung) festgelegt werden.

Mit den so ermittelten Abschreibungsbeträgen für den in der Anlagenbuchhaltung erfaßten Altdatenbestand werden dann die jeweiligen Kostenstellen belastet, bei denen noch ein Werteverzehr der entsprechenden Anlagen stattfindet.

Bewertung der vorhandenen Gegenstände:
Ermittlung der kalkulatorischen Zinsen

Zunächst muß ein bestimmter Zinswert festgelegt werden. Es bietet sich an, mit dem entsprechenden Wert des Refinanzierungsatzes des Bundes (ca. 6 %) zu beginnen. Die KLR-Software wird dann die sich aus dieser Zinsberechnung ergebenden Werte (fast) automatisch an die Kostenstellen weiter verteilen; aufgrund der Standortangabe im Anlagenverzeichnis ist eine kostenstellengenaue Zuordnung möglich.

Bewertung der vorhandenen Gegenstände:
Ermittlung der kalkulatorischen Miete

Auch die bundeseigenen Verwaltungs- und Dienstgebäude (als unbewegliches Vermögen) sollten bei diesem Vorgang aufgenommen und bewertet werden; bei der Frage, wie die Gebäude in der Anlagenbuchhaltung erfaßt werden, gibt es unterschiedliche Möglichkeiten:

Zum einen kann der Abschreibungsbetrag anhand des Gebäudewertes und einer festzulegenden Nutzungsdauer ermittelt und in die Anlagenbuchhaltung eingegeben werden.

Zum anderen ist es auch möglich, die Quadratmeteranzahl der Nutzfläche des Gebäudes zu ermitteln und mit einem ortsüblichen Mietpreis zu multiplizieren. Dann werden die Kostenstellen mit den sich so errechnenden Quadratmeterpreisen, multipliziert mit der von ihnen beanspruchten Bürofläche, belastet.

Eine Mischform bietet sich an, wenn die Behörde in mehreren Gebäuden untergebracht ist, die zum Teil privat angemietet und zum Teil im Eigentum des Bundes stehen: Die tatsächliche Miete, die die Behörde für einen Teil der Gebäude zahlt, wird mit dem kalkulatorischen Abschreibungswert für den Teil der Gebäude, der im Eigentum des Bundes steht, addiert; diese Summe wird dann auf die Kostenstellen nach gleichen Teilen verteilt. Man könnte auch den tatsächlich von der Behörde gezahlten Quadratmetermietpreis für die Bemessung des Quadratmeterpreises der im Eigentum des Bundes stehenden Gebäude übertragen.

Diese Beispiele sollen zeigen, daß die Möglichkeit der Einstellung von kalkulatorischen Kosten der Behörde einen flexibel zu handhabenden Rahmen bietet, ihre Spezifika im KLR-System (Anlagenbuchhaltung) abzubilden.

5.3 Die Neuerfassung

Für Neuzugänge sollte das Verfahren der Inventarisierung und der Anlagenbuchhaltung verknüpft werden; diese Möglichkeit wird von den gängigen Programmen einer KLR-Standardsoftware angeboten.

Hinter der Anlagenbuchhaltung einer KLR-Software verbirgt sich eine komplexe Funktionalität, die über eine Inventarerfassung zum Zweck des Bestandsnachweises weit hinausgeht; sie dient eben – wie oben bereits erwähnt – dem Errechnen der drei kalkulatorischen Kostenarten „Abschreibungen", „Zinsen" und „Miete".

Wie kann die KLR-Software nach den entsprechenden Eingaben die kalkulatorischen Beträge errechnen und verteilen?

Die Buchungen der Abschreibungsbeträge basieren auf den für die beschafften Anlagen zu zahlenden Rechnungen, die in der KLR-Software erfaßt und gebucht werden. Diese Buchungen stellen aus Sicht des Haushalts eine Ausgabe dar, aus Sicht der Kostenrechnung wird der Werteverzehr durch die Abschreibungen dargestellt; die Summe der Abschreibungen auf dem AfA-Konto (AfA = Absetzung für Abnutzung) plus der Summe der Buchwerte auf dem Anlagenkonto ergibt die Summe der Anschaffungskosten aus dem Haushalt (betriebswirtschaftlich: Finanzbuchhaltung). Die monatlich in der Anlagenbuchhaltung berechnete AfA wird direkt auf die Kostenstellen weiterverteilt.

Die Rechnungen für Anlagen können jedoch nur gebucht werden, wenn zuvor die Anlage in der Anlagenbuchhaltung eingerichtet und eine Anlagennummer vergeben wurde. Der Aufbau der KLR kann vorsehen, daß eine haushaltswirksame Beschaffung auch immer Auswirkungen auf das Ergebnis der Kostenrechnung hat, so daß eine Doppelerfassung weder möglich noch erforderlich ist. Sobald die Betriebsdatenerfassung eine Rechnung buchen will und den entsprechenden Anlagenkontotitel aufruft, fordert das System zwingend eine sog. Anlagenzusatzkontierung.

In der KLR-Software sind beispielsweise folgende Angaben bei der Neuerfassung einer Anlage einzugeben:

- Ersteinrichtung: z.B. Anlagennummer, Anlagenart, Anlagenkontierungstyp, Bezeichnung, Schreib-/Lesegruppe, Texttyp

- Verrechnung auf die Kostenstellen: z.b. Kostenstellennummer, Anteil der Verrechnung (z.b. 100 % bei einer Kostenstelle oder aufgeteilter Prozentwert bei mehreren Kostenstellen), AfA-Zuteilung, voraussichtliche Gültigkeitsdauer der Eingabe, Angaben zum Abgang (z.b. Verkauf bei Restwert, Verschrottung)
- AfA-Regeln: Nutzungsdauer (z.b. in Monaten, Jahren), Bezugsgröße (z.b. Anschaffungs-, Herstellungskosten), voraussichtlicher Restwert, AfA-Art (z.b. lineare, feste Nutzungsdauer), AfA-Rhythmus (z.b. monatlich, jährlich), Beginn (z.b. bei Eingabe, konkrete Datumsangabe)

Bei der Neuerfassung sollte im Gegensatz zur Bewertung des Altdatenbestandes eine stärker differenzierende Nutzungsdauer anhand der Nutzungsdauertabelle der Standard-KLR (S. 257-264) vorgesehen werden.

Der Standort der Anlagen ist für die Kostenrechnung nur insoweit von Bedeutung, als die AfA aufgrund der der Anlage zugeordneten Kostenstelle verrechnet wird. Er dient jedoch der Bestandsverwaltung und erfüllt die Anforderungen an ein Geräteverteilverzeichnis im Sinne der VBRO.

Mit Hilfe der eingegebenen Anlagedaten können dann durch die KLR-Software die zuvor ermittelten Beträge für die drei kalkulatorischen Kostenarten auf die entsprechenden Kostenstellen gebucht werden, die dann dort als Gemeinkosten unter Angabe der jeweiligen kalkulatorischen Kostenart erscheinen.

Nun kann es auch Rechnungen geben, die zu einer Nachaktivierung einer bereits vorhandenen Anlage führen kann. Dann muß sich der Erfasser bei der Buchung der Rechnung zwingend auf die bereits vorhandene Anlage beziehen. Während die Neuerfassung einer Anlage nur einmal gebucht werden kann, können nachträgliche Anschaffungskosten (Nachaktivierung) zu einer Anlage beliebig oft auf eine bestehende Anlage gebucht werden. Neben dem Anschaffungswert der Anlage wird auch der monatliche Abschreibungsbetrag erhöht, verändert aber nicht die einmal hinterlegte Nutzungsdauer.

Organisation zur Aufrechterhaltung des Anlagenbestandes

Während die Beschaffung der Anlagen dezentral stattfinden kann, da die KLR-Software bei Auswählen einer Kostenart der Gruppe „Anlagen" sofort die Erfassung der Anlage in der Anlagenbuchhaltung fordert, sollte die Pflege und Änderung des Anlagenbestandes in der Anlagenbuchhaltung selbst schon aus Sicherheitsgründen zentral für die gesamte Behörde erfolgen. Die monatliche AfA-Buchung kann ebenfalls von dort oder einer anderen Stelle (z.b. Haushalt, Controlling) angestoßen werden.

Die einzelnen in der Standard-KLR festgelegten Rahmenbedingungen für den Aufbau einer Anlagenbuchhaltung, die schon deshalb eingehalten werden sollten, weil man sich dadurch viele (unnötige) Diskussionen ersparen kann (z.B. welchen Wert nehmen wir als Eingangswert für die Anlagenbuchhaltung?), sind im Zweiten Teil, S. 175 ff., näher beschrieben. Hier sollte es nur darum gehen, die Grundbegriffe und den Sinn der Anlagenbuchhaltung aufzuzeigen sowie das Herangehen an das Teilprojekt „Anlagenbuchhaltung" ein wenig zu erleichtern.

6. Die IT-Unterstützung

Dieses Teilprojekt, das alles konzipieren, organisieren und steuern muß, was mit der einzuführenden KLR-Software zu tun hat, sollte – soweit möglich – mit einem oder mehreren Mitarbeitern des IT-Referates der Behörde besetzt werden. Kurzfristig ist es kaum möglich, sich die Fachkenntnisse der IT (z.B. für die Durchführung der IT-Ausschreibung) anzueignen, da der Projektkoordinator in der Regel nicht über die IT-spezifischen Fachkenntnisse verfügen wird.

Nachfolgend sollen einige Hinweise und Erfahrungen für die Auswahl und Einführung einer KLR-Software gegeben werden; eine Empfehlung für das eine oder andere System kann dabei jedoch nicht erfolgen. Auch hier sind die Vorbedingungen und Gegebenheiten in der jeweiligen Behörde zu unterschiedlich. Zudem ist der Markt hinsichtlich der KLR-Softwareprogramme für die öffentliche Verwaltung in den letzten zwei Jahren erheblich in Bewegung geraten. Da anzunehmen ist, daß er eher noch an Dynamik gewinnen wird, kann es auch in kürzeren Zeitabständen zu Erweiterungen und Verbesserungen bestehender Programme kommen, wie auch zu völlig neuen Softwarelösungen.

6.1 Die Vorbereitungsphase

Zunächst wird man sich überlegen müssen, inwieweit eine neue Software angeschafft werden muß. Eine wesentliche Rolle für diese Entscheidung werden die bisher entwickelte Konzeption der KLR, die Zielsetzung, die möglichen Einsatzgebiete, die Zahl der voraussichtlichen Nutzer, die geplante Ablauforganisation der Buchhaltung, der zur Verfügung stehende Zeitrahmen bis zum Wirkbetrieb, erste Wirtschaftlichkeitsbetrachtungen u.ä. spielen.

Die weiteren Überlegungen könnten sich an den folgenden Punkten orientieren:

Einsatz bestehender Programme

Am Anfang sollte man feststellen, ob man nicht auf einem allgemein zugänglichen System (z.B. Excel, Access) mit der IT-gestützten Umsetzung der KLR beginnen kann.

Diese sicher kostengünstigste Lösung kommt aber nur dann als erster Schritt in Betracht, wenn man zunächst nur mit einzelnen Modulen der KLR – wie beispielsweise mit der Erarbeitung eines Produktkataloges und einer darauf aufbauenden Personalkostenerfassung (Zeitaufschreibung) – anfangen will.

Bisheriges System und Schnittstelle zur KLR-Software?

Will man aber ein umfassendes KLR-Konzept mit allen dafür notwendigen Modulen (z.b. einschließlich einer innerbetrieblichen Leistungsverrechnung) umsetzen, wird man an der Entscheidung für ein umfassendes KLR-Softwareprogramm nicht vorbeikommen.

Dann bedarf es einer Ist-Aufnahme über die bestehende IT-Landschaft in der Behörde und der Entscheidung, ob z.B. bestehende Haushaltsmittelbewirtschaftungsprogramme beibehalten werden sollen und der „Anbau" eine KLR-Software über eine Schnittstelle möglich ist. Dabei wird zu berücksichtigen sein, daß Schnittstellen grundsätzlich problematisch sind, ändert sich doch in der „IT-Welt" laufend das eine oder das andere Programm, so daß die Schnittstelle ständigen Änderungen unterworfen ist; insbesondere kann problematisch werden, welcher der Softwareanbieter die Änderungen an der Schnittstelle umsetzen muß. Zudem werden auch die Kosten einer eigens für die Behörde gefertigten Schnittstelle nicht unerheblich sein.

Anders kann die Entscheidung beeinflußt werden, wenn das bisherige System (z.B. der Haushaltsmittelbewirtschaftung) von einem Softwareanbieter stammt, der mittlerweile eine Standardschnittstelle zu einer bestimmten KLR-Software anbietet. Dann stehen erfahrungsgemäß sowohl die Kosten für die Schnittstelle als auch die möglichen Probleme der Wartung und Anpassung in einem wirtschaftlichen Verhältnis. Entscheidend wird sein, wie zufrieden die Behörde mit dem bisherigen System ist, und es muß geprüft werden, wie die Anbindung über die Standardschnittstelle tatsächlich funktioniert. Letztlich wird auch eine Rolle spielen, ob diese Lösung bei einem Kostenvergleich mit integrierten Softwareprogrammen positiv abschneidet.

Integrierte Standardsoftware oder Programmierung einer behördenspezifischen KLR-Software?

Häufig wird es aber so sein, daß das bisherige Haushaltsmittelbewirtschaftungssystem veraltet ist und schon lange hätte abgelöst werden müssen. Ist dazu noch die Entscheidung in der Behörde gefallen, ein umfassendes KLR-System zu implementieren, so wird man über die Frage nachdenken müssen, ob eine integrierte Standardsoftware (für die Haushaltsbewirtschaftung und die KLR) das KLR-Konzept abdecken kann oder ob nur eine entsprechend der behördenspezifischen Anforderungen programmierte Software in Frage kommt.

Während diese Frage bei den ersten Pilotprojekten in der Bundesverwaltung noch ergebnisoffen diskutiert wurde, herrscht mittlerweile die Meinung vor, daß die ganz überwiegenden Argumente für eine Standardsoftware sprechen: So haben sich die Standardprogramme bis heute erheblich (fort)entwickelt und sind inzwischen auch für die öffentliche Verwaltung geeignet (und nicht mehr ausschließlich für die Privatwirtschaft). Der Weg wird deshalb sein, gegebenenfalls das KLR-Konzept an die Standardsoftware anzupassen. Nur dort, wo es unverzichtbar ist, wird in einzelnen Bereichen der Behörden der umgekehrte Weg zu gehen sein. Grundsätzlich ist zu beachten, daß eine Standardsoftware gegenüber einer Programmierung die deutlich kostengünstigere Lösung darstellt; zudem benötigt eine behördenspezifische Programmierung viel Zeit.

Wirtschaftlichkeitsberechnung

Bevor die endgültige Entscheidung für die Beschaffung einer Standardsoftware fallen kann, bedarf es noch einer Wirtschaftlichkeitsberechnung. Dabei sollte überlegt werden, ob nicht von vornherein das formalisierte Verfahren nach dem *„Benutzerhandbuch IT-WiBe"* der KBSt (vgl. die genaue Bezeichnung unter „IT-WiBe" im Literaturverzeichnis) eingeschlagen werden sollte; dieses Verfahren kann sowohl für die Bewilligung der Haushaltsmittel als auch für die Beantwortung entsprechender Anfragen des Bundesrechnungshofs (BRH) herangezogen werden.

Dies bedeutet allerdings nicht nur eine Bindung von Personalressourcen (ein Sachbearbeiter für ca. 1 Woche) für die Datenerhebung und -eingabe, sondern erfordert auch den Mut der Behörde, mit hoher Wahrscheinlichkeit eine Wirtschaftlichkeitsbetrachtung mit einem negativen Kapitalwert aufzustellen: Es werden sämtliche Kosten abgefragt, ob es sich nun um die Kosten der Softwarebeschaffung einschließlich Schulung oder die Personalkosten aller mitwirkenden bzw. die neue Software nutzenden Personengruppen handelt. Dem wird in den meisten Bundesbehörden als „Abgang" nur das bisherige Verfahren und System der Haushaltsmittelbewirtschaftung entgegenstehen, dessen Restwert aufgrund der meist langen Laufzeit sehr gering sein wird bzw. das betriebswirtschaftlich schon abgeschrieben ist.

Andererseits wird auch die Qualität des Altsystems abgefragt sowie die Gründe für die Einführung der KLR-Software. Dort wird man gute Argumente finden, die eindeutig für die Beschaffung einer solchen KLR-Software sprechen, insbesondere wenn man an den Kabinettsbeschluß vom 07.02.1996 zur Entwicklung der Standard-KLR in der Bundesverwaltung denkt.

6.2 Die Ausschreibungsphase

Soll also eine KLR-Standardsoftware für die Behörde beschafft werden, so wird – aufgrund der voraussichtlichen Kosten – eine europaweite Ausschreibung vorzubereiten sein.

Empfehlenswert ist die Durchführung einer beschränkten Ausschreibung im Teilnahmewettbewerb. Ein solches Ausschreibungsverfahren mit Teilnahmewettbewerb wird in einem Zeitrahmen von 3 bis 4 Monaten zu bewältigen sein.

Gründung einer Arbeitsgruppe

Die Entscheidung, welche KLR-Software für die Behörde geeignet ist, ist schwierig, weil viele Kriterien zu berücksichtigen sind. Ein Kriterium sei hier besonders erwähnt: Die Akzeptanz der KLR-Software insbesondere unter dem Aspekt der Benutzerfreundlichkeit.

Daher kann es sich anbieten, eine Arbeitsgruppe – neben dem Projektteam mit dem Teilprojekt „IT-Unterstützung" – zu gründen, in die Vertreter aus allen Abteilungen der Behörde (mit Entscheidungsmandat) geschickt werden und die unter der Leitung des Teilprojektverantwortlichen „IT-Unterstützung" steht. Auf diese Weise ist gewährleistet, daß die Interessen der späteren Nutzer Berücksichtigung finden.

Andere Behörden wie z.B. die KBSt, das BSI oder der BRH sollten schon in die Ausschreibungsphase mit eingebunden werden, um den Sachverstand zu bündeln.

„Vorerkundigungen"

Die Mitglieder dieser Arbeitsgruppe einschließlich des Koordinators des Projektteams (und ggf. des externen Beraters) sollten „Vorerkundigungen" über die bereits lauffähigen KLR-Softwareprogramme einholen. Dafür bieten sich sog. „Referenzkundenbefragungen" an; die Softwareanbieter werden Referenzkunden auf Anfrage benennen (vgl. für die Namen der Softwareanbieter die Übersicht zu KLR-Softwareprogrammen bei *Jeannottat/Hartmann*, Marktanalyse zur kommunalen Software, VOP 5/98, S. 42, und die dort am Ende genannte Studie der prognos & simma GmbH mit Unterstützung des Deutschen Städtetages; dazu auch *Jeannottat*, Softwareprodukte für Kosten- und Leistungsrechnung, in: der städtetag 4/98, S. 314 ff.).

Sinnvoll erscheint es, vor aufwendigen Besuchen bei den Referenzkunden einen Fragebogen zu verschicken, in dem Fragen zur Anwendungslandschaft, zu Systemmerkmalen, zur Implementierung, zum Support etc. gestellt werden (vgl. dazu das Beispiel für einen solchen Fragebogen in Anlage Nr. 5). Meist dürfte die schriftliche Antwort der Referenzkunden hinreichend Aufschluß geben. Nur bei einer besonders gelagerten Problematik oder besonders langer Erfahrung der Referenzkunden mit der KLR und einer entsprechenden Software scheint ein Besuch lohnend.

Ausschreibungsunterlagen

Bei der Erstellung der Ausschreibungsunterlagen wird man eine externe Unterstützung besonders zu schätzen wissen (vgl. dazu das Muster einer Leistungsbeschreibung Ziff. 3.2./10.1. in der Anlage Nr. 1). Die Erstellung der Ausschreibungsunterlagen ist ein erheblicher Zeitfaktor und deshalb ein Grund, warum KLR-Einführungsprojekte bei Einschaltung einer externen Beratung schneller zu bewerkstelligen sind.

Wenn sich eine Behörde ohne externe Beratung behelfen muß, bedarf es einer Teamleistung: Der Verantwortliche des Teilprojektes „IT-Unterstützung" wird im wesentlichen für die Darstellung der IT-Seite in der Ausschreibungsunterlage zuständig sein, der Projektkoordinator und die weiteren Teilprojektverantwortlichen werden die Zuarbeit für die einzelnen Module und Grundlagen hinsichtlich der Anforderungen des KLR-Konzeptes leisten müssen.

Sobald es Rahmenverträge in der Bundesverwaltung gibt, wird dieser Komplex erheblich vereinfacht werden. Zumindest kann man sich eine Ausschreibungsunterlage beim Bundesministerium der Finanzen (Referat II A 4) als Muster besorgen (vgl. den Infobrief zur Standard-KLR 2/98, S. 2).

An dieser Stelle kann keine „Musterausschreibung" aufgeführt werden, da die zu beschreibenden Fakten für jede Behörde zu unterschiedlich ausfallen und in jeder Behörde eigene „Regeln" zur Beschreibung eines „Pflichten- oder Lastenheftes" bestehen. Daher soll hier nur kurz ein „Gerüst" für eine Ausschreibung dargestellt werden, auf deren Grundlage die einzelnen behördenspezifischen Anforderungen ermittelt werden können:

1.) Gegenstand und Ziel der Ausschreibung (z.B. Aufgaben und Struktur der KLR/des Controlling, Zielsetzung und Vorgehensweise des KLR-/Controllingprojektes)

2.) Ausschreibungsbedingungen und Erläuterungen (z.B.: Allgemeine und zusätzliche Ausschreibungsbedingungen wie Erläuterungen zum Aufbau der Ausschreibung, Bewertungskriterien, angestrebter Zeitpunkt des Wirkbetriebes)

3.) Darstellung des Anwendungsbereiches
– Abgrenzung und Beschreibung der Fachkonzepte der für das Angebot relevanten Anwendungssysteme
– Bereits existierende Anwendungssysteme
– Anforderungen an die KLR-Software (z.B. hinsichtlich Produktkatalog, Projektverfolgung, Kostenstellen- und Umlageverfahren, kameralistische Funktionen, Planungsinstrumente, Berichtswesen, Mengengerüste)
– Informationstechnische Anforderungen (z.B. existierende IT-Infrastruktur, Softwarearchitektur wie z.B. Zukunftssicherheit der KLR-Software, Rechnerarchitektur, Ressourcenanforderungen, Schnittstellen zu anderen Anwendungssystemen in der Behörde, Migrationskonzept)

- Implementierungsplanung (z.B. Prototyp, Testphase und Pilotinstallation, Stufenkonzept für die Einführung, Qualitätssicherung, Dokumentation und Schulung)
- Projektorganisation (z.B. Projektplanung, Lieferzeiten)
- Anforderungen an den Anbieter (z.b. kommerzielle Bedingungen, Vertragsstrafe, Gewährleistung, Kündigung und Haftung)

4.) Leistungsverzeichnis
- Zusammenfassung des Lösungsvorschlags und systemtechnische Angaben
- Anbieterdarstellung (z.b. Organisationsstruktur, Standorte, Schwerpunkte)
- Weitere Angaben (z.b. Schulung, Wartung, Literatur, Durchschnittskosten)
- Allgemeine Anforderungen (z.B. Projektdurchführung, Anlieferung, Aufstellung, Funktionsprüfung, Abnahme, Verfügbarkeit, Ausbildung, Einweisung, Einsatzvorbereitung, Dokumentation, Instandsetzung, Verfahrenspflege, Programmpflege, -verbesserungen, Gewährleistung, Kompatibilität, Pönalen, Erweiterbarkeit, Sicherheit, Flexibilität, Ausbaufähigkeit, ggf. Unteraufträge, Forderungsabtretung, Teil- und Abschlagszahlungen)
- Spezielle Anforderungen (z.b. Gesamtsystem, Releases, Client-Server, Datenhaltung und -pflege, Zugriff auf die Daten, Formulargenerator, Datenschutz, Rechner, Monitore, Datenbank, Rechnerzugriffszeiten, Nutzeranzahl, Pflegeaufwand, Testinstallation, EG-Richtline über Arbeit an Bildschirmgeräten)
- Preiszusammenstellung

5.) ggf. Anhang (z.b. Entwürfe zu Kostenarten, -stellen- und -trägerstruktur, Auszüge des Produktkataloges, Implementierungsplan der Behörde)

Präsentation, Teststellungen und Auswahl der KLR-Software

Aufgrund des zuvor erstellten Kriterienkataloges (z.B. Bedienungsfreundlichkeit, Integrationsfähigkeit in die bestehende IT-Landschaft, Anpassungsfähigkeit an die Ziele und Bedürfnisse der Behörde, zeitnahe und schnelle Implementierung) sollte sich die „Arbeitsgruppe zur Softwareauswahl" auf etwa drei Anbieter verständigen, die zu einer Präsentation eingeladen werden. Dabei sollte ebenfalls gelten, was bei der Auswahl des externen Beraters schon gesagt wurde (vgl. S. 27): Die später für die Anpassung vor Ort eingesetzten Softwareberater sollten bei der Präsentation anwesend sein; denn das Projektteam wird bei der Implementierung der Software eng mit diesen Beratern zusammenarbeiten müssen.

Zusätzlich sollte erwogen werden, ob man mit einem oder mehreren Softwareanbietern zunächst Teststellungen vor Ort vereinbart, um danach noch fundierter entscheiden zu können.

Für den Zeitbedarf hinsichtlich der gesamten Ausschreibungsphase bis zur tatsächlichen Arbeitsaufnahme durch den Softwareanbieter in der Behörde kann als Richtwert ungefähr 4-6 Monate angegeben werden.

6.3 Die Anpassungs- und Einführungsphase

Ist die Entscheidung für den Softwareanbieter gefallen, wird dieser in der Regel noch einige Wochen benötigen, bis er in der Behörde vor Ort einsatzbereit ist.

Das erweiterte Projektteam

Bei Ankunft der Berater der Softwarefirma wird erfahrungsgemäß ein wenig „Unruhe" in das Projektteam geraten: In einem relativ kurzen Zeitraum müssen die konzeptionellen Überlegungen der Teilprojekte mit den in der Standardsoftware vorgeschlagenen Lösungen abgeglichen werden; dabei wird sich nicht nur zeigen, wie weit die konzeptionellen Vorarbeiten fortgeschritten sind, sondern auch, inwieweit sie zur ausgewählten Software passen.

Auch wenn die Berater des Softwareanbieters es in der Regel vorziehen, einen Ansprechpartner (z.B. Projektkoordinator oder Teilprojektverantwortlicher „IT-Unterstützung") zu haben, ist es empfehlenswert, jedes einzelne Teilprojekt mit dem Softwareanbieter das entsprechende Modul implementieren zu lassen. Dieses Vorgehen wirkt nicht nur motivationsfördernd, sondern bereitet auch die Basis für den Erwerb von zusätzlichen Kenntnissen bei den Mitgliedern der Teilprojekte für den späteren Wirkbetrieb.

Die Umsetzung des jeweiligen (Teilprojekt-)Konzeptes in der KLR-Software wird zunächst schwerfallen, weil die Software „leer" ist, wenn sie zum ersten Mal in der Behörde „eingespielt" wird. Es sind keine behördenspezifischen Daten eingegeben, Testläufe sind zunächst nur mühsam mit Spieldaten zu konstruieren. Den Beratern des Softwareanbieters fehlt wiederum die Kenntnis über die Einzelheiten der Behörde. Die ersten Wochen nach Erweiterung des Projektteams mit den Beratern des Softwareanbieters werden daher vom gegenseitigen „Kennenlernen" geprägt sein und stellen ein wesentliches „Projektrisiko" dar.

Dieses Risiko muß durch Abstimmung zwischen den Implementierungsplänen des Projektteams und des Softwareanbieters minimiert werden.

Feststellung des Änderungsbedarfs

Nach der erfolgreichen Bewältigung dieser Phase wird in wenigen Wochen der Änderungsbedarf an der Standardsoftware festzulegen sein, den der Softwareanbieter anschließend umzusetzen hat. Grundsätzlich wird man zwar sein Konzept der Standardlösung in der KLR-Software anpassen (vgl. oben S. 100), aber es wird dennoch einige Bereiche geben, in denen die Behördenspezifika abgebildet werden sollen. Auch Bereiche, die eine Standardsoftware möglicherweise nicht (voll) abdeckt, müßten vielleicht zusätzlich entwickelt werden.

In der Folgezeit wird der Softwareanbieter die aufgenommenen Änderungswünsche der Behörde umsetzen und die Standardsoftware – soweit erforderlich – umprogrammieren.

Eingabe der sog. Struktur- oder auch Stammdaten

Nach der Umsetzung des Änderungsbedarfs wird der so entstandene, behördenspezifische „Prototyp" (Betaversion) dem Projektteam vorgestellt. Sodann erfolgt die Eingabe der Strukturdaten.

Unter Strukturdaten verstehen wir die nicht einer laufenden Änderung unterworfenen Datenbestände wie z.b. Kostenarten, Kostenstellen, Kostenträger, Anlagenaltbestand, Personalkostendurchschnittssätze, innerbehördliche Verrechnungsmodi. Damit die Eingabe dieser sog. Strukturdaten schnell ablaufen kann, sollten organisatorische Überlegungen schon in die Arbeit des Projektteams einfließen; sollen nämlich z.b. Schreibkräfte die sog. Strukturdaten „am Stück" eingeben, ist dies bei der Art der entsprechenden Auflistung der Daten schon von vornherein zu berücksichtigen.

Probebetriebe, Vorführungen u.ä.

Erst nach der Eingabe der sog. Strukturdaten kann das gesamte System verläßlich in unterschiedlichen Probebetrieben getestet werden; so werden Probebuchungen, die Funktionsfähigkeit der Mittelkontrolle, die Anonymität der Personalkostenerfassung und viele weitere Prozesse durchzuspielen sein. Erst in diesem Stadium empfehlen sich auch Vorführungen beim Personalrat, bei der Amtsleitung, bei den Mitarbeitern (z.B. im Rahmen eines Infomarktes, vgl. S. 39) etc., da erst dann die zukünftigen Abläufe vollständig gezeigt werden können.

Schulungen im Umgang mit der KLR-Software

Jetzt ist auch der Zeitpunkt gekommen, an dem mit den Schulungen der Mitarbeiter begonnen werden muß, die im Wirkbetrieb mit dem System arbeiten sollen; die Schulungen, in denen die grundlegenden Funktionen erklärt werden, sollten zum einen mit einem behördenspezifischen „Strukturdatenbestand" durchgeführt werden und zum anderen zeitnah ablaufen. Für den Erfolg der Schulungen, die am besten durch den Softwareanbieter selbst und vor Ort stattfinden sollten, wird es davon abhängen, inwieweit es gelingt, gleiche Gruppen hinsichtlich der Art der späteren Tätigkeit mit der KLR-Software zu bilden. Die späteren „Erfasser" sollen die „Erfassungsmasken", die „Anlagenbuchhalter" die „Anlagenmasken" etc. kennenlernen. Die KLR-Software wird so viele Möglichkeiten bieten, daß es verwirrend sein könnte, allen späteren Nutzern das gesamte System vorzustellen. Nur die späteren (Abteilungs-) Controller brauchen den Gesamtüberblick und werden umfassend geschult werden müssen.

Anwendungs- und Systemadministrator

Spätestens bei der Einteilung der verschiedenen Schulungsgruppen wird auch ein Anwendungs- und ein Systemadministrator für die KLR-Software zu bestimmen sein, da sie eine noch weitergehende Schulung benötigen.

Der Anwendungsadministrator wird sich im Wirkbetrieb um die Probleme der Nutzer hinsichtlich der Anwendung kümmern; außerdem wird er die „Ansprechstelle" für die Weitergabe aller Probleme an den Softwareanbieter sein sowie die Fehler- und Verbesserungsmeldungen prüfen. Diese Funktion könnte beispielsweise einer der Abteilungscontroller ausüben.

Der Systemadministrator wird als Ansprechpartner in allen technischen Fragen dienen und auch alle Systemeinstellungen, das Einspielen von Updates u.ä. übernehmen. Dafür bietet sich der Teilprojektverantwortliche „IT-Unterstützung" oder ein anderer Mitarbeiter des IT-Referates an.

Wirkbetrieb

Ist die Implementierung erfolgreich abgeschlossen und hat der Wirkbetrieb begonnen, werden immer wieder kleine oder größere Schwierigkeiten auftreten. Die Einführung einer KLR-Software stellt eine große Veränderung der IT-Landschaft in der Behörde dar, die kein Unternehmen und auch keine Behörde völlig problemlos bewältigt. So werden insbesondere die unmittelbar mit der KLR-Software arbeitenden Mitarbeiter in den ersten Monaten des Wirkbetriebes Verständnis aufbringen müssen, wenn nicht alles reibungslos funktioniert.

Es wird aber auch notwendig sein, Vorsorge zu treffen: So wird zu überlegen sein, ob man nicht mit dem Softwareanbieter einen kompletten Wartungsvertrag abschließt, d.h., es sollte von vornherein – schon deswegen, um sich vor Kapazitätsengpässen beim Softwareanbieter zu schützen – ein gewisses Kontingent an Beratertagen vereinbart werden; dies kann dann entweder kurzfristig abgerufen oder sofort festgelegt werden (z.B. einmal im Monat für die ersten 4 Monate).

Von der Funktionsfähigkeit der KLR-Software wird gerade zu Beginn viel abhängen, damit das neue System auch von den Mitarbeitern akzeptiert wird. Daher sollte auch noch für die Startphase des Wirkbetriebes „Know-how" des Softwareanbieters zur Verfügung stehen.

7. Das Planungs- und Zielsystem

7.1 Die „Philosophie" des Planens

Es mag Sie erstaunen, daß wir Ihnen im Rahmen der Einführung einer KLR auch ein Teilprojekt „Planung" empfehlen. Im Inhaltsverzeichnis der Standard-

KLR kommt der Begriff nicht vor, ebenso wenig findet er sich im Glossar. Und doch halten wir ein Teilprojekt „Planung" nicht nur für notwendig, sondern mit Blick auf die Aussagekraft und -fähigkeit der KLR für so wichtig, daß der für das Gesamtprojekt verantwortliche Projektkoordinator dieses Teilprojekt persönlich betreuen sollte.

Warum ist das so?

Ein Betrieb ist ein System, in dem Leistungserstellungsprozesse ablaufen. Insofern ist auch eine Verwaltung ohne weiteres ein Betrieb. Die Leistungserstellung findet in der Weise statt, daß die Produktionsfaktoren oder der Input im Betrieb miteinander kombiniert werden und als Output einen Nutzen erbringen (vgl. *Ebert*, Kosten- und Leistungsrechnung, S. 20).

Die Betriebswirtschaft versucht nun, die Input-Output-Prozesse mengen- und/oder wertmäßig darzustellen. Bei dem Kombinationsprozeß findet ein Verzehr der eingesetzten Produktionsfaktoren statt, diesen Werteverzehr bezeichnet die Betriebswirtschaft als Kosten. Nutzen sind demgegenüber die Leistungen oder Produkte, die die Betriebswirtschaft als den Wert an Gütern und Dienstleistungen definiert.

Damit sind die beiden entscheidenden Begriffe „Kosten" und „Leistungen" bereits gefallen. Die Kosten- und Leistungsrechnung setzt beide Begriffe in Beziehung zueinander und stellt Methoden und Systeme zur Verfügung, mit denen die im Rahmen des Kombinationsprozesses entstehenden Kosten und Leistungen erfaßt, zugerechnet und ausgewertet werden können. Die so gewonnenen Informationen sind unabdingbar, um auf einer verläßlichen Grundlage Entscheidungen zur Steuerung der Wirtschaftlichkeit treffen zu können (*Ebert*, a.a.O.).

Kosten und Leistungen zueinander in Beziehung zu setzen, heißt letztlich, sie miteinander zu vergleichen. Dafür gibt es drei Möglichkeiten:

Sie können die Kosten mit dem Wert der Leistung vergleichen. Wenn der Wert der Leistung höher ist als der Wert der Kosten, so ist der Leistungserstellungsprozeß wirtschaftlich.

Die Privatwirtschaft ermittelt den Wert der Leistung über den Marktpreis. Damit stellt sich nicht nur das Problem, daß es für die meisten Verwaltungsleistungen einen solchen Marktpreis nicht gibt, sondern daß die Relation zwischen Kosten und Leistungen dann einseitig vom jeweiligen Preisgefüge abhängt. Der Preis bestimmt sich nach der Intensität des Wettbewerbs. Konsequent zu Ende gedacht, wäre deshalb ein Monopolist immer wirtschaftlich, weil er den Preis bestimmt. Sie sehen, je mehr Einfluß der Betrieb auf den Preis nehmen kann, um so unsinniger wird der Vergleich; denn über die Qualität oder Effizienz der innerbetrieblichen Leistungserstellung sagt er nichts aus.

Deswegen ist auch die private Wirtschaft dazu übergegangen, den Wert der Leistung vom Preis abzukoppeln und statt dessen die Kosten auf der Kostenseite mit den Kosten auf der Leistungsseite zu vergleichen. Dabei haben Sie zwei Alternativen.

Sie können Ist-Kosten mit Ist-Kosten vergleichen; auf der Leistungsseite können das beispielsweise die Stückkosten oder die Gesamtkosten einer Kostenstelle innerhalb einer bestimmten Zeiteinheit sein. Wenn aber in das Ist der Vergangenheit bereits Unwirtschaftlichkeiten eingeflossen sind, so wird diese falsche Größe durch den Vergleich perpetuiert. Vergangenheitsbezogene Ist-Werte sind daher als Vergleichsmaßstab ungeeignet (*Ebert*, a.a.O., S. 130 f.).

Deswegen geht man heute dazu über, die Plankostenrechnung in den Mittelpunkt der Kostenrechnung zu stellen. Unter Plankosten versteht man Kostenvorgaben, die den zukünftig zu erwartenden bzw. angestrebten Werteverzehr darstellen. Dazu ist es erforderlich, das erwartete Mengen- bzw. Zeitgerüst, die voraussichtlichen Wertansätze sowie den möglichen Beschäftigungsgrad zu ermitteln (*Ebert*, a.a.O., S. 144).

Die Standard-KLR sieht das genau so vor (S. 26 f.): Womit wir doch beim Planen angelangt wären! Planung bezieht sich nämlich immer auf ein Ziel, d.h. einen in der Zukunft liegenden, wünschens- bzw. erstrebenswerten Tatbestand, der nicht von selbst, damit also nur durch ein Tun oder Unterlassen erreichbar ist.

7.2 Grundsätze der Planung

Es soll, wir sagten es bereits, gar nicht in Abrede gestellt werden, daß in der öffentlich Verwaltung schon immer geplant worden ist. Es ist deswegen auch dringend davon abzuraten, Mitarbeiterinnen und Mitarbeitern danach zu fragen, *ob* sie planen. Eine solche Frage wird nur als provokant empfunden.

Fragen Sie statt dessen: „*Was* planen Sie?". Ganz offenbar liegt ein Mißverständnis vor, wenn jemand darauf antwortet, das wisse er nicht, aber er werde es beim Planen schon noch herausfinden!

Es ist ein grober Irrtum zu meinen, daß sich Ziele beim Planen ergeben. Umgekehrt gilt: Für die Planung ist die Vorgabe von Zielen entscheidend. Zielloses Planen ist wie ein Pfeil ohne Spitze oder wie Autofahren ohne Lenkrad.

Das Formulieren von Zielen ist deshalb eine der vornehmsten Führungsaufgaben. Gerade hier liegt aber eine der größten Unterlassungssünden im System des öffentlichen Managements. „Die Finanzkrise ist zu einem guten Teil Folge einer tiefgreifenden Führungskrise und eines jahrelang hingenommenen Steuerungsdefizits." (*Adamaschek*, Nabelschau oder Wettbewerb?, in: iv 3/1995, S. 25 ff.).

Deswegen müssen Sie sich auch nicht dafür rechtfertigen, daß Sie eine KLR einführen wollen; vielmehr müssen sich umgekehrt Führungskräfte, die keine KLR und kein Controlling wollen, dafür rechtfertigen, warum sie nicht führen.

Fragen Sie weiter: „*Wie* planen Sie?". Sie werden Erstaunen darüber hervorrufen, daß man Planen lernen kann, aber deswegen auch lernen muß; denn die wenigsten können, was sie nicht gelernt haben (vgl. dazu im Dritten Teil, S. 242 f.).

Die Planung hat ihrer Struktur nach mehrere Ebenen: Definition der Aufgabe (häufig gesetzlich vorgegeben), Festlegung von Produkten bei der Erfüllung der Aufgabe, Beschreibung der einzelnen Prozesse bei der Produkterstellung und Bestimmung der Ressourcen, die wiederum in Kostenarten heruntergebrochen werden müssen. Um die Ebenen operativ zu gestalten, sind Ziele zuzuordnen (vgl. *Ebert/Steinhübel*, Controlling in der öffentlichen Verwaltung, in: Finanzwirtschaft 11/1997, S. 248 f.).

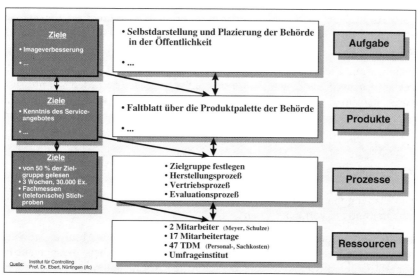

Abbildung 1.2: Beispiel für die Planung der Arbeit des Referates Öffentlichkeitsarbeit/ Presse einer Behörde

Sie sehen, die Ressourcen-Zuordnung erfolgt erst in einem letzten Schritt, wenn das Produkt bereits „durchgeplant" ist. Das hat zur Folge, daß wir diametral entgegengesetzt zu unserer bisherigen Verfahrensweise zu denken und zu handeln haben. Bisher ist es üblicherweise so, daß Mittel in bestimmter Höhe zur Verfügung gestellt werden und die beabsichtigte Maßnahme im Rahmen dieses Ansatzes geplant und durchgeführt wird. Das heißt, die Verfügbarkeit der Mittel bestimmt Art und Umfang der Maßnahme. Nach neuer Sicht, oder anders gesagt, unter der neuen Planungskultur bestimmt der Produktverantwortliche aufgrund der vorgegebenen Ziele zunächst Art und Umfang der Leistung und kalkuliert dann, welche Ressourcen personeller und sächlicher Art er zur Leistungserstellung benötigt. Das heißt, aus der nach Art und Umfang geplanten Maßnahme ergeben sich die damit verbundenen Kosten.

Wenn nun Ziele vorgegeben sind: An welcher Stelle beginnt dann der Planungsprozeß? Es war ein Stück aus dem Lehrbuch, als die Teilnehmer an einem KLR-Workshop für die Verwaltung gefragt wurden, an welcher Stelle ihrer Meinung nach in einem privatwirtschaftlichen Unternehmen die Planung beginne. Die Teilnehmer meinten beinahe einhellig, sie beginne bei der Produktion. Richtig und einsichtig ist, wie Sie wissen, daß die Planung beim „Engpaß" beginnen muß. Im Unternehmen ist dieser Engpaß der Absatz. Würde man mehr produzieren, als man absetzen kann, wäre das Unternehmen bald konkursreif.

Es hinterläßt ein Unbehagen, wenn in der Verwaltung offenbar die Vorstellung vorherrscht, Planung beginne bei der Produktion. Und es überrascht nicht, daß auf diese Weise der Engpaß darin gesehen wird, daß zu wenig Haushaltsmittel bewilligt würden.

Planung setzt Ziele voraus. Und es darf zumindest die Frage gestellt werden, ob bei anspruchsvollen Zielen dann noch alles „abgesetzt" werden könnte, was vorgeblich im Rahmen der Aufgabenstellung produziert wird, oder ob nicht – wie bei den privatwirtschaftlichen Unternehmen auch – der Engpaß beim Absatz liegt.

7.3 Lernen durch Abweichung

Die Planung innerhalb einer Behörde erfordert ein Zusammenspiel auf horizontaler und auf vertikaler Ebene.

Horizontal gebietet die Logik der Planung eine bestimmte Abfolge zwischen den Abteilungen. Nachdem die (politischen) Ziele vorgegeben sind, planen zunächst die operativen Abteilungen, die für den Absatz externer Produkte verantwortlich sind. Danach ermittelt der Produktionsbereich die Kosten für die Leistungserstellung. In einem letzten Schritt plant die Verwaltungsabteilung, wie sie die notwendigen Ressourcen bereitstellen kann.

Vertikal entspricht der Hierarchie im Behördenaufbau eine Planungs- und Zielhierarchie. Von oben nach unten sind Ziele vorzugeben und eine zunehmende Konkretisierung, Detaillierung und Operationalisierung der Planung vorzunehmen.

Auf der untersten operationalen Ebene könnte für die Planung ein Standardkatalog vorgesehen werden, den der Kostenstellenverantwortliche ausfüllen müßte und der folgendermaßen aussehen könnte (alle Angaben aus der Sicht der Kostenstelle):

- *Politischer und operativer Schwerpunkt*: Hier ist darzustellen, wie sich das Produkt in die Gesamtplanung einfügt.
- *Systematische Produktdaten*: Hier sind Produktnummer, -bereich und -gruppe anzugeben. Bei einem bereits im Produktkatalog aufgeführten Produkt genügt der Hinweis auf den Produktkatalog, bei einem neuen Produkt sind die Angaben zu erstellen.
- *Produktbeschreibung*: Bei einem bestehenden Produkt genügt der Verweis auf den Produktkatalog, bei einem neuen Produkt ist ein neuer Produktsteckbrief anzulegen.
- *Priorität* (sehr wichtig -1-, wichtig -2-, nachrangig -3-): Damit wird der Kostenstellenverantwortliche gezwungen, die Produkte innerhalb seiner Kostenstelle zu gewichten. Gesetzlich vorgeschriebene Aufgaben sind Priorität -1-.
- *Produktziel*: Hier sind u.a. Zielgruppe, Produktmengen und Zeitraum der Produkterstellung anzugeben.
- *Sachkosten*: Die Sachkosten sind nach Kostenarten gemäß dem Kostenartenplan der Behörde zu planen. Zu den Sachkosten gehören auch meist zentral verwaltete, aber dezentral in Anspruch genommene Mittel wie z.B. Reisekosten oder Kosten für Fort- und Weiterbildung.
- *Personalkosten*: Zunächst ist die benötigte Personalkapazität zu planen. Die entsprechenden Mitarbeitertage je Laufbahn- oder Besoldungsgruppe sind mit den behördenspezifischen Durchschnittssätzen zu multiplizieren, so daß sich die in Geld bewerteten Personalkosten ergeben.

Spätestens, wenn es um die Planung der Personalkosten geht, werden Sie im ersten Anlauf in Ihrer Behörde auf eine kategorische Ablehnung stoßen. Das ist völlig normal. Wir hatten bereits darauf hingewiesen, daß man das Planen erlernen muß. Ihre Aufgabe als der Verantwortliche des Teilprojekts Planung ist es deshalb, Kenntnisse darüber zu vermitteln, wie man plant.

Zugleich müssen Sie versuchen, die Vorbehalte gegen die Planung im allgemeinen und die Personalplanung im besonderen abzubauen.

Nehmen Sie Ihren Kolleginnen und Kollegen die Angst vor der Transparenz. Wer ein vernünftiges Arbeitspensum leistet, wird es in aller Regel begrüßen, daß seine Auslastung objektiv dokumentiert wird. Das ist dann zugleich nämlich ein Schutz davor, beliebig mit weiteren Aufgaben betraut zu werden.

Machen Sie ihnen klar, daß sie auch jetzt bereits eine grobe Vorstellung über die Auslastung ihrer Kostenstelle (nach herkömmlicher Denkweise: des Referats) haben. Personalplanung ist demgegenüber nur ein weiterer Schritt, diese

Auslastung genauer zu bestimmen und auf Leistungserstellungsprozesse zuzuordnen. Das hat zugleich ein „normatives" Element: Sie konzentrieren die Personalkapazität entsprechend der Gewichtung der einzelnen Produkte, die die Kostenstelle verantwortet.

Wir halten wenig von dem Ansatz, mit der Planung von Sach- und Personalkosten zu warten, bis Ist-Zahlen vorliegen. In der Praxis wird häufig so verfahren, daß man im ersten Jahr des Wirkbetriebs zwar Produktbezeichnungen, aber keine Plan-Kosten eingibt. Im Wirkbetrieb werden die Produkte bebucht, so daß sich am Jahresende für jedes Produkt Ist-Kosten ergeben.

Über die Aussagekraft von Ist-Werten hatten wir bereits gesprochen. Liegen erst einmal Ist-Zahlen vor, so werden sie, ob man will oder nicht, die Planung im Sinne des herkömmlichen Denkens beeinflussen. Die Folge davon ist, daß die Vergangenheit in die Zukunft hochgerechnet wird, statt die Zukunft in die Gegenwart zu transformieren.

Was spricht eigentlich dagegen, gerade zu Beginn der Einführung betriebswirtschaftlicher Steuerungsinstrumente mit dem neuen System zu experimentieren und ohne Rückversicherung bei einem Bestand von Altdaten nach bestem Wissen einfach zu schätzen, wie sich die Ressourcen anteilsmäßig auf die Leistungserstellungsprozesse verteilen? Genau besehen, liegt hier eine geradezu einmalige Chance.

Natürlich werden sich zwischen den geschätzten Plandaten und den später ermittelten Ist-Werten Abweichungen, vielleicht große Abweichungen ergeben. Wie Sie mit diesen Abweichungen umgehen, ist der Schlüssel dazu, ob es Ihnen gelingen wird, die Mitarbeiterinnen und Mitarbeiter Ihrer Behörde an die Planung heranzuführen. Und mehr noch: Wie Sie mit den Abweichungen umgehen, entscheidet darüber, ob es Ihnen gelingen wird, mit den Erkenntnissen aus der KLR zu *steuern*.

Planen ist immer ein Versuch. Versuchen heißt auch, daß man sich irren kann. Wenn Sie die Abweichungen als Fehler bei der Planung qualifizieren, dann machen Sie just den zum Sündenbock, der mit der Planung neue Wege gegangen ist. Damit fördern Sie keine Kreativität, sondern Sie ersticken jede Dynamik und Motivation.

Das Gegenteil aber müssen Sie bewirken: Die Mitarbeiterinnen und Mitarbeiter sollen ihre „Scheuklappen" ablegen und möglichst extrem über die Zukunft nachdenken. Das heißt: Man kommt nicht mehr aus der Vergangenheit und schreibt sie fort. Sondern man fragt: Wohin wollen wir in der Zukunft? Was müssen wir heute tun, um morgen dort zu sein? Damit ist man nicht mehr „Sklave" der Planung, sondern bedient sich der Planung als einer Chance, seine Vorstellungen zu realisieren.

Deswegen ist es kein erstrebenswertes Ziel, daß bei der Abweichungsanalyse Null herauskommt. Der sicherste Weg, Null Abweichung zu erreichen, wäre, Null zu planen und Null zu machen. Sie sehen, das Gegenteil ist richtig: Je kreativer jemand ist, um so unrealistischer wird sein Planungsziel sein und dementsprechend groß die Abweichung zum Ist. Das ist gut so. Die Abweichung ist eine neutrale Größe. Ihr Wert liegt allein darin, daß sie uns den Weg weist, wie wir es in Zukunft besser machen können (vgl. dazu Ebert, Unternehmensführung, in: *Bestmann* (Hrsg.): Kompendium der Betriebswirtschaftslehre, S. 78 ff.).

Natürlich erhebt sich sofort die Frage, wie sichergestellt werden kann, daß die Planung nicht nur ein Stück Papier bleibt, sondern tatsächlich umgesetzt wird. Zu denken wäre an Anreiz- oder Sanktionsmechanismen. Anreize sind bei der gegenwärtigen Finanzlage und insbesondere der herrschenden Denkweise leider so gut wie ausgeschlossen. Sanktionen verunsichern, und sind daher tendentiell ungeeignet, um kreatives Handeln der Mitarbeiter zu fördern.

Damit bleibt das wichtigste Instrument Ihre Überzeugungskraft. Vielleicht müssen Sie sich selbst erst einmal von dem Schreck erholen, daß wir uns am Jahresende daran messen lassen wollen, wieweit wir das, was wir uns vorgenommen haben, auch umgesetzt haben. Dann ist nicht mehr jedes Ergebnis das beste, wenn nur der Titel bis auf den letzten Pfennig ausgeschöpft worden ist ...

8. Das Berichtswesen und Kennzahlen

8.1 Die „Brücke" zum Controlling

Nicht umsonst wird das Berichtswesen als der „Kern" eines jeden KLR-Systems bezeichnet; es geht um die Frage, was man mit den erfaßten Zahlen und Daten überhaupt macht. Das Teilprojekt „Berichtswesen und Kennzahlen" wird daher bei der Konzeption der einzelnen KLR-Module auch immer die anderen Teilprojekte beobachten müssen, damit diese auch die einzelnen Berichtsformen in ihre jeweiligen konzeptionellen Überlegungen mit einbeziehen. Im Berichtswesen können nur Antworten gegeben werden, wenn die zur Beantwortung notwendigen Daten auch eingegeben wurden. Wenn man beispielsweise die Erfassung der Mengeneinheiten nicht konzipiert und umsetzt, dann ist später ein Bericht über die Stückkosten eines Produktes schlicht nicht möglich.

Allgemein gesagt: In diesem Teilprojekt soll die Struktur der zukünftigen Informationsversorgung der Führungskräfte (Behördenleitung, Abteilungs- und Referatsleiter) realisiert werden.

Das klingt sehr viel einfacher als es sich in der Praxis darstellt, denn der Empfänger hat keine Vorstellung davon, was er als Führungskraft wissen muß. Häufig wird beispielsweise die Frage, was man denn als Führungskraft wissen wolle, mit der Gegenfrage beantwortet, was man denn für Informationen bekommen könne (zu diesem Problem der „Ratlosigkeit" auch der Politik vgl. *Hill*, Einfach politisch – Reformbaustelle Rat, in: VOP 7-8/98, S. 20 ff.).

Ein behördenspezifisches und bedarfsgerechtes Berichtswesen wird sich erst formen, wenn der Empfänger und Nutzer der KLR selbst die Möglichkeiten des Berichtswesens erfaßt und aufgrund von Erfahrungen gelernt hat, was er an Informationen für die Steuerung der Behörde, der Abteilung oder des Referates tatsächlich benötigt.

Daher sollen in diesem Kapitel insbesondere einige grundlegende Kennzahlen und Berichte vorgestellt werden, mit denen man im ersten Jahr des Wirkbetriebes starten könnte; die Verfeinerung wird sich erst im Laufe des Wirkbetriebes durch den „Input" des Nutzers ergeben.

Das Berichtswesen stellt die gedankliche Überleitung zwischen dem KLR- und dem Controllingsystem dar. Durch das Berichtswesen wird erst ermöglicht, steuerungsrelevante Daten und Zahlen zu erhalten, daraus Erkenntnisse zu ziehen und entsprechend zu agieren und reagieren, was der eigentliche Zweck des Controlling im Sinne einer Lernorientierung ja sein soll (vgl. dazu im Dritten Teil, S. 237, 242 f.).

Erkenntnisse werden sich nur gewinnen lassen, wenn man Vergleichswerte in das Berichtswesen einstellt. Vergleichswerte zu zurückliegenden Monaten und Jahren werden am Anfang jedoch ebenso wenig zur Verfügung stehen wie Daten von anderen Behörden oder Unternehmen. Damit es aber im ersten Jahr des Wirkbetriebes nicht auf eine reine Kostensammlung hinausläuft, wird es wesentlich darauf ankommen, Plandaten zu erheben und diese als Vergleichswerte in die KLR-Software einzugeben; dabei liegt es auf der Hand, daß die Art, wie die Planwerte ermittelt wurden, ganz entscheidend für die Frage ist, welche Hinweise man aus dem Vergleich der Plan- und Istwerte erhalten kann (vgl. S. 110 ff.).

Die Abweichungsanalyse ist dann die Grundlage, um aufgrund der Erkenntnisse aus der Vergangenheit die richtigen Entscheidungen für die Zukunft zu treffen.

Für den Aufbau eines bedarfsgerechten Berichtswesens wird es insbesondere darauf ankommen, die dem Controlling zugrundeliegende Denkart und Philosophie zu verankern. So müssen nachvollziehbare Ziele vorgegeben werden, aus denen sich die Anforderungen und die geplante Umsetzung der Behörde ableiten lassen. Dies wird nicht innerhalb von einigen wenigen Jahren zu schaffen sein; so lange jedoch wird auch das Berichtswesen im tatsächlichen Betrieb gegenüber den Möglichkeiten zurückbleiben.

Berichte und Kennzahlen sollten so gebildet werden, daß der beabsichtigte Steuerungseffekt dem Empfänger auch klar wird. Die seitenlange Auflistung von Zahlen würde bei den Empfängern meist nur die Reaktion auslösen, die Berichte möglichst ungelesen und schnell abzuheften. Damit keine „Zahlenfriedhöfe" an den Empfänger gelangen, bedarf es entweder einer sinnvollen Zusammenfassung oder der bewußten „Unterdrückung" von möglichen Informationen. So kann es am Anfang beispielsweise sinnvoll sein, nur einen ausgewählten Produktbericht an den Produktverantwortlichen zu schicken und abzuwarten, bis dieser weitere Berichte anfordert. Nur durch das bewußte „Provozieren" von Reaktionen beim Empfänger wird man das Ziel des Berichtswesens erreichen, bedarfsgerechte Informationen bereitzustellen.

Weiterhin ist es wichtig, daß die Berichte so aufgemacht sind, daß man ihren Inhalt leicht erfassen kann und das wesentliche Ergebnis sofort erkennbar wird (z.b. grobe Abweichungen farbig gekennzeichnet werden). Berichte sind zeitlich sinnvoll zu erstellen, damit sie aktuell vorliegen (Grundsatz: Schnelligkeit vor Genauigkeit).

Bildlich gesprochen sollte es das Ziel und die Grundvorstellung für die Zukunft des Berichtswesens sein, daß der Behördenleiter in der Lage ist, anstelle von zahlreichen Vermerken aus den unterschiedlichsten Arbeitseinheiten nur aufgrund eines kleinen „Zettels" mit zwei oder drei Zahlen zu wissen, daß die Arbeit der gesamten Behörde auf dem richtigen Weg ist. Dann erst wird das Berichtswesen wirklich bedarfsgerecht und empfängerorientiert sein.

8.2 Mögliche Kennzahlen

Damit die genannte „Vision des einen Zettels" auch Wirklichkeit werden kann, bedarf es eines kennzahlenorientierten Berichtswesens.

Was versteht man unter Kennzahlen?

Grundsätzlich dienen Kennzahlen dem Vergleich ähnlicher Zusammenhänge und Sachverhalte in aggregierter Form (dazu vgl. *Lenk*, Sinn und Unsinn der Verwendung von Kennzahlen). Kennzahlen bilden die Realität ab. Je nach Blickwinkel zeigen sie die Realität allerdings anders. Eine Landkarte für Architekten, Autofahrer oder Wanderer sieht immer anders aus, auch wenn die Landschaft identisch ist. Sie verändert sich, indem sie Dinge hervorhebt oder Dinge herausläßt, je nach den einzelnen Bedürfnissen des Betrachters. Auch wird ein Gericht je nach Koch immer anders schmecken, selbst wenn das Kochrezept immer dasselbe ist; erst recht wird es sich unterscheiden, wenn der Koch den Geschmack desjenigen kennt, für den er es kocht.

Kennzahlen allein sind daher weder richtig noch falsch. Die Nutzung von vermeintlich allgemeingültigen Kennzahlen kann geradezu „gefährlich" sein (vgl. dazu das Interview im INFO-BRIEF, Bereich: Staat & Verwaltung, Bertelsmann Stiftung, 3/96, S. 3 f.). Wenn es an Professionalität im Umgang mit Kennzahlen fehlt, können sie eher schaden als nutzen; ein professioneller Werkzeugkasten macht eben noch keinen guten Schreiner.

Kennzahlen sollen Lernimpulse geben. Daraus folgt, daß sie mit dem jeweiligen Nutzer gemeinsam zu entwickeln sind. Nur so kann man gewährleisten, daß die Kennzahl nicht mißverstanden wird und der Nutzer ihren Aussagewert korrekt einzuschätzen vermag, um daraus (für sich) die richtigen Schlüsse und Reaktionen zu ziehen.

Wie bildet man Kennzahlen?

Kennzahlen bilden sich, wenn Fragen formuliert werden und damit sichtbar wird, daß Informationsbedarf besteht. Meist beinhalten schon scheinbar einfache Fragen einen komplexen Sachverhalt; fragt man beispielsweise nach den Kosten eines Produkts, so können sich als Antworten verschiedene Kennzahlen mit unterschiedlichen Aussagen ergeben:

- Eine Stückkostenzahl: z.B. 5, 80 DM,
- eine Vergleichszahl zu einem ähnlichen Produkt: z.B. 5, 40 DM und
- eine Prozentzahl: z.B. 40 %, die die Zustimmung zu diesem Preis/Produkt aufgrund einer regelmäßigen Umfrage unter den Kunden widerspiegelt.

Die Kosten des Produktes in Höhe von 5, 80 DM werden allein kaum eine Aussage für die Führungskraft haben; erst der Vergleich mit einem als vergleichbar akzeptierten Produkt wird die Führungskraft in die Lage versetzen, nur aufgrund der beiden Kennzahlen (5, 80 DM gegenüber 5, 40 DM) zu sehen, ob die Kosten des Produktes seiner Behörde z.B. gesenkt werden müssen oder gesteigert werden könnten. Der Wert der Zustimmung wird ihm signalisieren, ob und ggf. wie lange die Kunden noch einem höheren Preis zustimmen werden.

Nun wird es in der öffentlichen Verwaltung häufig schwierig sein, betriebswirtschaftliche Kennzahlen zu bilden oder zu übernehmen, wie sie die Privatwirtschaft verwendet. Dort stehen meßbare Größen wie Liquidität, Rentabilität, Gewinn, Umsatz, Cash-Flow, Kostendeckungsgrad u.ä. im Vordergrund, die zahlenmäßig (z.B. mit Hilfe einer Formel) erfaßt werden können; dem liegen jedoch Sachverhalte zugrunde, wie sie in der öffentlichen Verwaltung in der Regel nicht vorkommen.

Daraus darf man andererseits nicht den Schluß ziehen, daß für die öffentliche Verwaltung die Bildung von Kennzahlen nicht möglich ist. Es wird lediglich klar, daß die öffentliche Verwaltung insbesondere in diesem Bereich „Neuland" betreten und eigene, für sie geeignete Kennzahlen entwickeln muß.

Insbesondere qualitative Kennzahlen (Qualitätsindikatoren), die auf eine Wirkungsmessung gerichtet sind, dürfen in der öffentlichen Verwaltung nicht fehlen, auch wenn ihre Bildung schwierig ist. In zahlreichen Behörden werden Erfolgskontrollen zu bestimmten Maßnahmen/Produkten durchgeführt. Diese gilt es Schritt für Schritt in das Controllingsystem zu integrieren (vgl. dazu das Gutachten der Präsidentin des Bundesrechnungshofes: „Erfolgskontrolle finanzwirksamer Maßnahmen in der öffentlichen Verwaltung", S. 40).

Auch Vergleiche zwischen Behörden und privaten Anbietern sollten ins Auge gefaßt werden. Allerdings ist dort besondere Vorsicht geboten, soweit man nicht das Zustandekommen der Vergleichswerte kennt. Schnell werden ansonsten „Äpfel" mit „Birnen" verglichen, und die Kennzahl hat keine Aussagekraft mehr. Daher empfiehlt es sich, genau zu untersuchen, ob die Sachverhalte auch wirklich identisch sind, ob gleiche Zuordnungs- und Verrechnungsprinzipien gewährleistet sind und ob jederzeit die Datengrundlage offen gelegt werden kann.

Aufgrund der Vielfalt der Aufgaben in der öffentlichen Verwaltung wird es auch nur wenige Kennzahlen geben, die für jede Behörde gleichermaßen geeignet sind. Es wird daher sehr auf das Geschick und die Kreativität von Controller und Nutzer des Berichtswesens ankommen, bedarfsorientierte Kennzahlen für die jeweilige Behörde zu entwickeln und anwendbar zu machen.

Nachfolgend sollen einige Beispiele von Kennzahlen dargestellt werden (vgl. auch Standard-KLR, S. 98 f.), die von allgemeiner Bedeutung sind und die Richtung angeben, in die man denken könnte:

„Meßzahlen"

Darunter verstehen wir die Kennzahlen, die auf dem Ordnungssystem der KLR basieren und im wesentlichen auf dem Vergleich von Kosten beruhen; sie können der KLR-Software meist direkt entnommen werden:

- „Kostenartenkennzahlen", z.B. Plan-/Ist-Vergleich zur Gesamthöhe einer Kostenart; Höhe der Kostenart, für die das meiste Geld in der Behörde ausgegeben, durch welche am meisten erlöst wurde; Gesamtkosten nach Kostenarten (in %); Anteil der Personalkosten gegenüber den Sachkosten (in der Behörde, in der Kostenstelle etc.); Durchschnittswert eines Mitarbeiterjahres (Beamter, Angestellter etc.) in der Behörde; Kostenartenanteile pro Produkt; Höhe der Sachkosten, für die bereits eine rechtliche Verpflichtung eingegangen wurde (beauftragt, Festlegung, Vormerkung); Anteil der Vertriebskosten nach "verursachenden" Produkten; Höhe der kalkulatorischen Kostenarten

- „Kostenstellenkennzahlen", z.B. Plan-/Ist-Vergleich des Kostenstellenergebnisses; Anzahl der Produkte, die eine Kostenstelle produziert hat (Produktivität i.S.v. Leistungsmengen im Verhältnis zu Personalkosten); Höhe der

Sachkosten/Personalkosten einer Kostenstelle; Anteil der Führungsaufgaben in der Kostenstelle (in DM); Höhe der nichtproduktbezogenen gegenüber der produktbezogenen Arbeitszeit (Auslastung); Kapazität (Personalkosten pro Kostenstelle); Verteilung der Gesamtkosten auf Kostenstellen (in %); Anteil fixe/variable Kosten pro Kostenstelle

- „Kostenträgerkennzahlen", z.b. Plan-/Ist-Vergleich der Produktgesamtkosten; Stückkosten pro Produkt; Gesamtkosten pro Produkt(gruppe); Einzelkosten zu Gesamtproduktkosten; Personalkosten zu Gesamtproduktkosten; Erlöse gegenüber Kosten (in %); Verteilung der Gesamtkosten/-erlöse nach Produkt(gruppen) (in %); Anzahl der Produkte pro Haushaltstitel; Kalkulation (Stückkosten nach Einzel- und Gemeinkostenzuschlägen); durchschnittliche Kosten eines bestimmten Produktes einer Produktgruppe; Größenverhältnis zwischen internen und externen Produkten

- „Zeitliche Vergleichskennzahlen": z.B. Entwicklung des Behörden-/Kostenstellen-/Produktergebnisses pro Monat/Jahr (Zeitreihen-, Zeitraumvergleiche); Monats-/Jahresvergleich zwischen Kosten/Erlösen pro Kostenstelle/ Produkt; Beginn/Ende eines Produktes (Zeitpunktgröße)

- „Innerbehördliche Vergleichskennzahlen ": z.b. Kennzahlenbeispiele wie bereits genannt, aber zwischen einzelnen Kostenstellen, Abteilungen, Außenstellen, Produkten

- „Zwischenbehördliche Vergleichskennzahlen": z.b. Gesamtkosten der einzelnen Behörden im Geschäftsbereich; Gesamtkosten des Produktes Haushaltsplanung/-aufstellung (vgl. Standard-KLR S. 229) der Behörde x gegenüber Behörde y; Unterschiedsbetrag zwischen Betriebsergebnis 1999 (in DM) der Behörde x und y

- „Vergleichskennzahlen mit privaten Anbietern ähnlicher Produkte": z.B. Gesamtkosten von Produkt xy gegenüber Marktpreis (minus durchschnittlicher Gewinnspanne des privaten Anbieters); Gesamtkosten z.B. des Reinigungsdienstes mit Angebot eines Privaten

Quantitäts-/Qualitätskennzahlen

Darunter verstehen wir die Kennzahlen, die nicht (allein) durch „Geldgrößen" meßbar sind, sondern eine quantitative und/oder qualitative Aussage über z.B. ein Produkt erlauben (vgl. zu den Qualitätsindikatoren/Leistungsrechnung auch S. 57 ff., im Zweiten Teil, S. 187 ff., und Standard-KLR, S. 71-74):

- „Quantitätskennzahlen": z.B. Höhe der Auflage, Seitenzahlen von Informationsbroschüren; Anzahl der Produkte zum Thema „Innere Sicherheit", mit der Zielgruppe „andere Behörden" oder „Minister", für die Region „Afrika" (zur Ermittlung von Schwerpunkten der Behördenarbeit z.B. pro Jahr); Fallzahlentwicklung bei Reisekostenabrechnungen (pro Mitarbeiter).

- „Kennzahlen mit Quantitäts- und Qualitätsaspekten": z.b. Anzahl von Tagen bis zur Rechnungszahlung; Häufigkeit von Beschwerden pro Monat; Häufigkeit von Telefonfehlverbindungen; Rückfragequote bei Vermerken für die Behördenleitung (in %); Teilnehmerzahl im Verhältnis zur Kontinuität der Teilnahme bei Seminaren (Rückschluß auf Zufriedenheit)
- „Qualitätskennzahlen", z.b.
  – meßbar durch die Behörde selbst (mit Hilfe von „Aufschreibungsmaßnahmen" o.ä.):
  Terminabweichung pro Produktherstellung (z.b. in Tagen); Einhaltung gesetzlicher Fristen bei Ausschreibungen (Plan-/Ist-Vergleich); durchschnittliche Laufzeit eines Vermerks bis zur Behördenleitung („Lagerzeiten"); Fehlerquoten (anhand Fehlerdokumentation); Priorität der Produkte; Imageverbesserung (z.b. durch Anzahl der positiven Erwähnungen der Behörde in den Medien); Aktualität (z.b. eines Produktes durch Festlegung einer Uhrzeit und Messung der Abweichungen)
  – meßbar durch (repräsentative) Befragungen, Meinungsforschung („Erfolgs- oder Wirkungskennzahlen"):
  Kundenzufriedenheit mit Produkt xy (in %), mit Produktpalette (z.b. in „Ja"/„Nein"-Werten); Produktbedeutung bei Zielgruppe (mit z.b. „Unentbehrlich"/„Entbehrlich"-Werten); Beratungsqualität (mit z.b. „Gut"/ „Schlecht"-Werten oder Erhebung der (Weiter-) Empfehlungen); Qualität der Antworten auf Bürgeranfragen; Wiedererkennungseffekt (einer Anzeige, eines Logos); Produktwirkung (Veränderung der Einstellung bei der Zielgruppe zu einem bestimmten Thema durch eine konkrete Maßnahme/ Produkt der Behörde); Transparenz der Zuständigkeiten; Mitarbeiterzufriedenheit (in %)

Spitzenkennzahlen und Kennzahlenbäume

Unter Spitzenkennzahlen verstehen wir die Kennzahlen, die für die Messung eines Behördenzieles entwickelt werden. Aufgrund einer Spitzenkennzahl soll die Gesamtsteuerung einer Behörde erfolgen können; weitere Kennzahlen für die unteren Hierarchieebenen stehen mit der Spitzenkennzahl in einer charakteristischen Beziehung und ergänzen und erklären sich gegenseitig (Kennzahlenbaum). Erst durch einen solchen Kennzahlenbaum läßt sich dann der Sachverhalt ganzheitlich erfassen und erhält die Spitzenkennzahl ihre Aussagekraft.

Ein plastisches Beispiel dafür liefert die Privatwirtschaft mit den Spitzenkennzahlen „Umsatz" oder „Gewinn": Der Vorstandschef gibt die Vorgabe, daß das Unternehmen im nächsten Jahr 20 % Gewinn erwirtschaften soll; die Spitzenkennzahl lautet 20 % Gewinn. Der Controller definiert aufgrund dieser Spitzenkennzahl die einzelnen Vorgaben für die operativen Arbeitseinheiten, die ganz unterschiedlich ausfallen können (z.B. Produkt xy muß 15 % Gewinn, Produkt yx muß 25 % Gewinn beisteuern); diese Vorgaben sind dann die Kennzahlen für die jeweiligen Arbeitseinheiten, über die sie ihre Arbeit steuern können. Durch das Zusammenspiel der einzelnen Kennzahlen(ergebnisse) der Arbeitseinheiten und deren Verdichtung zu der Spitzenkennzahl kann der Vorstandschef jederzeit anhand von Zwischenergebnissen erkennen, ob sein Unternehmen im „Plan" liegt oder ob zusätzliche Maßnahmen getroffen werden müssen (Steuerung).

Nun werden auch die für die Privatwirtschaft so wichtigen Spitzenkennzahlen auf die öffentliche Verwaltung aufgrund ihrer Struktur als „non profit"-Organisationen nicht direkt übertragbar sein.

Dennoch sollte versucht werden, für die jeweilige Behörde einige Spitzenkennzahlen zu bilden; die „Vorbilder" können aus der Privatwirtschaft kommen, nur wird man sie anders zu definieren haben:

Als Pendant für die öffentliche Verwaltung zu den Spitzenkennzahlen „Umsatz" oder „Gewinn" wäre beispielsweise denkbar, die einzelnen Produkte der Behörde mit einem (fiktiven) Preis zu belegen. Den Preis könnte man über eine repräsentative Befragung ermitteln, mit dem Tenor: „Was wären Sie bereit für dieses Produkt der Behörde zu bezahlen?". Durch diese „Bepreisung" der Produkte könnte über die Absatzzahlen ein kalkulatorischer Erlös ermittelt und den (tatsächlichen) Kosten gegenübergestellt werden. Durch das Zusammenspiel dieser kalkulatorischen Erlöse von allen Produkten der Behörde ergäbe sich dann ein „Kalkulatorischer Umsatz" und ein – vielleicht auch negativer – „kalkulatorischer Gewinn".

Die aus vielen einzelnen Kennzahlen zusammengesetzte (kalkulatorische) Spitzenkennzahl wird durch Vorjahres- und Planvergleiche langfristig eine Steuerung für die Behördenleitung ermöglichen und dabei helfen, Zielvorgaben an die unteren Hierarchieebenen zu konkretisieren.

Damit hätte man „zwei Fliegen mit einer Klappe geschlagen": Will man in Zukunft die Erlösseite in der Bundesverwaltung steigern, könnten zusätzlich zu reinen Kosteninformationen sowohl sog. Kostendeckungsbeiträge ermittelt als auch Anhaltspunkte geliefert werden, zu welchen Preisen die Produkte der Behörde tatsächlich zu verkaufen wären.

Beispiele für weitere Spitzenkennzahlen sind:

- Zum Zweck des Gemeinkostenmanagements kann die Spitzenkennzahl „Gemeinkostensatz" für die wesentlichen Gemeinkostenbereiche der Verwaltungsabteilung mit Hilfe von kostentreiberorientierten Kennzahlen weiter detailliert werden (vgl. Standard-KLR S. 99).
- Spitzenkennzahl „Themenschwerpunkte": Eine Zielvorgabe des Behördenchefs könnte lauten, daß 30 % aller Produkte im nächsten Jahr den Themen-

schwerpunkt xy unterstützen sollen. Entsprechende Kennzahlen lassen sich dann für die einzelnen Arbeitsbereiche definieren, damit in deren Zusammenspiel das Schwerpunktthema zu 30 % an den Gesamtkosten der Behörde partizipiert.

Ein solches Verfahren kann man sich auch für Spitzenkennzahlen wie z.B. „Zielgruppenorientierung" (Motto: „Welche Zielgruppe genießt im nächsten Jahr die höchste Priorität?") oder „Bürgerorientierung" (Motto: „Wie hoch soll der Prozentsatz der mit unserer Arbeit zufriedenen Bürgern sein?") vorstellen.

- Spitzenkennzahl „Termintreue": Der Behördenchef möchte tagesgenau wissen, ob die Produkte im Plan liegen. Hat man die Anfangs- und Endtermine der einzelnen Produkte geplant, könnte die KLR-Software darüber auch jeden Tag Auskunft geben und dem Behördenchef signalisieren, daß alles in Ordnung ist oder daß es partiell Handlungsbedarf gibt.

- Spitzenkennzahl „Wirkungskontrolle": Der Behördenchef möchte wissen, welche Wirkung seine „Weisungen" hatten, also wie die von ihm zur Erfüllung der Aufgaben und Ziele eingesetzten Produkte bei dem Empfänger der Leistung angekommen sind. Dafür könnte jedes Produkt anhand einzelner Qualitätsindikatoren (qualitätsorientierte Kennzahlen) beschrieben werden, die dann über ein Modul der KLR-Software erfaßt und entsprechend ausgewertet werden. Legt man beispielsweise fest, daß „Aktualität" das entscheidende Qualitätsmerkmal des Produktes „Controlling" ist, müßte als Qualitätsindikator bestimmt werden, was Aktualität bedeutet (z.B. Berichte nie später als 10 Tage nach Ablauf des Vormonats). Alle Berichtszeitpunkte würden in der KLR-Software erfaßt und könnten für das Produkt „Controlling" mit der Aussage zusammengeführt werden, daß z.B. 85 % aller Controllingberichte aktuell waren.

Ob die Anwendung derartiger Spitzenkennzahlen in der Realität tatsächlich funktioniert, muß (eventuell anhand von einzelnen „Pilotprodukten") getestet werden. Wir bewegen uns in einem Bereich, in dem wir in der öffentlichen Verwaltung noch über keinerlei Erfahrung verfügen.

8.3 Mögliche Berichtstypen

Nach Definition der für die Behörde wesentlichen Kennzahlen müssen diese in sog. Berichte überführt werden. Berichte sind die „Träger" der Informationen, die durch die Kennzahlen bedarfsorientiert an den jeweiligen Empfänger gelangen sollen. Sind daher die Kennzahlen genau definiert, wird es für die Erstellung des Berichts im wesentlichen nur noch auf dessen Gestaltung ankommen.

Es gibt eine Basis von bereits definierten Berichtstypen, die mit einer Reihe von Kennzahlen „gefüllt" werden können. Diese werden unterteilt in Standard-, Abweichungs- und Sonderberichte (vgl. Standard-KLR S. 100 und im Zweiten Teil, S. 200 f.).

Erfahrungsgemäß wird die Definition der Standardberichte im ersten Jahr des Wirkbetriebes besonders schwer fallen; einige Beispiele für die ersten Berichte sollen Ideen geben, wie man mit dem Berichtswesen beginnen könnte (zu den Beispielen aus der Standard-KLR vgl. im Zweiten Teil, S. 199 ff.).

Mögliche Standardberichte

1.) *Kostenstellenbericht* (Frage: „Wie hoch sind die Kosten in meiner Kostenstelle?")

Vgl. dazu den im Rahmen der Kostenstellenrechnung bereits abgebildeten und erläuterten Kostenstellenbericht (S. 66 f.).

Weitere oder andere Kennzahlen in einem solchen Kostenstellenbericht wären denkbar, z.B. Monats-, Quartals oder Jahresvergleich zwischen den Ist-Beträgen, Kostenstellenvergleich nur hinsichtlich des Planbetrages, Hochrechnungen der bisher angefallenen Ist-Beträge auf die zukünftigen Monate, Ausweisung von Planänderungen. Zudem können unterschiedliche „Rechenzeilen" (vgl. dazu die unterste Zeile des o.a. Kostenstellenberichtes) gebildet werden, z.B. Verhältnis zwischen Personalkosten und Gesamtkosten (vor Umlagen), zwischen Sacheinzelkosten und Sachgemeinkosten.

Daraus wird ersichtlich, daß bereits die Festlegung eines Standardberichtes aufgrund der vielen Variationsmöglichkeiten schwierig ist und es deshalb der Erarbeitung eines bedarfsgerechten „Berichtsprofils" zusammen mit dem Nutzer bedarf.

2.) *Kostenstellenbericht mit Produktinformationen* (Frage: „Welche Produkte wurden von „meiner" Kostenstelle erbracht?")

Durch diesen Bericht soll transparent werden, welche Produkte von der Kostenstelle bearbeitet, hergestellt, „produziert" wurden bzw. an welchen Produkten sie bei der Erstellung mitgewirkt hat. Durch den Vergleich mit der insgesamt von der Behörde auf die einzelnen Produkte gebuchten Kosten wird auch erkennbar, welche Produkte ganz überwiegend von der Kostenstelle erstellt werden. Der Bericht ist auch eine wichtige Informationsquelle bei der produktorientierten Planung und der Planung der Kostenstelle.

Kostenstelle: 74711 Haushalt*

Monat: November 1998
Stand: 10.12.1998

Produktnummer/Bezeichnung	Kostenart	Ist (der Kostenstelle)	Ist (der Behörde)
81054711 Institutionelle Zuwendung	Zuwendung	60 000,00	62 000,00
82068822 Vorträge	Personal	12 000,00	280 000,00
82085671 Beant. von Bürgeranfragen	Personal	180,00	640 000,00
82085672 Beant. von parl. Anfragen	Personal	720,00	390 000,00
88060501 Haushaltsplanung	Personal	23 000,00	25 000,00
	Reisekosten	900,00	5 000,00
88060502 Haushaltsvollzug	Personal	85 000,00	98 000,00
88060503 Währungsumst. DM/EURO	Personal	720,00	5 000,00
	externe Raummiete	1 000,00	1 000,00
89050401 Leitungs-/Führungsaufgaben	Personal	4 000,00	8 000,00
89050402 Sonstige Sitzungen	Personal	13 000,00	120 000,00
89050408 Nichtproduktbez. Arbeitszeit	Personal	20 000,00	560 000,00
Gesamtsumme		**220 520,00**	**2 192 000,00**

* *Beispiel mit fiktiven Zahlen*

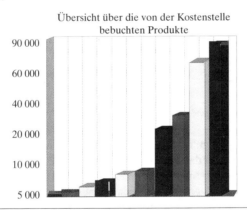

Abbildung 1.3 Kostenstellenbericht mit Produktinformation

3.) *Kostenträgerbericht* (Frage: „Wie hoch sind die Kosten für das (von mir verantwortete) Produkt?")

Beispiel-BAB für Produkte*	Plan	beauftragt	Ist	Ist + beauftragt/ Plan in %
Erlöse				
Kalkulatorische Erlöse	-10 000,00	0,00	-3 00,00	30,0
Produkteinzelkosten				
Personaleinzelkosten				
Personalkosten	15 000,00	0,00	4 000,00	26,6
Sacheinzelkosten				
Papier	20 000,00	5 000,00	8 000,00	65,0
Sachverständige	5 000,00	4 500,00	0,00	90,0
Reisekosten	2 000,00	300,00	1 500,00	90,0
Summe Sacheinzelkosten	*27 000,00*	*9 800,00*	*9 500,00*	*71,5*
Summe Produkteinzelkosten	**42 000,00**	**9 800,00**	**13 500,00**	**55,5**
DB 1 (Erlöse+Produkteinzelkosten)	**32 000,00**	**9 800,00**	**10 500,00**	**63,4**
Innerbetriebliche Umlagen/Verrechnungen				
Umlagen aus Vorkostenstellen	1 000,00	0,00	400,00	40,0
Verrechnung von Hauptkostenstellen	80 000,00	0,00	30 000,00	37,5
Summe Umlagen/Verrechnungen	**81 000,00**	**0,00**	**30 400,00**	**37,5**
DB 2 (DB 1+Umlagen/Verrechnungen)	**113 000,00**	**9 800,00**	**40 900,00**	**44,9**
Rechenzeile				
Personalkosten zu Gesamtkosten	13,3 %		9,8 %	
Fiktive Zahlen, z.B. für einen Monats-/Halbjahresbericht				

Abbildung 1.4 Kostenträgerbericht

Der Kostenträger- oder Produktbericht gibt Informationen zu den Vollkosten jedes einzelnen Produktes, das von der Behörde erstellt wird. Diese Berichte geben daher Ansatzpunkte für Produktvergleiche und für eine produktorientierte Aufgabenkritik. Der Vergleich wird dabei im wesentlichen bei den beiden Summenzeilen DB 1 (= Deckungsbeitrag) und DB 2 ansetzen.

In dem o.a. Beispiel können die Umlagen aus den Vorkostenstellen aus den Servicekostenstellen (z.B. IT-Referat mit einem Verrechnungspreis für einen PC-Arbeitsplatz) resultieren, die nach Inspruchnahme direkt verteilt werden können. Die von den Hauptkostenstellen verrechneten Kosten können die Gemeinkosten der übrigen Vorkostenstellen, die Kosten für die internen Produkte und/oder die Gemeinkosten der Hauptkostenstelle beinhalten, die sich ganz oder teilweise auf das externe Produkt „entlastet".

4.) *Kostenträgerbericht mit Produktinformationen* (Frage: „Welche Kostenstellen sind an der Erstellung des verantworteten Produktes zusätzlich beteiligt?")

Produkt: 89040001 Haushaltsplanung/Aufstellung

Monat: März 1999
Stand: 10.04.1999

Kostenstellennummer/Bezeichnung	Kostenart	Betrag
7730 Leiter Dienststelle Berlin	Personal	867,89
	Reisekosten	320,00
7800 Abteilungsleiter xy/Büro	Personal	5 689,34
7833 Haushalt	Personal	29 789,12
Gesamtsumme		**36 666,35**

Grafik

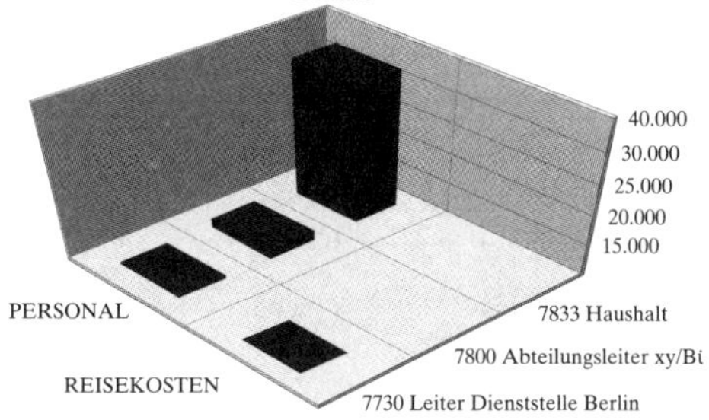

```
                                              40.000
                                              30.000
                                              25.000
                                              20.000
                                              15.000
        PERSONAL              7833 Haushalt
                         7800 Abteilungsleiter xy/Bü
        REISEKOSTEN  7730 Leiter Dienststelle Berlin
```

Abbildung 1.5: Kostenträgerbericht mit Produktinformation

Dieser Bericht gibt Informationen darüber, welche Kostenstellen an dem Leistungserstellungsprozeß eines Produktes beteiligt sind. Diesem Bericht liegt zugrunde, daß bei der Betriebsdatenerfassung (Sach- und Personalkosten) grundsätzlich auf die Kostenstelle und ein Produkt des Produktkataloges gebucht wird, unabhängig davon, ob dieses Produkt auch von der jeweiligen Kostenstelle verantwortet wird. Alle Produkte der Behörde sind deshalb auch für die Zeiterfassung jedes Mitarbeiters „zugänglich".

Dieser Bericht wird daher wichtig sein können, wenn man nicht schon vorher eindeutig weiß und belegen kann, welche Stellen an einem „Produktionsprozeß" in der Behörde beteiligt sind.

5.) *Hierarchiebericht* (Frage: „Welche Kosten sind bei den Produktbereichen in der Behörde angefallen?")

Stand: 10.04.1999 Produktbereiche	Produktbereiche			
	Plan	beauftragt	Ist	Ist + beauftragt/ Plan in %
Produktbereich xy	500 000	100 000	200 000	60,0
Produktbereich xx	120 000	30 000	40 000	58,3
Produktbereich yy	124 401	19 426	117 011	-9,7
Produktbereich yx	33 640 000	12 336 400	5 765 987	53,8
Produktbereich zz	854 777	838 173	16 604	**100,0**
Produktbereich zy	23 853 921	3 956 274	18 569 320	94,4
Allgemeiner Verwaltungsbereich	18 178 005	989 568	12 659 725	75,1
Summe	**77 271 104**	**18 269 841**	**37 368 647**	**72,0**

* *Fiktive Zahlen in TDM*

Produktbereiche (Ist im Vergleich)

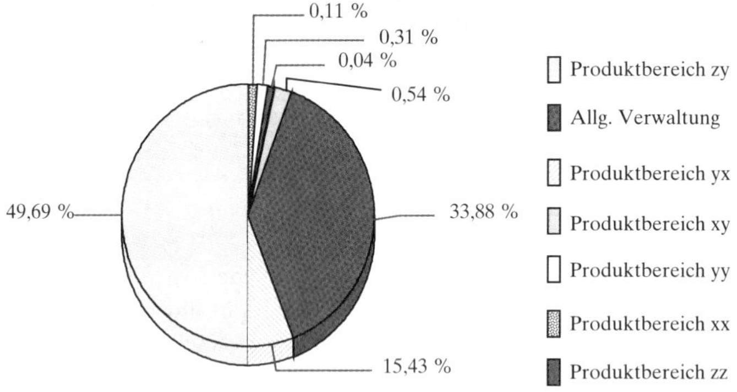

- 0,11 %
- 0,31 %
- 0,04 %
- 0,54 %
- 49,69 %
- 33,88 %
- 15,43 %

☐ Produktbereich zy
■ Allg. Verwaltung
☐ Produktbereich yx
☐ Produktbereich xy
☐ Produktbereich yy
▨ Produktbereich xx
■ Produktbereich zz

Abbildung 1.6: Hierarchiebericht

Der Hierarchiebericht soll den oberen Führungskräften signalisieren, ob die Entwicklung der Behördenarbeit „nach Plan" verläuft; das setzt voraus, daß die Planzahlen auf der Basis der Vollkosten ermittelt wurden, also Personal-, Sach- und kalkulatorische Kosten/Erlöse umfassen. Dann sind (negative) Abweichungen ein „Signal", mit geeigneten Maßnahmen gegenzusteuern. Die Abweichungen können farbig, kursiv, fett o.ä. gekennzeichnet werden.

6.) Haushaltsübersicht mit Produktinformationen (Frage: „Mit welchen Haushaltstiteln wurden welche Produkte erbracht?")

Haushaltstitel mit Produktinformationen (Ausschnitt)
Stand: 10.04.1999

Titel/Bezeichnung	Planung*	Festlegung*	Buchung*	Verfügbar*
51101 Geschäftsbedarf, Bücher Zeitschriften	2 500	500	700	1 300

Produkt-Nr./Bezeichnung	Planung	Festlegung	Buchung	Verfügbar
87050023 Pressearbeit	1 500	500	200	800
87050024 Bibliothek	500	0	300	200
87050025 Archiv	500	0	200	300
Summe:	2 500	500	700	300

Titel/Bezeichnung	Planung*	Festlegung*	Buchung*	Verfügbar*
52501 Aus- u. Fortbildung Umschulung	2 000	600	1 000	400

Produkt-Nr./Bezeichnung	Planung	Festlegung	Buchung	Verfügbar
87060030 Öffentlichkeitsarbeit	1 400	300	800	300
87070040 Rechtl. Beratung/ Stellungnahmen	400	200	200	0
87060025 Konzeption, Steuerung und Weiterentwicklung der Controllinganwendungen	200	100	0	100
Summe:	2 000	600	1 000	400

Titel/Bezeichnung	Planung*	Festlegung*	Buchung*	Verfügbar*
52701 Dienstreisen	1 600	400	800	400

Produkt-Nr./Bezeichnung	Planung	Festlegung	Buchung	Verfügbar
87040001 Grundsatzfragen Organisation	1 400	300	800	300
87463028 Benutzerbetreuung	200	100	0	100
Summe:	2 500	500	700	300

* *Fiktive Zahlen in TDM*

Abbildung 1.7: Haushaltsübersicht mit Produktinformation

Auch wenn dieser Bericht aufgrund seiner Nähe zum „bekannten" Haushalt der Behörde auf Akzeptanz stoßen dürfte, könnte er dazu beitragen, daß sich die „Loslösung" vom Haushalt in den Gedanken der Führungskräfte langsamer vollzieht. Grundsätzlich ist dieser Bericht daher weniger für die Arbeit der Fachbereiche, sondern für Haushaltsgespräche mit Aufsichtsbehörden oder Berichterstattern des Haushaltsausschusses geeignet.

Mögliche Abweichungsberichte

Abweichungsberichte unterscheiden sich von den definierten Standardberichten nur in der Art ihrer Erscheinungsweise: Während die Standardberichte regelmäßig zu den festgelegten Zeitpunkten und in der gleichen Form den Berichtsempfängern gegeben werden, sind die Abweichungsberichte nur dann zu verschicken, wenn vom Controller zuvor eine Abweichung über die definierte „Toleranzgrenze" hinaus bemerkt wurde. Diese Abweichung kann dann farbig gekennzeichnet sein (sog. „Ampelberichte"). Die Gestaltung der Abweichungsberichte muß sich daher von den Standardberichten nicht unterscheiden, es sei denn, man hat dies mit dem Empfänger zuvor individuell vereinbart. Deshalb wird hier auf ein Beispiel zu den Abweichungsberichten verzichtet.

Mögliche Sonderberichte

Als Sonderberichte werden alle Berichte bezeichnet, die mit den Berichtsempfängern abweichend von den für die Behörde definierten Standardberichten vereinbart wurden und deshalb auch nur individuell erstellt und verschickt werden. Ebenso gehören zu diesem Berichtstyp einmalige Anfragen zu bestimmten plötzlich auftretenden Sachverhalten (ad hoc-Berichte).

Hierzu gibt es unzählige Beispiele; nur einige wenige sollen hier vorgestellt werden:

1.) *Periodenvergleich* (Frage: „Wie ist das Ergebnis meiner Kostenstelle für die einzelnen Monate im ersten Quartal?")

Beispiel-BAB für Kostenstelle*	Periode 1	Periode 2	Periode 3	Summe
Summe Erlöse	-10 000,00	-20 000,00	-10 000,00	**-40 000,00**
Summe Personalkosten – prod.bez.	50 000,00	40 000,00	45 000,00	**135 000,00**
Summe Sachkosten – prod.bezo.	5 000,00	4 000,00	6 000,00	**15 000,00**
Summe Produkteinzelkosten	55 000,00	44 000,00	51 000,00	**150 000,00**
Summe Personalgemeinkosten	4 000,00	3 000,00	4 000,00	**11 000,00**
Summe Sachgemeinkosten	2 000,00	2 500,00	5 000,00	**9 500,00**
Summe Gemeinkosten	6 000,00	5 500,00	9 000,00	**20 500,00**
KSt.-Ergebnis vor Umlagen/Verrechnungen	51 000,00	29 500,00	50 000,00	**130 500,00**
Summe Umlagen/Verrechnungen	-15 000,00	-10 000,00	-20 000,00	-45 000,00
KSt.-Ergebnis nach Umlagen/Verrechnungen	36 000,00	19 500,00	30 000,00	85 500,00
*Fiktive Zahlen				

Abbildung 1.8: Periodenvergleich

Die Zusammenstellung der Daten wird mit der KLR-Software ohne große Mühe zu bewerkstelligen sein; es ist allerdings wichtig, die „Informationsflut" einzudämmen, und z.b. nur die Summenzeilen auszudrucken. Würde man nämlich jede Kostenartenzeile für alle 12 Monate darstellen, könnte leicht ein kaum überschaubarer „Zahlenfriedhof" herauskommen. Werden Details benötigt, können diese in weiteren Sonderberichten passend zum jeweiligen Berichtsempfänger „generiert" werden.

2.) *„Zielgruppenbericht"* (Frage: „Wie hoch ist der Anteil der Produkte, die einer bestimmten Zielgruppe dienen?")

Bericht zu den Zielgruppen der Produktbereiche

Zielgruppe	Produktgruppen		Plan	beauftragt	Ist
Bürger	8201	Produktgruppe xy	40 000	10 000	20 000
	8501	Produktgruppe yx	30 000	10 000	20 000
	8401	Produktgruppe xx	90 000	20 000	70 000
Summe:			160 000	40 000	110 000
Presse	8221	Produktgruppe yy	9 600	0	0
	8301	Produktgruppe zz	90 000	0	0
Summe:			99 600	0	0
Bundespräsident	8211	Produktgruppe zy	5 000	300	4 000
	8809	Produktgruppe yz	70 000	40 000	30 000
Summe			75 000	40 300	34 000
Behördenchef	8405	Produktgruppe ww	8 000	0	5 000
	8406	Produktgruppe qq	150 000	0	100 000
Summe:			158 000	0	105 000

Abbildung 1.9: Zielgruppenbericht

Anhand dieses Berichtes könnte die Führungskraft sehen, für welche der zuvor für die Behördenarbeit als wichtig definierten Zielgruppen welche Produkte erstellt und mit welchem Kostenvolumen sie bisher geplant, festgelegt und „bebucht" wurden.

Die einzelnen Zielgruppen können in einer behördenspezifischen Liste frei definiert und zusammengestellt werden; jedem Produkt wird dann eine bestimmte Zielgruppe zugewiesen und mit ihm „verknüpft".

Diese Art von Berichten können auch z.B. für Themenschwerpunkte (z.B. „Gesetzestätigkeit zu ..."), für Vertriebsaktivitäten („Wieviele unserer Produkte wurden im Bundesland xy, in der Region xy abgesetzt?") etc. erstellt werden, da auch für diese eine entsprechende behördenspezifische Liste erarbeitet und mit den Produkten verbunden werden kann.

3.) *Bericht zu Qualitätsindikatoren* (Frage: „Wie aktuell sind die Standardberichte des Controlling?")

Dieser bewußt sehr einfach dargestellte Bericht (s. S. 130) wäre natürlich auch ohne KLR-Software zu erstellen; ein Beispiel dafür, daß gerade im Bereich von

	Aktualität der Controllingberichte		
Geschäftsjahr: 1999			
Monat	Anzahl Berichte	fristgerecht (d.h. am 10. jeden Monats)	früher/später (als am 10. jeden Monats)
Januar	26	80 %	20 %
Februar	27	84 %	16 %
März	29	82 %	18 %
April	35	79 %	21 %
Mai	48	83 %	17 %
etc.			
Gesamt	350	89 %	11 %

Abbildung 1.10: Qualitätsindikatorenbericht

Qualitätskennzahlen die Anwendung von Controlling grundsätzlich nicht von dem Vorhandensein einer Software abhängt. Ein Softwaresystem wird allerdings unterstützen können, daß man die relevanten Qualitätsindikatoren für ein Produkt bildet, erhebt, eingibt und auswertet.

4.) *Fixkostenstrukturbericht* (Frage: „Welche Fixkosten wurden in meiner Kostenstelle abgebaut?")

Kostenarten – Beispiele	**Plan**	**Ist**	**Abweichung**
Abbaubar bis 1 Jahr			
Kostenarten 100 %	*16 000,00*	*15 000,00*	*-1 000,00*
Bücher, Zeitungen	12 000,00	11 500,00	-500,00
Büromaterial	4 000,00	3 500,00	-500,00
etc.			
Kostenarten 75 %	*2 000,00*	*1 800,00*	*-200,00*
Fahrtkosten	2 000,00	1 800,00	-200,00
etc.			
Kostenarten 50 %	*17 900,00*	*19 100,00*	*1 200,00*
Heizung	12 000,00	13 000,00	1 000,00
Strom	5 900,00	6 100,00	200,00
etc.			
Kostenarten 25 %	*25 000,00*	*13 000,00*	*-12 000,00*
Honorare für Drittleistungen	15 000,00	8 000,00	-7 000,00
Lagerkosten	10 000,00	5 000,00	-5 000,00
Summe von abbaubar bis 1 Jahr	**60 900,00**	**48 900,00**	**-12 000,00**
Abbaubar bis 2 Jahre			
Kostenarten 100 %	...	...	...
etc.	...	...	...

Kostenarten – Beispiele	Plan	Ist	Abweichung
Kostenarten 75% etc.	... ...	... ...	... ...
Kostenarten 50 % etc.	...	...	...
Kostenarten 25 % etc.	...	...	...
Summe von abbaubar bis 2 Jahre			
Abbaubar bis 4 Jahre			
etc.	...	...	...
Summe: abbaubar bis 4 Jahre			

Abbildung 1.11: Fixkostenübersicht

Ein Fixkostenstrukturbericht kann sowohl für die ganze Behörde (z.B. nur nach Kostenartengruppen) als auch für jede Abteilung und/oder Kostenstelle aufgestellt werden und soll den jeweiligen Führungskräften zeigen, inwieweit die von ihnen beabsichtigten Kosten innerhalb eines oder mehrerer Jahre reduziert bzw. abgebaut werden konnten. Dieser Bericht beruht daher ebenfalls auf einer genauen Planung und Zielsetzung.

Welche Kostenarten als Fixkosten angesehen werden, muß ebenso wie der Grad ihrer Abbaubarkeit zusammen mit den Führungskräften in jeder Behörde selbst entwickelt werden. Dies setzt zunächst voraus, daß die wesentlichen Kostenarten der Behörde, der Abteilung und/oder Kostenstelle (im ersten Jahr des Wirkbetriebes) identifiziert wurden.

Vgl. dazu auch S. 74 und Standard-KLR S. 30.

Berichtskalender

Aus den definierten Standardberichten wird vor Beginn des Wirkbetriebes ein Berichtskalender festgelegt, in dem die in den ersten Monaten zu erstellenden und zu verschickenden Berichte enthalten sind. Je nach individuellen Wünschen der einzelnen Berichtsempfänger können dann die Abweichungs- und Sonderberichte laufend den Berichtskalender ergänzen. Nach einigen Monaten wird sich auch zeigen, ob sich die Standardberichte bewährt haben oder abgeändert/ergänzt werden sollten. Ein Indiz dafür wird sein, wenn viele Berichtsempfänger den gleichen Sonderbericht anfordern; dann kann aus dem Sonderbericht auch ein Standardbericht werden.

Der Berichtskalender dient dazu, daß das Berichtswesen sich einheitlich entwickelt.

Ein möglicher Berichtskalender könnte z.b. wie folgt aussehen und zur Information unter den Controllern laufend angepaßt werden (vgl. dazu auch den Berichtskalender bei *Nau/Wallner*, Verwaltungs-Controlling für Einsteiger, S. 200 ff. [203]):

Kostenstellen-/ Produktverantwortliche	Abteilungsleiter	Behördenleitung
I. **Standardberichte** (jeweils zum 10. des Monats):	I. **Standardberichte** (jeweils zum 10. des Monats):	I. **Standardberichte** (jeweils zum 10. des Monats):
1.) Kostenstellenbericht	1.) Kostenstellenbericht AL	1.) Kostenstellenbericht Behördenchef
2.) Kostenstellenbericht mit Produktinformationen + Grafik	2.) Kostenstellenbericht AL mit Produktinformationen + Grafik	2.) Hierarchiebericht zu den Gesamtkosten der Produktbereiche
3.) Kostenträgerbericht (über einen Kostenträger, den die Kostenstelle verantwortet)	3.) Hierarchiebericht zu den Gesamtkosten der Produktgruppen der Abteilung	3.) etc.
4.) Kostenträgerbericht mit Kostenstelleninformationen (zu diesem Kostenträger)	4.) etc.	
II. **Abweichungsberichte:**	II. **Abweichungsberichte:**	II. **Abweichungsberichte:**
1.) z.B. Abweichungen bei Kostenart „Nichtproduktbezogene Arbeitszeit"	1.) z.B. Abweichungen bei Kostenartengruppe „Personalkosten" über 4 %/Monat	1.) z.B. Abweichungen bei Produktbereich xy über 5 %
2.) etc.	2.) etc.	2.) etc.
III. **Sonderberichte**	III. **Sonderberichte**	III. **Sonderberichte**
1.) Kostenstelle xy: – „Qualitätsbericht Akualität" pro Quartal – Periodenvergleich halbjährlich	1.) Abteilung xy: – Kostenstellenergebnis xy im Periodenvergleich 1 bis 8 – etc.	1.) Quartalsbericht zum Abteilungsergebnis (mit Grafik)
2.) Kostenstelle xx: – etc.	2.) Abteilung xx – etc.	2.) etc.

Abbildung 1.12: Beispiel für Berichtskalender

Wie macht man die Berichte?

Viele Berichte enthält die KLR-Software bereits oder sie werden entsprechend den Anforderungen der Behörde in der Implementierungsphase eingerichtet. Sie sind dann per „Knopfdruck" ständig mit den aktuellen Daten abrufbar. Für den Beginn werden diese Berichte meistens ausreichen.

Gerade im Bereich der Sonderberichte können jedoch nicht alle denkbaren Anforderungen der Nutzer von vornherein in der KLR-Software angelegt sein.

Für diese Fälle wird man auf einen sog. Berichtsgenerator zurückgreifen müssen.

Für die Erstellung der Berichte wird eine IT-Verbindung zwischen der Berichtsgenerator- und der KLR-Software über die vorhandene Datenbank geschaffen. Durch eine Verknüpfung der vorhandenen Daten der KLR-Software können Berichte zu den individuellen Fragestellungen generiert und in optisch ansprechender Form angezeigt bzw. ausgedruckt werden. Ein Berichtsgenerator kann die vorhandenen Daten lediglich lesen. Mit dem Berichtsgenerator können keine Daten in der KLR-Software geändert werden.

Aber Vorsicht: Auch bei falschen Verknüpfungen von Datenbanktabellen lassen sich Berichte über den Berichtsgenerator erzeugen. Logischerweise sind dann auch die im Bericht ausgeworfenen Daten falsch; deshalb setzt die Bedienung des Berichtsgenerators erhebliche Kenntnisse über die KLR-Software voraus. Daher sollte nur ein kleiner Personenkreis (z.B. Stabsstelle Controlling) die Befugnis zur Generierung von Berichten haben; ist dagegen ein Bericht mit dem Berichtsgenerator gefertigt, kann dieser über sog. „runtime-Versionen" jederzeit von den Nutzern mit dem jeweils aktuellen Datenmaterial abgerufen werden, ohne daß sich die Struktur des Berichtes verändert. Das dient dem Schutz vor Berichten, dessen Zahlen nicht der Realität entsprechen und falsche Reaktionen auslösen könnten.

Von der Weiterentwicklung des Berichtswesens wird viel für die Akzeptanz und die Verbreitung der KLR und des Controlling in der öffentlichen Verwaltung abhängen. Ein regelmäßiger Erfahrungsaustausch, wie er auch in der Privatwirtschaft schon etabliert ist, wird dabei auch in der öffentlichen Verwaltung helfen können.

9. Das behördenspezifische KLR-Handbuch

Es steht außer Frage, daß sich für einige Mitarbeiter der bisherige Ablauf ihrer Arbeit verändert, wenn die Behörde mit der KLR in den Wirkbetrieb gegangen ist. Schulungen können sie darauf vorbereiten. Um die Anpassungsschwierigkeiten zu minimieren, sollte zu Beginn des Wirkbetriebes ein KLR-Handbuch in der Behörde vorliegen, das den Mitarbeitern den Einstieg in das neue „System" ein wenig erleichtert und eine Anleitung für die Bedienung der implementierten KLR-Software bereithält.

In den meisten Verträgen, die mit externen Beratungsunternehmen und KLR-Softwareanbietern über die Einführung einer KLR in den Behörden abgeschlossen werden, ist eine (Projekt-) Dokumentation und eine „Softwareanleitung" gefordert. Während man im Wirkbetrieb die Anleitung für die KLR-Software – je nach Qualität – mehr oder weniger sinnvoll nutzen kann (obwohl die meisten Programme mittlerweile eine gute Hilfefunktion „eingebaut" haben), besteht die Gefahr, daß man als (Projekt-)Dokumentation eine vergangenheitsbezogene Zusammenfassung aus den Lenkungsausschußberichten erhält.

Deshalb ist es für die Mitarbeiter der Behörde sinnvoll, ein KLR-Handbuch zu entwickeln, daß Konzeption und Praxis zukunftsorientiert zusammenfaßt:

Der externe Berater und/oder das Projektteam liefern die einzelnen Bausteine zum KLR-System und legen die Konzeption des KLR-Systems dar; der Softwareanbieter sollte eine behördenspezifische Anleitung zu den in der Behörde am meisten genutzten Funktionen und Arbeitsabläufen beisteuern. Beide Teile werden dann miteinander in einem behördenspezifischen KLR-Handbuch zusammengeführt.

Dieser Gedanke sollte bereits bei der Erstellung der Ausschreibungsunterlagen und den Vertragsverhandlungen mit den Fremdfirmen berücksichtigt werden (vgl. dazu das Muster einer Leistungsbeschreibung in Anlage Nr. 1, Ziff. 7.2.).

Ein behördenspezifisches KLR-Handbuch könnte in der Startphase des Wirkbetriebes beispielsweise zu folgenden Fragestellungen eine Antwort geben:
- Was sind die Ziele der KLR-Einführung in der Behörde?
- Was versteht die Behörde unter dem Begriff der KLR, des Controlling?
- Wer sollte das KLR-Handbuch lesen, welche Unterlagen gibt es außerdem noch, was sind die Grenzen des KLR-Handbuches, wie soll sich die KLR und das Controlling weiterentwickeln, etc.?
- Warum sind die einzelnen Module der KLR so, wie sie geworden sind, welche konzeptionellen Überlegungen lagen der Gestaltung zugrunde? z.B.:
  - Wie funktioniert die Zeiterfassung in der Behörde?
  - Wie funktioniert die innerbetriebliche Leistungsverrechnung in der Behörde?
  - Wie funktioniert die Fortschreibung des Produktkataloges?
  - Wie funktioniert die Betriebsdatenerfassung?
  - Wie funktioniert das Berichtswesen?
  - Wie funktioniert ...
- Wie soll in Zukunft geplant werden (ggf. Abbildung der entwickelten Formulare und Strukturen des neuen Planungs- und Zielsystems)?
- Wer ist für was „rund um die KLR" in Zukunft zuständig?
- Welche Begriffe muß man beim Umgang mit der KLR, der Software kennen?
- ... etc. ...
- Stichwortverzeichnis

Es ist hilfreich, wenn der Softwareanbieter das Handbuch mit den jeweils zur Bearbeitung notwendigen Bildschirmmasken und einer Anleitung für deren ordnungsgemäßes Ausfüllen versieht, so daß sich der Nutzer der Software daran im System orientieren kann.

Das KLR-Handbuch sollte entsprechend der Entwicklungen des KLR-/Controllingsystems in der Behörde in regelmäßigen Abständen aktualisiert werden, so daß sich die Form einer „Loseblattsammlung" anbietet.

Literaturverzeichnis

Adam, Dietrich, Philosophie der Kostenrechnung oder der Erfolg des F.S. Felix, Stuttgart 1997

Adamaschek, Bernd, Nabelschau oder Wettbewerb? Der Leistungsvergleich als Kompaß für die Steuerung, in: Die innovative Verwaltung, Heft 3/95 Juli, S. 25 ff.

Andersen Consulting/Arthur D. Little/Schitag Ernst & Young/Young & Rubicam, Modell Deutschland 21, Wege in das nächste Jahrhundert, Reinbek bei Hamburg 1998

Arthur D. Little, In zehn Schritten zur Kosten- und Leistungsrechnung, in: Sonderheft VOP (Verwaltung, Organisation, Personal) 1/98

Budäus, Dietrich, Probleme und Defizite der Verwaltungsreform auf Bundesebene, in: Ehrhard Mundhenke, Wilhelm Kreft (Herausgeber), Modernisierung der Bundesverwaltung, Aktueller Stand und Perspektiven, Dokumentation der Jahrestagung des Fachhochschule des Bundes für öffentliche Verwaltung vom 3. bis 5. Juni 1997 in Mannheim, Schriftenreihe der Fachhochschule des Bundes für öffentliche Verwaltung, Band 28, Brühl 1997

Buchholtz, Klaus/Meierhofer, Hans, Kosten- und Leistungstransparenz in der Bundesverwaltung? Keine Träumerei – aber ein langer Weg in kleinen Schritten, in: Verwaltung und Management, 2,3/1995, S. 106-111; 179-182

Deutscher Bundestag, 13. Wahlperiode, Drucksache 13/8293 vom 24.07.97, Gesetzentwurf der Bundesregierung, Entwurf eines Gesetzes zur Fortentwicklung des Haushaltsrechts von Bund und Ländern (Haushaltsrechts-Fortentwicklungsgesetz)

Deutscher Bundestag, 13. Wahlperiode, Drucksache 13/9326 vom 02.12.97, Unterrichtung durch den Bundesrat, Gesetz zur Fortentwicklung des Haushaltsrechts von Bund und Ländern (Haushaltsrechts-Fortentwicklungsgesetz), hier: Anrufung des Vermittlungsausschusses

Deutscher Bundestag, 13. Wahlperiode, Haushaltsausschuß – 2450 –, Protokoll Nr. 77, Wortprotokoll der 77. Sitzung des Haushaltsausschusses am Mittwoch, dem 24. September 1997, Öffentliche Anhörung zu dem Gesetzentwurf der Bundesregierung, Entwurf eines Gesetzes zur Fortentwicklung des Haushaltsrechts von Bund und Ländern (Haushaltsrechts-Fortentwicklungsgesetz)

Ebert, Günter, Controlling, in: Marketing Regional, hrsg. vom Württembergischen Genossenschaftsverband e.V., Stuttgart, Nr. 1/97, S. 28-35

Ebert, Günter (Hrsg.), Handbuch des Controlling – Managementfunktion und Führungskonzeption, 6. Auflage, Landsberg 1997

Ebert, Günter, Kosten- und Leistungsrechnung, mit einem ausführlichen Fallbeispiel, 8. Auflage, Wiesbaden 1997

Ebert, Günter, Kosten- und Leistungsrechnung für Einsteiger, Berlin und München 1992

Ebert, Günter/Steinhübel, Volker, Strategisches Controlling, in: Das Neue Controlling für den Mittelstand, hrsg. von M. Sänger, Karriere-Kolleg, Band 12, Bonn 1995, S. 93-108

Ebert, Günter/Steinhübel, Volker, Unternehmen im Wandel, in: Betrieb und Wirtschaft – Zeitschrift für Rechnungswesen, Steuern, Wirtschafts-, Arbeits- und Sozialrecht im Betrieb, Heft 20/1977, S. 761-764

Ebert, Günter/Steinhübel, Volker, Controlling in der öffentlichen Verwaltung, in: Finanzwirtschaft 11/1997, S. 247 ff.

Gesetz zur Fortentwicklung des Haushaltsrechts von Bund und Ländern (Haushaltsrechts-Fortentwicklungsgesetz), Bundesgesetzblatt, Teil I, 1997, ausgegeben zu Bonn am 30. Dezember 1997, Nr. 88, S. 3251 ff.

Gutachten der Präsidentin des Bundesrechnungshofes als Bundesbeauftragte für Wirtschaftlichkeit in der Verwaltung: „Erfolgskontrolle finanzwirksamer Maßnahmen in der öffentlichen Verwaltung", Schriftenreihe der Bundesbeauftragten für Wirtschaftlichkeit in der Verwaltung (BWV), Band 2, 2. Auflage, Stuttgart/Berlin/Köln 1998

Harten v., Gerd/Rothkegel, Andrea, Controlling in der öffentlichen Verwaltung, in: Der Personalrat 10/97, S. 444 ff.

Hedfeld, Wolfgang/Kraemer, Klaus-Peter/Kuck, Hansjürg/Papenheim-Tockhorn, Heike/ Pinnecke, Ute/Schellen, Wolfgang/Vöhringer, Axel, Bericht der Länderarbeitsgruppe zum Thema „Möglichkeiten einer leistungsfördernden Verbesserung des Rechnungswesens im staatlichen Bereich der öffentlichen Verwaltung", vorgelegt für die Sitzung der Ständigen Konferenz der Innenminister und -senatoren der Länder am 19. Mai 1995 in Berlin (Az.: SIK 90/18)

Herzog, Roman, Aufbruch ins 21. Jahrhundert, „Berliner Rede" des Bundespräsidenten im Hotel Adlon, Berlin, am 26.04.1998, abgedruckt in: Bulletin des Presse- und Informationsamt der Bundesregierung vom 30. April 1997, Nr. 33, S. 353 ff. (30.04.1998)

Herzog, Roman, Erziehung im Informationszeitalter, Rede des Bundespräsidenten in Paderborn, am 09.06.1998, abgedruckt in: Bulletin des Presse- und Informationsamtes der Bundesregierung vom 18. Juni 1998, Nr. 43, S. 565 ff. (18.06.1998)

Hill, Hermann, Einfach politisch – Reformbaustelle Rat, Komplexität des Informationsmanagements bisher nur in Ansätzen gelöst, in: VOP (Verwaltung, Organisation, Personal) 7-8/98, S. 20 ff.

HKR-Verfahren des Bundes; Satzbeschreibungen für den Anordnungsdatenträger mit Sammelanordnung F 15, hrsg. vom Bundesministerium der Finanzen, Referat II A 7, Stand 1/97

INFO-BRIEF, Bereich: Staat & Verwaltung, Bertelsmann Stiftung, „Interview ... mit Elisabeth Schmithals, Leiterin des neuen Geschäftsbereichs „Interkommunale Vergleiche" der KGSt, Ausgabe 3/96, S. 3 f.

„IT-WiBe": Benutzerhandbuch IT-WiBe, Softwareunterstützte Wirtschaftlichkeitsbetrachtung für den Einsatz in der Bundesverwaltung (unter MS-Windows Version 2.0), hrsg. von der Koordinierungs- und Beratungsstelle der Bundesregierung für die Informationstechnik in der Bundesverwaltung im BMI (KBSt), bearbeitet von Peter Röthig und Günter Rubik, 03/97

Jeannottat, Romain/Hartmann, Martin, Marktanalyse zur kommunalen KLR-Software, Untersuchung als Orientierungshilfe für den Anwender, in: VOP (Verwaltung, Organisation, Personal), 5/98, S. 40 ff.

Jeannottat, Romain, Softwareprodukte für Kosten- und Leistungsrechnung – Eine Marktstudie für Kommunen, in: der städtetag, 4/98, S. 314 ff.

Lenk, Klaus, Sinn und Unsinn der Verwendung von Kennzahlen, Vortragsmanuskript im Rahmen der Tagung „Das neue Steuerungsmodell für Aufsichtsbehörden" vom 2./3. September 1997 in Hamburg, veranstaltet vom Amt für Arbeitsschutz Hamburg

Lüder, Klaus, Verpaßte Chance – Das Haushaltsrechts-Fortentwicklungsgesetz vom 22.12. 1997 und seine Konsequenzen für die Reform des öffentlichen Rechnungswesens, in: DÖV (Die Öffentliche Verwaltung), Heft 7 (April 1998), S. 285 ff.

Mann, Rudolf, Controlling für Einsteiger, Rezeptbuch zum Selbstaufbau eines Gewinn-Steuerungssystems, 6. Auflage, Freiburg i. Br. 1995

Merkblatt für die Genehmigung von IT-Verfahren zur Bewirtschaftung und Zahlbarmachung von Haushaltsmitteln des Bundes, hrsg. vom Bundesministerium der Finanzen, Referat II A 6, Stand 1/97

Müller, Axel, Wirkungsvolle Integration der Rechnungssysteme, Bedingungen für die Verzahnung von Kameralistik, Kostenrechnung und Doppik, VOP (Verwaltung, Organisation, Personal) 7-8/98, 39 ff.

Nau, Hans-Rainer/Wallner, Gerhard, Verwaltungs-Controlling für Einsteiger: Kosten- und Leistungsrechnung in öffentlichen Unternehmen und Verwaltungen, Freiburg i. Br., Berlin, München, 1998

Piduch, Erwin Adolf (begründet von)/Dreßler, Hans-Heinrich (fortgeführt von), Bundeshaushaltsrecht, Kommentar zu den Artikeln 109 bis 115 des Grundgesetzes und zur Bundeshaushaltsordnung mit rechtsvergleichenden Hinweisen auf das Haushaltsrecht der Bundesländer und ihrer Gemeinden, 2. Auflage, Stuttgart, Berlin, Köln 1997

Rollwage, Nikolaus, Kosten- und Leistungsrechnung, mit Übungsaufgaben und Lösungen, 5. Auflage, Köln 1996

Rürup, Bert, Controlling als Instrument effizienzsteigernder Verwaltungsreformen? Eine Problemskizze, in: Aus Politik und Zeitgeschichte – Beilage zur Wochenzeitung 'Das Parlament', B 5/95 (27.01.1995), S. 3 ff.

Rundschreiben des BMF vom 26.03.1998: Änderung von Vordrucken des automatisierten Verfahrens für das Haushalts-, Kassen- und Rechnungswesen des Bundes (HKR-Verfahren), – II A 6 – H 2093 – 13/98, abgedruckt im GMBl. 14/1998, S. 305

Schöneich, Michael, Produkte – und was dann?, in: der städtetag 7/1996, S. 451 f.

Schwarze, Jochen/Koß, Torsten, Prozeßorientierte Kosten- und Leistungsrechnung in der öffentlichen Verwaltung, Schriftenreihe zur Wirtschaftsinformatik, Band 3, Hannover 1996

'Der Spiegel' (Nachrichtenmagazin): „Nicht rudern, sondern steuern. Unternehmensberater entdecken beim Staat überflüssige Ausgaben von 260 Milliarden Mark", Ausgabe 20/1996, S. 38 ff.

Vorschriftensammlung Bundesfinanzverwaltung – VSF –, Stoffgebiet Haushaltsrecht, Abschnitt Kosten- und Leistungsrechnung (H 90 00), Ausgabe August 1997, KLR-Handbuch (H 90 01), zit.: Standard-KLR

Weber, Jürgen, Controlling – Möglichkeiten und Grenzen der Übertragbarkeit eines erwerbswirtschaftlichen Führungsinstruments auf öffentliche Institutionen, DBW (Die Betriebswirtschaft), 48 (1988), S. 171 ff.

Wißmann, Evelin, Mitbestimmungsrechtliche Probleme des „Neuen Steuerungsmodells", in: Der Personalrat, 10/97, S. 436 ff.

Zweiter Teil
Der Standard in der standardisierten Kosten- und Leistungsrechnung für die Bundesverwaltung (Standard-KLR)

I. Entstehungsgeschichte der Standard-KLR

In ihrem Bericht 1/1995 hat die KGSt bereits Erfahrungen und Ansichten hinsichtlich der betriebswirtschaftlichen Steuerung und Führung in der öffentlichen Verwaltung zusammengefaßt. Es heißt darin u.a.:

„Das derzeitige, im Kern auf Einnahmen und Ausgaben beruhende Haushalts- und Rechnungskonzept (Geldverbrauchskonzept) wird den Anforderungen nicht mehr gerecht. Haushaltsplan und Haushaltsrechnung müssen über den gesamten Ressourcenbestand und -verbrauch informieren, über den Politik und Verwaltungsmanagement in der jeweiligen Periode zu entscheiden haben."

Ferner heißt es dort:

„... im Ergebnis wird deshalb der doppische Rechnungsstil für die Ausgestaltung des ... Haushalts- und Rechnungswesens empfohlen. ... Die Natur der öffentlichen Aufgaben, ihre Ziele und die Art ihrer Finanzierung sowie die politisch-administrativen Entscheidungsstrukturen erfordern jedoch Ergänzungen und Abweichungen ..."

Damit ist klargestellt, daß es nicht um eine vollständige Umstellung auf die doppelte Buchführung geht, sondern daß die Art und Weise der Informationsbeschaffung, -aufbereitung und -verwendung in Anlehnung an die Erfahrungen aus der doppischen Betrachtungsweise geschehen und auf die Besonderheiten der öffentlichen Verwaltung abgestimmt werden soll. Genau das will die Standard-KLR. Dabei war von Anfang an klar, daß eine unreflektierte Übernahme der industriellen KLR sowie der Ansätze im kommunalen Bereich den Bedingungen und Besonderheiten der Bundesverwaltung nicht uneingeschränkt gerecht werden kann. Das Bundeskabinett hat dieser Erkenntnis Rechnung getragen und das Bundesministerium der Finanzen durch Beschluß vom 7. Februar 1996 mit der Entwicklung konzeptioneller Grundlagen einer standardisierten KLR *für die Bundesverwaltung* beauftragt. Zur Erfüllung dieses Auftrages arbeitete das BMF von Dezember 1996 bis Juli 1997 gemeinsam mit Arthur D. Little International Inc. an dem Projekt zur „Entwicklung einer standardisierten KLR für die Bundesverwaltung". Aus dieser Formulierung wird deutlich, daß zum Zeitpunkt der Beauftragung keine ausformulierten Vorstellungen über die Nutzung und die angestrebte Wirkung der Projektergebnisse vorlagen. Insofern war das Projekt auch ein Diskussionsforum für Überlegungen über eine Reform in der Steuerungs- und Führungsphilosophie der öffentlichen Verwaltung.

Das Projektergebnis wurde dem Lenkungsausschuß des Projektes präsentiert und übergeben. Im Verlauf der Ergebniserarbeitung und -präsentation stellte sich angesichts der teilweise schwer verständlichen Zusammenhänge die Frage, wie diese Ergebnisse außerhalb des Lenkungsausschußes kommuniziert werden sollten. Das BMF entschied sich für eine Veröffentlichung der Projektergebnisse in Form der Vorschriftensammlung der Finanzverwaltung (VSF). Die VSF ist ein eingeführtes „Kommunikationsinstrument", so daß auf diesem Weg die größtmögliche Verbreitung sichergestellt scheint.

1. Das größte Problem der Standard-KLR: Die Verständlichkeit

Die veröffentlichte VSF H 9001 ist sowohl Projektergebnis als auch selbst das Kommunikationsmedium, mit dem der KLR-Gedanke in der Bundesverwaltung und darüber hinaus verbreitet werden soll. Auf den derzeit 386 Seiten sind die Ergebnisse und Erfahrungen der bisherigen KLR- und Controllingprojekte auf Bundesebene in kondensierter Form zusammengetragen. Die Standard-KLR ist daher im Vergleich zu anderen, teilweise kiloschweren Projektdokumentationen sehr „schlank" geraten.

Die Standard-KLR kann nicht die Lektüre umfangreicher BWL- und KLR-Werke ersetzen. Häufig ist der Vorwurf zu hören, daß die Standard-KLR nicht lesbar und nicht verständlich sei. Dies ist dann richtig, wenn die Standard-KLR der erste Kontakt mit der neuen Materie ist. Andererseits sind viele Regelungen der Standard-KLR in den Augen der KLR-Profis zu wenig konkret, wenn es um die Umsetzung geht. Je nach Leser und Situation wird daher die Standard-KLR unterschiedlich bewertet.

Neben diesem inhaltlichen Aspekt ist jedoch auch der Kommunikationsaspekt zu betrachten. Die Verwaltung muß bei der Einführung der Neuen Steuerungsmodelle (abgekürzt NSM, vgl. hierzu auch *Mundhencke/Kreft* (Hrsg.): Modernisierung der Bundesverwaltung) mit dem Widerspruch leben, Eigenverantwortung und Selbststeuerung mittels der überkommenen Instrumente „Vorschriften und Verordnungen" einführen zu wollen. So wird häufig während eines Projektes beklagt, daß die Standard-KLR nicht regele, was „unwirtschaftlich" sei. Auch schreibe die Standard-KLR nicht vor, wie hoch die Kosten sein dürften. Im Verständnis der BWL und der KLR sind dies Fragen, die nicht geregelt werden können. Die Antwort liegt vielmehr in einer umfassenden Beurteilung, *warum* bestimmte Kosten für die Erstellung einer Leistung entstanden sind und ob die Leistung auch diese Kosten wert ist.

Obwohl die KLR in Form einer Vorschrift eingeführt wird, soll sie ein Instrument zur Verbesserung der dezentralen Entscheidungsfindung und Steuerung in der Verwaltung werden. Daher ist die KLR-Einführung auch nicht anhand einer einfachen Checkliste zu bewerkstelligen, die BMF, Behördenleitung und Rechnungshof auf Anzahl der erfüllten Punkte überprüfen können. Gerade mit einer Hinwendung zu Zielgruppen und Kunden, der Bildung von Produkten und der Auseinandersetzung über die „richtige" Verteilung und Zurechnung von Kosten und Leistungen wird in einer Behörde ein Prozeß in Gang gesetzt, der mehr wert ist als eine fehlerfrei funktionierende IT-Implementierung. Nichts ist schlimmer für die KLR, als ein tolles KLR-IT-System einzuführen, ohne daß sich im Verhalten der Beteiligten etwas geändert hätte. Insofern ist auch der Erfolg einer KLR-Einführung in einer Behörde nicht direkt mit der Einhaltung des Projektplanes und dem Umfang der Softwarelizenzen verbunden. Um den Erfolg der KLR-Einführung in der öffentlichen Verwaltung erkennen und beschreiben zu können, ist vielmehr der gleiche Maßstab anzulegen, der auch sonst für die öffentliche Verwaltung gelten muß: Die Zufriedenheit der Bürger mit dem Staat und seinen administrativen Organen.

2. Die Standard-KLR ist erst ein kleiner Ausschnitt

Die Regelungen in der Standard-KLR sind auch aus einem weiteren Grund schwer verständlich: Sie sind nicht vollständig. Dabei hat die fehlende Vollständigkeit wiederum zwei Gründe.

Erster Grund ist die erklärte Absicht der Standard-KLR, kein Lehrbuch zu sein. Für Betriebswirte, Kaufleute und andere mit der Betriebswirtschaft vertraute Personen ist die Standard-KLR ein Puzzle der betriebswirtschaftlichen Sichtweise. Wie verteilte Ölflecken auf der Wasseroberfläche wabert die Standard-KLR aus Sicht des Fachmannes (oder der Fachfrau). Der versierte Leser der Standard-KLR kann die Verbindung zwischen den einzelnen Ölflecken selber herstellen: Er verfügt über das Grundwissen, die einzelnen Teile miteinander zu verbinden, weil er die Zusammenhänge versteht und gegebenenfalls gedanklich ergänzt, was nicht in der Standard-KLR beschrieben ist. Der Nicht-Betriebswirt muß erst erkennen, daß ihm notwendige Kenntnisse fehlen, und sich dann das entsprechende Fachwissen aneignen. Das ist eine Hol-, keine Bringschuld.

Der zweite Grund für die fehlende Vollständigkeit liegt darin, daß bestimmte Standards bei der „professionellen Anwendung" nicht Gegenstand der Standard-KLR werden durften. Ausgespart wurden die Bereiche, die zum gegenwärtigen Zeitpunkt des Reformprozesses in der Verwaltung zu einer Diskussion mit ungewissem Ausgang geführt hätten. Reizthemen und Reizworte mußten ebenso vermieden werden wie alle tatsächlichen und vermeintlichen Eingriffe in die Ressorthoheit und die Selbstbestimmung der einzelnen Behörde.

Daher sind die nachstehenden Punkte nicht Bestandteil der Standard-KLR geworden, obwohl sie aus Sicht der privatwirtschaftlichen KLR-Praxis und vor allem aus Sicht der anstehenden Implementierung auf Bundes- und Landesebene eigentlich hätten aufgenommen werden müssen.

Konsolidierung

Darunter wird in der Betriebswirtschaft die Zusammenfassung der finanzwirtschaftlichen Situation von selbständigen Bereichen unter einem Dach verstanden. Analog zur Privatwirtschaft hieße dies für die Verwaltung, daß die Behörden und Einrichtungen des nachgeordneten Bereichs „Tochtergesellschaften" des „Ministeriumskonzerns" bilden. Da in einem solchen Verbund Leistungen und Produkte ausgetauscht werden, müßten diese sogenannten Innenumsätze in der KLR gebucht, jedoch in der konsolidierten Finanzbuchhaltung herausgerechnet werden. Da dieses Verfahren in leistungsfähigen Standard-Software-Paketen weltweit seit Jahrzehnten praktiziert wird, liegen genügend Implementierungserfahrungen bei national und international tätigen Wirtschaftprüfungsunternehmen und Software-Unternehmen vor.

Die Standard-KLR wurde dagegen als ein behördeninternes Instrument zur Erreichung der allgemeinen KLR-Ziele verstanden und konzipiert. Sämtliche Regelungsnotwendigkeiten, die im Rahmen der inhaltlichen Ausarbeitung aufkamen und den Behördenrand hätten übersteigen können, wurden aus Rücksicht auf die Ressorthoheit weggelassen. Mit Blick auf die betriebswirtschaftliche Praxis und aufgrund der Erfahrungen in den Implementierungsprojekten zeigt sich jedoch bereits jetzt, daß beispielsweise klare Verrechnungskonzepte zwischen den Behörden eines Ressorts oder über mehrere Ressorts hinweg wünschenswert wären. Insbesondere bei Fragen der Haushaltsaufstellung zeigen sich entsprechende Schwächen der bisherigen Ausarbeitungen.

Bilanz

Eine Zusammenstellung der Vermögens- und Finanzierungswerte einer Behörde ist zum gegenwärtigen Zeitpunkt in der behördenweiten Diskussion ein Reizthema und sollte daher nicht am Anfang des Reformprozesses stehen. Aus Sicht der Betriebswirtschaftslehre reduziert sich das Problem auf ein reines Bewertungsproblem. Wenn alle Vermögensgegenstände in der Verwaltung nach gleichen Methoden bewertet werden, sind Diskussionen über vermeintliche oder tatsächliche Ungerechtigkeiten bei der Bewertung obsolet.

Im übrigen ist nach unserer Ansicht nicht die stichtagsbezogene Aufstellung im Sinne einer Bilanz entscheidend, sondern aussagekräftig sind erst Veränderung und Entwicklung der Positionen im Zeitablauf. Konzepte der Kapitalflußbilanz oder Veränderungsbilanz sind vorhanden und stehen zur Adaption für die öffentliche Verwaltung an. In diesem Zusammenhang sind auch alle weiteren Anpassungskonzepte zu erstellen wie z. B. die periodengerechte Abgrenzung durch aktive und passive Rechnungsabgrenzungspositionen, die Bewertung von stillen Reserven und die Wertaufholungsgebote, um nur einige zu nennen (zu den Begriffen vgl. z.B. *Wöhe*, Grundlagen der Betriebswirtschaftslehre, oder jedes andere BWL-Lehrbuch).

Zukunftsvorsorge

Mit Wagniskonten sind Möglichkeiten der Vorsorge für nicht planbare Unwägbarkeiten innerhalb der KLR gegeben. Die plan- und kalkulierbaren Ausgaben in späteren Perioden werden in der Bilanz eines Unternehmens in Form von Rückstellungen und Rücklagen ausgewiesen. Bisher wurden diese zukünftigen Kosten aber nur näherungsweise im mittelfristigen Finanzplan kameralistischer Prägung als geschätzte Ausgaben eingestellt, wobei eine hinreichende statistische Annahme zu deren Berechnung selten erfolgte (wenn überhaupt). Die Zukunftsvorsorge hat über die kostenwirksame Bildung von Rückstellungen und Rücklagen auch einen Bezug zum gegenwärtigen Ressourcenverbrauch und der Produkterstellung. Auch insoweit besteht Regelungsbedarf innerhalb der Standard-KLR (zu den Begriffen vgl. z.B. *Wöhe*, Grundlagen der Betriebswirtschaftslehre, oder jedes andere BWL-Lehrbuch).

Zuwendungen/Zuweisungen

Im Rahmen der Betrachtung, welche Haupt- und Obergruppen KLR-relevant sind, wurden sämtliche Transferzahlungen herausgelassen. Die Verbindung der Transferleistungen zu den Produkten und damit zur KLR ist jedoch für ein umfassendes Behördencontrolling notwendig. Um die Diskussion und mögliche weitere Entwicklung zu initiieren, werden wir unten im Rahmen des Berichtswesens (S. 199 ff.) einen Vorschlag zu einer integrierten Betrachtung machen.

Finanzbuchhaltung

Zu einem doppischen Rechnungsstil gehört auch eine Trennung der pagatorischen und der wertmäßigen Sichtweise in unterschiedliche Rechnungskreise. Dies geschieht in der Privatwirtschaft üblicherweise durch die beiden „Systeme" KLR und Finanzbuchhaltung. In der Finanz- (und Geschäfts-)buchhaltung werden sämtliche Geschäftsvorfälle gebucht und die Vermögens- und Kapitalbestände sowie die Aufwendungen und Erträge ermittelt. In der KLR wird ein Bezug zu dem hergestellt, was auch tatsächlich erstellt wurde, nämlich zu den Produkten.

Nun wurde mit dem Auftrag zur Erarbeitung der Standard-KLR auch zugleich die Verbindung der KLR mit dem HKR-Verfahren in Form einer sog. Überführungsrechnung gefordert. Bei dem Konzept der Überführungsrechnung blieb offen, inwieweit die Funktionen des HKR-Verfahrens nicht auch durch eine umgestaltete Finanzbuchhaltung umgesetzt werden könnten.

Das HKR-Verfahren hat prinzipiell zwei Aufgaben: Informationsversorgung für die politischen Entscheider sowie Kontrolle der Mittelbindung und des Mittelabflusses. Die erste Aufgabe ist relativ einfach durch eine Gestaltung der Finanzbuchhaltung zu erreichen (vgl. *Lüder*, Verpaßte Chance – Das Haushaltsrechts-Fortentwicklungsgesetz vom 22.12.1997 und seine Konsequenzen für die Reform des öffentlichen Rechnungswesens, in: DÖV, 1998, S. 285 ff.).

Die Aufgabe der Mittelsteuerung ist jedoch keine Aufgabe der KLR. Wenn die Ressourcen einmal für die Erstellung von Produkten genehmigt wurden, geht die KLR davon aus, daß auch produziert wird. Sollte kein Geld vorhanden sein, dann ist es die Aufgabe des Finanzmanagements (auf Basis der Informationen aus der Finanzbuchhaltung), die Liquidität aufrechtzuerhalten.

Insofern ist mit einer Überführung der Kosten und Ausgaben (bzw. Erlöse und Einnahmen) nicht das Hin- und Herrechnen von Zahlungsmittelbeständen gemeint, sondern vielmehr ein Umdenken bei der Steuerung.

Budgetierung

Formal gehört auch das Thema Budgetierung nicht in die KLR, sondern in ein Steuerungs- und Führungssystem. Diese Sichtweise wurde in der Standard-KLR ebenfalls ausgeblendet. Gleichwohl ist allerorten anerkannt, daß die Liquiditätssteuerung auf Ebene einer einzelnen Buchung, Planung, Vorbindung, Freigabe bzw. Zahlung durch eine produktorientierte und damit „globale" Steuerung ersetzt werden muß. Aber wie das mit der KLR zusammenpassen soll, ist (leider) nicht Gegenstand der Erörterungen in der Standard-KLR.

Ungeklärt ist ferner, wie die Steuerung der Liquidität erfolgen soll, wenn alle Behörden KLR machen und eine „konzerninterne und -externe" gegenseitige Leistungsverrechnung stattfindet. Insofern besteht ein Regelungsbedarf über die entscheidungsorientierte Verwendung der vorhandenen und zukünftig vorhandenen Informationen aus KLR und Finanzbuchhaltung. Daher stehen alle KLR-Einführungsprojekte vor dem gleichen Problem und der Frage, was mit der Standard-KLR gesteuert werden soll.

Über die Standard-KLR hinaus besteht ein dringender Handlungsbedarf, politische Willensbildung und Steuerungsnotwendigkeit mit den Möglichkeiten der KLR und einer Art von Finanzbuchhaltung zusammen und „integrativ" zu betrachten. Diese gemeinsame Betrachtung wird im Konzept einer produktorientierten Budgetierung realisiert. Was die „Väter" der Standard-KLR unter Budgetierung verstehen, ist nicht mit der Fortschreibung der Haushaltsansätze auf Ebene der Titel gleichzusetzen. Mit der produktorientierten Budgetierung ist gemeint, daß nur derjenige eine bestimmte Menge an Ressourcen (Geld, Personal, Zugriffsrechte auf Sachmittel etc.) erhält, der auch eine klare Vorstellung hat, was er damit machen und welches Ergebnis er damit erreichen will.

Budgetierung in diesem Sinne heißt: Nur wer eine bestimmte Leistung mit einem vorher definiertes Ergebnis verspricht, erhält auch die notwendigen Ressourcen dazu. Die Nebenbedingungen für eine derartige Steuerungssichtweise sind:
- Klarstellung der Ziele und der daraus abgeleiteten Produkte bzw. der zu erreichenden Wirkungen.
- Einführung einer wirklichen dezentralen Ressourcen- und Produktverantwortung,
- fehlertolerante Führung bei suboptimaler Verwirklichung der geplanten Ziele und Produkte im dezentralen Bereich,
- Einführung spürbarer Sanktionsinstrumente bei wiederholter bzw. nicht mehr tolerierbarer Fehlsteuerung auf allen Ebenen,

Diese Aufzählung der Bereiche, die in der Standard-KLR nicht enthalten sind, aber im Interesse der Reform der öffentlichen Verwaltung dort hinein gehörten, ist nicht vollständig. Sicher gelangen einige Behörden, die derzeit in der KLR-Einführung und Umsetzung sind, zu weiteren wichtigen Erkenntnissen. Es ist daher zu wünschen, daß die Fortentwicklung der Standard-KLR von diesen Erfahrungen profitieren wird.

II. Status quo der Anwendung der Standard-KLR

1. Die Einführung der Standard-KLR

Der Status der Standard-KLR-Einführung im Herbst 1998 weist drei Behörden im Wirkbetrieb und eine Reihe von Einführungsprojekten unter Federführung bzw. Mitwirkung des BMF auf. Neben dem Presse- und Informationsamt der Bundesregierung, dem Auswärtigen Amt und dem Kraftfahrtbundesamt sind weitere ca. 20 Behörden im nachgeordneten Bereich von Bundesministerien sowie ca. 100 Dienststellen im Geschäftsbereich des BMVg mit KLR und Controlling soweit vorangeschritten, daß von einer wirklichen Einführung und stabilen Lauffähigkeit der IT gesprochen werden kann. Insgesamt hat die Standard-KLR dazu beigetragen, ein positives Klima für die Anwendung und den Einsatz betriebswirtschaftlicher Instrumente in der Verwaltung zu schaffen. Dabei hat sich gezeigt:

- Die Einsparungseffekte sind am größten, wenn klare Einsparungsziele vorgegeben werden und die Beteiligten an der erzielten Effizienzrendite mindestens hälftig partizipieren können (als Effizienzrendite wird meist der prozentuale Betrag bezeichnet, den eine Verwaltung gegenüber dem plafondierten Haushaltsansatz weniger ausgibt und als Grund für die Minderausgabe die Einführung der KLR anführt).

- Der Veränderungsprozeß einer Verwaltung ist am schnellsten, wenn die Behördenleitung die Neuen Steuerungsmodelle und damit die KLR nicht nur als Worthülsen kennt, sondern täglich ihre Entscheidungsvorbereitung und die von der Verwaltung abverlangten Führungsinformationen nach betriebswirtschaftlicher Betrachtung aufbereitet wünscht.
- Die KLR-Einführung wird von den Mitarbeitern und Mitarbeiterinnen am ehesten akzeptiert, wenn das Projektteam persönliche und fachliche Akzeptanz genießt und sämtliche Projekt- und KLR-Informationen in einer verständlichen Sprache verfaßt werden.

2. Die Weiterentwicklung der Standard-KLR

Die Erfahrungen aus den Pilotprojekten zur Einführung der Standard-KLR machen deutlich, welche Themen noch zu wenig detailliert sind. Es ist daher zu erwarten, daß ein Extrakt der Erfahrungen als notwendige Konkretisierung in die nächste „Auflage" der Standard-KLR einfließen wird. Die Standard-KLR wird so durch die konkreten Umsetzungen zu einen Wissenspool für die Einführung der KLR in der öffentlichen Verwaltung.

Ihre Weiterentwicklung wird sowohl in eine theoretisch-konzeptionelle wie auch in eine pragmatische Richtung gehen. Je mehr Projektteams, Professoren, Berater und Praktiker an der Standard-KLR arbeiten, um so tiefer werden die BWL-Erkenntnisse vor dem besonderen Hintergrund der öffentlichen Verwaltung reflektiert. Gleichzeitig und parallel werden die Erkenntnisse umgesetzt und IT-technisch realisiert. Praktische Umsetzung und theoretische Begleitung sind unserer Meinung nach Garanten, daß die Standard-KLR und die NSM sich in eine Richtung entwickeln, die von der Verwaltung auch in der praktischen Arbeit vor Ort akzeptiert wird.

Basis der Weiterentwicklung: Das Benchmarking

Neben den o.g. Themen, die bisher nicht Bestandteil der Standard-KLR waren, sehen wir die Weiterentwicklung der KLR vor allem vor dem Hintergrund der Verwendung der von ihr gelieferten Zahlen und Aussagen. Behördenleitung und politische Entscheider werden sicher bald mit Antworten über Konsequenzen und Kosten ihrer Handlungen und Anweisungen konfrontiert werden, die zu einem Umdenken des Entscheidungsverhaltens führen werden.

Aus den laufenden Einführungsprojekten ist schon jetzt deutlich geworden, daß die geforderte Transparenz durch die eingeführte Standard-KLR auch dazu führt, Entscheidungen anders als früher zu treffen und zu begründen. Mit der Einführung aussagekräftiger Vergleiche zwischen den Behörden wird die Transparenz noch weiter erhöht. Solche Vergleiche, auch als Benchmarking bezeichnet, werden als Schreckgespenst der Willkür bezeichnet. Dabei macht jeder Mensch tagtäglich eine Art von Benchmarking: Ob Sie sich in der Kantine fragen, welches Gericht Sie am liebsten mögen, oder ob Sie darüber nachdenken, welches Auto zu Ihnen „paßt", immer wieder vergleichen Sie Dinge miteinander. Die zentrale Frage dabei ist: Welche Eigenschaft rechtfertigt den geforderten Preis?

Das im Rahmen der Standard-KLR vorgestellte Verfahren des Benchmarking (S. 103 bis 106) ist nur eine methodische Hilfe, aus der Flut der Einzelinformationen der KLR die relevanten herauszusuchen. Benchmarking wird dabei nicht auf die absoluten Kostengrößen reflektieren, sondern auf die Begründung für Kostenunterschiede hinwirken. Aus der Begründung sollen dann die Erkenntnisse gezogen werden, aus denen die Teilnehmer am Benchmarking lernen können. Der Einstieg hierzu ist in der Standard-KLR durch die beispielhafte Vorgabe der 48 Standard-Produkte im allgemeinen Verwaltungsbereich gemacht. Dabei ist zu konstatieren, daß der fast zwanghafte Versuch der Verwaltung, jede Aufgabe in einem Geschäftsverteilungsplan abzubilden, auch Einzug in die Produktbildung gehalten hat. Die 48 Standard-Produkte stellen eine derart detaillierte Zusammenstellung der möglichen Aufgaben aller Verwaltungen dar, daß jede Behörde dringend aufgerufen ist, pragmatische Vereinfachungen für sich einzuführen. Wir werden im Abschnitt über die 48 Standard-Produkte (S. 186 f.) noch auf dieses Problem zurückkommen.

Einen Überblick zum Stand der Verwaltungsmodernisierung geben z. B. *König/Füchtner*, Von der Verwaltungsreform zur Verwaltungsmodernisierung.

3. Vision: Die KLR ist in allen Bundesbehörden umgesetzt

Ein kühner Blick in die Zukunft offenbart die mögliche Vision einer bundesweiten KLR: Die Produkte konkretisieren die strategisch-politische Zielsetzung des Ministeriums. Umgekehrt gesagt: Die Entscheidungen hinsichtlich der herzustellenden Produkte werden in der Behörde anhand des Zielsystems getroffen. Konflikte zwischen den Zielen, die ebenso unvermeidbar wie hilfreich sind, werden anhand von Wirkungsrechnungen und Wirtschaftlichkeitsüberlegungen gelöst und transparent dargestellt. Die Minister und ihre Produktbereichsverantwortlichen legen in Abstimmung mit den behördeneigenen Controllern die Behördenziele fest und leiten daraus die Produktpalette zur Erreichung der politisch-gesellschaftlichen Ziele ab. Die Steuerung von politisch relevanten strategischen Geschäftsfeldern bei gleichzeitiger Abstimmung mit der Tagesaktualität gehört zu den wesentlichen Aufgaben des Stabes „Wirkungscontrolling", der direkt das Ministerbüro unterstützt. Von hier kommen auch die Anregungen zur kontinuierlichen Produktverbesserung und zur organisatorischen Weiterentwicklung für die jeweilige Behörde.

Während die Controller als Berater zusammen mit den Produkt- und Produktgruppenverantwortlichen die Umsetzung diskutieren, priorisieren und planen, wird der aus den Produktplänen abgeleitete (überführte) Liquiditätsbedarf mit dem zentralen „Liquiditätsmanagement" abgestimmt. Die Zielerreichung, gemessen anhand der erreichten Wirkung der Produkte, bestimmt die Steuerungs- und Führungsphilosophie in den Behörden. Selbstverantwortete Abweichungsanalysen fördern das Verständnis für die Zusammenhänge zwischen Ursachen und Wirkung. Sie werden als Teil des regelmäßigen Reportings ebenengerecht durchgeführt. Abweichungen zwischen IST und PLAN werden als Gelegenheit einer verbesserten Planung begriffen und fließen direkt in die Planung für die nächste Wirtschaftsperiode ein.

Wir wollen keine Einschätzung der Zeitdauer geben, die bis zur Realisierung dieser Vision verstreichen wird. Nicht die Verwirklichung einer Vision ist wichtig, sondern der Antrieb und der Reiz, die Motivation und der Ehrgeiz auf dem Weg zu immer neuen Visionen. Die Anspannung aus noch nicht erreichten Visionen und Zielen ist die eigentliche Triebfeder für Veränderung und den Wunsch, Organisationen mit Menschen und für Menschen zu gestalten (Wie kreative Spannung durch Visionen erzeugt wird, ist anschaulich beschrieben in *Senge*, Die Fünfte Diszilpin, S. 251 bis 283).

III. Das Grundkonzept der Standard-KLR

1. Eine kurze Einführung in das Grundkonzept der Standard-KLR

Die KLR ist ein umfangreiches Teilgebiet der Betriebswirtschaftslehre. Gerade für den in dieser Materie ungeübten Leser bzw. Anwender erscheinen Gebirge unüberwindlicher Begriffsvielfalt und Interpretationsfreiheit vor dem geistigen Auge. Auf den Seiten der Standard-KLR ist bereits ein Destillat entstanden, das ein zu tiefes Eindringen in die Betriebswirtschaftslehre an unpassender Stelle verhindern soll. So hilft beispielsweise eine Diskussion über Bilanzierungs- und Bewertungstheorien zum gegenwärtigen Zeitpunkt ebenso wenig wie Überlegungen bei der Abschreibungsgestaltung zur Verminderungen der Einkommens- und Gewinnsteuern. Die Standard-KLR soll Ihnen eine Hilfestellung sein, aus der nahezu unübersichtlichen Vielzahl der BWL-Themen die relevanten auszuwählen.

Wie bereits gesagt, soll mit der Standard-KLR kein neues Standardwerk zur Anwendung der KLR geschaffen werden. Auch mit diesem Teil ist nicht beabsichtigt, der KLR ein weiteres Kapitel hinzuzufügen. Vielmehr wird im folgenden versucht, die Hintergründe und Begründungen herauszustellen, die bei der

Entwicklung der Standard-KLR zu der einen oder anderen Regelung geführt haben. Gleichzeitig wird der Versuch unternommen, die Standard-KLR im Zusammenhang darzustellen und die Verbindungen zwischen den Modulen aufzuzeigen, um damit dem mit der Einführung und dem Wirkbetrieb beauftragten Projektteam eine Handhabe zur Beurteilung der Prioritäten zu geben.

Im Gegensatz zu einer juristisch geprägten Auslegungspraxis ist es ein Wesenszug der Betriebswirtschaftslehre, das ökonomische Handeln der Beteiligten im voraus zu erklären und ggf. zu verbessern. Dazu bedient sich die Betriebswirtschaftslehre des homo oeconomicus. Vertreter dieser Art richten ihr ökonomisches Verhalten an dem Rationalprinzip aus, indem sie unter gegebenen Bedingungen den höchsten Nutzen bzw. Gewinn anstreben. So ist auch verständlich, wenn in der Standard-KLR ein idealtypisches Abbild einer in allen Teilen voll funktionstüchtigen KLR gezeigt wird, an dem der homo oeconomicus seine Freude hätte. Nachstehend soll aber nicht das idealtypische Abbild einer KLR (erneut) erklärt werden. Vielmehr soll es im weiteren um die Frage gehen, warum auch der homo oeconomicus in der Praxis vom Rationalprinzip abweicht.

2. Inhaltlicher und methodischer Standard

Bei der Festlegung von Standards gilt es die Waage zu halten zwischen einer genauen Vorgabe, die dann eins-zu-eins umgesetzt werden muß, und der Vorgabe einer groben Richtung, die viele „Schlupflöcher" offenläßt: Einige Behörden betreiben sonst eine Art Etikettenschwindel, wenn beispielsweise eine Kostenstellen- und Kostenträgerrechnung eingeführt wird, ohne daß es im Ergebnis eine Output-Orientierung der Steuerung und Führung gibt.

Bei der Festlegung des Regelungsbedarfs für die Standard-KLR wurde daher zunächst eine Klassifizierung der Regelungstiefe vorgenommen. Anhand der Übersicht auf S. 18 der Standard-KLR wurden die verschiedenen Bereiche nach der Regelungstiefe bzw. dem Standardisierungsgrad klassifiziert. Der praktische Nutzen für die behördenindividuellen KLR-Anwender liegt darin, daß sie anhand der Klassifizierung erkennen können, ob es verbindliche Standards gibt und inwieweit eine Abweichung bzw. Individualisierung Vorteile oder Nachteile für die eigene Behörde mit sich bringt.

So besagt der *inhaltliche Standard* z.B. für Kostenpauschalen, Überführungsrechnung, Erfassungs- und Bewertungsregeln und Produkte, daß es genaue Vorschriften zu deren Ausgestaltung gibt. Hier lohnt es sich, der Standard-KLR eng zu folgen. Die Regelungen sind so geschaffen worden, um überflüssige Arbeit und unnötige Entwicklungsprozesse zu vermeiden und die grundsätzliche Vergleichbarkeit der Behörden sicherzustellen. Die Einhaltung dieser Regelungen soll auch eine Diskussion um den „Bart des Propheten" verhindern. Natürlich kann man auch eine andere Auffassung vertreten. Aber als Ergebnis einer umfassenden Diskussion hat sich für den Augenblick die Meinung durchgesetzt, daß es so am besten sei.

Bei dem *inhaltlichen Standard mit begrenztem Detaillierungsgrad* wie beim Berichtswesen oder den Kostenrechnungssystemen wurde in der Standard-KLR lediglich ein Minimum an Inhalt beschrieben. Behördenindividualität und Erfahrung mit der KLR-Anwendung werden hier schnell eigene Kreationen und Ausgestaltungen hervorbringen, die dann im Zuge der Entwicklung und Vereinheitlichung durch das BMF wieder eingefangen werden müssen. Hier sind die Projektmitarbeiter aufgefordert, auf Basis der Vorgaben tiefer in die Details der KLR einzusteigen, ohne sich dabei mit den gesetzten Regelungen in Widerspruch zu setzen. Hier liegt auch das Feld des gegenseitigen Wissensaustauschs zwischen den Behörden.

Bei den *methodischen Standards* wie bei der Kostenstellenbildung und der Leistungsverrechnung sind in der Standard-KLR „nur" die Wege, die Methodik zur Erreichung einer lauffähigen Kostenrechnung aufgezeigt. Der Projektkoordinator und sein Team haben hier KLR-Lehrbuchwissen anzuwenden. Festlegungen sind bislang aus folgenden Gründen nicht getroffen worden:

- Es soll Raum bleiben für die Individualität der Behörden und die Ressorthoheit.
- Es besteht Unsicherheit über den tatsächlichen Führungsstil in einzelnen Behörden und über die Verwendung der KLR-Informationen.
- Der Diskussionsprozeß über Anwendung und Ausgestaltung der KLR in der öffentlichen Verwaltung ist noch nicht abgeschlossen.

Ohne unmittelbare Bedeutung für die KLR-Einführung und die Arbeit des Projektteams sind in der Praxis die Seiten 19 bis 22 der Standard-KLR, da hier die Ergebnisse der nachfolgenden Seiten in Schlagworten zusammengefaßt werden. Sie sind erst dann verständlich, wenn der Leser mit den einzelnen Modulen vertraut ist. Mit dem modularen Aufbau der Standard-KLR ist bereits eine IT-orientierte Betrachtungsweise eingeführt worden, wie sie auch in verschiedenen Softwareprogrammen Verwendung findet. Dieses Architekturprinzip besagt nichts anderes, als daß

- klare Schnittstellen existieren,
- die Funktionen abgegrenzt und doch in einem systemischen Zusammenhang betrachtet werden müssen und
- eine gewisse Ordnung in die Strukturen gebracht wurde (vgl. *Kilger*, Flexible Plankostenrechnung und Deckungsbeitragsrechnung).

3. KLR-Ziele und die qualitätsorientierte Plan-KLR

Mit dem Auftrag zur Schaffung der Standard-KLR wurden auch Standardziele vorgegeben. Sie sind übergeordnete Willensbekundungen und stellen den Rahmen aller Reformbemühungen in der Verwaltung dar. Anhand dieser Vorgaben wurde eines für die Standard-KLR bereits sehr früh klar: Sie muß ein breites Spektrum abdecken.

Im folgenden wollen wir Sie in die qualitätsorientierte Plan-KLR einführen und den Zusammenhang zwischen den Zielen und den Funktionen der einzelnen Instrumente und Bestandteile darstellen. Es dürfte Ihnen das Verständnis erleichtern, wenn Sie parallel zu der Lektüre auch hier und da einen Blick in die Standard-KLR, die VSF H 9001, werfen.

Wie bereits erwähnt, gibt es nicht „die" KLR. Als KLR können wir eine bestimmte Betrachtungsweise verstehen, die sich auf die Vorgänge in einer Fabrik, einer Bank, einer Versicherung oder auch einer Behörde beziehen. Entsprechend den unterschiedlichen Zielsetzungen und Fragestellungen des homo oeconomicus sowie der vielfältigen Rahmenbedingungen entwickelte sich eine Vielzahl von Betrachtungsweisen in Wissenschaft und Praxis, die allmählich systematisiert wurden. Einen Überblick der in der Theorie vorhandenen Kostenrechnungssysteme bietet *Zdrowomyslaw*, Kosten-, Leistungs- und Erlösrechnung, S. 151 bis 153.

So gesehen sind alle in der Standard-KLR auf S. 25 aufgezählten KLR-Systeme

- Ist-Kostenrechnung
- Flexible Plan-Kostenrechnung
- Vollkostenrechnung
- Teilkostenrechnung
- Standardkostenrechnung
- Innerbetriebliche/-behördliche Leistungsverrechnung
- Kostenträger(stück- und -zeit-)rechnungen
- Überführungsrechnung

Bestandteile eines einzigen Systems, das mit dem Kunstbegriff der *qualitätsorientierten Plan-KLR* beschrieben wird.

Aufgrund der praktischen Verbreitung der genannten KLR-Systeme in Industrie und Dienstleistungsunternehmen sowie in der gängigen KLR-Software erhält der Anwender bei der Einführung der flexiblen Plankostenrechnung gleichzeitig die Ist-, Norm- und Plankostenrechnung. Die Betonung der Voll- und Teilkostenrechnung in der qualitätsorientierten Plan-KLR soll gleichzeitig den Blick auf die Leistungserstellungsprozesse in der jeweiligen Behörde lenken. Nur wenn der Kostenverantwortliche (und später der Controller) genau weiß, welche Kosten von einer Änderung der Beschäftigung abhängen und welche nicht, sind Aussagen über Kapazitätsplanung und den Umfang der tatsächlich für eine Entscheidung relevanten Kosten möglich. Diese Aussagen sind dann die Grundlage für die Entscheidungen, welche Produkte mit welcher Intensität und Priorität erstellt werden können. D.h., den politischen Entscheidern soll verdeutlicht werden, welche Konsequenzen eine politische Entscheidung für die Verwaltung hat. Um die Besonderheiten der flexiblen Plan-Kostenrechnung zu erfassen, sind bereits umfängliche Lehrbücher erschienen, wie z.B. *Vikas*, Neue Konzepte für das Kostenmanagement, oder *Kilger*, Flexible Plankostenrechnung und Deckungsbeitragsrechnung.

Exkurs: Warum die flexible Plankostenrechnung in Behörden?

Zum Zeitpunkt des Entstehens der Standard-KLR gab es bereits einige Behörden, die ein „neues" betriebswirtschaftliches Instrument im Einsatz hatten: die Prozeßkostenrechnung und ihre unterschiedlichen Arten der Realisierung. Es entstand ein „ewiger" Disput über die Frage, ob nicht ein so gemeinkostenträchtiger Bereich wie die öffentliche Verwaltung auf die Prozeßkostenrechnung eingeschworen werden müßte und es dazu überhaupt andere ernstzunehmende Alternativen gäbe.

Am Ende der Diskussion wurde die Prozeßkostenrechnung als ein für alle Behörden verbindliches Kostenrechnungssystem abgelehnt, da

- die standardisierten Prozesse der Leistungserstellung im Mittelpunkt der Prozeßkostenrechnung stehen und nicht die Produkte, mit denen gerade die Outputorientierung der Behörden gefördert werden sollte;
- die prozeßorientierte Organisation, die ein Ergebnis der prozeßorientierten Kostenrechnung sein sollte, von ihrer flächendeckenden Realisierung in der öffentlichen Verwaltung weit entfernt ist, wie die Reorganisations- und „Geschäftsprozeßoptimierungsprojekte" der letzten Jahre zeigen;
- der KLR-Einführungsaufwand durch Aufnahme und Analyse der ablauforganisatorischen Schritte eher an Organisationsuntersuchungen erinnert und damit jede Form einer akzeptanzschaffenden und partizipativen KLR-Einführung von vornherein behindert würde;
- der Detaillierungsgrad und der dadurch bedingte erhebliche Aufwand bei der Kostenerfassung (insbesondere bei der Erfassung der Personalkosten je Aktivität) den Mitarbeitern anfangs nur schwer plausibel gemacht werden kann und die Wirkung der Maßnahmen erst im Laufe der Zeit sichtbar wird.

Trotz dieser Festlegung der Standard-KLR bleibt die Prozeßkostenrechnung ein Kostenrechnungssystem, dessen Einführung in jeder Behörde langfristig wohl überlegt werden sollte. Die Praxiserfahrungen im Geschäftsbereich des BMVg sowie die praxisorientierte Weiterentwicklung der Prozeßkostenrechnung gerade in großen Dienstleistungsunternehmen wie Banken und Versicherungen zur sogenannten „prozeßorientierten Standard-Einzelkostenrechnung" zeigen den Weg für alle die Behörden auf, die wiederkehrende und standardisierbare Abläufe aufweisen. Als Spezialliteratur sei auf die Werke von *Peter Bohnenkamp* sowie der Arbeitsgemeinschaft für wirtschaftliche Verwaltung e.V., AWV, verwiesen.

Für die Einführung der Standard-KLR sollte es daher unschädlich sein und entsprechend vom BMF toleriert werden, wenn zusätzlich oder anstelle der flexiblen Plan-Kostenrechnung auch andere, ähnlich weit entwickelte Konzepte zur Anwendung gelangt. Dies könnte dann auch eine der verschiedenen Ausprägungen der Prozeßkostenrechnung sein. Die geeigneten Bereiche sind mittels Aufgabentypologisierung hinreichend genau zu erkennen.

Im übrigen ist auch die flexible Plan-Kostenrechnung nicht ohne Tücken für Dienstleistungsunternehmen und Behörden. So sind die in den Lehrbüchern beschriebenen Verfahren der flexiblen Plan-Kostenrechnung auf Kapazitätsmengen in Stück ausgelegt (z.B.: tausend Autos, hundert Reisepässe etc.). Diese stringente Mengenplanung wird es in vielen Bereichen der unmittelbaren ministeriellen Steuerung und Führung nicht geben. Also kann als Bezugsgröße nur die Kapazitätsplanung, z. B. auf Basis der Personal(kosten)kapazität je Kostenstelle genommen werden. Der Umgang mit dieser Interpretation des KLR-Instrumentes ist jedoch noch nicht von allen Softwareherstellern unterstützt bzw. vorzeigbar in der Realität implementiert. Hier sehen wir noch Handlungsbedarf beim BMF und bei anderen mit der Weiterentwicklung der Standard-KLR befaßten Behörden und Fachleuten.

Kommen wir hier jedoch wieder auf die qualitätsorientierte Plan-KLR in der Standard-KLR zurück. Die flexible Plan-KLR mußte zur qualitätsorientierten Plan-KLR weiterentwickelt werden, um die Ziele aus der Standard-KLR in ihrer Gesamtheit abdecken zu können (vgl. Standard-KLR S. 5).

So lag es nahe, auch die Standard-Kostenrechnung aufzunehmen. Standard-Kostenrechnung besagt, daß für bestimmte innerbetriebliche Leistungen ein bestimmter Preis standardmäßig vereinbart wird, weil jede genauere Berechnung entweder zu aufwendig oder nicht steuerungsrelevant wäre.

So gesehen ist eine Kostenrechnung mit den bekannten BMI-Sätzen für einen Arbeitsplatz, für Büroflächen oder für den allgemeinen Verwaltungsbereich bereits eine grobe Art von Standard-Kostenrechnung (Grundlage der BMI-Sätze war bekanntlich die Durchschnittsbildung über mehrere Behörden). Aber niemand kann ernsthaft annehmen, daß ein derart grober Durchschnitt einer beliebigen Stichprobe auch nur annähernd die Spezifika seiner Behörde erfaßt, wie es auch von den Herausgebern der BMI-Sätze, die bislang im BMF ermittelt werden, nie die Absicht war.

Viel entscheidender für die praxisorientierte KLR in einer Behörde ist jedoch das Denken in Produktkategorien und eine verursachungsgerechte Zurechnung der Kosten auf die verschiedenen Ebenen.

Deswegen soll das KLR-System der „relativen Einzelkostenrechnung" die Frage beantworten, welche Kosten auf einer bestimmten Ebene der Bezugsobjekte, hier der Produktebene, angefallen sind. Damit soll eine willkürliche Aufschlüsselung und Verteilung der Kosten auf Kostenträger vermieden werden, die zwar final etwas mit den Produkten zu tun haben, aber nicht kausal.

Ein Beispiel: Auf einer Hierarchieebene werden Produkte erstellt (z.b. eine Durchführungsverordnung), die in anderen Abteilungen oder sogar im nachgeordneten Bereich in tausend Geschäftsvorfälle münden (z.b. Bescheid vom Typ A erstellen).

Bei kausaler Betrachtung kann der einzelne Bescheid nichts dafür, daß die teuren Abteilungsleiter wochenlang an einer Durchführungsverordnung gebastelt haben. Anders unter finalen Gesichtspunkten: Dann müßten die Kosten der Abteilungsleiter auf die Menge der Bescheide verteilt werden.

So gesehen spiegelt die Frage des Kostenrechnungssystems auch wieder, ob die Selbsteinschätzung der Entscheider in einer Behörde eher von einer Ursache-Wirkungs-Beziehung geprägt ist oder von einer Zweck-Mittel-Beziehung (vgl. *Zdrowomyslaw*, Kosten, Leistungs- und Erlösrechnung, S. 157; etwas humoristischer vgl. *Adams*, Philosophie der Kostenrechnung, S. 35 bis 48). Leider finden wir in der Praxis kaum Führungskräfte, die sich darüber im klaren sind, ob sie der finalen oder der kausalen Schule zuneigen. Es ist daher eine schwierige Aufgabe des KLR-Projektteams, aus den Äußerungen der Behördenleitung implizit abzuleiten, welche Gedankenrichtung und damit welches Kostenrechnungssystem dem Denken am ehesten entspricht.

Sie werden die bisherige Darstellung möglicherweise als relativ pauschal empfinden. Es lassen sich aber keine allgemeinen Vorgaben für diese Art des Kostenrechnungssystems verbindlich vorschreiben. Es liegt gerade an den Besonderheiten der einzelnen Behörde, ihrer Aufbau- und Ablauforganisation, ihrem Selbstverständnis und vor allem den Objekten der Steuerung und der politischen Willensbildung, wie die relative Einzelkostenrechnung ausgestaltet wird. Dabei sind die Objekte der Kosten- und Erlöszurechnung, die sog. Bezugsobjekte, auch in eine Hierarchie und Zuordnung zu stellen. Hier zeigen sich die Nähe und die gegenseitigen Abhängigkeit mit dem Produktbildungsprozeß.

Die Empfehlung kann nur lauten, sich mit Experten zu beraten, ggf. einen Pilotversuch mit Berichtswesen und kennzahlenbasierter Steuerung durch die Verantwortlichen (inkl. Behördenleitung) durchzuführen und sich vor allem mit dem BMF und seinen Erfahrungen auseinanderzusetzen. Obwohl das Kostenrechnungssystem der relativen Einzelkosten hervorragend geeignet ist, um die Besonderheiten der jeweiligen Behörde abzubilden, sollte es niemanden überraschen, wenn sich die im ersten Ansatz gebildeten Produkte bei der Einführung und Anwendung der relativen Einzelkostenrechnung als ein großer Reinfall erweisen. Hier muß man Mut beweisen, die ersten Gehversuche bei der Produktbildung auf das Konto „KLR-Fort- und Weiterbildung" zu buchen und von vorne anzufangen. In der Privatwirtschaft scheitern 50 Prozent der Reformversuche. Man muß sich fragen, warum es in der öffentlichen Verwaltung immer nur Erfolge gibt!

Außerdem wird die qualitätsorientierte Plan-KLR erweitert durch eine Fixkostenstrukturrechnung. Hinter diesem Wortungetüm steckt im Grunde nur eine Frage: Wann werde ich wieviel meiner fixen Kosten wieder los?

Der Fixkostenstrukturbericht ist die Zusammenstellung der als fix bzw. variabel gekennzeichneten Kostenarten (vgl. oben im Ersten Teil, S. 130 f.). Um einen derartigen Bericht zu erhalten, müssen drei Voraussetzungen erfüllt sein:

- die richtige Klassifizierung und Eingabe der Daten
- die empfängerorientierte Aufbereitung der Informationen
- die entscheidungsorientierte Interpretation

In der Literatur wird das Problem auch mit dem Begriff der Kostenremanenz bezeichnet, was besagt, daß bei einer Senkung der Kapazität die fixen Kosten nur langsamer abgebaut werden können, als sie beim Aufbau der Kapazität gestiegen sind.

Bei der Klassifizierung der Kosten- (und der Leistungs-)arten wurde bereits IT-technisch die Angabe verlangt, ob diese Kosten- und Leistungsart als fix oder variabel angesehen wird. Bei jeder Buchung auf ein Kostenartenkonto mit Fixkosten-Charakter sollte dann eine Abfrage erfolgen, wie lange der Betrag in welcher Höhe fix ist. Bei Investitionsgütern ist diese Angabe einfach und sollte bereits automatisch erfolgen. Dazu genügt eine Referenzierung auf die Tabelle mit Abschreibungssätzen bzw. den gewöhnlichen Nutzungsdauern. Abgesehen davon, daß es auch andere interessante und funktionierende IT-technischen Möglichkeiten der Informationsbereitstellung und Auswahl durch die Erfassungskraft gibt, liegen die Probleme insbesondere bei Bindungsfristen von Verträgen. Hier sind entsprechende Eingabefelder zu füllen wie z.B. „Vertragslaufzeit bis ..." und „Abrechnung erfolgt quartalsweise zu gleichen Beträgen".

Viel wichtiger ist jedoch die Interpretation des Berichtes. In der Standard-KLR auf S. 30 geben die jeweiligen Anteile an, wieviel der Gesamtkosten mit welcher Fristigkeit abbaubar sind. Würde man diese Auswertung nicht auf die Gesamtbehörde beziehen, sondern auf eine Organisationseinheit oder eine Kostenstelle, hätten die Entscheider einen weiteren Anhaltspunkt, welche Auswirkungen z.B.

- Kapazitätsverlagerungen
- Auflösung der Kostenstelle
- Kapazitätserhöhung

bei dieser Kostenstelle hätten.

Es wird sicher noch eine gewisse Zeit verstreichen, bis derartige Auswertungen von den Organisationsreferaten angefordert und von allen Anwendern richtig interpretiert werden. Aber sicher ist dies ein Weg, Entscheidungen der Verwaltung zukünftig mit betriebswirtschaftlichen Instrumenten zu unterlegen. Damit die notwendigen Informationen rechtzeitig vorliegen, sollte im Rahmen der KLR-Einführung bereits frühzeitig auf das technisch Machbare geachtet werden, auch wenn derzeit kaum ein Entscheider etwas damit anzufangen weiß.

4. Die Aufgabentypologisierung als Grundlage der optionalen Erweiterungen der qualitätsorientierten Plan-KLR

In dem vorangegangenen Abschnitt haben wir die qualitätsorientierte Plan-KLR vorgestellt und beschrieben, warum sie ein Sammelsurium von gängigen KLR-Systemen ist. Bereits hier hat sich gezeigt, daß das Leben mit der KLR nicht einfacher wird. Und schon so mancher hat sich an dieser Stelle zur Kameralistik zurückgesehnt, mit der es doch „früher auch gegangen sei".

Zugegeben, es ist verwirrend und für den nicht geübten Kostenstellenverantwortlichen oder Controller absolutes Neuland, wenn für jedes scheinbar noch so abseitige Problem ein neues Kostenrechnungssystem angeboten wird. Aber vielleicht ist das der große Unterschied zwischen einer Verwaltung und einem Privatunternehmen: Die Verwaltung ist gekennzeichnet durch ihre Einbindung in ein Geflecht von Normen, während der private Unternehmer bestrebt ist, (meist) innerhalb dieser Rahmenbedingungen durch unterschiedliche Betrachtungsweisen sein Nutzenmaximum zu erreichen.

In den Lehrbüchern können Sie nachlesen, welche Vor- oder Nachteile ein bestimmtes Kostenrechnungssystem im Vergleich zu einem anderen aufweist. Im Ergebnis könnte man der Meinung sein, man bräuchte im Grunde alle Kostenrechnungssysteme auf einmal. Diese Forderung wird auch schon seit geraumer Zeit erhoben und als zweckneutrale Grundrechnung mit multipler Zielstellung bezeichnet. Aber für die Einführung einer KLR, gleich ob in einer Behörde oder einem Unternehmen, wäre dies zu viel für den Anfang. In der Standard-KLR wurde daher der umgekehrte Weg skizziert.

Wenn wir davon ausgehen, daß die KLR-Interessierten zwar ihre Behörde kennen, aber relativ wenig über die KLR wissen, dann sollte eine kritische Betrachtung der wahrgenommenen Aufgaben durch eine vorgefertigte „KLR-Brille" am Anfang des KLR-Einführungsprojektes stehen. Diese Brille heißt „Aufgabentypologisierung". Mit Hilfe der auf den Seiten 31 und 32 der Standard-KLR beschriebenen Kriterien sollte das KLR-Projektteam in der Lage sein, seine Behörde und deren Aufgaben vorurteilsfrei anhand betriebswirtschaftlicher Kriterien zu betrachten. Dabei kommt es gar nicht so sehr auf die Trennschärfe der Kategorien an. Vielmehr ist entscheidend, die Schwerpunkte der Aufgabentypen zu erkennen. Es hat sich bewährt, die sogenannte 80 : 20-Regel anzuwenden. Diese Regel rechtfertigt eine gewisse Ungenauigkeit aus der Erfahrung, daß 80 % der Erkenntnis mit 20 % des Aufwandes erreicht werden kann, bzw. daß umgekehrt jemand 80 % der Arbeit aufwenden muß, um noch die letzten 20 % der Details und der Stimmigkeit zu erreichen.

Die KLR sollte zu Beginn ein System für die gesamte Behörde sein. Dabei geht es relativ demokratisch zu, weil die (Aufgaben-)Majorität bestimmt, welche Kostenrechnungssysteme noch zusätzlich zur qualitätsorientierten Plan-KLR optional hinzukommen sollten.

Somit hilft die Aufgabentypologisierung, die Bestandteile der qualitätsorientierten Plan-KLR auf die Besonderheiten der jeweiligen Behörde anzupassen. In diesem Zusammenhang wurde auch der Begriff der KLR-Tool-Box geboren. Wenn wir uns die Betriebswirtschaftslehre als Heimwerkermarkt vorstellen, bei dem sowohl Heimwerker wie auch Profis ihren Bedarf decken, dann ist die qualitätsorientierte Plan-KLR ein „Sonderangebot" für die Dinge, die auf gar keinen Fall in einem Handwerkskasten fehlen sollten. Jedoch ist in dem Handwerkskasten, in der Tool-Box noch Platz. Aus Erfahrung oder Do-It-Yourself-Büchern lernt der Heimwerker, welche Instrumente und Werkzeuge er noch braucht, um sein Haus in Ordnung zu halten. So wie der eine Heimwerker zu Rohrzange und Pümpel greift, so wird ein anderer lieber Farbe, Pinsel und Spachtel aussuchen. Das Ziel beider Heimwerker ist jedoch, am Wettbewerb für das schönste Haus teilzunehmen. Aus betriebswirtschaftlicher Sicht läßt sich die Entscheidung über das notwendige Instrumentarium anhand der Aufgabentypologisierung durchführen. Auf S. 35 der Standard-KLR ist daher zusammengefaßt, welcher Aufgabentyp mit welchem Handwerkszeug am besten bearbeitet werden könnte.

So wie unser Handwerker kann das Projektteam nun sein Arsenal und die Tool-Box mit Instrumenten und Werkzeugen aufstocken. Und wie im richtigen Leben auch, werden zwar alle Instrumente hinsichtlich ihrer Funktions- und Leistungsfähigkeit geprüft und dann auch angeschafft, aber bislang hat noch kein Heimwerker alle von ihm ausgesuchten Instrumente auch wirklich umfänglich und ausgiebig genutzt – schon gar nicht alle Werkzeuge auf einmal für ein Problem.

Irgendwann, um im gerade genutzten Bild zu bleiben, stellt sich die Frage nach der schönsten Behörde. Sicher hat der Heimwerker die besten Chancen, der den fachmännischen Umgang mit seinen Instrumenten erlernt hat und nun beginnt, virtuos an seinem Heim herumzubasteln. Bis dahin sind allerdings viele Übungsstunden und Versuche notwendig.

Für das Projektteam besteht die schwierige Aufgabe darin, sich und der eigenen Behörde nicht zu viel auf einmal zuzumuten und gleichzeitig die Weiterentwicklungsmöglichkeiten offenzuhalten. Es ist zwar jederzeit ein Wechsel von z.B. Prozeßkostenrechnung auf relative Einzelkostenrechnung als die vorherrschende zusätzliche Betrachtungsweise möglich, aber welcher Aufwand des Umlernens ist damit verbunden, wenn noch nicht einmal die Planung und Abweichungsanalyse im Rahmen der flexiblen Plan-KLR beherrscht wird.

Insofern kann auch hier nur der Rat der Praxis sein, die Besonderheiten der Behörde klar zu identifizieren und bei dem einmal ausgewählten System zu bleiben. Insofern dienen die Seiten 17 bis 41 der Standard-KLR eher der zusammenfassenden und akademischen Diskussion und können vom Projektteam selektiv betrachtet werden.

IV. Der festgelegte Standard in der Standard-KLR

1. Die Kosten- und Leistungsartenrechnung und die Überführungsrechnung

Grundlage der Haushaltsmittelbewirtschaftung sind die im HKR-Verfahren geregelten Titelstrukturen und die damit einhergehende Nummerierung. Diese gewachsene Nummerierung ist auch Ausdruck der historischen Entwicklung des HKR-Verfahrens. Mit der Einführung der KLR und einer damit einhergehenden Nummerierung der Kosten- und Leistungsartenkonten erhält jede Behörde die Chance, die Informations- und Auswertungssystematiken grundlegend zu überarbeiten. Somit ist es nicht verwunderlich, wenn im Zuge der Ableitung der Kosten- und Leistungsarten auch eine kritische Betrachtung der Haushaltstitel stattfindet, wie z.B. bei den Investitionen noch ausgeführt wird.

Grundlage aller Buchungen in der KLR (und der Finanzbuchhaltung) ist der Bundeskontenrahmen. Er regelt auf oberster Aggregationsebene die Belegung und den Inhalt der einzelnen Kontenklassen. Diese andere Nummerierung ist nicht Selbstzweck. Sie ist aufgrund der Erfahrungen der Privatwirtschaft bei der Bildung von Kontoklassen entstanden. Natürlich steht auch dahinter, daß bereits bei der ersten Erfassung einer Kosten- oder Leistungsbuchung ersichtlich werden soll, in welchen Topf diese Buchung einfließt. Derartige Töpfe heißen in der Privatwirtschaft u.a. Bilanz oder Gewinn- und Verlustrechnung.

Wenn der Gedanke einer umfassenden Erweiterung der finanz- und realwirtschaftlichen Buchführung in der öffentlichen Verwaltung – wie anfangs dieses Teils erwähnt – in die Tat umgesetzt werden soll, dann hilft der Bundeskontenrahmen, bereits jetzt die notwendigen Klassifizierungen einzuführen.

Die Verwendung der noch offenen Kontoklassen

Wie diese Klassifizierungen in jeder einzelnen Behörde genutzt werden, ist dann das Ergebnis des gesamten Reformprozesses in der öffentlichen Verwaltung. Insofern ist auch noch offen, wie die noch freien Klassen des Bundeskontenrahmens genutzt werden. Ein Vorschlag lautet wie folgt:

- Klasse 0 für das Anlagevermögen
- Klasse 1 für das Umlaufvermögen
- Klasse 2 für die Rückstellungen
- Klasse 3 für die Verbindlichkeiten

Anhand dieser Einteilung wird für den Kenner der KLR und der Finanzbuchhaltung deutlich, daß das gesamte Konzept des Bundeskontenrahmens auf ein integriertes, IT-technische Verfahren hinausläuft, das jederzeit drei Sichtweisen ermöglicht:

- Eine Sicht auf die Kosten und Leistungen, die KLR
- Eine zweite Sicht auf die Liquidität, eine an die Vorschriften des HKR-Verfahrens angelehnte Finanzbuchhaltung
- Eine Sicht auf das Vermögen und die Schulden

HKR, Finanzbuchhaltung und KLR können zusammenwachsen

Der Bundeskontenrahmen schafft die Möglichkeiten für ein geschlossenes Buchungssystem im doppischen Rechnungsstil. Im Rahmen der Standard-KLR steht es jeder einzelnen Behörde frei, die Kontoklassen über die KLR-relevanten Klassen hinaus zu nutzen. Als *einen* Weg zur Integration der Buchungen verweisen wir auf *Müller*, Wirkungsvolle Integration der Rechnungssysteme (VOP 7/8 1998, S. 39 ff.).

Im übrigen besteht hier Handlungsbedarf auch seitens der Politik. So wie u.a. *Lüders* schon dargestellt hat, ergeben sich mit der KLR-Einführung grundlegende Möglichkeiten einer Reform und damit einhergehend einer Steigerung der Aussagefähigkeit der Rechnungslegungssysteme in der öffentlichen Verwaltung (vgl. *Lüder*, Verpaßte Chance, DÖV 1998, S. 285 f.). Insofern ist ein integriertes System zur KLR und Finanzbuchhaltung auch eine IT-technische Voraussetzung, um den Evolutions- und Reformprozeß in Richtung eines produktorientierten Haushaltes mit entsprechender parlamentarischer Kontrolle der Produkte (und nicht mehr nur des Ressourcen-Inputs) zu ermöglichen.

Damit ist die Überführungsrechnung eine Betrachtung der Kosten- und Leistungsbuchung nach dem Kriterium der Haushalts- und Liquiditätswirkung. Die Überführungsrechnung ist daher „nur" die Kenntlichmachung einer gewissen Eigenschaft, der Haushaltsrelevanz, und hat die Ziele

- Vermeidung von Doppelerfassungen für HKR und KLR;
- Sicherstellung einer effizienten Erfassung von Kosten und Leistungen auf der Basis der Haushaltsbuchungen;
- Beitrag zur Sicherstellung von Datenkonsistenz bei Ist- und Plandaten im HKR und in der KLR;
- Bereitstellung von aktuellen Haushaltsinformationen.

Da sich die technischen Gegebenheiten in jeder Behörde unterschiedlich darstellen und die Relevanz von Daten je nach Aufgabenstellung und historischen Gegebenheiten ebenfalls verschieden ist, kann an dieser Stelle die Empfehlung nur sein, im Rahmen von Teststellungen und Pilotbetrieben zusammen mit erfahrenen „KLR-Einführern" und Beratern die beste Lösung selbst zu erarbeiten. Im Rahmen dieser Lösungen sind ggf. auch organisatorische Änderungen durchzuführen, weil aus der Planung der Produkte Kosteninformationen entstehen, die im Rahmen der Haushaltsaufstellung genutzt werden können. Damit wird eine zeitlich vorgelagerte Integration der Kosten- und Leistungsinformationen in die Haushaltsplanung und -aufstellung notwendig. Erst dann kann die eigentliche Haushaltsaufstellung erfolgen, wie sie in der Standard-KLR auf S. 112 dargestellt ist.

An dieser Stelle kann auch nur davor gewarnt werden, sämtliche Vorschriften des HKR-Verfahrens unbesehen in einer KLR-Erfassungssystematik und Standardsoftware abbilden zu wollen. An einem Beispiel sei dies kurz dargestellt: In Zeiten einer Input-Steuerung macht es Sinn und hat es sich bewährt, daß geprüft wird, ob noch Geld verfügbar ist, bevor eine Auszahlung getätigt wird. Aber was ist, wenn dem Produktverantwortlichen bereits ein Budget zugewiesen wurde?

Solange sich der Produktverantwortliche an die vorher vereinbarten Budgets hält, braucht in einem KLR-Buchungssystem auch keine Liquiditätskontrolle mehr bei jeder Buchung zu erfolgen. Denn diese Kontrolle hat bereits vorher stattgefunden, als der Produktverantwortliche seine Ziele vereinbart hat und diese Ziele in das gesamte Zielsystem der Behörde eingepaßt wurden. Bereits dabei wurde festgestellt, welche Liquiditätswirkung diese Planung hat. Für den ausreichenden Bestand an Geld ist dann der Haushälter als der „Treasurer" der Behörde verantwortlich.

Kritiker werden nun sagen, daß das Leben mit der KLR kompliziert geworden sei. Aber durch die Trennung der Geldsteuerung von der Produktsteuerung, durch die beiden Systeme Finanzbuchhaltung und Liquiditätssteuerung auf der einen Seite und KLR auf der anderen Seite, werden die Steuerungszwecke klar getrennt. Die Komplexität des Handelns in schwieriger werdenden Umfeldbedingungen führt (leider) dazu, daß einfache Steuerungstechniken nicht mehr ausreichen. Insofern ist die Standard-KLR auch ein Schritt in komplexere und umfassendere Steuerungssysteme, wie sie auch die öffentliche Verwaltung braucht.

Bei der Einführung und Anwendung des kurz skizzierten Verfahrens wird es von entscheidender Bedeutung sein, inwieweit es gelingt, eine Verantwortlichkeit zu etablieren, die sowohl von der Qualifikation als auch von der Motivation eine zuverlässige Kontierung und Buchung der Geschäftsvorfälle für das HKR und die KLR sicherstellen kann. In diesem Sinne wird bei der Erfassung von Geschäftsvorfällen eine Zusammenarbeit – idealerweise eine Integration – der separat organisierten Funktionen Haushalt und KLR notwendig.

Als Grundlage für die konkrete Buchungsarbeit im Wirkbetrieb und gleichzeitig als Voraussetzung für die Überführungsrechnung finden Sie in der Anlage Nr. 3 einen Kosten-/Leistungsartenplan, der eine Vorstellung über die von beiden Seiten nutzbare Zuordnung von Haushaltstiteln und Kosten-/Leistungsarten beinhaltet.

Der Aufbau eines Kosten- und Leistungsartenplanes und der Überführungsrechnung

Sobald die Systeme nicht miteinander voll integriert und technisch gestützt laufen, muß mindestens der Haushälter der Behörde einen Überblick haben, welche Kosten und Leistungen liquiditätswirksam sind. Hierzu schlägt die Standard-KLR die sogenannte Überführungsrechnung vor, deren Ergebnisse im Abgrenzungsbericht dargestellt werden. Wesentliche Aufgabe der Überführungsrechnung ist es, die Stimmigkeit zwischen den Buchungen im HKR-Verfahren und der KLR herzustellen bzw. übersichtlich darzustellen. Somit ist die Überführungsrechnung sowohl eine Buchungsvorschrift, bei welcher KLR-Buchung welcher Haushaltstitel oder welche Titelgruppe parallel angesprochen wird, als auch die Betrachtungsweise, inwieweit eine KLR-Buchung überhaupt liquiditätswirksam ist.

Hierzu wird zunächst der Kosten- und Leistungsartenplan innerhalb der jeweiligen Behörde aufgestellt. Er ist die Grundlage für eine automatisierte Kontierung der KLR auf der Basis von Buchungsinformationen. Im Rahmen des Kosten- und Leistungsartenplanes werden pro Konto teilweise mehrere Titel angegeben und mit dem Hinweis versehen, daß eine weitere Differenzierung anhand von noch zu bestimmenden Merkmalen bzw. anhand der zu bildenden Kostenträger erfolgt. Diese Hinweise werden im Rahmen der Implementierung in Zuordnungslisten umgesetzt. Grundlagen für die Erstellung dieser Zuordnungslisten sind die Buchungs- und Zuordnungsgepflogenheiten des Haushaltes sowie der Informationsbedarf, der derzeit durch die Titelstruktur abgebildet werden soll.

Die Buchung von Fixkosten und Gemeinkosten

Für die IT-gerechte Eingabe und die spätere Analyse müssen die Kosten- und Leistungsarten nach folgenden Betrachtungen unterschieden werden:
1. Können die Kosten/Leistungen direkt einer Kostenstelle und/oder einem Kostenträger zugeordnet werden?
2. Inwieweit hängen die Kosten/Leistungen vom Beschäftigungsgrad ab?

Kenner der betriebswirtschaftlichen Literatur sehen sofort, daß hier danach gefragt wird, ob es sich bei einer Kostenbuchung (aber auch bei monetären betriebsbedingten, ordentlichen Leistungsbuchungen, also dem Buchen von Erlösen) um Einzel- oder Gemeinkosten bzw. um fixe oder variable Kosten (bzw. Erlöse) handelt.

Wie immer bei historisch gewachsenen Erkenntnissen sind die begrifflichen Definitionen in der Literatur stringenter als in der Realität. Auch hat jeder Verfasser eines Lehrbuches seine eigene Diktion und Begrifflichkeit, was das Verständnis nicht gerade erleichtert. Als Folge davon haben sich einige Softwarehersteller auf eigene Definitionen verständigt, die dann besonders einfach mit der vorhandenen Software (also ohne Änderungs- und Anpassungsaufwand) umgesetzt werden können. Im Ergebnis verstehen sich die Theoretiker nicht mit den Praktikern. Als kleine Übersetzungshilfe soll daher folgendes dienen:

Häufig wird aus Vereinfachungsgründen als Einzelkosten nur das bezeichnet, was direkt und ohne Schlüsselung oder Umlage auf die Kostenträger gebucht werden kann. Je umfangreicher dies möglich ist, umso größer ist der Einzelkostenanteil der Produkte und damit der Behörde. Da die Genauigkeit weniger von der jeweiligen Kostenart, sondern von der noch wirtschaftlich vertretbaren Akribie bei der Erfassung sowie der in der jeweiligen Behörde vorliegen Produktdefinition abhängt, unterliegen Gemein- und Einzelkosten keiner festen Definition. Dies zeigt sich u. a. bei der Bildung der internen Produkte für den allgemeinen Verwaltungsbereich. Mit Hilfe dieser Produkte wird der bis dato in der industriellen KLR wenig beachtete Bereich der Gemeinkosten transparent.

Bislang, so Industriepraxis und Lehrbücher, wurden den Einzelkosten in einem bestimmten prozentualen Verhältnis solange den Gemeinkosten aufgeschlagen, bis die damit verbundenen Ausgaben ungefähr gedeckt wurden. Ein Zuschlag von 200 % und mehr bedeutet, daß mit einer Mark für ein Produkt zwei Mark irgendwo in der Administration anfallen und keiner weiß, wo. Und genau darum geht es beim Konzept der internen Produkte. Zunächst machen sie Arbeit bei der Definition und kosten Überzeugungskraft, daß auch die Leistung eines Abteilungsleiters oder die der Abteilung Z, der Fahrdienst und der Botendienst, aber auch die Bibliothek und die Zuarbeiten zum Sprechzettel für den Staatssekretär ein internes Produkt sind.

Aber was hat das mit den Kosten- und Leistungsarten zu tun?

Einzelkosten haben den Vorteil, daß es einen Grund gibt, warum sie einem Produkt zugeordnet werden. Kennt der Produktverantwortliche diesen Grund, dann kann er der Buchhaltung neben einer Kostenartennummer auch eine Produkt- bzw. Kostenträgernummer angeben. Das Aufscheinen der Kosten bei einem Produkt ist für die Steuerung einer Behörde aussagekräftiger als die Angabe von Gemeinkosten und eines Verteilungsschlüssels Insofern muß bereits bei der Analyse der notwendigen Kostenkonten darauf geachtet werden, welche Produktdefinitionen vorliegen und ob sie ggf. ergänzt werden müssen. Je mehr Kosten und Leistungen einem Produkt zugeordnet werden können, umso genauer kann die Steuerung erfolgen.

Haushalt, Kosten- und Leistungsartenplan und die produktorientierte Steuerung

Im Gegensatz zur Bundesebene zeichnet sich auf Länderebene in der Struktur der Titelgruppen bereits eine gewisse Produktorientierung ab. Diese Strukturen der Landeshaushalte sind vergleichbar mit einer möglichen Definition von Produkten bzw. Produktgruppen (zumindest in einigen Bundesländern gibt es entsprechende Haushaltsvorschriften, nach denen Titelgruppen im Ergebnis einen bestimmten politischen Auftrag, einen Zweck, eine gesetzlich geregelte Leistung etc. repräsentieren). Insofern ist das Umdenken bei der Steuerung nach Produktbereichen und Produktgruppen für den Haushaltsbeauftragten auf Landesebene leichter als für den Haushälter auf Bundesebene. Der Informationsgewinn stellt sich durch die konsequente Verbindung der KLR- und der Haushaltsinformationen mit den wirkungsorientierten Informationen ein, die zukünftig Bestandteil der Planung und Beurteilung der Produkte werden sollen (vgl. unten S. 187 ff.).

Im Ergebnis werden damit die Produktkategorien sowohl nach den verwaltungsmäßigen, technisch-organisatorischen Kosten wie auch nach dem „bewegten" Finanztransfervolumen beurteilt.

Insofern kommt es auch sehr auf die Gestaltung des Haushaltsplanes der jeweiligen Behörde an, ob und wie hoch der Anteil der Obergruppen 24, 28 sowie 64, 65 und 67, 68 ist, der entweder als KLR-relevant betrachtet wird oder im Rahmen des Finanztransfers berücksichtigt wird (vgl. Standard-KLR, S. 46).

Jede KLR-relevante Buchung erfolgt dann unter Angabe der Kosten- und Leistungsart und wenn möglich nach Kostenstelle und Kostenträger/Produkt. Im

Rahmen eines KLR-Einführungsprojektes ist beim Aufstellen des Kosten- und Leistungsartenplanes zu erarbeiten, ob

- der gleiche Informationsbedarf gedeckt werden kann bzw. soll wie im Haushalt
- die Systematisierung der Produkte eine eindeutige Zuordnung auch der bislang nicht transparenten Kosten bzw. Ausgaben ermöglicht (z.B. Titel der Hauptgruppe 4 anhand der Zeiterfassung und der Hauptgruppe 5 anhand der Materialbuchungen).
- die Produktorientierung das gemeinsame Bindeglied zwischen Haushalt, Ressourcenverzehr und damit erreichter Leistung und Wirkung bildet.
- die Bildung und Aggregation von Kennzahlen über die Produkte bis hin zu den Produktbereichen eine zusätzliche Steuerungsinformation bietet, die nicht zum Aufgabenspektrum des Haushaltes gehört und aus der sich doch strategisch-politisch relevante Steuerungsimpulse ergeben können.

Gerade bei der Überprüfung des „gleichen Informationsgehaltes" macht sich die systematische Betrachtungsweise der KLR vorteilhaft bemerkbar. Während sich im Haushalt unter einer Titelgruppe oder einer Funktionsnummer eine politisch gewollte und teilweise historisch gewachsene Aussage mit einem bestimmten Informationsgehalt verbirgt, wird zukünftig die gleiche Aussage über die definierten Produkte und Produktgruppen, ggf. durch eine Kombination mit Kostenstellen, erhältlich sein. Beispielsweise wird dann aus einer Titelgruppe mit dem Informationsgehalt „Leistungen nach § 47 Absatz 11 des Leistungsgesetzes X" ein entsprechendes Produkt, dem dann nicht nur die Ausgaben für den Finanztransfer zugeordnet werden (wie bisher), sondern auch die betrieblich-administrativen Einzelkosten der Bearbeitung wie z.B. Personal oder eine besondere IT-Anlage.

Teilweise weist der Haushalt aber noch andere Positionen auf wie z.B. Aufwendungen für Treibstoff oder Fortbildung. Hier wird sich der Haushälter alter Prägung fragen müssen, ob diese Ausgabepositionen im Sinne einer angestrebten Produktorientierung (oder auch Output-Orientierung) noch irgendeinen Informationsgehalt hat. Vielmehr könnte der Titel Treibstoff in dem internen Produkt „Fuhrpark" und die Fortbildungsausgaben im internen Produkt „Fort- und Weiterbildung" aufgehen; dort wären auch die in Geld bewerteten Arbeitszeiten der Mitarbeiter und Mitarbeiterinnen transparent enthalten, die beim Besuch der ausgabenpflichtigen Lehrgänge gebunden wurden. Der Informationsgehalt über die Kosten der Fort- und Weiterbildung wird damit wirklichkeitsnäher.

Der Kosten- und Leistungsartenplan ist damit nicht nur eine bloße Nummerierungsaktion, sondern kann viele Anhaltspunkte für eine effizienten Veränderung im Informations- und Steuerungsverhalten der Behörde liefern.

Das Buchen mit dem Kosten- und Leistungsartenplan

Sobald der Kosten- und Leistungsartenplan aufgestellt worden ist, besteht Abstimmungsbedarf mit den Personen, die später die Eingaben – das Buchen – durchführen und verantworten. Viele theoretisch richtige Überlegungen bei der Differenzierung oder der Zusammenlegung von Konten erübrigen sich, wenn das Projektteam sich die letzten Buchungen im HKR-System anschaut, den Haushälter und die Titelbewirtschafter nach Besonderheiten befragt und sich darüber hinaus dafür interessiert, was am Jahresende noch so alles aus Deckungsgründen etc. gebucht wurde. Der Erkenntniswert muß mit den Zielen der KLR abgeglichen werden. Dabei wird sicher auffallen, daß sich gewisse Abläufe und Belegflüsse ändern könnten:

Das Buchen der Personalkosten

In der Standard-KLR (S. 59 bis 62) ist angegeben, daß ein Durchschnittspersonalkostensatz je Entgeltstufe und Behörde zur Verfügung gestellt wird. Die Zuordnung der Personalkosten zu den Kostenträgern und Produkten mittels einer Buchung im KLR-System soll daher auf Basis der Angaben erfolgen, die die Mitarbeiter/-innen bei ihrer persönlichen Zeiterfassung machen. Da sie angeben, wie lange sie für ein Produkt gearbeitet haben, ergeben sich die Personalkosten durch Bewertung der Zeitangabe mit dem Durchschnittspersonalkostensatz.

Erst am Jahresende wird die Verbindung zum HKR-Verfahren über den Abgrenzungsbericht hergestellt. Dies geschieht durch Gegenüberstellung der verrechneten Personalkosten, die im Verlauf des Jahres durch die Zeiterfassung im KLR-System gebucht wurden, und den gezahlten Personalkosten nach der Buchung im HKR-Verfahren. Die sich mit Sicherheit einstellende Differenz zeigt an, wie genau der Durchschnittspersonalkostensatz die Realität, die Ist-Buchung im HKR-System, abbildet. Andere Interpretationen sind nicht zulässig. Als Reaktion und Maßnahme auf zu große Abweichungen, beispielsweise größer 3 % der Gesamtpersonalkosten der Behörde, sind die Durchschnittspersonalkostensätze für die nächste Abrechnungsperiode anzupassen und die Abweichung der letzten Periode im Abgrenzungsbericht zu dokumentieren.

Um Ansätze eines verbesserten Personaleinsatzes zu finden, stellt die KLR einige Auswertungs- und Betrachtungsmöglichkeiten zur Verfügung. Durch die Gegenüberstellung von geplanten und tatsächlich gebuchten Personalkosten können die geplanten Personalkosten je Kostenstelle bzw. Kostenträger mit den tatsächlichen Personalkosten verglichen werden – und zwar anhand der monatlichen Zahlen (Analyse der Zeitreihe). Aufgrund dieser Gegenüberstellung von Kapazitätsplan und Kapazitätsnutzung werden Rückschlüsse auf den effizienteren Personaleinsatz möglich. Hierzu steht ein Kapazitätsbericht zur Verfügung (vgl. Standard-KLR S. 287).

Die Verwendung dieser Erkenntnisse ist jedoch durch Dienstrecht und Widerstände in der Praxis derart eingeschränkt, daß es sicher noch eine Reihe von Jahren der Erfahrung braucht, bis die KLR-Zahlen auch bei der Personalplanung Berücksichtigung finden werden.

Das Buchen der Sachkosten

Bei der Buchung von Sachkosten ergibt sich die Notwendigkeit, die Informationen sowohl an das HKR-Verfahren wie auch an das KLR-System zu geben. Dabei ist der in der IT-Welt bewährte Grundsatz anzuwenden, daß bei Ersteingabe von Daten und Informationen der detaillierteste Grad eingegeben werden sollte, da Zusammenfassungen nachträglich und jederzeit möglich sind, jedoch nachträgliche Differenzierungen und Ergänzungen nur unverhältnismäßig aufwendig gemacht werden können. Daher ist es empfehlenswert, ein möglichst großes Detaillierungsniveau einzugeben. Während die Haushaltssichtweise eine auf den Finanzstrom gerichtete Steuerung darstellt, ist das Wesen der KLR die detaillierte und operative Steuerung. Daher enthält der Kosten- und Leistungsartenplan mehr und detailliertere Informationen als der Haushaltsplan.

Wenn bei der Kostenerfassung gleichzeitig eine Kostenstelle angegeben wird, können die Kosten einer Organisationseinheit zugeordnet werden. Was für die Buchung des Betrages gilt, gilt auch für die Planung. Damit können Planung, Budgetierung und Steuerung der Zielerreichung (mögliche Ziele: Jeder Mitarbeiter bekommt eine Fortbildung in Höhe von X DM und es werden mindestens Y % der Personalkosten in die Fortbildung investiert ...) kostenstellengenau erfolgen. Zusätzlich ist es möglich, durch Angabe eines Produktes, den inhaltlich-fachlichen Bezug des jeweiligen Kostenbetrages abzubilden. Damit sind differenzierte Betrachtungen möglich, wohin und wofür Kosten und damit Ressourcen verbraucht wurden.

Das Buchen von Investitionen

Die Ausgangslage für die Definition einer Investition ist denkbar ungenügend. Das Haushaltsrecht erkennt nur Ausgaben größer DM 10 000 als Investitionen an und hat dafür auch eigene Titel. Die Aussagekraft ist auf die Statistiken und Auswertungen der volkswirtschaftlichen Gesamtrechnung abgestimmt. Die privatwirtschaftliche KLR-Sichtweise ist auf das Steuerrecht ausgerichtet und definiert eine Investition als eine Ausgabe größer DM 800,- netto für einen Gegenstand, der mindestens ein Jahr genutzt werden kann.

Aufgrund dieser unterschiedlichen Betrachtungsweisen müssen die dauerhaft genutzten Investitionen in die Anlagegegenstände mit einem Wert größer DM 800,- netto (bzw. nach Änderung der Angaben auf S. 54 der Standard-KLR durch das BMF ggf. auch DM 1 000,- brutto) bei der Überführungsrechnung differenziert betrachtet werden, wenn die Buchung mit einem Investitionstitel oder einem Titel für sächliche Verwaltungsausgaben verbunden sein soll.

Wird bei einer Buchung eine Kostenart angesprochen, bei der ein Betrag von mehr als DM 800,- netto aber weniger als DM 10 000,- brutto gebucht werden soll, dann wird zusätzlich im Rahmen der Kostenerfassung danach „gefragt", um welchen Anlagegegenstand es sich handelt und über welchen Zeitraum abgeschrieben werden soll. Es handelt sich dann um eine haushaltsmäßige Sachausgabe. Durch die Verteilung des Betrages auf mehrere Perioden wird der Ressourcenverbrauch auf die Nutzungsdauer verteilt, und die Kosten werden den entsprechenden Kostenstellen und/oder Kostenträgern zugerechnet. Der Auszahlungsbetrag wird in ganzer Höhe über die Titelobergruppe 51 gebucht. Bei Beträgen unter DM 800,- netto erfolgt die Buchung analog zu den Sachkosten.

Bei Buchungen oberhalb von DM 10 000,- wird in der Regel ein Investitionstitel angesprochen, der bei der IT-Implementierung entsprechend zugeordnet wird und damit die Überführungsrechnung ermöglicht. Eine differenzierte Überführung der Kostenarten auf die Titel z.B. nach dem Kriterium PKW oder LKW ist nicht notwendig, da diese Information aus den Anlageklassen der Anlagenbuchhaltung stammen sollte (im Rahmen einer integrierten IT-Lösung). So kann sich der Haushalt auf die Steuerung nach Ausgaben konzentrieren. Die KLR liefert in Zusammenhang mit der Anlagenbuchhaltung die steuerungsrelevanten Informationen für Aussagen über die Investitionstätigkeit und Kostenauswirkung für die jeweilige Kostenstelle (wenn dies gewollt wird).

Das Buchen von Finanztransfers

Die Erfassung und Buchung der Finanztransfers sind nach jetzigem Stand der Überlegungen nicht Gegenstand des Konzeptes im Rahmen der Standard-KLR. Jedoch sind wir der Meinung, daß im Rahmen einer integrierten Steuerung einer Behörde auch die Finanztransfers, die nicht KLR-relevant sind, in ein Steuerungssystem einbezogen werden müssen. Das Erstellen z.B. von Zuwendungsbescheiden erfolgt in vielen Behörden in entsprechenden Fachanwendungen. Die zahlungsrelevanten Informationen werden dann entweder über eine Schnittstelle an das jeweilige Haushaltsmittelbewirtschaftungssystem übergeben oder direkt im jeweiligen Haushaltsmittelbewirtschaftungssystem (nochmal) erfaßt. Idealerweise müßte eine derartige Buchung auch eine Information zu den Produkten und Kostenträgern der Verwaltung haben. Durch die Buchung auf die Kostenträger ist es dann im Rahmen der KLR möglich, KLR-Informationen und die Informationen über den Finanztransfer gemeinsam dem Analyse- und Entscheidungsobjekt „Produkt" zuzuordnen.

2. Die Personalkosten in der Standard-KLR

Exkurs:
Gehören die Ausgaben für das Personal überhaupt in die Kostenrechnung?

In einigen Projekten zur Einführung der Standard-KLR wurde die Meinung vertreten, daß durch den Ansatz eines Durchschnittspersonalkostensatzes keine ausgabengleichen Kosten entstanden seien, sondern nur Anderskosten. Da aber alle Anders- und Zusatzkosten theoretisch-konsequent und prinzipiell genauso wie Abschreibungen und Wagniskosten in der Kontoklasse 9 auftauchen müßten, sollten auch die Personalkosten hier stehen. Von der reinen Lehre betrachtet, erscheint diese Aussage logisch, richtig und konsequent. Jedoch wäre es derzeit nicht angebracht, die Einführung der KLR mit Dogmen und Theorien zu überhäufen. Es liegt bei der Aufstellung des Bundeskontenplan dem Selbstverständnis der Verwaltung am nächsten, nach den erstellten Leistungen erst das Personal und dann die Sachkosten zu betrachten.

Insofern kann zwar weiter trefflich diskutiert werden, welche Kosten- oder Ausgabenart welche Nummerierung bekommen soll, aber wirklichen Nutzen hat die Diskussion keinen. Insbesondere dann nicht, wenn jede leistungsfähige Software in der Lage ist, im Rahmen eines Release-Wechsels auch andere Nummernsystematiken einzupflegen.

Wie Sie sicher aus der betriebswirtschaftlichen Literatur entnommen haben, bestehen die Kosten (und im betriebswirtschaftlichen Normalfall auch die Leistungen) aus einer Mengen- und einer Wertkomponente. Übertragen auf die Personalkosten sind damit die Fragen zu beantworten, wieviel „Menge" haben die Mitarbeiterinnen und Mitarbeiter für ein Produkt aufgewandt und mit welchem Preis ist die jeweilige Mengeneinheit zu bewerten.

Die Erfassung und Zuordnung der Arbeitszeit

Mit der Zeiterfassung wird eine einfache, aber für die Aussagekraft der KLR wesentliche Zielsetzung verfolgt, nämlich die Erfassung der Arbeitszeit und eine möglichst verursachungsgerechte, direkte Zurechnung zu Produkten bzw. Kostenträgern.

Die Mitarbeiterinnen und Mitarbeiter schreiben ihre Zeit auf die Kostenträger auf und ermöglichen dadurch eine direkte Zuordnung der Kosten aufgrund ihrer Angaben. Mit Hilfe der Zeiterfassung kann die Struktur der für die verschiedenen Produkte aufgewandten Zeit ermittelt und verglichen werden. Es wird deutlich, ob wichtige Aufgaben und Produkte auch mit hohem bzw. im Vergleich angemessenem Zeitanteil verfolgt werden und ob Prioritäten und Ziele der Produkterstellung mit der tatsächlichen Verwendung und Zuordnung von Mitarbeitern und Mitarbeiterinnen übereinstimmen. Die Aussagen können im Wirkbetrieb ferner Grundlage für die Kapazitätsplanung sein.

Um dem Ziel der produktorientierten Steuerung gerecht zu werden, ist als ein Erfassungsmodul des Standard-KLR-Systems eine Zeiterfassung konzipiert und auf Seite 59 bis 62 der Standard-KLR beschrieben.

Für eine erfolgreiche Anwendung der Zeiterfassung ist die Akzeptanz und Einsicht in die Notwendigkeit seitens der Beschäftigten von hoher Bedeutung. Dementsprechend erfolgte bereits bei der Konzeptentwicklung zur Standard-KLR eine Zusammenfassung der derzeit gängigen Meinung zur Zeiterfassung auf Bundesebene.

Zeiterfassung und personenbezogenene Leistungskontrolle

Festgehalten wurde als zentrale Prämisse, daß mit einer wie auch immer ausgestalteten Zeiterfassung keine personenbezogene Leistungskontrolle erfolgen soll. Der Prozeß der Zeiterfassung im Rahmen einer KLR ist daher so zu gestalten, daß eine Bewertung der einzelnen Bögen ausgeschlossen ist und erst verarbeitete Daten für eine Auswertung zur Verfügung stehen. Diese KLR-Informationen sind dann produktbezogen, d.h., die (Personal-)Kosten werden pro Produkt ermittelt und nicht für einzelne persönliche Leistungen von Mitarbeitern. Sollte ein Produkt nur von einer Person erstellt werden, so ist zwar eine vollständige Anonymität nicht zu garantieren. Aber Hand aufs Herz: Wenn nur eine Person in der Behörde ein bestimmtes Produkt erstellt, dann weiß das jeder in der Behörde und bildet sich sein Urteil über diese Person unabhängig davon, ob die Produktinformationen in einer KLR-Software stehen oder nicht.

An dieser Stelle sei darauf hingewiesen, daß der Begriff der „Leistung" mehrdeutig ist. Im Zusammenhang mit der KLR wird als Leistung das Ergebnis der Produkterstellung bezeichnet. Beispielsweise wird mit jedem erstellten Zuwendungsbescheid die Verwaltungsleistung „Zuwendungsbescheid" erstellt. Die Anzahl der erstellten Zuwendungsbescheide gibt den meßbaren Umfang des Produktes „Erstellung der Zuwendungsbescheide für XY" an. Für die KLR ist die Betrachtung der Leistungsfähigkeit einzelner Mitarbeiter und Mitarbeiterinnen daher in diesem Zusammenhang *keine* Betrachtungsweise.

Systematik der Zeiterfassung als Ausdruck der Führungskultur

Ein Vorschlag des Erhebungsbogens befindet sich auf S. 61 der Standard-KLR. Ein Tip zur Verbesserung: Sobald eine Vertrauensperson oder die Erfassungskraft festgestellt haben, daß alle Bogen einer Organisationseinheit abgegeben wurden, könnte die Kopfzeile mit der Namensangabe des/der Mitarbeiter/-in abgetrennt werden. Die Bogen sind dann anonymisiert und können zur eigentlichen Datenerfassung weitergegeben werden.

Für die Konzeption und Organisation der Zeiterfassung sind noch weitere Festlegungen zu treffen, die insbesondere den Umfang der Zeiterfassung, die relevanten Beschäftigten und den Rhythmus der Aufschreibung beschreiben. Hierzu sind jedoch die Gepflogenheiten der jeweiligen Behörde zu beachten. Insgesamt zeigt sich in den festzulegenden Abläufen einer Zeiterfassung, wie hoch das Vertrauensniveau zwischen den Mitarbeitern/-innen einer Behörde ist. Natürlich kommt es darauf an, daß die Angaben stimmen. Aber leider haben viele Führungskräfte ihre Führungsaufgabe rein „inputorientiert" betrachtet. Damit wurden die Mitarbeiter und Mitarbeiterinnen kontrolliert oder ihnen sogar vorgegeben, was sie im Rahmen einer Zeiterfassung aufzuschreiben hätten.

Diese Art der Inputkontrolle ist mit einem auf Selbstverantwortung und Eigeninitiative ausgerichteten Führungsstil nicht vertretbar. Ganz gleich, was im Rahmen der Zeiterfassung von den Mitarbeitern auch aufgeschrieben wird, die Produktverantwortlichen und die Mitarbeiter müssen im Laufe der Zeit eine Verantwortungsgefühl ür die Höhe der verursachten Kosten im Verhältnis zu den erbrachten Leistungen entwickeln. Führung erfolgt nicht anhand der Aufschreibung, sondern anhand der Arbeitsergebnisse. Mit der Zeiterfassung, wie sie in der Standard-KLR geregelt ist, ist auch die Vorstellung verbunden, daß die Mitarbeiter und Mitarbeiterinnen einen Bezug zu ihrer Arbeit (wieder-)finden und sagen: Wir haben zwar eine Stunde mehr gearbeitet als geplant, aber dafür wurde das Produkt qualitativ besser, die Zielgruppe zufriedener.

Die Zeiterfassung: Fluch oder Segen?

Bevor alle Mitarbeiterinnen und Mitarbeiter ihre Arbeitszeit in der einen oder anderen Form in ein KLR-System eingeben (lassen), sollte eine pilothafte Zeiterfassung im Rahmen der KLR-Einführung durchgeführt werden. Die Erkenntnisse aus einer mindestens einmonatigen Piloterfassung werden nicht nur den Ablauf der Zeiterfassung optimieren helfen. Auch was das Aussehen, das Layout und die Benutzerfreundlichkeit des Produktkataloges angeht, können sich sinnvolle Ergänzungen und Veränderungen ergeben. Es versteht sich von selbst, daß die aufgeschriebenen Zeiten im Rahmen eines Piloten keine KLR-Relevanz haben. Vielmehr stehen die folgenden Fragen im Mittelpunkt:

- Können wir den Bogen und den Produktkatalog hinsichtlich der Leserfreundlichkeit/Praktikabilität noch besser gestalten?
- Sollten Kostenträger und Produkte neu definiert werden?
- Wie sollte der Erfassungsprozeß aussehen?

Die pilothafte Zeiterfassung ist damit ein erster ernstzunehmender Test, wie gut die Zusammenarbeit im Projektteam funktioniert und wie vertrauensvoll das Projektteam mit den Personalvertretern zusammenarbeiten kann. Daher kommt dieser „Übungsveranstaltung" auch eine hohe Bedeutung hinsichtlich der Kommunikation zu. Nicht wenige Reform- und KLR-Projekte sind gescheitert, weil die Diskussion über die Zeiterfassung von gegenseitigen Vorurteilen geprägt war und ein Klima des Mißtrauens herrschte. Spätestens bei der Zeiterfassung stellt sich die Nagelprobe, was die Neuen Steuerungsmodelle für den einzelnen Mitarbeiter bedeuten. Klare Antworten für die jeweilige Behörde durch die Behördenleitung sind dringend erforderlich, um Vertrauen und Motivation für die zusätzliche Arbeit zu schaffen.

Diese Antworten müssen sowohl auf die Ziele und die KLR-Relevanz in der Behörde ausgerichtet sein als auch auf die Verwendung der Informationen durch die Vorgesetzten. Hier setzt das „neue Denken" ein. Eine Analyse der Kommunikation und des Miteinanders in der jeweiligen Behörde ergeben häufig, daß die Mitarbeiter das Gefühl des „Ausgeliefertseins" empfinden und von ihren Befürchtungen berichten, daß alle Informationen nur zu ihren Lasten verwendet würden. Ob das wirklich so ist, mag hier dahingestellt bleiben. Allein die Tatsache, daß solche Äußerungen im Raum stehen, bedeutet für die Zeiterfassung eine schwere Bürde. Um die Einführung der KLR an dieser Stelle nicht scheitern zu lassen, sind daher alle Register der innerbehördlichen Kommunikation zu ziehen, vgl. im Ersten Teil, S. 37 ff.

Die Standard-KLR schlägt für den Wirkbetrieb eine permanente Zeiterfassung vor. Das ist die Konsequenz daraus, daß die Bundesverwaltung bis zuletzt ihre Komplexität und Aufgabenvielfalt betont hat. Jedoch zeigen die ersten Erfahrungen, daß auch auf Bundesebene repetitive, vergleichbare und kaum schwankende Arbeits- und Aufgabenmengen anfallen. In solchen Fällen besagt die Aufgabentypologisierung, daß eine prozeßorientierte Standard-Einzelkostenrechnung durchaus das geeignete KLR-System darstellen könnte.

Wenn jedoch die Prozesse und Aktivitäten derart genau aufgenommen wurden, wie es für die prozeßorientierte Standard-Einzelkostenrechnung notwendig ist und prinzipiell auf S. 39 der Standard-KLR beschrieben wird, dann kann sich eine laufende Zeiterfassung erübrigen. Wenn eine statistisch valide Grundgesamtheit an Wiederholungen vorliegt, lassen sich Methoden der Arbeitsplatz- und Aufgabenbewertung anwenden, die zu hinreichend genauen Aussagen gerade für die KLR kommen, während die Mitarbeiter von einer laufenden Zeiterfassung befreit sind (vgl. *AWV*, Prozeßkostenrechnung – Just in time?!, 1998).

Auch aus Fehlschlägen kann man lernen

In einer Behörde wurde festgelegt, daß die Zeiterfassung nur einmal im Jahr über einen Zeitraum von sechs Wochen erfolgen sollte. Die Leitung begründete das damit, daß dieses Verfahren gegenüber der permanenten Zeiterfassung die Mitarbeiter/-innen weniger belaste. Die Mitarbeiter/-innen waren bald ganz anderer Ansicht. Sie beklagten sich darüber, daß diese sechs Wochen die schlimmsten im ganzen Jahr seien, da so viele Daten zuzätzlich aufgenommen werden mußten, daß der normale Arbeitsablauf darunter leide. Im übrigen, so stellten sie fest, erhielten sie in ihren Referaten nur einmal im Jahr Auswertungen über die erhobenen Daten und geändert habe sich auch nichts.

An diesem Beispiel sieht der KLR-Kundige sofort, daß unter dem Deckmantel der KLR ein Verfahren zur generellen Datenerhebung eingeführt wurde. Es wurde versucht, die organisatorischen und IT-technischen Schwachstellen eines nicht integrierten Steuerungssystems durch manuelle Nacherfassung unter dem Namen der KLR zu vertuschen. Das Fehlen laufender Berichte deutet ferner darauf hin, daß die erhobenen Informationen mit den als steuerungswürdig anerkannten Zielen der Flächenbehörde vor Ort nichts zu tun hatten.

Die Erfassung von Überstunden und Minderarbeit

In der Standard-KLR ist die Option genannt, die Überstunden ebenfalls mit aufschreiben zu lassen. Diese kalkulatorischen Personalkosten fallen nur an, wenn innerhalb eines Zeitraums tatsächlich mehr gearbeitet wurde. Dahinter steht die Vorstellung eines „Jahresüberstundenkontos". Wer keinen Urlaub macht, nie krank ist und manchmal länger arbeitet, verursacht kalkulatorische Personalkosten, da er länger und mehr auf die Produkte schreibt als sein Arbeitsplatznachbar, der keine Minute länger als vorgeschrieben arbeitet. Bei der Bewertung der kalkulatorischen Überstunden wird die Sache heikel. Wenn jemand langsam ist und deswegen Überstunden „braucht", dann wird das Produkt teurer als geplant und der Produktverantwortliche sauer. Schreibt der Mitarbeiter nur seine reguläre Arbeitszeit auf und schafft weniger Produkte als geplant, werden Kostenstellen- und Produktverantwortliche sauer, da beide mehr Produkte geplant hatten. Stimmt das Verhältnis von Produkt und Arbeitszeit nicht mehr, können die kalkulatorischen Personalkosten auch nicht automatisch die Begründung für Personaleinstellung (bzw. Nichtkürzung) sein.

Um hier nochmals den Aspekt mit der personengebundenen Leistung zu betonen: Ob jemand gut und viel oder wenig und schlecht arbeitet, ist nicht eine Frage der Zeiterfassung. Es ist eine Führungsaufgabe, die Stärken und Schwächen der Mitarbeiter zu kennen. Eine Zeiterfassung gibt nur eine Bewertung der Situation mit Geldeinheiten auf Ebene der Kostenstelle und des Produktes wieder. Über die Leistungsfähigkeit des einzelnen entscheidet die Führungskraft anhand der Kriterien der Personalführung. Mit der KLR kann keine Personalführung erfolgen, sondern nur eine Ressourcensteuerung. Wer mit KLR-Zahlen Personalführung betreibt, hat in seiner Tool-Box das falsche Werkzeug gegriffen.

Die Bewertung der erfaßten Arbeitszeit

Um den Stundensatz je Entgeltstufe, d.h. die Wertkomponente, in einer Behörde festzulegen, wurden in der Standard-KLR die Berechnungsinhalte festgelegt (S. 62). Anhand der Abbildung ist ersichtlich, welche Kostenbestandteile für Beamte und Arbeiter/Angestellte angesetzt werden müssen. Leider ist das Leben komplizierter als dort dargestellt. Zur Zeit fehlt ein einheitliches Verfahren, was mit freiwillig an der Beihilfe teilnehmenden Angestellten passiert und ob die Beihilfe auf alle Mitarbeiter oder nur auf die Berechtigten umgelegt wird. Dann gibt es aber wieder einen Unterschied innerhalb einer Entgeltstufe, was bei der Zeiterfassung ggf. zu einer Differenzierung der Entgeltstufen nach Beihilfe und Nichtbeihilfe führen würde. Auch scheinen die vom Bundesamt für Finanzen gelieferten Daten über die Personalkosten die Teilzeit-Kräfte nicht zu berücksichtigen. Diese Probleme der Praxis sind nicht groß, können aber Stunden der Diskussion kosten. Pragmatische Lösungen sind hier angesagt.

Für die Mengenkomponente geht die Standard-KLR davon aus, daß in jeder Behörde die Arbeitszeit pro Mitarbeiter feststeht. Leider ist das nicht so einfach. Abgesehen von der Problematik der unterschiedlichen Arbeitszeit und Entlohnung zwischen Beitrittsgebiet und alten Bundesländern sind auch die Regelarbeitszeiten von Beamten, Angestellten und Arbeiten unterschiedlich. Weiter gibt es eine unterschiedliche Menge an Arbeitstagen in den Bundesländern, die durchschnittliche Anzahl der Krankheitstage ist verschieden und der Umgang mit Sonn- und Feiertagsarbeit wird behördenindividuell geregelt. Es gibt daher viele Ursachen, daß die Mengenkomponente „Arbeitsstunden" zwischen den Behörden sehr unterschiedlich ist. Aber was ist eigentlich schlimm daran? Innerhalb einer Behörde wird das KLR-Projektteam eine einheitliche Regelung der Bewertung und Interpretation finden. Und beim überbehördlichen Vergleich sind Mengen- und Wertkomponenten Gegenstand eines Vergleiches: So bleibt es nicht bei der pauschalen Aussage „die anderen sind viel billiger", sondern eine Analyse ergibt, daß die anderen billiger sind, z.B. weil

- sie eine längere Regelarbeitszeit haben;
- sie weniger krank sind;
- sie weniger verdienen.

Da aber die KLR ein Führungsinstrument ist, werden diese Statements nun in Führungsentscheidungen umgesetzt:

- Welche Regelarbeitszeit entspricht am ehesten der Erreichung unserer Ziele?
- Mit welchen Maßnahmen können wir den Krankenstand reduzieren/die Krankheitsanfälligkeit der Mitarbeiter senken?
- Welches Lohnniveau ist für unsere Art der Tätigkeit angemessen und stellt einen wirtschaftlichen Anreiz zur Erreichung unserer Ziele dar?

Dieses Beispiel möge verdeutlichen, daß Unterschiede in der Mengen- und Wertkomponente nicht immer ein Anlaß sind, um nach einer einheitlichen Regelung durch den Gesetzgeber (oder BMF) zu rufen. Im Rahmen der KLR sind es gerade die Unterschiede, die Anlaß für Führungsentscheidungen und Individualität der Lösungen geben. Wir sind zuversichtlich, daß sich das BMF diese etwas andere Betrachtungsweise im Rahmen der Weiterentwicklung der Standard-KLR zu eigen machen wird.

3. Vorsysteme und die Betriebsdatenerfassung

In diesem Kapitel gehen wir der Frage nach, wie die Standard-KLR die Erfassung der relevanten Daten in einer KLR-Software regelt.

Dabei stellen sich insbesondere folgende Fragen:

- Wie kommen die Daten und Informationen in die KLR (Mengenkomponente)?
- Mit welchem Wertansatz kommen die Informationen in die KLR (Wertkomponente)?

3.1 Die Mengenerfassung im Rahmen der Standard-KLR

Zusätzlich zur Zeiterfassung benötigt die KLR Angaben über die hergestellte/produzierte Menge. Das Modul Mengenerfassung soll die notwendigen Informationen erfassen bzw. bereitstellen, um die Berechnung von (durchschnittlichen) Stückkosten zu ermöglichen. Zusätzlich sollen quantifizierbare Informationen über die in der Produktdefinition festgelegten Qualitätskriterien erhoben und zusammengetragen werden. Dementsprechend werden mit der Mengenerfassung die folgenden Ziele verfolgt:

- Schaffung von Transparenz über Leistungsmengen für Produkte/Kostenträger und Kostentreiber;
- Schaffung der Basis für die Kostenträgerstückrechnung;
- Unterstützung der Berechnung von Effizienzkennzahlen als Basis für aussagefähige Kostenvergleiche;
- Schaffung der Basis für eine outputorientierte Kostenplanung sowie ein outputorientiertes Controlling.

Somit ist die Erfassung der Mengen- und Qualitätsinformationen die wichtigste Voraussetzung für die verursachungsgerechte Verrechnung der internen auf die externen Produkte sowie die Zusammenstellung der relevanten Kosten für ein externes Produkt, die sogenannte Produktkalkulation.

Während der Produktbildung sollten grundsätzlich Zähleinheiten für alle gebildeten Produkte/Kostenträger abgeleitet und im Produktsteckbrief definiert werden. Bei den Produkten, bei denen die Definition einer Mengeneinheit keinen richtigen Sinn ergibt, sind andere Beurteilungsmaßstäbe für die Effizienz heranzuziehen. Beispielsweise ist das Produkt „Allgemeine Leitungs- und Führungsaufgaben" nicht nach der Menge, sondern nach dem Zeit- bzw. Kostenanteil im Verhältnis zur Gesamtleistung der jeweiligen Kostenstelle aussagekräftig.

Der erste Schritt bei der Organisation und Gestaltung der Mengenerhebung besteht darin zu identifizieren, zu welchem Anteil bereits heute Mengeninformationen erfaßt werden und ob dies manuell oder IT-gestützt erfolgt. Die Übernahme von Daten aus vorhandenen Fachanwendungen sollte oberstes Ziel einer integrierten und redundanzfreien IT-Architektur sein. Auch wird bei dieser Frage deutlich, wieviele Statistiken und Aufstellungen „so nebenbei" von den Beschäftigten erstellt werden.

Bei genauerer Betrachtung ergibt sich, daß mit dem Zusammentragen der Informationen in einem einzigen System manuelle Aufstellungen überflüssig werden und die Daten dann von einer bis dahin ungeahnten Qualität und Vollständigkeit sind. Auch lassen sich Zusammenhänge zwischen den Daten herstellen, die bislang nicht gesehen wurden oder sich wegen der unterschiedlichen Art der Erhebung in verschiedenen Kostenstellen nicht ergeben konnten.

Die Mengenerfassung für interne Produkte folgt dem Prozeß, d.h. dem Ablauf bei der Herstellung der Produkte. Da die Kosten der internen Produkte den externen Produkten möglichst verursachungsgerecht zuzuordnen sind, benötigt die KLR die Information, für welche Kostenstelle und – wenn möglich – für welchen Kostenträger/welches Produkt die betrachtete interne Leistung erbracht wurde. Diese zusätzlichen Informationen werden mit der Mengenerfassung erhoben.

Erhält z. B. die Druckerei einen Auftrag von einem Fachreferat bzw. -dezernat, muß sie die empfangende Kostenstelle und ggf. den empfangenden Kostenträger für ihre Leistung auf dem Mengenerhebungsbogen eingeben. Dies ermöglicht die Verrechnung der Leistung oder – falls ein Preis festgelegt wird – die interne Rechnungslegung. Analog dem Zeiterhebungsformular sollten folgende Informationen auf dem Mengenerhebungsbogen stehen:

- Meldende Organisationseinheit/Kostenstelle
- Erhebungszeitraum
- ggf. Name des Ansprechpartners/Ausfüllers
- Bezeichnung des Kostenträgers (welches Produkt?)
- Leistungseinheit/Zähleinheit und Menge (wieviel von dem Produkt?)
- für interne Produkte zusätzlich noch empfangende Kostenstelle und ggf. Kostenträger (für wen wurde geleistet?)

Kritiker werden nun sagen, daß damit – insbesondere für die internen Produkte – ein neuer und nicht zu rechtfertigender Aufwand betrieben wird. Zugleich sind es eben diese Kritiker, die im gleichen Atemzug ihre viele Arbeit beklagen, die von Dritten (auch aus der eigenen Behörde) nicht gewürdigt würde. Hier hilft nur eine Plausibilisierung der Wichtigkeit. Anhand der Ergebnisse aus der pilothaften Zeiterfassung oder vergleichbaren Daten weiß das KLR-Projektteam (und damit auch der Kritiker), für welches interne Produkt wieviel Ressourcen gebunden werden. Wenn nun für die größten dieser internen Produkte eine Mengenerfassung vereinbart wird, während für die anderen weniger aufwendige Verfahren angewandt werden (z.B. Pauschalierungen), dann bleibt der Arbeitsaufwand vertretbar. Somit bleibt die Mengenerhebung auf die wirklich relevanten Größenordnungen beschränkt.; gegebenenfalls kann sie anhand der Erfahrungen jederzeit auf andere interne Produkte ausgeweitet werden.

Mit Hilfe der Zahlen aus einer pilothaften Zeit- und/oder Mengenerfassung wird die gleiche Plausibilisierung auch für die externen Produkte durchgeführt. Häufig wird eine objektive Schätzung der Arbeitszeit zum Ergebnis kommen, daß einige externe Produkte zusammengelegt werden oder (partiell) entfallen können. Andere „Produkte" stellen sich bei der Zeiterfassung als derart vielfältig heraus, daß sie weiter differenziert werden müssen – beispielsweise nach verschiedenen Empfängern analog der Mengenerfassung für interne Produkte.

3.2 Die Anlagenbuchhaltung

Die KLR unterscheidet zwischen Investitionen und Kosten. Kosten bedeuten einen tatsächlichen Güter*verbrauch* in einem Haushaltsjahr. Investitionen hingegen sind Ausgaben, die zu einer Vermögensmehrung führen und beziehen sich damit auf Wertgegenstände, die auch über ein Haushaltsjahr hinaus genutzt werden können. In der Kameralistik werden Investitionen in dem Haushaltsjahr berücksichtigt, in dem auch die Zahlung erfolgt. Auf der Basis dieses Verfahrens lassen sich allerdings nur wesentlich verzerrte Aussagen zur Wirtschaftlichkeit eines Haushaltsjahres machen, da in einigen Jahren mehr investiert wird als in anderen und sich aus den unterschiedlichen Ausgabenhöhen keine unmittelbaren Schlüsse über den wirtschaftlichen Umgang mit den Ressourcen ziehen lassen.

Deshalb können Investitionsausgaben nicht direkt aus der Kameralistik übernommen werden. Sie werden in einer Überführungsrechnung von der Kameralistik zunächst auf eigens hierfür einzurichtenden Investitionskonten gebucht (es gibt auch andere Verfahren, die Ihnen gegebenenfalls der entsprechende Softwarelieferant erklären kann). Diese Konten geben Auskunft über alle Vermögensgegenstände der Behörde und bilden zusammengenommen die Anlagenbuchhaltung. Üblicherweise enthält die Anlagenbuchhaltung mindestens folgende Daten:

- Bezeichnung des Anlagegegenstandes und Identifizierungsmerkmal (Inventar- oder Bestandsnummer o.ä.)
- Anlagegruppe
- Anschaffungswert
- Ggf. Wiederbeschaffungswert bzw. Angabe des zur Berechnung zu verwendenden Index-Wertes
- Restbuchwert bzw. bisherige Abschreibungsbeträge
- Ggf. Wagniskosten und/oder Hinweis auf Versicherungsbeiträge
- Nutzungsdauer
- Beschaffungsdatum
- Zuordnung zu einer Kostenstelle
- Zuschreibungen bzw. werterhaltende Reparaturen
- Zusätzlich bei Gebäuden auch Angaben über Nutzungsflächengrößen

Für die vertiefte Nutzung der KLR und insbesondere der technischen Möglichkeiten, die mit der KLR-Software Einzug in eine KLR-Behörde halten, bietet die Anlagenbuchhaltung/Inventarisierung verschiedene Möglichkeiten. Der bisherige Einblick in die Realität der Anlagenbuchhaltung der öffentlichen Verwaltung zeigt, daß gerade die IT-Referate/Dezernate zur Verwaltung, Wartung und Pflege der IT-Ausstattung zusätzliche Informationen benötigen. Es empfiehlt sich daher für die Implementierung,

- sämtliche Datenbestände über Anlagegegenstände und ggf. den nachgeordneten Bereich hinsichtlich einer einheitlichen Datenstruktur zu beurteilen;
- die Möglichkeiten einer datentechnischen Zusammenführung mit dem KLR-Softwarelieferanten zu prüfen;
- fehlende Informationen entsprechend eines behördenindividuellen Stufenplanes nachzuerheben;
- Migration bzw. Eingabe der Daten in die Anlagenbuchhaltung der KLR-Software durchzuführen.

Im Rahmen des IT-Berechtigungskonzeptes wird ferner geklärt, welche Organisationseinheit welche Art von Datenzugriff (nur lesen, schreiben und lesen etc.) auf welchen Bestand und wer eine Gesamtübersicht über das Anlagevermögen hat.

Die Verwendung der Informationen aus der Anlagenbuchhaltung

Die Bedeutung der Abschreibungsbeträge im Rahmen der KLR-Auswertungen ergibt sich erst, wenn Angaben bezogen auf ein Analyseobjekt im Jahresverlauf erfaßt werden. So ist für die Betrachtung der Produkte wesentlich, daß die Abschreibungsbeträge in stetiger Weise anzeigen, in welchem Maß die Anlagegegenstände zur Erstellung der Verwaltungsleistung herangezogen werden. Um Vergleiche verschiedener Produkte durchzuführen, sollte daher mittels Sonderrechnungen die Annahme getroffen werden, daß die Abschreibungen unverändert in den Kostenstellen anfallen und über die Verrechnungssystematik der internen Leistungsverrechnung auf die Produkte weiterverteilt werden – und zwar auch dann, wenn bereits die Nutzungsdauer der Anlagegegenstände überschritten ist. Diese Art der Sonderrechnung, die die Standard-KLR optional empfiehlt, ermöglicht einen Vergleich, wie intensiv verschiedene Produkte die vorhandene Ausstattung nutzen und welches Produkt von der technischen Ausstattung am meisten profitiert. Auch für die Kostenstellen ist die gleiche Aussage möglich.

Zusätzlich kann aber durch einen Vergleich der Abschreibungen unter Null mit den tatsächlichen Abschreibungen schnell und übersichtlich ermittelt werden, in welchen Bereichen die technische Ausstattung überaltert ist und welche kostenmäßigen Auswirkungen dies hat. Durch diese Sonderrechnung kann vermieden werden, daß Kostenstellen und/oder Kostenträger sich beispielsweise nur deswegen als kostengünstiger darstellen, weil sie auf wichtige Modernisierungsinvestitionen verzichtet haben. Wenn hingegen die Nutzung bzw. die Abnutzung der Anlagegegenstände tatsächlich geringer ist als in den Nutzungstabellen dokumentiert, dann sind entsprechend andere Verfahren anzuwenden.

Wenn also beispielsweise Geräte und Fahrzeuge mit besonderen Verwendungszwecken nicht oder kaum gebraucht werden, z.B. für den Katastrophenschutz, bzw. nachweislich weniger genutzt werden als im Rahmen der Nutzungstabellen unterstellt, ist bei Einbuchung und Aufnahme des Gegenstandes in die Anlagenbuchhaltung eine andere Nutzungsdauer einzugeben, oder es sind im Verlauf der Nutzungszeit entsprechende Anpassungen durchzuführen.

Um sicherzustellen, daß etwaige Kostenvergleiche innerhalb und außerhalb der Behörden aussagekräftig bleiben, sind Umfang und Begründung der Abweichungen von der Abschreibungstabelle der Standard-KLR anzuzeigen. Damit wird auch sichergestellt, daß sich die Nutzungstabellen in einer Art weiterentwickeln, wie es der Praxis entgegenkommt (vgl. auch *Adam*, Philosophie der Kostenrechnung, S. 100 bis 105).

Von der Anlagenbuchhaltung zur Inventarisierung

Die Funktionalität der Anlagenbuchhaltung in den gängigen KLR-Softwareprogrammen erscheint geeignet, weitere Funktionen, die bisher im Rahmen der Inventarisierung entscheidungsrelevant waren bzw. die Wartung und Pflege der Gegenstände erleichterten, aufgrund ihrer verbesserten Datenkonsistenz und -qualität zu übernehmen. Üblicherweise benötigen die Fachreferate bzw. IT-Referate weitergehende Informationen zu den einzelnen Anlagegegenständen.

Beispielsweise ist es sinnvoll zu wissen, welche technischen Merkmale die PC-Ausstattung in einem bestimmten Raum oder einem Referat aufweist. Mit einer leistungsfähigen Unterstützung der Anlagenbuchhaltung sind zukünftig Abfragen möglich wie:

- In welchem Raum steht der Drucker mit der Nr. 4711?
- Welchen Wert hat die IT-Ausstattung in der Behörde, in der Abteilung XY?
- Wieviele Drucker vom Typ XYY gibt es insgesamt?

Aber was viel wichtiger an dieser Transparenz ist: Über die Abschreibungsbeträge erfahren die Kostenstellenverantwortlichen, was die Ausstattung kostet. Wenn die Kostenstellen- und/oder Produktverantwortlichen etwas nicht nutzen, haben sie auch ein Interesse daran, dafür keine Abschreibung „zu bezahlen". Mit der Zeit führt diese Transparenz zu einer effizienten Nutzung der vorhandenen Ausstattung, so z.B. durch die Möglichkeit der Mitbenutzung durch Dritte.

Wie Erfahrungen in einigen Bundesländern zeigen, schafft die Transparenz über das Vorhandensein der Anlagegegenstände bereits ein Bewußtsein für eine wirtschaftlichen Nutzung, so daß Ersatz- oder Erweiterungsinvestitionen nicht mehr oder in einem geringeren Umfang notwendig werden. Auch die gemeinsame Nutzung von seltener genutzten Anlagegegenständen innerhalb einer Behörde oder über die Ressortgrenzen hinweg kann mit Hilfe der technischen und konzeptionellen Möglichkeiten der KLR wirtschaftlich durchgeführt werden, was zu einer besseren Auslastung der Anlagegegenstände und einer Kostenreduzierung für alle Beteiligten führt.

Die Effekte aus dieser KLR-Betrachtungsweise können auf 10 bis 30 % beziffert werden, wenn die rechtlichen Bedingungen der Haushaltsbewirtschaftung Überjährigkeit bzw. Deckungsfähigkeit sowie weitere begleitende Maßnahmen zulassen. Daß dies keine leeren Versprechungen sind, zeigen die Modellvorhaben z. B. im Land Baden-Württemberg.

Und wie kommen die „alten" Daten in das System?

In der Standard-KLR wird auf S. 58 empfohlen, vom ersten Tag des Wirkbetriebes an neu angeschaffte Vermögensgegenstände zu inventarisieren.

Aber was passiert mit den Altbeständen? Sinnvoll ist auf jeden Fall eine Nacherfassung. Aus Gründen der Arbeitsersparnis sollte dabei auf eine akribische Erfassung von ganz alten Gegenstände verzichtet werden. So könte man beispielsweise sagen, daß alle Gegenstände älter fünf Jahre nur erfaßt werden, wenn ihr Restwert größer als DM 1 000,– ist (nur um eine Größe zu nennen).

Auch könnte man sich den Aufwand der Preisermittlung für jeden einzelnen Gegenstand sparen, wenn man beispielsweise für Gegenstände mit einem (geschätzten) Anschaffungswert unter DM 10 000,– einen Pauschalbetrag bzw. Standardwert einstellt. Statt sich die Arbeit zu machen, die einzelnen Rechnungen der vor drei Jahren gekauften PC's und Bürostühle den Inventarisierungskarteikarten gem. VBRO zuzuordnen, könnte man für jeden PC den Betrag von DM xy festsetzen, unabhängig davon, ob es ein Rechner mit Pentium II und CD-Rom-Laufwerk ist oder nicht. Jeder Bürostuhl bekäme dann ohne Rücksicht auf unterschiedliche Qualitäten den Wert von DM xyz zugeordnet.

Bei dem meist enormen Arbeitsaufwand der Nacherfassung sollte nicht eine falsche Genauigkeit angewandt werden, deren zukünftige Entscheidungsrelevanz fragwürdig ist. Die Prioritäten eines KLR-Projektes sind nach inhaltlichen Gesichtspunkten zu setzen, die nicht vom Detaillierungsgrad des einen oder anderen Datensatzes abhängen dürfen.

3.3 Die Betriebsdatenerfassung und Überlegungen zur Aufbau- und Ablauforganisation

Wie bereits im Ersten Teil, S. 39 ff., beschrieben wurde, sollte es ein Ziel des KLR-Einführungsprojektes sein, sowohl die Auswertung wie auch die Erfassung von produkt- und vorgangsbezogenen Informationen dezentral zu organisieren. Mit diesem generellen Ziel wird dem Umstand Rechnung getragen, daß sich die verschiedenen Ebenen der Sachbearbeitung in einer Behörde durch die bisherigen Verfahren in funktionale Inseln aufgeteilt haben.

In einem Referat werden beispielsweise Anträge geprüft, dann irgendwo genehmigt und in einem dritten Referat, ggf. dem Haushaltsreferat, erfaßt und gebucht. Je nach Geschäftsvorgang und Aktenlage wird eine mehr oder weniger große Unterstützung durch eine Software geleistet. Nicht selten stehen leistungsfähige und selbstgemachte Programme zur Verfügung. Wenn es dann zu einer Transferzahlung kommt (z. B. einem Steuer-, einem Bußgeld-, einem Renten-, einem Zuwendungsbescheid etc.), werden die gleichen Daten in eine Hauhalts-Software eingegeben und kameral verbucht. Wir empfehlen daher dringend, mit der KLR-Einführung gleichzeitig die Geschäftsabläufe und die dahinterstehenden Verfahren zu überdenken.

Dabei kann der Einsatz einer leistungsfähigen und umfassenden KLR-Software Anlaß genug sein, selbstkritische Fragen zur Aufbau- und Ablauforganisation zu stellen.

Beispielsweise führt eine dezentrale Erfassung der KLR-Daten automatisch zu der Frage, welche Informationen man in der Fachanwendungssoftware und welche Daten man zusätzlich für die KLR braucht. Bei der Erstellung von Bescheiden (jedweder Art) benötigt die KLR-Software Informationen über Anzahl und Art der Bescheide und verknüpft die jeweilige „Gattung" mit einem Produkt. Je nach gedanklicher Welt der Behörde (technisch-detailliert, juristisch-ordnungsgemäß oder soziologisch-konziliant, um nur einige mögliche Klassifizierungen wiederzugeben) und vor allem je nach Steuerungs- und Führungsrelevanz ist es nun eine wichtige Entscheidung des Projektteams, ob der einzelne Bescheid auch ein einzelner Kostenträger ist oder eine bestimmte Gattung von Bescheiden in der Summe den Kostenträger darstellen.

An diese Frage knüpft auch gleich an, auf welcher Ebene die Mitarbeiter ihre Arbeitszeit zuordnen müssen. Als Detaillierungsebene könnte eine technisch-detailliert veranlagte Behörde den einzelnen Bescheid ansehen. Damit wäre jeder Vorgang ein Kostenträger, auf den jeder Mitarbeiter seine Arbeitszeit zuordnet. Die Mitarbeiter geben dann auch an, wieviele Bescheide sie bearbeitet haben. In einer anderen Behörde wollen die Führungskräfte nicht auf Ebene des einzelnen Bescheides steuern. Dort werden alle Bescheide einer bestimmten Art als Produkt definiert. Die Mitarbeiter schreiben dann ihre Arbeitszeit auf das Produkt „ Bescheid Typ A", gleich ob sie ein oder zehn Bescheide bearbeitet haben. Aus einer manuellen oder technischen Anbindung an die Fachanwendung werden die Mengendaten (Anzahl der Bescheide) an die KLR-Software übergeben.

Beide Detaillierungsebenen sind legitim und die richtige Detaillierung kann nur das Projektteam aufgrund der Kenntnis der Behörde treffen. Die Diskussionen, die hierbei geführt werden, reichen von „betriebswirtschaftlich sachlich" bis hin zu „Ansätzen von Verfolgungswahn".

Wie der einzelne reagiert, hängt ab von seiner Abstraktionsfähigkeit gegenüber der eigenen Arbeit und seinem Verständnis, welche Ebene tatsächlich für die KLR bzw. für das Controlling steuerungsrelevant ist. Ein Projektteam zur Einführung der Standard-KLR wird in dieser Phase des Projektes sehr viel Fingerspitzengefühl aufbringen müssen, um die verschiedenen Interessen innerhalb der Behörde zu vereinen, ohne dabei die Anforderungen der Produktbildung, Betriebsdatenerfassung und Steuerungsrelevanz zu vernachlässigen. In jeder Behörde sind pragmatische und akzeptierte Lösungen zu finden, die gleichzeitig den Weg in andere, meist detailliertere Verfahren nicht verbauen dürfen. Hier steckt eine echte strategische Managementaufgabe für das KLR-Projektteam.

3.4 Die Erfassung und die Bewertungsregeln

Mit dem „doppischen Buchungsstil" ist auch eine Bewertung der beschafften, hergestellten und genutzten Ressourcen verbunden. Die Lehre von der Bewertung ist ein Teilgebiet der Betriebswirtschaft, das im Rahmen der Bilanzierung und Unternehmensbewertung eine gewichtige Rolle spielt. Heerscharen von

Steuerberatern und Wirtschaftsprüfern sind weltweit damit beschäftigt, den richtigen beizulegenden Wert zu ermitteln. Alle Gedanken zur Berechnung und Festsetzung eines „gerechten" Wertansatzes, die von Behördenvertretern im Rahmen der Ausarbeitung der Standard-KLR an das BMF herangetragen wurden, sind sicher in irgendeiner Vorschrift oder einer Übereinkunft bereits kodifiziert. Gerade vor dem Hintergrund der steuerlichen Bewertung gibt es eine Unzahl von Vorschriften, die alle geeignet wären, die Aufstellung einer Bilanz, einer Gewinn- und Verlustrechnung sowie die Einführung einer KLR in Behörden zu begleiten.

Jedoch hat die Sache einen Haken: Bei allen Bewertungsvorschriften, die zwischen offiziellen Organen und privaten Unternehmen ausgehandelt und festgelegt werden, besteht ein natürlicher Interessenskonflikt: Die privaten Unternehmen nutzen die Bewertungsvorschriften zur Optimierung ihrer Steuerschuld und Finanzierungsmöglichkeiten. Andere Konzepte der Bewertung richten sich an den Zielen der Aktionäre aus wie das in letzter Zeit intensiv diskutierte Konzept des „shareholder value".

Diese Bewertungskonzepte können nicht eins-zu-eins für eine Standard-KLR auf Bundesebene übernommen werden, solange nicht die Betrachtungsweise und Verwendung der Informationen im Gesamtzusammenhang einer Bewertung der Behörden „als Wirtschaftssubjekt" vollzogen ist. Im übrigen berücksichtigt auch die „Lehre von der Unternehmensbewertung" unterschiedliche Rahmenbedingungen wie z.B. die ununterbrochene und „unendliche" Fortführung der unternehmerischen Tätigkeit versus sofortige Liquidation des Unternehmens oder das Zerschlagen des Unternehmens in verschiedene Teileinheiten versus Verschmelzung in einem Konzern. Diese zum Teil sehr komplexen Überlegungen sind betriebswirtschaftlich irgendwann auch für die Behörden sinnvoll. Zum gegenwärtigen Zeitpunkt einer Ersteinführung der Standard-KLR sind jedoch einfache und pragmatische Ansätze gefragt, bei denen theoretische Genauigkeit teilweise einer einfachen Handhabung Platz machen muß.

Es ist daher unnötig, sich beispielsweise über den richtigen Zinssatz für die Bewertung des gebundenen Kapitals zu streiten, solange sich nicht eine bestimmte Sichtweise der dahinterstehenden Finanzierungstheorie auf Bundesebene gebildet hat. Gleiches gilt für den Ansatz der Wagniskosten für die zufälligen Risiken der behördlichen Aufgabenerfüllung. Auch ist die Frage, ob ein Bürostuhl in einer Behörde einer längeren Nutzungsdauer unterliegt als in der privaten Wirtschaft, nur dann relevant, wenn auf diesem Arbeitsplatz ein vergleichbares Produkt erstellt wird und ernsthaft erwogen wird, eine Produktionsstätte wegen der Konkurrenzsituation zu schließen.

Ansonsten sind alle Bewertungsregeln ein erster Versuch, in den Behörden mit einer gemeinsamen KLR-Sichtweise anzufangen. Wichtig für den Wirkbetrieb der KLR ist eine vollständige Erfassung aller Verbrauchsvorgänge mit einem nach einheitlichen Maßstäben ermittelten Wert. Da dieses Thema zur Weiterentwicklung der Standard-KLR gehört, wird das BMF hierzu weitere Gesprächsforen und Arbeitskreise initiieren und die Erfahrungen aus den Pilotvorhaben auswerten.

Exkurs: Die Grundsätze ordnungsmäßiger KLR

Die KGSt hat in ihrem Bericht 7/1997 (Auf dem Weg in das Ressourcenverbrauchskonzept: Die kommunale Bilanz, S. 16 ff.) die Grundsätze ordnungsmäßiger Buchführung auf die kommunalen Verhältnisse übertragen. Ihre Vorschläge decken sich mit dem im Anhang 7 der Standard-KLR dargelegten ersten Diskussionsentwurf einer freiwilligen Kodifizierung für Behörden auf Bundesebene.

Auch hier steht das Thema der Bewertung sehr nahe an dem Thema der Bilanzaufstellung. Zum gegenwärtigen Zeitpunkt genügt es aber, wenn für die KLR der Grundsatz der Stetigkeit besonders beachtet wird. Während es teilweise Fälle in der Praxis gibt, bei denen Ausgaben je nach „freien Mitteln" auf verschiedenen Titeln gebucht werden, sollten in der KLR die Kostenartenkonten stets gleich sein. Daher der Begriff der Stetigkeit. Reisekosten beispielsweise sind in der KLR Reisekosten und können nicht wahlweise als Öffentlichkeitsarbeits- oder Fortbildungskosten gebucht werden, je nach dem, ob die Reise im Zusammenhang mit einer Journalistentagung oder einem Seminar stand. Auch ist es nicht interpretationsfähig, ob die Veranstaltung eher Fortbildung oder eher Tagung war. Entscheidend für die Bewertung des mit den Reisekosten belasteten Produkts ist der Gesichtspunkt, zu welchem Zweck die Reise unternommen wurde und ob die Kosten hinsichtlich des beabsichtigten Erfolgs vertretbar sind.

Beispielsweise sind auch Ausgaben für Batterien Betriebskosten und können nicht auf einen Titel „Haus- und Gebäudebewirtschaftung" gebucht werden, nur weil die mit den Batterien betriebenen Uhren an der Wand eines Gebäudes hängen. Auch das wäre ein Verstoß gegen das Prinzip der Stetigkeit.

4. Die Produktbildung

Das Herzstück der KLR-Einführung sind die Produkte, auf die die Kosten berechnet werden. Sie lassen das Verwaltungshandeln aus einem völlig anderen Blickwinkel erscheinen und werden hinsichtlich des Leistungs- und Qualitätsstandards zu Diskussionen führen. Über Bildung und Anwendung der Produkte wurde im Ersten Teil, S. 53 ff., schon vieles gesagt. An dieser Stelle sollen daher nur einige Diskussionspunkte herausgegriffen werden, die stets zu „Verwirrung" führen.

4.1 Das Dilemma der klassischen KLR: Warum sind Dienstleistungen der Verwaltungen auch Produkte?

Mit dem Begriff Produkt und vor allem mit der Bildung von Produkten in einer Behörde beginnt nicht nur eine besondere Art der Betrachtung des eigenen Handelns, wie es bereits im Ersten Teil, S. 48 ff., ausführlich beschrieben wurde, sondern auch ein rein betriebswirtschaftliches Problem. Geschichte und Dokumentation der KLR sind vieler Orten auf industrielle Produkte ausgerichtet. Theorie und Praxis orientieren sich an Werkbänken, Fabrikhallen, produzierten Stück und anderen Größen, die man zählen, messen und wiegen kann.

Viele Behörden erarbeiten aber nichts Stoffliches oder anders ausgedrückt: Die Arbeitsergebnisse der Verwaltungen stehen auf einem Stückchen Papier oder auf einem Datenträger. Es ist dann eine berechtigte Frage, ob das Stückchen Papier wirklich das Ergebnis der vielen Arbeit ist.

Ein Bereich der Betriebswirtschaftslehre, der ähnliche Probleme bei der Adaption des industriellen Wissens hatte, ist der Bereich der Dienstleistungen wie beispielsweise Banken und Versicherungen. Auch dort ist das Ergebnis der Tätigkeit ein Stück Papier, eine Buchung oder eine bestimmte Information. Wenn wir also den Versuch unternehmen, die öffentliche Verwaltung nach betriebswirtschaftlichen Kriterien zu betrachten, könnten Anleihen im Dienstleistungsbereich hilfreich sein. Der Versuch soll hier kurz unternommen werden:

4.2 Die Definition von Dienstleistungen

Viele Dienstleistungen werden als unstofflich bezeichnet. Damit wird der Umstand bezeichnet, daß eine Dienstleistung erbracht werden kann, ohne daß dabei etwas zum Zählen, Messen oder Wiegen erstellt wurde. Damit man weiß, daß trotzdem die Dienstleistung erbracht wurde, wird ein Medium benutzt. Dies ist der Kontoauszug der Bank, das Rezept beim Arzt, der Zuwendungsbescheid einer Behörde.

Eine Dienstleistung kann auch nicht gelagert werden. Es gibt daher für Endprodukte der Dienstleistung keine Lagerwirtschaft. Daher sind auch die Kapazitäten zur Erstellung einer Dienstleistung eigentlich auf die maximal mögliche Kapazität auszurichten. „Eigentlich" deswegen, weil diese Art des Denkens in den 70-er und 80-er Jahren in vielen Banken und Versicherungen abgelöst wurde. Hilfreich dabei waren eine verbesserte Planung der zu erstellenden Produkte und eine verbesserte IT-Ausstattung.

Gleichzeitig wurden die Mitarbeiter immer trainierter und flexibler im Umgang mit den technischen Möglichkeiten. In modernen Banken haben sich beispielsweise die Mitarbeiter daran gewöhnt, innerhalb von ein oder zwei Jahren sehr unterschiedliche Dinge zu erledigen. Ob dies auch ein Weg für die Bediensteten der öffentlichen Verwaltung ist, bleibt abzuwarten; entsprechende Versuche wird man kritisch zu begleiten haben. Gleichzeitig rückten die Möglichkeiten der Produkterstellung in den Blickwinkel der Betriebswirte. So ist es nicht verwunderlich, wenn neben der Qualität der Produkte und der Qualität der einzusetzenden Ressourcen auch die bereits in der Standard-KLR bezeichnete Potentialqualität eine steigende Beachtung findet (vgl. Standard-KLR, S. 72).

Ein immer wiederkehrendes Argument während der Produktbildungsphase in Behörden ist, daß das Ergebnis eines Produktes stark von der Mitwirkung Dritter abhänge. Beispielsweise könne ein Verfahren zur Erarbeitung eines Gesetzes oder einer Vorschrift damit enden, daß nichts passiere. Dann läge kein Ergebnis vor, und damit hätte man auch kein Produkt. So oder ähnlich wird in den KLR-Projekten argumentiert.

Nimmt man jedoch eine Anleihe bei den bereits zitierten Dienstleistungen, stößt der Betriebswirt auf die sogenannte produktions- und absatzwirtschaftliche Verbundbeziehung. Der Abnehmer der Leistung ist derart an der Erstellung beteiligt, daß ein Ergebnis nicht vorhersagbar oder gar standardisierbar ist. Beispielsweise kann der Wertpapierberater einer Bank trotz der vielen Technik nur dann sein Produkt „Beratung" absetzen, wenn es ein Kunde will und zwar unabhängig davon, ob der Kunde gleich nach dem Gespräch nun Aktien kauft oder nicht.

Übertragen heißt das, daß das Kabinettsreferat das Produkt „Beantwortung kleiner und großer Anfragen" nur dann absetzt, wenn auch eine parlamentarische Anfrage vorkommt. Der Umfang der Beantwortung ist jedoch genauso wenig vorherbestimmbar wie das Ergebnis. Wertpapierberater und Kabinettsreferat verbinden jedoch mit „ihrem" Produkt die Hoffnung, zur Zufriedenheit des Abnehmers geantwortet zu haben. Für die Bank zahlt sich dies in Kundentreue und weiteren vielen Aufträgen im Verlauf der Kundenbeziehung aus. Die Behörde gewinnt beim Parlament an Ansehen und kann auch in Zukunft mit der Bewilligung der erforderlichen Mittel rechnen.

Eine weitere Eigenschaft von Bank- und Versicherungsprodukten macht sie ebenfalls interessant als Studienobjekt für die öffentliche Verwaltung. Unter dem Stichwort der Dualismusthese wird der mögliche Austausch oder die Substitution der Ressourcen angesprochen. Die Betriebswirtschaft lehrt, daß ein aus Kundensicht gleiches Ergebnis mit unterschiedlichem Einsatz von Ressourcen erreicht werden kann durch

- den ausschließlichen Einsatz von technischen und organisatorischen Ressourcen (Sachmittel, Personal)
- den ausschließlichen Einsatz von Finanzmitteln oder
- eine Mischung aus technisch-organisatorischen und liquiditätsmäßig-finanziellen Ressourcen.

Beispielsweise kann ein Geldbote Ihnen einen Geldbetrag bringen. Aber statt eines Boten, der stundenlang durch die Stadt fährt und Ihnen Ihre Bezüge (oder Lohn oder Gehalt) auszahlt, kann die Bank eine Überweisung tätigen. Und wenn Sie Topmanager eines großen, internationalen Konzern sind, dann erhalten Sie Ihr Entgelt in Form von Optionen und Aktien Ihres Unternehmens. Im Ergebnis erhalten Sie immer „Ihr" Geld. Das Austauschverhältnis zwischen technisch-organisatorischem Aufwand (Bote, Zahlungsverkehrscomputer oder Börse) und bewegten Finanzmitteln ist jedoch unterschiedlich.

Der praktische Nutzen dieser Überlegungen für die öffentliche Verwaltung wird mit einem Schlag deutlich, wenn wir uns den Bereich der Zuwendungen und Zuweisungen ansehen. Nehmen Sie als Beispiel einen Zuwendungsbescheid an eine gemeinnützige Stiftung, die mit den Geldern Einrichtungen zur Unterstützung von Bedürftigen unterhält. Das erstellte Produkt der Verwaltung ist der Bescheid, positiv wie negativ. Unabhängig vom Aufwand, den die Mitarbeiter der Behörde mit dem Bescheid haben, wird der beantragte Geldbetrag der gemeinnützigen Stiftung angewiesen. Damit kann das Produkt der Verwaltung nicht allein an der Transfersumme festgemacht werden, wie bislang in der politischen Entscheidungsfindung und Diskussion üblich. Deswegen muß das Berichtswesen über dieses Produkt stets die stückbezogene Komponente (Anzahl der Bescheide von der Art A) zusammen mit der wertmäßigen Komponente (Finanztransfervolumen der Bescheide nach Art A) enthalten. Sie sehen, wie diese Sichtweise das behördeninterne Berichtswesen zu einem integrierten System aus KLR im engeren Sinne und finanzwirtschaftlichen Informationen macht.

Zusätzlich könnte man auch auf die Idee kommen, daß nicht nur Geld den Zuwendungsempfängern helfen könnte, sondern auch eine qualifizierte Beratung und Hilfe, wie mit weniger Geld mehr Wirkung erreicht werden kann. Die erhöhten Kosten für die qualifizierte Hilfestellung müßten die bloßen finanziellen Zuwendungen und Zuweisungen mehr als substituieren. Aber damit sind wir dann beim Thema der Wirtschaftlichkeit von Zuwendungen/Zuweisungen.

Im Ergebnis möge Ihnen dieser Exkurs auch zeigen, daß viele Diskussionspunkte im KLR-Einführungsprojekt mit betriebswirtschaftlichem Know-How praxisrelevant gelöst werden können.

4.3 Der Widerspruch von Prozeß und Produkt

Das Kapitel über die Produkte in der Standard-KLR beginnt auf S. 63 mit der Prozeßorientierung. Grund dafür ist die bereits bei den Kostenrechnungssystemen angeklungene Diskussion über die richtige Betrachtungstiefe der KLR: Prozeßorientierter Produktionsablauf oder das Ergebnis des Verwaltungshandelns.

Natürlich hat es große Vorteile, jeden Vorgang und Prozeß genau zu kennen und die Einflußgrößen für die Kosten, die Kostentreiber, sauber von den Zähl- und Bezugsgrößen des Prozesses trennen zu können. Dahinter steht die Frage, wie sich welche Kostenbestandteile verändern, wenn der Prozeß häufiger durchgeführt wird oder sich die Kostentreiber wie z.B. die Komplexität und Variantenvielfalt ändern.

Jedoch sind dies nicht die Fragestellungen bei der Ersteinführung einer KLR. In der Standard-KLR ist daher nicht die prozeßorientierte, sondern die produktorientierte Sichtweise präferiert. Statt sich also voller Arbeitseifer auf die Beschreibung der Arbeitsabläufe zu stürzen, sollte das Projektteam die kritischen Fragen nach dem Ziel, Sinn und Zweck der Produkte stellen. Durch Ausarbeitung der Maßstäbe, die sich messen und zählen lassen und deren Zählgrößen auch IT-technisch verfügbar sind, erhält das Projektteam einen Überblick über die Schnittstellen zu den Fachanwendungen bzw. einen Überblick darüber, an welchen Stellen die Verantwortlichen noch nach ihren Steuerungsgrößen gefragt werden sollten. Hier entsteht der wesentliche „Input" für das sog. entscheidungsorientierte Berichtswesen.

4.4 Die 48 Standard-Produkte

Im Rahmen der Entwicklung der Standard-KLR hat jede Behörde auf die Ressorthoheit gepocht und nicht zuletzt wegen eines „Selbstbehauptungstriebes" gegenüber dem Auftraggeber der Standard-KLR die Einmaligkeit ihrer Aufgaben und die Einzigartigkeit bei der Aufgabenerfüllung betont. Es grenzte schon an sportlichen Ehrgeiz, die Gesprächspartner vom Gegenteil zu überzeugen. Da sich das Beharrungsvermögen als ausgesprochen groß herausstellte, wurde ein Kompromiß getroffen:

Unter dem Begriff des „allgemeinen Verwaltungsbereichs" wurde der kleinste gemeinsame Nenner von Produktdefinitionen zusammengestellt. Heraus kamen die „berühmten" 48 Standard-Produkte. Unglücklicherweise beziehen viele Anwender diese Produkte nur auf den Bereich der Verwaltungsabteilung. Diese Verengung war niemals die Absicht der Standard-KLR, wie die Produkte „Fort- und Weiterbildung" oder „Unterstützung der Amts-/Behördenleitung" zeigen. Vielmehr sollte ausgehend von besonders eingängigen Produkten beispielhaft die Produktbildung und -definition erläutert werden.

Da diese Produkte nur einen ersten Vorschlag für die Produktbildung darstellen, sollte das Projektteam sich das Vorwort zum Anhang 2 nochmals durchlesen. Auf den Seiten 151 und 152 der Standard-KLR wird auf die notwendige Überarbeitung und behördenindividuelle Gestaltung der 48 Standard-Produkte verwiesen. Aufgrund der Erfahrungen aus den Pilotprojekten ist zu erwarten, daß es in jeder Behörde zu Zusammenlegungen, aber möglicherweise auch zu weiteren Differenzierungen der Produkte kommt. Es scheint sich herauszukristallisieren, daß grundsätzlich 10 bis 15 interne Produkte ausreichen, um das Spektrum der allgemeinen Verwaltung abzubilden. Ein Mehr an Produkten würde ggf. der Differenzierung des Geschäftsverteilungsplanes entsprechen, ist aber aus Sicht der KLR nicht mehr steuerungs- und führungsrelevant. Der Versuch, Details steuern zu wollen, würde zu einem „Steuerungs-Overhead" führen, der dem Grundsatz einer wirtschaftlichen KLR entgegenliefe.

4.5 Die Leistungsrechnung in der Standard-KLR

Wesentlich für die Bildung der Produkte ist auch die Verbindung zu einer Leistungsrechnung. Soweit den Verwaltungsprodukten keine Erlöse gegenüberstehen, sind andere Effizienzkriterien an die Verwaltungs- und Dienstleistungsprodukte anzulegen als der bloße Erlösmaßstab. Dies soll über die Definition von Qualitäts- und Leistungsvorgaben erfolgen. Die Leistungsrechnung soll den Führungskräften der Verwaltung Maßstäbe an die Hand geben, was zu beachten ist, damit alle Betroffenen mit dem erstellten Produkt zufrieden sind.

In der Standard-KLR (S. 71 bis 74) sind die Grundzüge einer Leistungsrechnung, aufbauend auf dem sogenannten 3-E-Konzept, beschrieben. Dieses kleine Kapitel wird der Bedeutung der Materie nicht gerecht. Aus Gründen des besseren Verständnisses wollen wir das Konzept von Economy, Efficiency und Effectiveness im Zusammenhang mit dem Berichtswesen (unten, S. 206) darstellen.

Die gedankliche Aufteilung des Verwaltungshandelns in Kostenrechnung, Leistungsrechnung und Wirkungsrechnung bringt eine Systematik in die Steuerungsgrößen der Behörde. Der Vorteil dieser Systematik wird dem Projektteam in den Diskussionen mit den Berichtsempfängern und Führungskräften deutlich. Erstmals lassen sich die Antworten auf die Frage „Welche Größen und Kriterien brauchen Sie zur Steuerung Ihres Bereiches?" in einen logischen Zusammenhang bringen. Gleichzeitig kann die Vollständigkeit der Steuerungsgrößen überprüft und die Verbindung zwischen politischen Zielen und operativen Produkten über die verschiedenen Stufen von Wirkung und Leistung, von Produktbereich, Produktgruppe und Produkt nachgezeichnet werden.

Sämtliche Steuerungsgrößen, die in dieser Form erarbeitet werden, sollten quantifizierbar sein. Um zu solchen quantifizierbaren Größen zu gelangen, müßten sich das Projektteam und die jeweiligen Produktverantwortlichen fragen, was eigentlich die Qualität des Produktes ausmacht. Die Frage nach der Qualität führt automatisch zu der Frage, wie man Qualität messen kann. In der Standard-KLR (S. 73 f.) finden Sie Hinweise zum Aufbau der Qualitätsindikatoren. In der nachstehenden Tabelle sind einige Beispiele aufgeführt, wie sie auch in den Produktsteckbriefen der Standard-Produkte enthalten sind:

Indikator	Meßgröße
Aktualität	• Reaktions- und Bearbeitungszeit • Zugriffsgeschwindigkeit
Verständlichkeit	• Subjektive Einschätzung (z.B. durch Befragung erhebbar) • Fehlerquote ausgefüllter Formulare • Rückfragequote • Subjektives Verhältnis von Unterstützungsaufwand und Entscheidungsaufwand
Zufriedenheit des Produkt- bzw. Leistungsempfängers	• Subjektive Einschätzung (durch Befragung erhebbar) • Quote der Wiederholungsfragen • Quote/Anzahl der Beschwerden
Einhaltung fachlicher/rechtlicher Standards	• Fehlerquote • Beschwerde-/Reklamationsquote
Termintreue	• Quote der Terminüberschreitungen • Quote der Fehler bei der Terminplanung • Einhaltung des gesetzten Zeitraumes
Erreichbarkeit	• Quote erfolgloser Kontaktaufnahmen • Öffnungszeiten/-stunden
Zuverlässigkeit	• Reaktionszeit • Fehlerquote • Durchlaufzeit
Richtigkeit	• Erfolgsquote bei gerichtlicher/außergerichtlicher Regelung • Fehlerquote • Häufigkeit der Überarbeitung
Zufriedenheit bei Personalangelegenheiten	• Personalbleiberate/Fluktuationsrate • Anzahl/Quote interner Aufsteiger • Wiederbesetzungsquote • Schulungsquote (DM oder Std. pro Mitarbeiter) • Krankenstand
Freundlichkeit	• Subjektive Einschätzung (durch Befragung erhebbar)

Tabelle 2.1: Qualitätsindikatoren

Der Phantasie ist an dieser Stelle keine Grenze gesetzt. Die Diskussion über die Meßbarkeit von Qualität führt in den meisten Behörden erfahrungsgemäß zu interessanten Einblicken in das Selbstverständnis der Aufgabenerfüllung. Es ist daher eine wichtige Funktion der Behördenleitung und vor allem des KLR-Mentors, die Ergebnisse dieser Diskussion mit den Zielen der Behörde und der KLR-Einführung abzustimmen. Vielleicht wird dabei deutlich, daß eine bislang als wichtig erachtete Aufgabe vollkommen an der Zielgruppe und ihren Bedürfnissen vorbeigeht. Derartige Erkenntnisse lösen dann häufig das Gefühl aus, in den letzten Jahren alles falsch gemacht zu haben.

Deswegen kommt dem Projektteam in dieser Phase eines KLR-Projektes zusätzlich zur fachlichen Arbeit auch eine schwierige Kommunikationsaufgabe zu. Meßbarkeit der eigenen Arbeit ist für viele Mitarbeiter eine neue Betrachtungsweise. Die Messung der Produktqualität wird teilweise als die Messung der eigenen Leistungsfähigkeit mißverstanden. Daher ist der Widerstand gegen diese Art der Betrachtung zwar verständlich, aber ohne Qualitätsbetrachtung gibt es keine Gewähr dafür, daß die Aufgabenerfüllung durch die öffentliche Verwaltung den Bedürfnissen der Empfänger, der Bürger und der Politiker gerecht wird.

Der Vorwurf, Steuergelder für Dinge (und Dienstleistungen) auszugeben, die niemand haben will, bliebe im Raum. Wir sehen daher die Leistungsrechnung nicht als akademische Übung an, sondern als ein Instrument, die Leistungsfähigkeit der öffentlichen Verwaltung transparent zu machen und die Kunden von der Qualität der Leistungen zu überzeugen. Die Leistungsrechnung ist dabei ein Instrument, sich selbst über die Sinnhaftigkeit und Zweckmäßigkeit der Produkte Klarheit zu verschaffen.

5. Die Leistungsverrechnung

Bei der Definition der Produkte wird zwischen internen und externen Produkten unterschieden, je nachdem ob der Empfänger der Produkte innerhalb oder außerhalb der betrachteten Behörde steht. Aufbauend auf dieser Unterscheidung wird auch bei der Verrechnung der erbrachten Leistungen und Produkte nach innerbehördlicher und zwischenbehördlicher Leistungsverrechnung differenziert.

5.1 Die innerbehördliche Leistungsverrechnung

Die Grundüberlegung bei der innerbehördlichen Leistungsverrechnung ist die sogenannte verursachungsgerechte Zurechnung aller angefallenen Kosten auf die Kostenträger. Mit diesem allgemeinen Satz der BWL fängt das Dilemma an. In der klassischen KLR des Industriebetriebes wurde diese Verrechnung über den sogenannten Betriebsabrechnungsbogen zwischen den verschiedenen Kostenstellen vorgenommen. Es wurden Kosten kontrolliert, und jeder hatte den Bezug zu einem Endprodukt vor Augen. Jeder wußte, wenn er die Kosten in seiner Kostenstelle kontrolliert, dann wird auch das Auto, das vom Band läuft, am Ende billiger. So simpel ist es heute nicht mehr. Der Zusammenhang zwischen einer effizienten Erstellung von ministeriellen Erlassen und der Fachaufsicht über den nachgeordneten Bereich ist höchst abstrakt und komplex. Es ist daher schwierig, mit einem einfachen Instrument wie dem der Kostenstellenrechnung mittels Betriebsabrechnungsbogen diese Zusammenhänge abzubilden.

Deshalb wird in der Standard-KLR eine Methode der internen Leistungsverrechnung vorgeschlagen, die auf Selbständigkeit und Eigenverantwortung in möglichst vielen Bereichen der öffentlichen Verwaltung abzielt: Leistungsverrechnung über interne Produkte.

Mit der Standard-KLR soll eine Weiterentwicklung der industriellen KLR in die öffentliche Verwaltung implantiert werden, die in einigen Konzernen bereits die klassische Verrechnungssystematik mittels Betriebsabrechnungsbogen abgelöst hat. Auch soll mit Hilfe der internen Produkte ein Bewußtsein für die kostenverursachenden Zusammenhänge geschaffen werden. Daher geht es bei der innerbehördlichen Leistungsverrechnung weniger um die Feststellung, daß etwas soundso teuer ist, sondern vielmehr um die Aussage, *warum* etwas so teuer ist und welcher verursachungsgerechte Zusammenhang der Verrechnung zugrunde liegt.

Diese Zusammenhänge sollen durch Transparenz und Selbstverantwortung bei den einzelnen Verantwortlichen zwar langsam, aber dafür stetig und nachhaltig entstehen. Daher wird der Weg über die internen Produkte und über einen Preismechanismus genommen. Abgelehnt wird ein dirigistischer Eingriff über Prozeß- und Organisationsuntersuchungen, die auf Widerstand stoßen und Unfrieden schaffen würden. Bei der Erarbeitung der Standard-KLR stand im Mittelpunkt, daß die Verantwortlichen in eigener Regie und auf ihrer jeweiligen Autonomieebene selbst zu Einsichten gelangen sollen, die die Wirtschaftlichkeit der öffentlichen Verwaltung verbessern.

Oberflächlich betrachtet kommt es bei der innerbehördlichen Leistungsverrechnung der Standard-KLR zu einem Durcheinander von Kostenstellenrechnung und einem preisbasierten Verhandlungsverfahren mit internen Produkten. Wir wollen hier versuchen, Ordnung in dieses Durcheinander zu bringen.

Interne Produkte sollen helfen, organisationsinterne Marktbeziehungen mit der charakteristischen Wettbewerbsorientierung und eine Dienstleistungsmentalität zwischen den internen Servicebereichen und den Produktverantwortlichen aufzubauen. Während in der traditionellen Kostenstellenrechnung die Kosten für interne Serviceleistungen am Periodenende zusammengestellt und dann automatisiert verteilt werden, liegt dem Konzept der internen Produkte eine Preisverhandlung zu Periodenbeginn zugrunde. Die jeweils ausgehandelten Preise können, müssen aber nicht die tatsächlich anfallenden Preise widerspiegeln. Zum Beispiel ist es denkbar, daß eine interne Servicestelle ihre Leistungen zu einem nicht kostendeckenden, niedrigeren Marktpreis anbietet. Für Zusatzleistungen, Eilaufträge und dergleichen können im Gegenzug dann auch höhere als nur kostendeckende Preise vereinbart werden. Ziel ist es, daß sich die internen Servicestellen eng an den Bedürfnissen ihrer behördeninternen Nachfrager ausrichten und diese wiederum mit der Inanspruchnahme der internen Leistungen sparsam umgehen.

Nicht vorgesehen ist allerdings, daß die Produktverantwortlichen verstärkt auf private Angebote zurückgreifen, während intern vorgehaltene Kapazitäten nur unzureichend ausgelastet sind.

In der nachstehenden Tabelle sind einige Aspekte für die Leistungsverrechnung zusammengestellt:

	Kostenstellenrechnung	**Interne Produkte**
Charakteristika	• Kosten für die Serviceleistungen werden am Periodenende errechnet und automatisch aufgrund der festgelegten Verrechnungssystematik auf nachgelagerte Kostenstellen verteilt • Nachdem alle Vorkostenstellen kostenräumend auf die Endkostenstellen sich entlastet haben, erfolgt eine Umlage auf die externen Produkte • Die Gemeinkostenproblematik wird allein auf die Produktverantwortlichen verlagert	• Produktpreise für die Serviceleistungen werden (zu Periodenbeginn) festgelegt • Interne Verrechnung erfolgt nur bei Nachfrage durch die „Verwender"; keine automatische Verteilung • Gemeinkostenproblematik wird zu einer Managementaufgabe in der Kostenstelle (Deckung der Kosten durch die verrechneten Leistungen)
Vorteile	• Kosten für Serviceleistungen werden in den Kostenstellen bekannt • Einfacher Mechanismus der Kostenweiterbelastung/Überwälzung auf andere Kostenstellen und Produkte	• Motivation zur internen Vermarktung der Leistungen • Ständige Vergleichbarkeit mit externen Anbietern • Schärfung des Kostenbewußtseins bei leistender und empfangender Stelle
Risiken	• Gemeinkostenzuschläge verleiten zu einer Bequemlichkeit im Umgang mit den Kosten	• Hoher Abstimmungsbedarf • Der Umgang mit dem Preismechanismus muß erst gelernt werden, sonst Gefahr des Aufbaues von mehrfacher Kapazität
Voraussetzungen	• Es wird unterstellt, daß Leistungserstellungszusammenhang zwischen den Kostenstellen besteht und durch Schlüsselungen und Umlagen verursachungsgerecht abgebildet werden kann	• Die Produktverantwortlichen müssen eine Entscheidungsfreiheit haben, die Serviceleistungen überhaupt zu nehmen bzw. haben einen Einfluß auf Umfang und Qualität der Serviceleistung
Anwendungsempfehlung	• Einführungsphase und frühe Wirkbetriebsphase	• Spätere (geübte) Wirkbetriebsphase

Tabelle 2.2: Leistungsverrechnung

Es versteht sich von selbst, daß die Einführung eines Preismechanismus in der öffentlichen Verwaltung nicht von heute auf morgen realisiert werden kann. Insofern sind Stufenmodelle und die sukzessive Einführung dieses Verfahrens angebracht, um den Umgang mit dem Instrument zu erlernen. Es bietet sich dabei an, auf die einfache Unterscheidung zurückzugreifen von

- Umlage,
- Verrechnung und
- Preis.

In der einfachsten Art reicht es, für die internen Produkte Schlüsselungen zu finden, die grundsätzlich akzeptabel sind und den Gedanken der Verursachungsgerechtigkeit erfüllen. So könnte das Produkt „Betriebswirtschaftliche Steuerung/Haushalt" aufgrund des Schlüssels „Kostenvolumen der Kostenstelle" anteilig zugerechnet werden; Produkte des Personalbereichs werden nach „Anzahl der Köpfe", IT-Leistungen nach „Anzahl PC" verteilt. Jeder in der Organisation erhält einen Kostenblock, wenn er das Kriterium der Umlage erfüllt – unabhängig davon, ob er die Leistung nutzt oder nicht.

In einer zweiten Stufe der Genauigkeit wird die Verrechnung auf diejenigen erstreckt, die die Leistung auch tatsächlich genutzt haben. Während bisher alle Mitarbeiter mit dem Kostensatz „Kosten für die Personalverwaltung" bedacht wurden, erhalten nun nur die „Betroffenen" die Kosten zugerechnet, bei denen das Personalreferat z.B. eine Arbeitsplatzbewertung durchgeführt hat. Ziel ist es, den Kreis der Leistungsempfänger genau zu treffen und ihnen die Kosten in der Höhe zu belasten, wie sie in der abgebenden Kostenstelle auch angefallen sind. Die abgebende Kostenstelle „entlädt" sich auf die Leistungsempfänger. Das Risiko, zu hohe Kosten auszuweisen, wird also auf die Empfänger verlagert. Soweit sich die Empfänger nicht wehren, ist dieses Vorgehen in Ordnung. Da die Verrechnungspreise weder eine Über- noch eine Unterdeckung in der leistenden Kostenstelle hervorrufen sollen, kann es zu nachträglichen Preisanpassungen kommen, wenn sich im Periodenverlauf z.B. die Menge der Leistung oder die Kosten der Ressourcen ändern.

Aber KLR soll u.a. auch die Veränderung der Organisation und des Verhaltens unterstützen. Um zukünftig die Kosten zu senken und die Qualität zu erhöhen, soll ein Auftraggeber-Auftragnehmer-Verhältnis zwischen den verschiedenen Teilen der Behördenorganisation aufgebaut werden. Der Preismechanismus unterstützt diese Entwicklung. Wesentlich bei der Anwendung von Preisen in einer Organisation ist allerdings die Aufteilung der Verantwortung. Auf der einen Seite dürfen die Preise nicht so hoch sein, daß die Empfänger der bepreisten Leistung frustriert alles hinnehmen. Andererseits sollten die Preise nicht so niedrig sein, daß die abgebende Kostenstelle die Kosten sammelt und es zu keinen Konsequenzen kommt. Unter dem Stichwort der pretialen Lenkung findet der interessierte Leser weitere Details in den Lehrbüchern zur KLR. Eingebunden ist die Verrechnungs- und Steuerungssystematik in eine Führungsphilosophie mit der Frage: Wer trägt die Verantwortung für eine Kostenüber- oder -unterdeckung?

Gerade durch den bewußt geschaffenen Zielkonflikt zwischen empfangender Kostenstelle, die die Kosten der bezogenen Leistung möglichst gering halten möchte, und der leistenden Kostenstelle, die am liebsten mehr verrechnen will als es sie selber in der Herstellung gekostet hat, sollen sich theoretisch die Effizienzvorteile ergeben.

Neben dem gerade skizzierten verhaltensorientierten Ansatz der sukzessiven Einführung von internen Produkten und Preisen ist auch ein technischer Aspekt von Bedeutung: die KLR-Software.

Es zeigt sich in Implementierungsprojekten leider immer wieder, daß die Softwareberater zwar ihre Software kennen und beherrschen, aber nicht wissen, *warum* ein betriebswirtschaftliches Instrument verwendet wird. Gerade bei den internen Produkten ist das ein Problem. Die Datenmodelle der Software und die mentalen Modelle der Softwareberater sind darauf ausgerichtet, die Daten und Zahlen möglichst ohne übermäßige Rechnerbelastung zu verrechnen. Einfach und gut sollen die Lösungen sein. Aber die Standard-KLR ist nicht angetreten, um vorgefertigte Lösungen pauschal zu übernehmen. Die Standard-KLR ist Bestandteil eines Veränderungsprozesses. Daher ist gerade bei der Verrechnung interner Leistungen die Wirkung der Verrechnungsart auf die Motivation der davon betroffenen Mitarbeiter zu berücksichtigen. Dieser verhaltensorientierte Ansatz kann dazu führen, daß Preise für Leistungen gebildet werden, nur um die Produktverantwortlichen gegenüber den Kostenstellenverantwortlichen aufzuwerten und langsam eine organisatorische Änderung zu bewirken. Diese Änderung bewirkt eine Aufwertung derjenigen, die Produkte und Wirkungen erzielen wollen gegenüber denjenigen, die eine Organisationseinheit verwalten.

Auch müssen Preise, Leistungen und Qualitäten Bestandteil entsprechender Zielvereinbarungen werden, damit die Verantwortung für Organisationseinheiten um die Verantwortung für bestimmte Produkte erweitert wird. Daher sind bereits bei der KLR-Einführung Vorstellungen und Ideen zu einer umfassenden Nutzung der KLR unverzichtbar. Die Softwareberater müssen vom Projektteam in eine Denkhaltung getrieben werden, die die zukünftige Nutzung der KLR nicht behindert. Dies kann dazu führen, daß sich vorgefertigte Datenmodelle einiger Softwareanbieter für zukünftige Anpassungen als nicht geeignet erweisen. Leider kommen die meisten Implementierungsprojekte zu dieser Erkenntnis erst, wenn die Implementierung abgeschlossen ist. Hinterher merkt man, was alles vergessen wurde. Beispiele hierfür sind:

- Keine Integration von Reisekostenbewirtschaftungssystemen
- Ersatz von selbstgestrickten Fachanwendungen durch Vorgangsbearbeitungssoftware bzw. Workflow-Systeme
- Integration von Personalbewirtschaftungsfunktionen
- Integration von Auftragsbearbeitungssystemen und einer damit einhergehenden genaueren, auf Einzelvorgängen basierten Steuerung
- Zusätzliche Steuerungsebenen wie Ziel- und/oder Kundengruppen, Themenbereiche und weitere Kriterien der politischen Steuerung

Gerade den letzten Punkt werden wir im Berichtswesen auf S. 202 ff. nochmals aufnehmen.

5.2 Die zwischenbehördliche Leistungsverrechnung

In der Standard-KLR (S. 94 und 95) sind nur wenige Aussagen zu einer zwischenbehördlichen Leistungsverrechnung getroffen worden. Wie die laufenden KLR-Implementierungsprojekte beweisen, besteht hier jedoch ein großer Weiterentwicklungsbedarf.

Die Probleme fangen bei der Definition an, welche Leistung ausgetauscht wird und wie dies dokumentiert werden sollte. Bisweilen hat sich die Verwaltung daran gewöhnt, sich gegenseitig nach Aktenlage zu beauftragen. Die Informationen in diesen Aktenvermerken oder auch nur die Information über den Vollzug einer Leistung sind für eine KLR-relevante Verrechnung derart aufzubereiten und in eine IT-System einzugeben, daß die Kosten für diese Produkte überhaupt transparent werden.

Eine Leistungsverrechnung erfolgt erst, wenn die Informationen ausschlaggebend für die innerbehördlichen Entscheidungen werden. Wenn beispielsweise eine Behörde fünf Mitarbeiter zur FH Bund zu einem KLR-Lehrgang schickt, dann muß das KLR-System der Behörde „wissen", von welcher Kostenstelle wieviele Mitarbeiter zu welchem Preis an welcher Art der Fort- und Weiterbildung teilgenommen haben. Wenn dies die KLR'ler der Behörde waren, dann könnten die Kosten zusätzlich auf das Projekt „KLR-Einführung" gebucht werden. Bei einem integrierten Personalplanungssystem würde dann automatisch für die Dauer des Lehrganges auch die Kostenstellenkapazität angepaßt werden.

Gleichzeitig müßte dem KLR-System der FH Bund „mitgeteilt" werden, welcher Lehrgang von welchem Ressort bzw. welcher Ziel- oder Kundengruppe wieder zu Erlösen geführt hat. Die einfachste Methode der „Mitteilung" wäre eine Art Auftragsbestätigung bzw. Rechnung, die im Rahmen der Betriebsdatenerfassung in das KLR-Software-System eingegeben wird. In der KLR-Software wären dann auch die internen Ressourcen der FH Bund transparent – und zwar verteilt auf die steuerungsrelevanten Größen der Lehrgänge. Durch Gegenüberstellung der Auslastungsquote von Lehrgängen und den Kosten dieser Lehrgänge könnte die FH Bund dem KLR-Ziel einer wirksamen Planung, Steuerung und Kontrolle näher kommen.

Eine echte Ressourcensteuerung erfolgt allerdings im Rahmen einer zwischenbehördlichen Leistungsverrechnung erst, wenn eine weitere Voraussetzung erfüllt ist: Die Produkte müssen die Objekte der Entscheidungsfindung der jeweiligen Behörde sein.

Führt man das Beispiel zum Lehrgang bei der FH Bund fort, so zeigt sich: Solange die Steuerung der FH Bund anhand des eigenen Haushaltstitels erfolgt, ist die zwischenbehördliche Leistungsverrechnung auf Ebene des Informationsaustauschs ausreichend. Sobald aber die Steuerung der jeweiligen „KLR-Behörde" outputorientiert erfolgt, werden die Fragen der Kosten je Produkt relevant. Dann würde es auch eine Rolle spielen, ob die FH Bund ihre Produkte (Seminare, Lehrgänge, Ausbildungsgänge, etc.) einer anderen Behörde anbietet oder so gut ist, daß auch private Unternehmen Lehrdeputate abkaufen würden. Über den Preis wären dann zusätzliche Steuerungseffekte für die Produkte zu erzielen. So könnte ein Seminar, daß ein junger Lehrbeauftragter hält, billiger sein als das vergleichbare Seminar eines ausgewiesenen Fachmanns. Der Preis erhielte die Funktion einer Steuerung der Kapazitätsausnutzung. Weitere Funktionen des Preises (z.B. das Signalisieren von Qualität) sind ebenfalls denkbar.

Die Frage, die sich daran anschließt, ist derzeit in der Standard-KLR nicht gelöst: Wie sieht der Finanzbedarf der Behörde mit und ohne zwischenbehördlicher Verrechnung aus?

Wie bereits am Anfang dieses Teiles dargestellt, ist das Thema der Konsolidierung zwischen den Behörden eines Ressortbereichs bei der Entwicklung der Standard-KLR ausgespart worden. Gerade hier bei der zwischenbehördlichen Leistungsverrechnung macht sich das fehlende Konzept bemerkbar. Als Anforderungen an ein derartiges Steuerungskonzept sollten definiert werden:

- Jederzeitige Ableitung des finanziellen Bedarfs für den Bezug von Ressourcen aufgrund der produktorientierten Informationen der KLR
- Jederzeitige Ableitung des finanziellen Erlöses für die Abgabe von Produkten an die verschiedenen Zielgruppen
- Stichtagsgenaue Zusammenführung der finanziellen Größen
- Primäre Steuerung der Leistungserstellung durch die KLR-Informationen hinsichtlich Effizienz und Effektivität
- Sekundäre Steuerung der Behörden (bzw. des Ressorts) nach Kriterien der Liquidität durch ein finanzwirtschaftliches Steuerungssystem

Die praktische Ausgestaltung dieser Anforderungen wird jedoch von einer generellen Entscheidung abhängen: Entweder soll zwischen den Behörden tatsächlich Geld fließen, vergleichbar dem Geschäftsverkehr zwischen Unternehmen, oder es werden die buchmäßigen Beträge der KLR über eine Art von Clearingstelle geleitet und nur die Nettopositionen ausgetauscht.

Für das erste Modell steht die einfache Handhabung, für das zweite Modell die Vernunft. Wir erwarten allerdings eine Mischlösung nicht zuletzt wegen des sich über mehrere Jahre hinziehenden Prozesses der KLR-Einführung in der Mehrzahl der Bundesbehörden und der in den Köpfen vieler Verantwortlichen festsitzenden Angst, sie könnten eine Behörde nicht mit KLR-Informationen steuern.

Ein Blick in die Praxis der finanzwirtschaftlichen Steuerung von Konzernen zeigt derartige Mischlösungen auf. Alle national und international tätigen Konzerne rühmen sich, daß sie eine KLR und ein Controlling in allen Unternehmensteilen hätten, aber eine effiziente finanzwirtschaftliche Planung und Abstimmung zwischen den Konzerntöchtern auf Basis der KLR weisen nur wenige auf. Die meisten bedienen sich eigener Clearingstellen oder Banken, die für die Tochtergesellschaften des Konzerns die Aufgabe einer effizienten finanzwirtschaftlichen Steuerung übernehmen.

Die entsprechenden Stichworte der Praxis sind Pooling und Netting. Mit Pooling wird die Zusammenfassung der Zahlungssalden auf einem Konto bezeichnet. Dies geschieht prinzipiell durch Einschaltung eines Kreditinstitutes, d.h. Anzahl und Umfang von Zahlungsbewegungen zwischen den Tochtergesellschaften werden vermindert, indem sämtliche Zahlungen über ein Konto einer Abwicklungsstelle geleitet werden. Für die finanzwirtschaftliche Effizienz in einem konzernähnlichen Verbund sorgt jedoch das Netting. Dabei werden Forderungen und Verbindlichkeiten an eine zentrale Stelle „geschickt" und gegenseitig aufgerechnet. Teilweise braucht dann nur eine Nettoposition ausgeglichen zu werden. Insbesondere wenn verschiedene Fremdwährungen gegeneinander aufgerechnet werden, ergeben sich Vorteile aufgrund der geringen Umtauschaktionen und der verminderten Wechselkursrisiken.

Insgesamt stehen ausreichend Vorbilder zur Verfügung, um die zwischenbehördlichen Leistungsverrechnung effizient zu gestalten, ohne daß deshalb der Finanzstatus bzw. der Haushalt der Bundesrepublik unübersichtlich würde. Ganz gleich aber, welche Konzeption noch für die Bundesbehörden bzw. die öffentliche Verwaltung erarbeitet wird, die Steuerung der Produkte und der Erstellung ausschließlich nach Kriterien der Liquiditätslage hat mit Einzug der Standard-KLR ausgedient.

6. Die Verarbeitungsmodule der Standard-KLR

Als Verarbeitungsmodule werden in der Standard-KLR definiert:
- Kosten- und Leistungsartenrechnung
- Kosten- und Leistungsstellenrechnung
- Kosten (und Leistungs-)trägerrechnung
- Systematik der KLR

Bisher haben wir diese Bestandteile isoliert beschrieben. Die Folge einer isolierten Beschreibung kann sein, daß das Projektteam die einzelnen Bestandteile unabhängig voneinander bearbeitet und Listen und Systematiken wie Kostenarten-, -stellen- und -trägerplan getrennt in eine Software eingibt.

Aber damit ist der eigentliche Sinn der KLR nicht erreicht. Wer die KLR-Einführung als einfache Übung der Renummerierung und Neusystematisierung betrachtet, wird an dieser Stelle abbrechen. Wenn es um den eigentlichen Zweck der Standard-KLR geht, fängt die Arbeit aber erst an.

Mit „Systematik der KLR" wird die besondere Art der Verrechnung, Zurechnung und gegenseitigen Abstimmung und Betrachtung bezeichnet. Der Begriff „Kostenrechnungssystem" würde hier sicher besser passen.

Mit dem Verarbeitungsmodul wird in der Systematik der KLR noch einmal das aufgenommen, was mit Hilfe der Aufgabentypologisierung und der Auswahl der richtigen Kostenrechnungssysteme aus der Tool-Box (s. oben, S. 155 ff.) begonnen wurde.

Bei der präferierten flexiblen Plan-Kostenrechnung werden die Produkte mit Hilfe der Kostenträgerrechnung betrachtet und analysiert sowie die Auswirkungen auf Kapazität und Fixkosten im Rahmen der Kostenstellenrechnung untersucht. Ein weiterer Detaillierungsgrad hängt von der Entscheidung ab, ob hinsichtlich der Kapazitätssteuerung nach fixen oder variablen Kosten unterschieden werden soll (flexible Plankostenrechnung) oder ob zusätzlich die Produktbetrachtung mittels Deckungsbeitragsrechnung Schwerpunkt der Analyse ist.

Die Systematik der KLR hat auch Auswirkungen auf die anschließenden Auswertungsmodule. Je nach Mittelpunkt der Analyse werden im Berichtswesen eher Prozesse oder eher Produkte mit ihren Kosten oder Deckungsbeiträgen abgebildet. Insofern ist das Modul „Systematik der KLR" nur eine bestimmte „Brille", durch die dann die Rechnungen und Auswertungen betrachtet werden.

Ebenso wie die verwendeten Kostenrechnungssysteme anhand der Aufgabentypologisierung bestimmt wurden, ist auch der Zeitbezug der Kostenrechnungssysteme festzulegen. Eine Ist-KLR ist unbestritten. Ziel ist es, die tatsächlich entstandenen betrieblich-operativen Daten in eine Systematik zu bringen, die eine wirkliche Steuerung der öffentlichen Verwaltung erlaubt. Um die Steuerung von Periode zu Periode von den Zufälligkeiten des Lebens zu befreien und unbillige Schwankungen zu normalisieren, hat die Betriebswirtschaftslehre eine Durchschnittsbildung in die KLR eingeführt und als Normalkostenrechnung bezeichnet. Aus dem Vergleich der Ist- und der Normalkosten können erste Abweichungsursachen analysiert werden.

Leider hat die Praxis der Haushaltsaufstellung bei vielen Mitarbeitern der öffentlichen Verwaltung zu dem mentalen Modell geführt, wonach die Aufstellung von Vergangenheitswerten zuzüglich eines beabsichtigten Auf- oder Abschlages bereits als Planung angesehen wird (vgl. *Zdrowomyslaw*, Kosten-, Leistungs- und Erlösrechnung, S. 140 bis 142; zum Begriff des „mentalen Modells" vgl. *Senge*, Die Fünfte Disziplin, S. 213 bis 250).

Hier besteht jedoch ein Mißverständnis. Planung heißt nicht, die Vergangenheiten zu extrapolieren. Planung heißt, die Erreichung von Zielen kosten- und leistungsmäßig vorwegzunehmen. Somit ist also *Adam* (Philosophie der Kostenrechnung, S. 273) zuzustimmen, wenn er postuliert: „Kostenbewußtsein ist wichtiger als Kostenrechnung – glaube nie an geplante Kosten, senke sie!"

Bei der Betrachtung der Systematik der KLR und den folgenden Auswertungen kommt es nicht auf die bloße Planeinhaltung an. Wichtiger ist die Zielerreichung und die genaue Kenntnis der Abweichungsursachen. Darin liegt der Unterschied zu einer Zentralverwaltungswirtschaft, die zwar auch von Plänen und Planerreichung spricht, aber davon ausgeht, daß in der Einhaltung des Planes bereits der richtige Weg liegt. Hingegen sind wir von einer Führungsphilosophie angetrieben, bei der es um die Erreichung bestimmter Ziele und Wirkungen geht und die KLR dabei die Erkenntnisse liefert, warum es zu Abweichungen gekommen ist.

Und genau diese Betrachtungsweise läßt die Kostenarten-, -stellen- und Kostenträgerrechnung zu dem werden, was sie sein soll: eine systematische Zusammenstellung der KLR-Informationen zur Steuerung und Führung, zur Erreichung der sich selbst gesetzten Ziele.

Die Systematik der flexiblen Plan-Kostenrechnung als einem Herzstück der qualitätsorientierten Plan-KLR eröffnet damit nicht nur ein komplexes Instrumentarium betriebswirtschaftlicher „Hin- und Herrechnerei". Mit der Systematik von Ist-, Normal-, Standard-, Soll- und Plan-Kosten, der entsprechenden Abweichungsanalysen und der Einbeziehung in die operative und strategische Planung von Produkten und einer stringenten Behördenentwicklung geht eine Veränderung des Führungsverhaltens einher. Führung wird dann zu einer zukunftsgestaltenden Aufgabe statt der Perpetuierung momentaner Defizite aus Haushalts- und Personalplänen. Führung und Planung werden zu einer proaktiven Gestaltung der Umfeldbedingungen mit allen Chancen und Risiken, die einer strategischen Sichtweise zukommen.

7. Das Berichtswesen

7.1 Noch ein Berichtswesen in der Verwaltung?

Der öffentlichen Verwaltung wird häufig vorgeworfen, daß sie Papier produziere und sich immer wieder gegenseitig mit Stellungnahmen und Berichten eindecke. Es ist daher eine berechtigte Frage, warum nun auch die Standard-KLR ein Berichtswesen erfordert.

Das Berichtswesen der Standard-KLR soll der Verwaltung aufzeigen, wie die nahezu unübersichtliche Menge an Informationen geordnet werden kann. Wichtiger als Ordnung ist jedoch, daß die Ziele der KLR, wie Transparenz und Vergleichbarkeit, ohne ein geeignetes Medium nicht erreicht werden können. Dieses Medium wird in den meisten Fällen (noch) ein Bericht auf Papier sein. Papier ist deswegen geeignet, weil die Verwendung eines PC häufig dazu führt, Analysen und Details bis zur Unkenntlichkeit genau zu machen. Wer einmal die Freude hatte, gleichzeitig auf alle im PC vorhandenen Daten in beliebiger Detaillierung zugreifen zu können, wird Tage damit verbracht haben, die Zahlenkolonnen aufzubereiten. Im Ergebnis sind dann allerdings keine Aussagen generiert worden, sondern nur „Zahlenfriedhöfe".

Die Kunst des Berichtswesens besteht daher in einer Strukturierung der im IT-System abgebildeten Sachverhalte. Die IT liefert nur die Zahlen; Berichte entstehen, wenn die notwendigen Interpretationen hinzukommen. Dafür liefert das KLR-Berichtswesen eine nach einheitlichen Regeln aufgestellte Informationsbasis.

7.2 Die Kennzahlen in der Standard-KLR

Das Berichtswesen der Standard-KLR ist eine Zusammenstellung von Erfahrungen und guten Ratschlägen, damit jede Behörde sich „ihr" Berichtswesen aufbauen kann. In der Praxis bedeutet dies für das Projektteam, daß es viel Geduld mit den zukünftigen Berichtsempfängern haben muß, bis man gegenseitig verstanden hat, welche Informationen benötigt werden.

An dieser Stelle interessiert das Projektteam: Wie machen wir ein Berichtswesen und wo fangen wir an?

Zunächst könnte das Projektteam die einzelnen Kennzahlen der Standard-KLR (S. 99) auf seine Behörde übertragen und über die Sinnhaftigkeit der Aussagen und der Steuerungsrelevanz für die Behörde bzw. die jeweilige Entscheidungsebene nachdenken. Kostendeckungsgrad, Stückkosten und vor allem die Messung der Wirkung von Produkten sind zu hinterfragen. Am besten ist es, wenn das Projektteam bei den Kennzahlen anfängt, die bei der Bildung von Produkten zusammengetragen werden konnten. Durch Prüfung,

1. welche Produkte haben die gleichen Kennzahlen und
2. haben alle miteinander vergleichbaren Produkte auch die gleichen Kennzahlen,

beginnt eine Art von Vollständigkeitskontrolle und gegenseitige Verifizierung.

Die inhaltlichen Zusammenhänge der Produkte, Produktgruppen und -bereiche geben Anlaß genug, über die Verdichtung von Kennzahlen und ihre Sinnhaftigkeit zu spekulieren. So kann es auch Kennzahlen geben, die für ein einzelnes Produkt nicht viel aussagen, aber aus Sicht der politischen Führung geeignet sind, ganze Produktbereiche zu steuern. Der Experimentierfreudigkeit sei hier freien Lauf gelassen, insbesondere dann, wenn es um ein Berichtswesen über mehrere Hierarchieebenen geht.

Bei allen Kennzahlen gibt es ein Problem: Wie kommen die Daten in die Software?

Eine generelle Lösung existiert leider nicht. Softwarehersteller verfügen zwar über Hunderte von Berichten, aber ob sie in der jeweiligen Behörde auch entscheidungsrelevant sind, muß das Projektteam immer selber herausarbeiten. Die nachstehenden Überlegungen sollen dabei eine Gedankenstütze sein.

7.3 Ein Ansatz für ein controllingadäquates Berichtswesen in der Verwaltung

In der wissenschaftlichen Diskussion über ein controllingadäquates Berichtswesen wird der Ansatz vertreten, daß es mit Hilfe einer zielgerichteten Informationsbeschaffung und -verwendung zu einem Austausch zwischen den vertikalen Strukturen einer Verwaltung komme. Der Austausch zwischen „oben" und „unten" ergibt sich danach zum einen aus dem Bereitstellen von Ressourcen gegen entsprechende Leistungen und zum anderen aus der Zubilligung von Autonomie und Handlungsbefugnis im Gegenzug für klare Rechenschaft.

Weniger wissenschaftlich heißt das: Wenn jemand verspricht, eine bestimmte Leistung, ein Produkt, herzustellen, dann erhält er auch die dafür notwendigen technischen, personellen und finanziellen Ressourcen. Er darf das Produkt allein herstellen, muß aber über die Herstellung und vor allem das Ergebnis Rechenschaft ablegen.

In diesem Austauschverhältnis liegt das Erfolgsgeheimnis, damit es durch Dezentralisierung von Ressourcen und Eigenverantwortung nicht zu einem von den Kritikern der KLR befürchteten „Leerlauf der Hierarchieebenen" kommt. Mit dem Berichtswesen ist nicht automatisch die Abschaffung des Dienstweges verbunden.

Das in der Standard-KLR propagierte und dort nur kurz angerissene Berichtswesen hat den Zweck, Beispiele für die Gestaltung und den Umgang mit den Zahlen der Software zu liefern. Die Zielsetzung eines jedes Berichtes wird am ehesten klar, wenn sich das Projektteam auf den Grundsatz einigt, „**kein Bericht ohne Aktion**".

Bei diesem Grundsatz geht es darum, daß es keinen Bericht geben darf, bei dem der Berichtsempfänger nicht analysiert und gegebenenfalls Abweichungen erklärt. Das Ergebnis dieser „Aktion" ist ein neuer, ein kommentierter Bericht für die nächste Hierarchiestufe. Solange diese Rechenschaftslegung funktioniert, solange gibt es Autonomie des Handelns.

Eine leistungsfähige IT-Anwendung liefert derart viele Informationen, daß man dieser Herr werden muß. Gleichzeitig sollte jeder Berichtsempfänger mindestens den Hauch der Führung und Verantwortung spüren. Das bedeutet: Er sollte für den nächsten Berichtsempfänger die Informationen derart verdichten, daß auch dieser führen und steuern kann, ohne sich jedes Detail ansehen zu müssen. Dieser Idealvorstellung kommen die an die Produkthierarchie angelegten Produktberichte sehr nahe. In der Anlage Nr. 6 dieses Buches sind die vom BMF im Rahmen des Fortbildungsprogrammes genutzten Unterlagen zum Berichtswesen enthalten. Dort ist auch ein Beispiel für den Berichts- bzw. Planungskalender mit Hinweis auf möglichen Handlungsbedarf enthalten.

Zukünftig sollte es das Ziel von Führungskräften sein, die Detailarbeit dort zu belassen, wo der Sachverstand ist. Sie selbst sollten sich auf ihre Führungsaufgaben beschränken. Ein geeignetes Instrument hierfür ist der Abweichungs- oder auch Ampelbericht. Dabei erfolgt die Ausgabe des Berichtes nur dann, wenn bestimmte, vorher vereinbarte Parameter, Kriterien oder Grenzwerte überschritten werden. Beispielsweise erhält der Abteilungsleiter nur einen zusammenfassenden Bericht über alle Kostenstellen seiner Abteilung. Sollte jedoch eine Kennzahl vom vordefinierten Wert abweichen (z.B. Kapazitätsauslastung kleiner 50 %), dann erhält er zusätzlich die Auswertung über die Kosten- und Kapazitätsplanung der jeweiligen Kostenstelle. Und diese am besten gleich mit einer Analyse des Kostenstellenleiters: Gemäß Berichtskalender hat er den Bericht zuvor erhalten, so daß er Ursachenforschung betreiben und gegebenenfalls zusätzliche Maßnahmen ergreifen konnte. Seiner Führungskraft signalisiert er damit zugleich, daß er „seinen Laden" im Griff hat.

Bereits an diesem Beispiel wird deutlich, daß Autonomie und Rechenschaft die beiden Seiten einer Medaille sind. Die entsprechende Softwareunterstützung ist auf dem Markt vorhanden. In Form von sogenannten Berichtsgeneratoren, Management Informationssystemen, Decision Support Systems, OLAP-Anwendungen etc. gibt es eine Vielzahl von technischen Lösungen in Verbindung mit oder zusätzlich zur KLR-Software. Hier lohnt sich eine intensive

Suche nach dem geeigneten Tool, am besten mit dem späteren „User" zusammen.

7.4 Die Qualitätsorientierung im Berichtswesen

Die in der Privatwirtschaft verwendeten Kennzahlen wie Cash Flow, Umsatzrentabilität, Gewinn und Eigenkapitalquote sind kaum geeignet, die Leistungsfähigkeit der öffentlichen Verwaltung hinreichend abzubilden. Sie basieren auf finanziellen Zusammenhängen, die in dieser Form nur eingeschränkt zur Interpretation der Leistungsfähigkeit einer Behörde genutzt werden können.

Die Standard-KLR wurde deshalb um das „Tool" der Leistungsrechnung in der Art erweitert, daß auch die Effektivität betrachtet werden soll und die Hinwendung zur Wirkungsrechnung und damit zur sog. Outputbetrachtung eingeläutet wird. Somit ergibt sich auch für Kennzahlen ein erweitertes Einsatzgebiet. Die Wirkungsmessung ist wohl eines der schwierigsten Unterfangen bei Beginn einer KLR-Einführung. Umso wichtiger ist es, Anfangsschwierigkeiten mit Optimismus und Elan zu überwinden und im Projektteam Lösungsansätze zu diskutieren, welche qualitativen und quantitativen Aussagen geeignet sind, die Leistung und Wirkung einzelner Produkte auszudrücken. Ein Ansatz hierzu ist die Frage an die Produkt- und Abteilungsverantwortlichen:

- Nach welchen Kriterien führen Sie Ihren Bereich oder Ihr Produkt?
- Welche Bedingungen müssen eingetreten sein, damit Sie wissen, daß in Ihrem Bereich gut gearbeitet wurde?
- Was ist für Sie Qualität in Ihrer Arbeit und wie muß Ihr Produkt beschaffen sein?

Aus den meist diffusen und unsortierten Antworten destilliert das Projektteam mit der Zeit die Kennzahlen heraus, die für die Beurteilung der Qualität geeignet sein könnten. Durch vergleichende Gegenüberstellung aller Kennzahlen ergeben sich Rückschlüsse nach dem Motto: Für das Produkt A habe ich die Kennzahl „Durchlaufzeit". Warum ist diese Kennzahl nicht auch für das Produkt B geeignet?

Auf diese Weise erfährt die Produktstruktur eine Rückkopplung durch das Teilprojekt Berichtswesen. Diese Anregungen können zu einer Überarbeitung der Produkthierarchie führen. Gleichzeitig werden Produkte identifiziert, die auch hinsichtlich der Kennzahlen miteinander vergleichbar sind. Und zusätzlich wird auf alle Produkte ein vergleichbarer Standard hinsichtlich des Informationsbedarfs und der Steuerungs- und Führungsrelevanz angewandt.

Das hier beschriebene Verfahren ist jedoch weder so kurz, wie dargestellt, noch so endlich. Das Thema der Steuerungsrelevanz von Kennzahlen beschäftigt die Betriebswirtschaft und die Unternehmensführungen dieser Welt derart, daß mit entsprechenden Abhandlungen ganze Bibliotheken gefüllt werden können. So ist es nicht verwunderlich, wenn nach Kurz- und Zusammenfassungen gesucht wird. Eine Methode der Verdichtung von Kennzahlen kann der interessierte Leser unter dem Stichwort „DuPont-Kennzahlensystem" in den Lehrbüchern zur BWL und KLR nachschlagen. Er erfährt dann, wie Umsatz- und Ertragszahlen durch einfache Rechenoperationen im Zusammenhang dargestellt werden.

7.5 Kennzahlenverdichtung durch Bildung eines Indexes

Ein anderer und ggf. ergänzender Weg, entscheidungsorientierte Kennzahlenverdichtungen zu erhalten, ist die Bildung eines Index. Grob gesagt, werden die Bestandteile eines Index untereinander gewichtet und zu einem einzigen Zahlenwert zusammengefaßt. Ziel ist es, mit einer einzigen Zahl die verschiedenen Steuerungsgrößen zusammenzufassen. Um die unterschiedlichen Kennzahl-Dimensionen miteinander vergleichen zu können, bietet sich eine „Normierung" an. Dies sei an einem vereinfachten Beispiel erläutert:

Die Produkte einer Behörde sollen zukünftig nach Kostendeckungsgrad, Planungsgenauigkeit, Zielgruppenzufriedenheit und Quote der nicht-produktbezogenen Tätigkeiten in der Abteilung gesteuert werden.

Der Kostendeckungsgrad kommt aus der KLR ohne Umwege in Form einer Prozentangabe. Die Produktverantwortlichen einigen sich in ihrer regelmäßigen Sitzung darauf, daß eine 50 %-tige Kostendeckung das Maß aller Dinge ist und vergeben dafür 10 Punkte. Bei 40 %-tiger Kostendeckung sei dies noch fiktive 9 Punkte wert. Bei 30 %-tiger Kostendeckung weiß man, daß dann der Staatssekretär unangenehme Fragen stellt und bewertet mit nur 7 Punkten. Auch bei der Planungsgenauigkeit, die als prozentuale Abweichung von Ist-Kosten zu den Plan-Kosten auf Basis der gesamten Kosten je Produkt in dieser Behörde berechnet wird, einigen sich die Produktverantwortlichen auf 10 Punkte, wenn die Planungsgenauigkeit 5 % oder weniger beträgt. Weniger als 8 % sind noch 9 Punkte wert und weniger als 10 % noch 8 Punkte. In gleicher Weise werden die Aussagen aus der regelmäßigen Befragung der Zielgruppe sowie aus der Analyse der nicht-produktbezogenen Tätigkeiten (NPT) gewertet.

Bei den NPT weiß man aus Erfahrung, daß in Abteilungen mit einem zu geringen Wert an nicht-produktbezogenen Tätigkeiten das Klima in der Abteilung schlecht ist und die Mitarbeiter/-innen kaum miteinander kommunizieren. Auch sind die Zuarbeiten und Hilfeleistungen für andere Kostenstellen nicht besonders gut. Ohne in vertiefende Analysen einzusteigen wird deshalb vereinfacht festgelegt, daß bis zu 10 % NPT nur 8 Punkte wert sind, bis zu 15 % jedoch 10 Punkte. Bei mehr als 20 % NPT gibt es allerdings auch nur 8 Punkte.

Die Ergebnisse einer derartigen Bewertung sehen tabellarisch wie folgt aus:

Kostendeckungsgrad		Planungsgenauigkeit		Zielgruppenzufriedenheit		Anteil der NPT	
Kennzahlwert (mehr als ...%)	Punktwert (ergeben ... Punkte)	Kennzahlwert (weniger als ... %)	Punktwert (ergeben ... Punkte)	Kennzahlwert	Punktwert	Kennzahlwert (bis zu ...%)	Punktwert (ergeben ... Punkte)
50	10	5	10	Sehr zufrieden	10	10	8
40	9	8	9	Zufrieden	8	15	10
30	7	10	8	Gut, aber verbesserungsfähig	5	20	8
20	5	12	6	Nicht zufrieden	2	25	6
10	3	15	4	Hoher Verbesserungsbedarf	1	Mehr als 25	1
0	1	20	2				

Tabelle 2.3.1: Kennzahlenverdichtung

In einer anschließenden, häufig kontroversen Diskussion legen die Produktverantwortlichen zusammen mit den Abteilungsleitern fest, wie diese Kennzahlen untereinander gewichtet werden. Beispielsweise einigt man sich auf folgende Gewichtung:

- Kostendeckung: 5
- Planungsgenauigkeit: 2
- Zielgruppenzufriedenheit: 5
- Anteil NPT: 3

Und nun wird es spannend: Der Controller der Behörde lüftet die Zahlen für die Produkte. Die erreichten Werte der einzelnen Produkte werden mit der jeweiligen Punktzahl gleichgesetzt und anschließend mit dem Gewicht der Kennzahl multipliziert. Die erreichten Kennzahlwerte werden dann summiert und als Index ausgewiesen. In der Tabelle 2.3.2 ist dies dargestellt:

Wenn die Behördenleitung nun einen bestimmten Indexwert als Zielvorgabe festlegt, kann die Dringlichkeit des Handlungsbedarfs bei den einzelnen Produkten festgestellt werden. Bei einem Wert von z. B. 95 wäre ausgerechnet bei dem Produkt mit dem höchsten Kostendeckungsgrad auch der höchste Handlungsbedarf gegeben. Insofern hilft der Indexwert den Führungskräften, schnell den Überblick zu bekommen. Andererseits können die Verantwort-

Produkt	Kosten-deckungs-grad	Planungs-genauig-keit	Zielgruppen-zufrieden-heit	Anteil der NPT	Indexwert
	Punktwert	Punktwert	Punktwert	Punktwert	
Gewichtung	5	2	5	3	
A	9	4	5	3	87
B	7	6	6	5	92
C	8	3	8	8	118
D	6	10	4	4	94

Tabelle 2.3.2: Kennzahlenverdichtung

lichen die „Stellhebel" erkennen, mit denen sie steuernd eingreifen können. Unter dem Stichwort „Quality Performance Index" ist dieses Verfahren bei *Coenenberg*, Kostenrechnung und Kostenanalyse, S. 514 ff., beschrieben.

7.6 Die Messung der Produktwirkung

Daß die Messung der Wirkung keine Utopie ist, zeigt ein Beispiel aus der Schweiz. Professor *Buschor*, Mitglied der Regierung des Kantons Zürich und Vorsteher der Bildungsdirektion, berichtet bei seinen Vorträgen über das Verwaltungscontrolling häufig von seinen Erfahrungen bei einer wirkungsorientierten Steuerung mit Hilfe des sogenannten 5-Ebenen-Konzeptes. Uns geht es hier um den Aspekt, wie für die politische Ebene steuerungsrelevante Daten über Bildungseinrichtungen aufbereitet werden können. Siehe dazu nachstehende Tabelle 2.4 auf S. 206.

Ein Papier mit diesen Angaben für jede Bildungseinrichtung erlaubt die Steuerung anhand von vergleichbaren, objektiven und stets gleich gemessenen Kriterien. Nach Bekunden von Prof. *Buschor* hat sich auch die Politik mit einer derartigen Sichtweise angefreundet.

Und warum steht in einem Buch über die KLR ein derartiges Beispiel?

Es soll Ansporn und Ausblick für das sein, was mit der KLR angestoßen wird und anschließend mit Hilfe des Controlling fortgesetzt werden kann. Alle Kennzahlen stammen aus der KLR, bis auf die Zahlen zur Messung der Wirkung auf der Ebene E 2. Und weil die aufgeführten Ziele auch in der Bevölkerung konsensfähig sind, besteht seitens Wählern und Politikern eine gute Akzeptanz für strukturverändernde Maßnahmen.

Das Geheimnis dieses Ansatzes liegt in der einfachen Handhabung betriebswirtschaftlicher Erkenntnisse im Alltag der jeweiligen Behörde. Durch gleichzeitiges Anwenden unterschiedlicher Regeln und Instrumente wird ein maßge-

Kern-fragen	Zielrichtung	Verwaltungs-instrument	Zieldimension (Ebenen)	Beispiele
Wer?	Steuerungsform Ziele	Rahmen-ordnung	E 1 Regulie-rungswirkung	• Rechtsvorschriften und Durchführungs-verordnungen • Anzahl Betroffener (z.B. Schüler aller Bildungs-einrichtungen)
Wozu?	Wirkungsziele Effektivität	Bedarfs-planung	E 2 Ergebnisse (Outcomes)	• Ziel: Qualitativ gute Vorbe-reitung auf den beruflichen Einstieg/Studienbeginn ge-messen mit dem Indikator „Anteil der Gymnasiums-absolventen, die – während ihres Studiums befragt – die schulische Vorbereitung als gut oder besser qualifzie-ren"; Zielwert > 90 % • Ziel: Erfolgreicher Studien-abschluß; Zielwert > 60 %
Was?	Leistungsziele Effizienz	Leistungs-planung	E 3 Leistungen	• Entwicklung der Gesamt-kosten je Schüler je Ausbil-dungseinrichtung • Ziel: Gleichbleibende reale Kosten pro Schüler; gemes-sen in Veränderungsrate in % • Ziel: Reduktion der Kosten je Unterrichts- bzw. Lehr-einheit; gemessen in Ver-änderungsrate in %
Wie?	Prozeßziele Wirtschaft-lichkeit	Ressourcen-planung	E 4 Ressour-cenverbrauch	• Durchschnittliche Kosten je Schüler
Wie-viel?	Finanzierungs-ziele	Budget- und Fiskalplanung	E 5 Haushalts-ausgleich	• Investitionen (absolut, in Relation zu den Einnahmen) • Aufwand und Einnahmen • Deckungsgrad (der Ausgaben)

Quelle: Eigene Zusammenstellung in Anlehnung an *Buschor*, Erfahrungen mit neuen Steue-rungsformen in der Schweiz, Vortrag vom 25./26. Juni 1998, Schloß Biebrich, Wiesbaden.

Tabelle 2.4: „5-Ebenen-Konzept"

schneidertes Konzept für die Verwaltung erarbeitet. Mit dem Grundsatz „only one page to the customer" wird der Informationsgehalt derart verdichtet und visualisiert, daß zur obersten Steuerung einer ganzen Behörde nur eine Seite Papier ausreicht. Grafische Aufbereitungen lockern die Seite auf und zeigen z.B. den Verlauf der Kosten über verschiedene Jahre (Ist- und Plan-Werte).

7.7 Die „balanced scorecard"

Wie in der Standard-KLR angedeutet (S. 71 bis 74), ist die Leistungsrechnung durch qualitative und quantitative Indikatoren zu erweitern. Geld allein macht weder glücklich, noch reicht es zur Beurteilung der Leistung und ihrer Wirkung aus. Um die rein finanzielle Sichtweise zu erweitern, wenden viele Privatunternehmen immer häufiger das Konzept der „balanced scorecard" an. Die Übertragung auf die öffentliche Verwaltung unter diesem Namen steht zwar noch aus, aber die Anwendung der Konzeption beweist der o.g. Schweizer Ansatz. Im Prinzip sind anhand der wichtigsten Zielgruppen einer Organisation wie z.B. Mitarbeiter, Politiker inkl. Haushaltsausschuß, Leistungsempfänger und Bürger, Hausleitung und Öffentlichkeit die relevanten Beurteilungsmaßstäbe zu identifizieren und meßbare Kennzahlen und Indikatoren, ggf. auch Indizes, abzubilden.

Mit dem Instrument der balanced scorecard wird das Ziel verfolgt, auf jeder Entscheidungsebene einer Organisation einen direkten Bezug zu den Gesamtzielen der Organisation herzustellen. Das Besondere an dem Ansatz ist daher, daß die gegenseitigen Abhängigkeiten in der realen Welt, die Komplexität und die Spezialisierung des einzelnen aufeinander abgestimmt werden, quasi ausbalanciert werden.

Mit dem Erstellen der „Balance" ist auch die Hauptproblematik umschrieben. Auf allen Entscheidungsebenen einer Organisationen erhalten die Entscheider mehr oder weniger umfangreiche scorecards, die ihnen den Grad ihrer Zielerreichung anzeigen. Die Verdichtung und Disaggregation der Zahlenangaben läßt eine jederzeitige Analyse und Synthese zu. Zielerreichungsgrade werden damit transparent. Die Herausforderung bei diesem Instrument ist es, aufbauend auf den Leitlinien und obersten Zielen der Organisation anhand von geeigneten Meßkonzepten die Ziele derart in konkrete Maßnahmen und deren Messung umzusetzen, daß alle Entscheider genau wissen, wie sie insgesamt die Organisationsziele unterstützen. In Projekten zur Einführung der balanced scorecard ist es daher entscheidend, Ursache-Wirkungsketten zu identifizieren, mit deren Hilfe die Ziele der Behörde meßbar umgesetzt werden können.

Daher wird ein Schwerpunkt der Arbeit an den balanced scorecards die Zieldefinition und Abstimmung des Meßkonzeptes sein. Praxiserfahrungen mit dem Instrument liegen in einigen Unternehmen bereits vor. Die bedienerfreundliche Realisierung mit Hilfe ansprechender Computer-Software ist nur noch eine Frage der Zeit. Wir gehen daher davon aus, daß die balanced scorecard in vielen privaten und öffentlichen Organisationen in den nächsten fünf Jahren eingeführt und ausprobiert werden. Eine Ergänzung des Controlling durch die Messung nicht finanzieller, sondern wirkungsorientierter Ziele steht damit nichts mehr im Wege und wird die Einführung betriebswirtschaftlicher Instrumente in der öffentlichen Verwaltung sicher beschleunigen.

7.8 Implizites und explizites Wissen

Die kennzahlenorientierte Steuerung und Kontrolle kann sich nur auf explizite Sachverhalte beziehen, die sich durch das hinter der Kennzahl stehende Meßkonzept auch abbilden lassen. Nur was explizit formuliert ist, unterliegt der Steuerung und Kontrolle. Hingegen ist das implizite Wissen an Personen gebunden und entsteht durch Erwerb, Speicherung und Übertragung von Situationen und emotionalen Zuständen. Implizites Wissen ist stark mit der zwischenmenschlichen Beziehung der Handelnden verbunden.

Warum ist das für die Standard-KLR wichtig?

In der Diskussion über Steuerung und Steuerbarkeit einer Behörde wird häufig herausgestellt, wie abhängig die Administration von der Politik sei. Die persönlichen und inhaltlichen Beziehungen zwischen politischer und administrativer Ebene würden sich einer Steuerung entziehen, weil es sich um implizites Wissen der Akteure handle.

Genau an dieser Stelle setzt die Angst vor der Standard-KLR, dem Berichtswesen und dem „Schreckgespenst" der Transparenz ein. Die Aufdeckung des impliziten Wissens durch Aufbereitung der Ursache-Wirkungsketten wird als Bloßstellung der Akteure interpretiert, die zu Machtverlust und Schwinden des Herrschaftswissens führe. Um jedoch ein Berichtswesen aufzubauen, das neben Effizienz auch Effektivität und Wirkung abbildet, sind Maßstäbe zu definieren, anhand derer Politik meßbar gestaltet werden kann. Diese sehr interessante Diskussion über die Meßbarkeit von Politik und ihrer Wirkung kann hier nur angerissen werden. Sie bestimmt aber die Weiterentwicklung eines Controllingsystems in der öffentlichen Verwaltung und damit die notwendige Schnittstelle einer KLR.

Derzeit ist die Verbindung von implizitem und explizitem Wissen nur außerhalb eines technischen Systems möglich. Eine Verbindung kann hergestellt werden, wenn sich z.B. Strukturen der Zusammenarbeit etablieren, die frei von Hierarchie sind, ein gemeinsames sanktionsfreies Lernen aus Erfahrung ermöglichen und klare Vorstellungen über zu erreichende Visionen und Ziele haben. Jedoch weiß jeder, der in größeren Organisationen gearbeitet hat, daß diese Strukturbedingungen nur sehr selten erfüllt sind.

7.9 Der Abgrenzungsbericht

In der Anlage Nr. 6 finden sie das Lehrbeispiel, wie es im Rahmen der Fortbildungsmaßnahmen des BMF, durchgeführt durch die FH Bund, verwendet wird. Der Abgrenzungsbericht ist die Zusammenstellung aller Unterschiede zwischen der kameralistischen Betrachtung und der KLR-Sichtweise. Das Motiv für einen Abgrenzungsbericht, der die Jahresabschlußsummen der Überführungsrechnung zusammenstellt, ist eher Akzeptanzschaffung denn betriebswirtschaftliche Notwendigkeit.

Wie bereits in der Standard-KLR ausgeführt und in den Lehrbüchern der KLR anschaulich erklärt, führt der Unterschied zwischen einer rein finanzwirtschaftlich-kameralen Sichtweise und einer ressourcenorientierten KLR-Sichtweise zu verschiedenen Abgrenzungen. Die Aufgaben der beiden Rechnungs- und Betrachtungssysteme bedingen, daß es zu solchen Abgrenzungen kommt. In der KLR sollen nur die Ressourcen abgebildet werden, die betriebsbedingt, periodenrichtig und im normalen Geschäftsbetrieb gewöhnlich sind.

Solange diese Begriffe noch ohne praktische Bedeutung für das Buchen und Kontieren in einer Behörde sind, klingt dies sehr abstrakt. Wie bereits im Ersten Teil, S. 73 ff., anhand einiger Beispiele ausgeführt wurde, beinhalten auch diese Abgrenzungspositionen eine gewisse Aussagekraft. Statt von „Vermischten Einnahmen" zu reden, wird im Rahmen der KLR von periodenfremden Erlösen gesprochen, wenn z.B. Erstattungen aus der überbehördlichen Leistungsverrechnung erst in einer späteren Periode eintreffen. Dasselbe gilt für die Trennung der gewöhnlichen und außergewöhnlichen Geschäftstätigkeit sowie der betriebsbedingten und nicht betriebsbedingten Ausgaben und Einnahmen. Somit ist es möglich, die Geschäftsvorgänge einer Behörde zu trennen und in der KLR den Hauptzweck und den laufenden operativen Geschäftsgang abzubilden.

Mit einer strukturierten Darstellung dieser Besonderheiten wird auch dem Standard-KLR-Ziel der Transparenz genüge getan. Zusätzlich geben Struktur- und Verhältniskennzahlen zwischen den betrieblichen und nicht betrieblichen Kosten- und Erlösblöcken Auskunft darüber, ob und in welchem Ausmaß eine Behörde noch an ihren eigentlichen Aufgaben festhält. Stellen Sie sich einmal vor, die nicht betriebsbedingten Kosten würden z.B. die Marke von 10 % aller Kosten erreichen. Dies hieße, daß jede zehnte DM nicht den Zielen und Zwecken der Behörde zugeordnet werden kann. Entweder kam es zu einer Verlagerung der normalen betrieblichen Zweckbestimmung, oder Sonderfaktoren sind bei der anstehenden Frage nach der Verantwortung und Haushaltsdeckung zu berücksichtigen. Insgesamt ähnelt dieses Vorgehen der Aufstellung und Gliederung einer betriebswirtschaftlichen Gewinn- und Verlustrechnung. Bei dieser Art der Zusammenstellung und Gliederung der Zahlen aus der KLR wird das

Prinzip angewandt, daß von oben nach unten die Nähe zum eigentlichen betrieblichen, gewöhnlichen und periodenrichtigen Wirtschaften abnimmt. Zusätzlich ist in den Abgrenzungsbericht der Standard-KLR eine Besonderheit aufgenommen worden, die in der BWL meist zusätzlich oder neben der Gewinn- und Verlustrechnung durchgeführt wird. Unter dem Namen Cash Flow werden Aufstellungen geführt, die Aussagen über die Liquiditätswirkung der Geschäftstätigkeit enthalten. Im Unterschied zu den Zahlen der KLR soll mittels Cash-Flow-Betrachtung herausgefunden werden, ob tatsächlich Geld in die Kasse geflossen ist oder ob sich die Unternehmen durch Umbewertung der Vermögensgegenstände reich gerechnet haben. Übertragen auf die Betrachtungsweise der Standard-KLR bedeutet der Abgrenzungsbericht, daß bei allen Buchungen im HKR- und KLR-System vermerkt wird, inwieweit diese Buchung liquiditätswirksam und/oder KLR-wirksam ist. Ein einfaches Beispiel sind Zuwendungen. Sie sind liquiditätswirksam und im HKR-Verfahren abgebildet, sie sind aber nicht KLR-wirksam. Das Gegenteil hierzu sind die sogenannten kalkulatorischen Kosten wie Abschreibungen und Wagniskosten. Diese Kostenbestandteile fließen in die KLR ein, um bestimmte Steuerungseffekte zu erhalten. Sie führen allerdings nicht zu einer Verminderung des Geldbestandes und sind daher nicht im Haushalt enthalten.

Der Abgrenzungsbericht soll einmal jährlich diese Unterschiede zusammenstellen. Neben den Analysen im Detail, warum welcher Betrag in dieser Höhe aufgeführt ist, kommt dem Abgrenzungsbericht eine wesentliche, Standard-KLR-spezifische Aufgabe zu: Plausibilität.

Die Einführung der Standard-KLR ist begleitet von dem Vorurteil, es käme ein zweites und total anderes Verfahren in eine Behörde. Diese Aussage ist richtig, solange man damit die Steuerungs-, Führungs- und Managementaufgaben meint. Dies Aussage ist falsch, wenn es sich um die Betrachtung der Zahlen handelt. Es war daher ein Anliegen bei der Entwicklung der Standard-KLR, ein Instrument zu schaffen, daß dem skeptischen Haushälter beweist, daß die Zahlen gleich bzw. vergleichbar gemacht werden können. Hauptaufgabe des Abgrenzungsberichtes ist es daher, dem Skeptiker zu zeigen, daß es eine inhaltliche und logische Verbindung zwischen Haushalt und Finanzsicht auf der einen und KLR auf der anderen Seite gibt.

8. Ein kurzer Blick auf die IT-Untersützung

Auf den vorangegangenen Seiten wurde gezeigt, daß die beschriebene KLR-Anwendung nicht ohne strukturiert aufbereitete Informationen auskommt. Dementsprechend ist ein zielgerichtetes Informationssystem für alle relevanten Informationsarten aufzubauen. Als Informationsarten können grob eingeteilt werden die Informationen, die

- dem Haushaltsmanagement
- der KLR
- der Ziel- und Wirkungssteuerung

dienen. Es ist besonders zu betonen, daß KLR-Informationen mit der Einführung der Standard-KLR eine überragende Bedeutung erlangt haben. Aber andere Informationsarten sind ebenso notwendig, um zu verhindern, daß Entscheidungen unabhängig von Grad und Qualität der Erfüllung der eigentlichen Aufgaben und der Ziele der Behörde ausschließlich kostenbasiert erfolgen.

Die IT-Praxis in vielen Behörden sieht dagegen anders aus: Technische und funktionale Inseln werden gepflegt, Tagesgeschäft dominiert und bindet die vorhandenen Experten. Im Ergebnis bestehen in vielen Behörden unter dem Stichwort „IT-Rahmenplan" Beschaffungs- und Wartungspläne, die eine bloße Fortschreibung der Vergangenheit darstellen. Eine innovative Neu-Planung der IT-Ausstattung, abgestimmt auf die Planung und Zukunftsorientierung der Behörde bei optimaler Nutzung der technischen Weiterentwicklungen, findet nur selten statt.

Es war daher ein Anliegen der Standard-KLR, die notwendigen Verbindungen zur bestehenden und zukünftig geplanten IT-Ausstattung anzusprechen. Die großen Unterschiede bei der tatsächlichen Ausstattung der Behörden und wirklichen Nutzung durch die Mitarbeiter machte es jedoch unmöglich, generelle Empfehlungen zu formulieren. Für den mit der KLR-Einführung betrauten IT-Fachmann sind jedoch die Überlegungen hinsichtlich der Integration von Funktionen und Daten besonders relevant.

Gerade die Verwendung neuerer Datenbankstrukturen und behördenweiter Standard-Software würde zu einem Entwicklungssprung in den Behörden führen, wie es nach herkömmlichen Denkmustern kaum vorstellbar erscheint. So gesehen ist die Einführung einer KLR-Software eine einmalige Chance, sich generell und zukunftsorientiert mit der Frage der IT-Architektur, der Hard- und Software-Ausstattung und den Integrationsmöglichkeiten der verschiedenen Fachanwendungen zu beschäftigen. Leider sind die bisherigen KLR-Einführungsprojekte noch von dem Gedanken erfüllt, KLR als zusätzliche Software einzuführen. Wir erwarten jedoch, daß die anstehenden Überlegungen auf Bundesebene zum Thema der KLR-Software auch zu generellen Entscheidungen über die Bedeutung und Verwendung der Informationstechnologie als Mittel einer Verwaltungsmodernisierung genutzt werden.

V. Die weiteren Ziele der Standard-KLR – ein Ausblick

In der Standard-KLR ist abschließend ein Ausblick auf ein Controlling-System der Bundesverwaltung gegeben. Controlling wird dabei als ein geschlossenes

System von Planung, Realisierung und Steuerung dargestellt, das sich der verschiedenen Instrumente der BWL wie KLR, Finanz- bzw. Haushaltsplanung, Wirkungsrechnung und Strategisches Management bedient. Diese vereinfachte Darstellung wird dem Inhalt des Controlling sicher nicht gerecht. Daher sind im folgenden Dritten Teil dieses Buches die Grundlagen des Controlling und seine Zusammenhänge mit der KLR näher beschrieben.

Es wäre vermessen, sich zum gegenwärtigen Zeitpunkt der KLR-Verbreitung in der öffentlichen Verwaltung, insbesondere auf Bundesebene, neue und weitere Ziele zu setzen. Aufbauend auf den vielfach zitierten Zielen der Standard-KLR sollte der Ausblick auf die Anwendung der KLR und Festigung des KLR-Wissens bei den Anwendern gerichtet sein. Dabei ist nicht nur die Verwaltungsebene angesprochen. Der tiefere Nutzen aus der Verwendung der KLR-Zahlen wird sich unserer Meinung nach dann erschließen, wenn die KLR-Zahlen Einzug in die Entscheidungsdimensionen der politisch Verantwortlichen halten.

Literaturverzeichnis

AWV-Arbeitsgemeinschaft für wirtschaftliche Verwaltung e.V. (AWV-Arbeitskreis „Prozeßkostenrechnung" im AWV-Fachausschuß „Unternehmensorganisation und Geschäftsprozeßmanagement), Prozeßkostenrechnung – „Just in Time"?!, AWV-Schriften, Eschborn 1998

Bohnenkamp, Peter, Prozessorientierte Standard-Kostenrechnung im Bank-Controlling, Bern, Stuttgart, Wien 1995

Bundesministerium der Finanzen (Hrsg.), Fortbildungskonzept zur Standard-KLR, Bonn, Brühl 1998

Brüggemeier, Martin, Controlling in der öffentlichen Verwaltung, 3. Auflage, München 1998

Buschor, Ernst: Erfahrungen mit neuen Steuerungsformen in der Schweiz, Vortrag anläßlich KGSt-Fachkonferenz „Reform des Haushalts- und Rechnungswesens in Ländern und Kommunen", 25./26. Juni 1998, Schloß Biebrich, Wiesbaden.

Coenenberg, Adolf G., Kostenrechnung und Kostenanalyse, 3. Auflage, Landsberg a. L. 1997

KGSt-Bericht 1/1995, Vom Geldverbrauchs- zum Ressourcenverbrauchskonzept: Leitlinien für ein neues kommunales Hauhalts- und Rechnungsmodell auf doppischer Grundlage, Köln 1995

KGSt-Bericht 7/1997, Auf dem Weg in das Ressourcenverbrauchskonzept: Die kommunale Bilanz, Köln 1997

Kilger, Wolfgang, Flexible Plankostenrechnung und Deckungsbeitragsrechnung, 9. Auflage, Wiesbaden 1988

König, Klaus/Füchtner, Natascha, Von der Verwaltungsreform zur Verwaltungsmodernisierung, in: König, Klaus/Füchtner, Natascha (Hrsg.), „Schlanker Staat" – Verwaltungsmodernisierung im Bund, Speyer 1998 (Speyerer Forschungsbericht 183)

Lüder, Klaus, Verpaßte Chance – Das Haushaltsrechts-Fortentwicklungsgesetz vom 22.12. 1997 und seine Konsequenzen für die Reform des öffentlichen Rechnungswesens, in: DÖV (Die Öffentliche Verwaltung), Heft 7 (April) 1998, S. 285 ff.

Müller, Axel, Wirkungsvolle Integration der Rechnungssysteme, Bedingungen für die Verzahnung von Kameralistik, Kostenrechnung und Doppik, VOP (Verwaltung, Organisation, Personal) 7-8/98, S. 39 ff.

Mundhenke, Ehrhard/Kreft, Wilhelm (Hrsg.), Modernisierung der Bundesverwaltung, Aktueller Stand und Perspektiven, Brühl 1997 (Schriftenreihe Fachhochschule des Bundes für öffentliche Verwaltung, Band 28)

Schweitzer, Marcell/Küpper, Hans-Ulrich, Systeme der Kostenrechnung, 6. Auflage, München 1996

Senge, Peter, Die Fünfte Disziplin, Kunst und Praxis der lernenden Organisation, 3. Auflage, Stuttgart 1996

Vikas, Kurt, Neue Konzepte für das Kostenmanagement – Controllingorientierte Modelle für Industrie- und Dienstleistungsunternehmen, 2. Auflage, Wiesbaden 1993

Vorschriftensammlung Bundesfinanzverwaltung – VSF –, Stoffgebiet Haushaltsrecht, Abschnitt Kosten- und Leistungsrechnung (H 90 00), Ausgabe August 1997, KLR-Handbuch (H 90 01), zit.: Standard-KLR

Wöhe, Günter, Grundlagen der Betriebswirtschaftslehre, 19. Auflage, München 1990

Zdrowomyslaw, Norbert, Kosten, Leistungs- und Erlösrechnung, München, Wien, 1995

Dritter Teil
Die Erweiterung der Kosten- und Leistungsrechnung zum neuen Steuerungsmodell

I. Grundlagen und Zusammenhänge der Kosten- und Leistungsrechnung

Zur effizienten Steuerung und Führung von Verwaltungen ist ein Rechnungswesen erforderlich. Es informiert über den Stand und die Entwicklung der Liquidität, Rentabilität und Wirtschaftlichkeit (vgl. Abbildung 3.1).

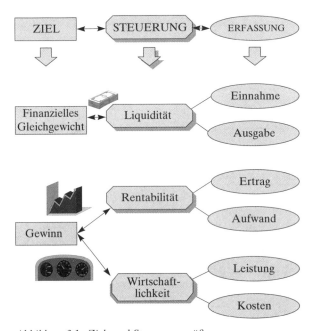

Abbildung 3.1: Ziel- und Steuerungsgrößen

Während die Privatwirtschaft die Liquidität (externe Orientierung), Rentabilität (externe und interne Orientierung) und Wirtschaftlichkeit (interne Orientierung) als betriebliche Ziel- und Steuerungsgrößen differenziert, dominiert bislang in der öffentlichen Verwaltung die Größe der Sparsamkeit. Mit der Erweiterung des Ziel- und Steuerungssystems um die Größe der Wirtschaftlichkeit steht ein weiteres Kriterium für die Finanzmittelzuteilung im öffentlichen Bereich zur Verfügung.

Derzeit wird der Haushaltsmittelbedarf „in aller Regel auf der Grundlage des letzten Ist-Ergebnisses" fortgeschrieben. Die Mittel werden für die Wahrnehmung der öffentlichen Aufgaben zugewiesen, ohne Vorgabe, in welchem Umfang und mit welcher Qualität die Aufgaben zu erfüllen sind. Das kameralistische Rechnungswesen, von der Planung über die Rechnungslegung bis hin zur Kontrolle, steuert systematisch nur den Input oder Mitteleinsatz aber nicht den Output oder das Ergebnis. Dieses nach außen orientierte System der Kameralistik ist durch eine intern orientierte Kosten- und Leistungsrechnung zu ergänzen. Zu der bisher dominanten Außendarstellung tritt dann eine leistungsorientierte Innendarstellung der ökonomischen Werteströme (vgl. Abbildung 3.2).

Behörden werden damit in der Zukunft durch die beiden Steuerungsgrößen Sparsamkeit (externe Orientierung) und Wirtschaftlichkeit (interne Orientierung) gelenkt. Dabei wird die Sparsamkeit durch die Wirtschaftlichkeit positiv beeinflußt, denn effizienter Einsatz der Ressourcen Personal, Material und Kapital (optimaler Werteverzehr) führt grundsätzlich zu einem sparsamen Umgang mit Finanzmitteln. Wirtschaftliches Handeln in der öffentlichen Verwaltung ist somit die beste Voraussetzung für die Erreichung des Zieles der Sparsamkeit.

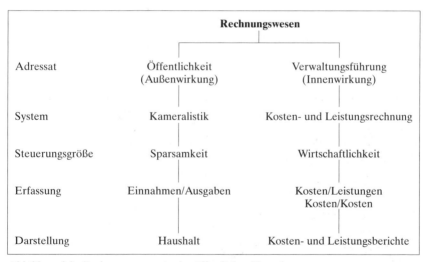

Abbildung 3.2: Rechnungswesen in der öffentlichen Verwaltung

1. Stand und Entwicklung des Rechnungswesens

Das *Rechnungswesen* spannt sich gleichsam wie ein Netz über den gesamten Leistungserstellungs- und -verwertungsprozeß und versucht, den Betriebsablauf so abzubilden, daß Erkenntnisse über seinen bisherigen Ablauf und zu seiner zukünftigen Gestaltung gewonnen werden können. Dazu wurden eine Vielzahl von Verfahren, Methoden und Systemen wie z.b. die doppelte Buchführung, die Zuschlagskalkulation, die Voll- bzw. die Teilkostenrechnungen, Investitionsrechnungen etc. entwickelt. Bezüglich des *Zeithorizontes* ist das Rechnungswesen in der Lage, vergangenheitsbezogene Aussagen zur Kontrolle wie auch zukunftsbezogene Aussagen zur Vorschau zu treffen.

Der *Umfang* des Rechnungswesens hängt wesentlich vom Informationsbedarf der Führung ab, der durch einen gesetzlichen und einen freiwilligen Teil befriedigt wird. Das *gesetzlich* vorgeschriebene Rechnungswesen ist durch verwaltungs-, handels- und steuerrechtliche Vorschriften in Abhängigkeit von der Branche und Rechtsform fixiert. Das *freiwillig* betriebene Rechnungswesen wird grundlegend durch die Betriebsgröße, Betriebsart und Branche, aber auch durch die Wettbewerbssituation, Informationsbedürfnisse und die Konjunkturlage bestimmt. Beide Teilbereiche des Rechnungswesens unterscheiden sich inhaltlich dadurch, daß sie den Betriebsablauf jeweils unter spezifischen Gesichtspunkten darstellen und auswerten. Im gesetzlichen Teil dominiert dabei das *Gläubigerschutzprinzip*, im freiwilligen Teil das *Substanzerhaltungsprinzip*.

Für die *Gestaltung des Rechnungswesens* bieten sich grundsätzlich die Einteilung nach Aufgabengebieten (Entstehung der Ergebnisse) bzw. nach den Einsatzgebieten (Verwendung der Ergebnisse) an. Bei der Gliederung nach *Aufgabengebieten* unterscheidet man zwischen der Finanzbuchhaltung, der Kosten- und Leistungsrechnung, der Planungsrechnung und der Statistik. Bei der Einteilung des Rechnungswesens nach den *Einsatzgebieten*, d.h. nach dem Abnehmerkreis der ermittelten Daten, differenziert man zwischen dem Externen Rechnungswesen als dokumentarischem Rechnungswesen und dem Internen Rechnungswesen als instrumentellem Rechnungswesen. Die Kosten- und Leistungsrechnung gilt als das Kerninstrument des verwaltungsspezifischen Rechnungswesens.

2. Wesen der Kosten- und Leistungsrechnung

Die grundlegende *Zielsetzung* der Kosten- und Leistungsrechnung ist die Steuerung der Wirtschaftlichkeit des Betriebsablaufs. Sie wird durch einen Vergleich zwischen Kosten und Leistungen und/oder zwischen Kosten und Kosten festgestellt. Im Mittelpunkt stehen damit die durch den Kombinationsprozeß verursachten Werteverzehre (Kosten) bzw. hervorgebrachten Ergebnisse (Leistungen). Zur *Erfassung* und *Beurteilung* der Kosten und Leistungen ist es erforderlich, einen primär technisch bestimmten Prozeß mit Hilfe geeigneter Methoden und Systeme in ökonomische Größen als entscheidungsrelevante Erkenntnisse umzuwandeln. Dies geschieht dadurch, daß die verbrauchten Mengen der Produktionsfaktoren festgehalten und mit entsprechenden Preisen multipliziert sowie die erstellten Ergebnisse mit Preisen bewertet werden. Teilweise liegen die Verzehre bereits in Werten vor, wie z.B. Zinsen, Abschreibungen usw. Nach der Erfassung von Kosten und Leistungen können diese nach vielfältigen Gesichtspunkten zugerechnet und ausgewertet werden. Um zu vermeiden, daß die Kosten- und Leistungsrechnung zu einem Selbstzweck im Sinne eines „Zahlenfriedhofs" wird, müssen die Kosten- und Leistungsaussagen so aufbereitet werden, daß sie den jeweiligen Informationsbedürfnissen der Führungskräfte im Betrieb entsprechen. Dies muß vergangenheits- und zukunftsbezogen geschehen, damit die gewonnenen Erkenntnisse für die erfolgreiche Steuerung des Betriebsprozesses nutzbar gemacht werden können.

Neben der grundlegenden Steuerung der Wirtschaftlichkeit ergeben sich folgende weitere Zielsetzungen für die Kosten- und Leistungsrechnung in den Behörden der öffentlichen Verwaltung:

- Ermittlung der Kosten der Aufgabenerfüllung bzw. -wahrnehmung (Kosten- und Leistungstransparenz),
- Hilfestellung bei der Gestaltung der dezentralen Budgetierung,
- Überblick über Kostenniveau und Kostenstruktur,
- Verbesserung der Informationsversorgung der Verwaltungsführung, insbesondere in Form von Kennzahlen,
- Schärfung des Kostenbewußtseins,
- Bestimmung von Kostendeckungsgraden für Dienstleistungen,
- Orientierungshilfe bei der Bestimmung der Gebührensätze,
- Bereitstellung von Kennzahlen zum Zwecke von Behördenvergleichen,
- Gewinnung von Kostendaten für Wirtschaftlichkeitsberechnungen (Investitionsrechnungen) und als Grundlage für Make-or-buy-Analysen,
- Ermittlung von Schwachstellen und Einsparungspotentialen.

3. Aufbau der Kosten- und Leistungsrechnung

Zur Erfüllung ihrer Aufgabe stellt die *Kosten- und Leistungsrechnung* folgende Fragen, die in den nachfolgenden drei Teilbereichen behandelt werden:

Welche Kosten sind entstanden? → *Kostenartenrechnung*

Wo sind die Kosten entstanden? → *Kostenstellenrechnung*

Wofür sind die Kosten entstanden? → *Kostenträgerrechnung*

3.1 Kostenartenrechnung

Im Mittelpunkt der Kostenartenrechnung steht die *Erfassung* aller im Verlauf des Betriebsprozesses entstehenden Werteverzehre. Dies geschieht auf der Grundlage von Kostenbelegen, die im Betrieb erstellt werden bzw. von außen kommen. Durch entsprechende Bearbeitung und Zusammenfassung der Belege können die Beträge der einzelnen Kostenarten sowie der gesamten Kosten periodenbezogen festgestellt und kontrolliert werden.

3.2 Kostenstellenrechnung

In der Kostenstellenrechnung werden die Kosten auf die Orte zugerechnet, an denen sie entstanden sind. Die jeweiligen Kostenstellenleiter übernehmen die Verantwortung für die auf ihrer Kostenstelle angefallenen Kosten. Die Kostenstellenrechnung dient damit vor allem der *Beeinflussung* der Kosten am Ort ihrer Entstehung.

3.3 Kostenträgerrechnung

Die Produkte oder Dienstleistungen, welche die von ihnen verursachten Kosten zu tragen haben, stellen die Kostenträger dar. Der Kostenträgerrechnung fällt daher die Aufgabe zu, eine *Beurteilung* der einzelnen Leistungen sowie des gesamten Leistungsergebnisses für einen bestimmten Zeitraum zu ermöglichen.

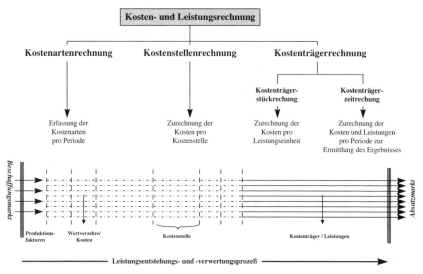

Abb.ildung 3.3: Aufgabenstellung der Teilbereiche der Kosten- und Leistungsrechnung

Kostenträgerstückrechnung

Die Kostenträgerstückrechnung (Kalkulation) ermittelt jeweils für eine Leistungseinheit die von ihr verursachten Kosten. Durch einen Vergleich der Selbstkosten je Leistungseinheit mit dem auf dem Markt erzielten bzw. erzielbaren Verkaufspreis kann dann festgestellt werden, ob der für eine Leistung angefallene Werteverzehr größer, gleich oder kleiner als der erzielte Preis/Erlös ist. Weiterhin können Ist-/Ist-, Normal-/Ist- und Soll-/Ist-Kostenvergleiche zur Beurteilung der Wirtschaftlichkeit durchgeführt werden.

Kostenträgerzeitrechnung

Die Kostenträgerzeitrechnung (Betriebsergebnisrechnung) stellt die gesamten Kosten eines Zeitraumes dem Wert der erzielten Leistungen (Erlöse) gegenüber. Die Differenz kann zu einem positiven, ausgeglichenen oder negativen Ergebnis führen.

4. Abwicklung der Kosten- und Leistungsrechnung

Die Kostenarten-, Kostenstellen- und Kostenträgerrechnung bilden bei der Abwicklung der Kostenrechnung eine zwingende Abfolge. Am Anfang jeder Kostenrechnung steht die *Kostenartenrechnung*. Sie grenzt zuerst die neutralen Aufwendungen von den Kosten ab, erfaßt und gliedert dann die einzelnen Werteverzehre nach Kostenarten und weist sie, getrennt nach den auf Kostenträger direkt zurechenbaren Einzelkosten bzw. nicht direkt zurechenbaren Gemeinkosten aus. Das Ergebnis der Kostenartenrechnung wird in einer *Kostenartenübersicht* dargestellt. Die Abwicklung der *Kostenstellenrechnung* erfolgt in drei Abrechnungsschritten. Zunächst wird die *Verteilung* der Gemeinkosten auf die Kostenstellen, in denen sie entstanden sind, durchgeführt. Danach erfolgt die *Umlage* der Kosten von Vorkostenstellen auf die Endkostenstellen. Nunmehr lassen sich für die Endkostenstellen *Verrechnungssätze* bilden, mit denen die Gemeinkosten auf die Kostenträger kalkuliert werden. Grundlage für die Durchführung der Kostenstellenrechnung ist der *Betriebsabrechnungsbogen (BAB)*, der alle Kostenstellen eines Betriebes enthält. Die *Kostenträgerstückrechnung* entnimmt die Einzelkosten aus der Kostenartenrechnung und die Gemeinkosten in Form von Verrechnungssätzen aus der Kostenstellenrechnung und berechnet die *Selbstkosten je Leistungseinheit*. Die Stückrechnung wird mit Hilfe eines *Kalkulationsschemas* durchgeführt. Die *Kostenträgerzeitrechnung* entnimmt die Summe der Kosten einer Periode aus der Kostenartenrechnung und stellt sie den in dieser Periode erzielten Leistungen in Form von Erlösen und Bestandsänderungen gegenüber, um das *Betriebsergebnis* zu ermitteln.

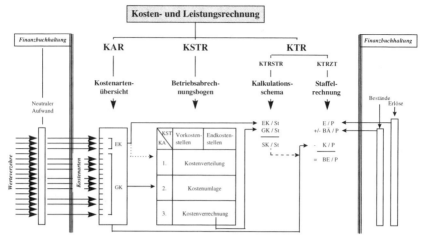

Abbildung 3.4: Abwicklung der Kosten- und Leistungsrechnung

5. Prinzipien der Kosten- und Leistungsrechnung

Um eine Kosten- und Leistungsrechnung erfolgreich durchführen zu können, müssen einige wesentliche Prinzipien in Form allgemeiner Gestaltungsgrundsätze und spezieller Verrechnungsprinzipien beachtet werden.

Die *Gestaltungsgrundsätze* zielen auf die allgemeine Durchführung der Kostenrechnung in formaler und inhaltlicher Hinsicht ab. Im einzelnen sind die

- Vollständigkeit und Einmaligkeit der Kostenerfasssung,
- Stetigkeit und Einheitlichkeit von Systemen und Verfahren,
- Richtigkeit und Genauigkeit sowie
- die Wirtschaftlichkeit

zu nennen.

Bei den *Verrechnungsprinzipien* geht es um die spezielle Frage, wie einzelne Kosten auf bestimmte Bezugsgrößen (z.B. Kostenstellen oder Kostenträger) zugeordnet werden können. Als wesentliche Prinzipien können das

- Verursachungsprinzip (Kausalitätsprinzip),
- Tragfähigkeitsprinzip (Deckungsprinzip) und
- das Identitätsprinzip

bei der Gestaltung einer Kostenrechnung zur Anwendung kommen.

6. Kostenrechnungssysteme

Die inhaltliche Gestaltung der Kosten- und Leistungsrechnung hat in ihrer historischen Entwicklung einschneidende Veränderungen erfahren. Diese beziehen sich einmal auf die Art und Weise, in der die Kostenarten-, Kostenstellen- und Kostenträgerrechnung durchgeführt werden. Zum anderen hat sich durch eine ständig erweiterte Aufgabenstellung ein Wandel dahingehend vollzogen, daß die Kosten- und Leistungsrechnung heute als Managementinstrument verstanden wird. Daraus resultiert, daß die jeweilige Zusammensetzung der Teilbereiche und deren spezifische Integration eine eindeutige Abgrenzung verschiedener Varianten von Kostenrechnungssystemen ermöglichen.

Die aktuellen Kostenrechnungssysteme lassen sich zunächst nach dem Kriterium der Entscheidungsunterstützung in Voll- und Teilkostenrechnungen unterscheiden. Als Differenzierungsmerkmal dient der Umfang der jeweiligen Weiterverrechnung der Kosten innerhalb und zwischen den Teilbereichen der Kostenrechnung. In der Vollkostenrechnung erfolgt eine volle Verrrechnung aller Kosten auf die Kostenträger. In der Teilkostenrechnung werden lediglich die variablen Kosten, also nur ein Teil der Kosten auf die Kostenträger verrechnet.

Als weiteres Kriterium für die Einteilung der Kostenrechnungssysteme dient die Kontrollfähigkeit einer Kosten- und Leistungsrechnung. Danach lassen sich die Systemansätze Plan-, Normal- und Istkostenrechnung differenzieren. Als Unterscheidungsmerkmal fungiert der Zeitbezug der angesetzten Kosten. Es können im Rahmen dieser Kostenrechnungssysteme vergangenheitsorientierte einperiodige Istkosten, vergangenheitsorientierte durchschnittliche Normalkosten und/oder zukunftsorientierte Plankosten verarbeitet werden.

Die verstärkte Zunahme zum großen Teil nicht beeinflußbarer, fixer Gemeinkosten hat zur Ergänzung und Erweiterung der bekannten Kostenrechnungssysteme um die Prozeßkostenrechnung geführt. Als Unterscheidungsmerkmal dienen die tätigkeitsorientierte Verteilung der Kosten auf Teilprozesse der Kostenstellen und die gleichzeitige kostenstellenübergreifende, aktivitätsorientierte Verrechnung der Kostenstellenkosten über Hauptprozesse auf Kostenträger. Die Prozeßkostenrechnung soll damit eine effiziente Planung und Kontrolle der Gemeinkosten im indirekten (dispositiven) Bereich sowie eine genauere Verrechnung der Kostenstellenkosten auf die Kostenträger ermöglichen.

6.1 Vollkostenrechnungen

Unabhängig von den angesetzten Kosten in Form von Plan-, Normal- und Istkosten lassen sich Vollkostenrechnungen anhand ihrer gemeinsamen Merkmale im Rahmen des allgemeinen Verrechnungsab- und -durchlaufs kennzeichnen. Dieser basiert zunächst auf einer Unterscheidung der Kosten in Einzel-

und Gemeinkosten. Die Trennung der Werteverzehre erfolgt in der Kostenartenrechnung. Im Anschluß an diese grundlegende Differenzierung werden die Kosten unterschiedlich weiter bearbeitet, d.h. ein jeweils anderer Abrechnungsweg ist charakteristisch. Die Einzelkosten laufen an der Stellenrechnung vorbei und gehen direkt in die Trägerrechnung ein. Hier werden sie als Verzehr pro Leistungseinheit kalkuliert, bzw. als Gesamtwert pro Periode in das Betriebsergebnis eingestellt. Die Gemeinkosten nehmen dagegen den „Umweg" über die Kostenstellenrechnung. Trotz ihrer Verbundenheit mit mehreren bzw. allen Kostenträgern sollen sie dort kalkulationsfähig, d.h. nach dem Verursachungsprinzip auf einzelne Leistungen zurechenbar gemacht werden.

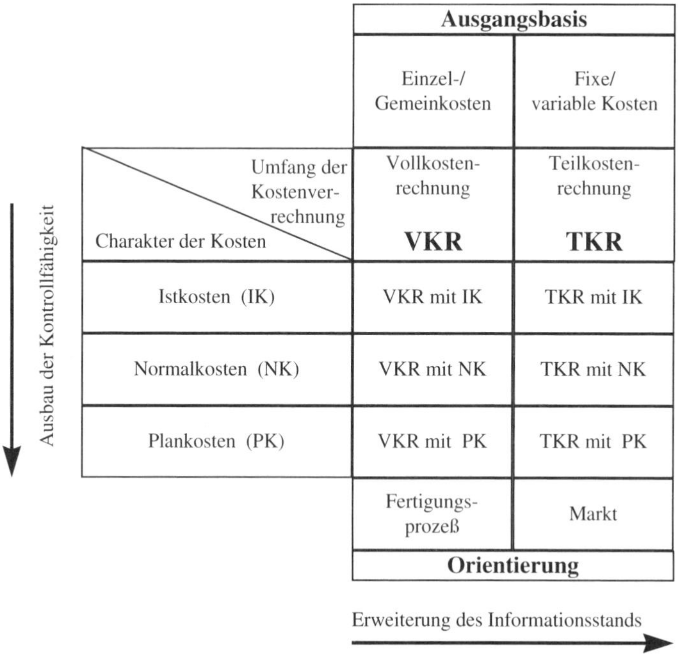

Ausbau der Kontrollfähigkeit →		Ausgangsbasis	
		Einzel-/Gemeinkosten	Fixe/variable Kosten
	Umfang der Kostenverrechnung / Charakter der Kosten	Vollkostenrechnung **VKR**	Teilkostenrechnung **TKR**
	Istkosten (IK)	VKR mit IK	TKR mit IK
	Normalkosten (NK)	VKR mit NK	TKR mit NK
	Plankosten (PK)	VKR mit PK	TKR mit PK
		Fertigungsprozeß	Markt
		Orientierung	

Erweiterung des Informationsstands →

Abbildung 3.5: Einteilung der Kostenrechnungssysteme

Außerdem lassen sich die Gemeinkosten auf den jeweiligen Stellen in ihrer Höhe und Entwicklung kontrollieren. Das Durchschleusen der Gemeinkosten durch den BAB bedingt deren anteilsmäßige Aufteilung nach dem Verursachungsprinzip. Dabei können die drei Stufen der Kostenverteilung, -umlage und -verrechnung differenziert werden. Die Durchführung dieser Schritte erfordert in unterschiedlichem Umfang die Gestaltung von Kostenschlüsseln. Denn alle Gemeinkosten werden mindestens einmal, i.e. bei der Zurechnung auf die Kostenträger, geschlüsselt. Indirekte Gemeinkosten sind zweimal zu schlüsseln, wenn sie auf Endkostenstellen anfallen bzw. sogar dreimal zu schlüsseln, wenn sie in Vorkostenstellen entstehen.

Die Behandlung der Gemeinkosten ist typisch für die Vollkostenrechnung und kann insofern als systembildend angesehen werden. Dieser systemimmanente Tatbestand führt dazu, daß in allen Teilbereichen der Kosten- und Leistungsrechnung mit den vollen Kosten gerechnet wird. Daraus ergeben sich auch die wesentlichen Steuerungs- und Kontrollmöglichkeiten der Vollkostenrechnung. Es lassen sich zum einen alle Kosten, die eine Stelle verursacht hat, auch in dieser Kostenstelle nachweisen. Zum anderen können in einer Vor-, Zwischen- und Nachkalkulation jedem Kostenträger alle durch ihn entstehenden Werteverzehre zugerechnet werden. Dieser als Selbstkosten bezeichnete Wert ist die Voraussetzung dafür, daß in der Kostenträgerrechnung der Vollkostenrechnung verschiedene Nettoergebnisse ermittelt werden können. Im einzelnen sind volle Selbstkosten und Nettoergebnisse je Stück, je Einheit, je Gruppe und für das gesamte Programm ausweisbar.

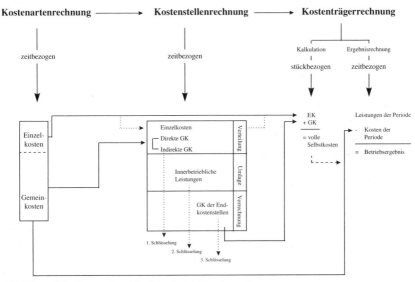

Abbildung 3.6: Kostendurchlauf in der Vollkostenrechnung

6.2 Teilkostenrechnungen

Der kostentheoretische Ausgangspunkt der Teilkostenrechnungen ist die Einteilung der Werteverzehre in fixe und variable Kosten. Diese Unterscheidung der Kosten basiert auf deren Reaktion auf Beschäftigungsänderungen. Bei linearem Kostenverlauf können unter der Bezeichnung variabel proportionale, unter- und überproportionale Kosten verstanden werden. Progressive und degressive Kosten sind Mischkosten, die sich aus proportionalen und fixen Kostenanteilen zusammensetzen. Da in der Teilkostenrechnung die fixen Werteverzehre anders behandelt werden als die proportionalen Kosten, müssen die Mischkosten in ihre jeweiligen Bestandteile aufgelöst werden, wenn die Genauigkeit der Ergebnisse nicht zu stark beeinträchtigt werden soll. Zur Spaltung der Kosten stehen die mathematische, graphische und buchtechnische Methode zur Verfügung. Das Ergebnis der Kostenspaltung kann dann mit Hilfe des Variators, der sich zwischen 0 (fix) und 10 (proportional) bewegt, festgehalten werden.

Der verrechnungstechnische Ab- und Durchlauf einer Teilkostenrechnung basiert ebenfalls auf der Einteilung der Kosten- und Leistungsrechnung in eine Kostenarten-, Kostenstellen- und Kostenträgerrechnung. Im Rahmen der Kostenartenechnung ist über die Erfassung hinaus die oben beschriebene Differenzierung in proportionale und fixe Kosten vorzunehmen. Die Kostenstellenrechnung ist so angelegt, daß pro Kostenstelle neben dem Gesamtwert einer Kostenart auch die fixen und proportionalen Anteile aufgezeigt werden. Die fixen Kosten je Kostenstelle werden dann nicht mehr, wie in der Vollkostenrechnung üblich, über Umlagen und Verrechnungen den Kostenträgern zugerechnet, sondern gehen von den Stellen als Gesamtwert in die Ergebnisrechnung ein. Die Proportionalisierung der fixen Kosten wird somit aufgegeben und es erfolgt deren definitionsgemäße Behandlung als zeitabhängige Werteverzehre. Zusätzlich kann auch auf eine Verteilung und Schlüsselung der fixen Kosten auf die Stellen verzichtet werden, da eine direkte Übernahme aus der Kostenarten- in die Kostenträgerzeitrechnung möglich ist. Damit werden in der Teilkostenrechnung im Rahmen der Verteilung, Umlage und Verrechnung der Gemeinkosten nur noch variable Kosten geschlüsselt und es entstehen infolgedessen keine Über- oder Unterdeckungen mehr auf den Kostenstellen. Die wesentliche Besonderheit der Teilkostensysteme kommt in der Kostenträgerrechnung zum Ausdruck. Im Mittelpunkt steht dabei die Ergebnisrechnung. Sie wird als retrograde Rechnung mit Hilfe des Umsatzkostenverfahrens in Staffelform durchgeführt. Das Ergebnis wird in zwei Schritten im Rahmen einer kombinierten Produkt- und Unternehmensrechnung ermittelt. Diese beginnt mit dem spezifischen Ausweis der Erlöse je Kostenträger und setzt davon die variablen Kosten je Produkt ab. Die gewonnene Differenz wird als Deckungsbeitrag bezeichnet. Es ist der Wert, mit dem die einzelne Leistungsart dazu beiträgt, die fixen Kosten, d.h. die Kosten der Betriebsbereitschaft, zu decken und eine positives Ergebnis zu erzielen.

Der Deckungsbeitrag stellt ein Bruttoergebnis dar und darf nicht mit dem in der Vollkostenrechnung ermittelten Gewinn je Kostenträger verwechselt werden. In der Teilkostenrechnung ist es also nur möglich, einen kostenträgerbezogenen Deckungsbeitrag festzustellen, nicht jedoch ein Nettoergebnis in Form von Gewinn/Verlust je Stück, je Einheit oder je Gruppe.

Der zweite Teil der Kostenträgerrechnung ist unternehmensbezogen. Es werden zunächst die Deckungsbeiträge der einzelnen Produktarten zusammengefaßt. Von diesem Gesamtdeckungsbeitrag des Unternehmens können dann die fixen Werteverzehre abgesetzt und das Betriebsergebnis bestimmt werden. Daraus ergibt sich das nachfolgende Grundschema für die Ergebnisrechnung in Teilkostensystemen:

Produkte	A	B	C	D	E	Summe	
Erlöse – prop. Kosten	e k	e k	e k	e k	e k	E K (prop)	**Produktbezogen**
= Deckungsbeitrag – fixe Kosten	db	db	db	db	db	DB K (fix)	**Unternehmens- bezogen**
= Betriebsergebnis						BE	

Abbildung 3.7: Ergebnisrechnung in Teilkostenrechnungen

Die Kalkulation der Teilkostenrechnung belastet, unabhängig von den zur Anwendung kommenden Verfahren der Divisions- oder Zuschlagskalkulation, die Kostenträger nur mit den beschäftigungsabhängigen Kosten. Dazu gehören neben den direkt zurechenbaren proportionalen Einzelkosten die proportionalen Gemeinkosten, die mit Hilfe von entsprechenden Prozentsätzen zugeschlagen werden. Die so gewonnen variablen Selbstkosten pro Produkt sind im Gegensatz zu den vollen Selbstkosten unabhängig von der Ausbringungsmenge, da sie keine fixen Kosten enthalten. Sie stellen eine neue Preisuntergrenze dar, denn die Differenz zwischen Voll- und Teilselbstkosten ermöglicht vor allem in Unterbeschäftigungssituationen einen zusätzlichen Spielraum für die Entscheidung über die Annahme von Aufträgen.

Mit dem Verzicht der Zurechnung der fixen Kosten auf die Kostenträger wird das Prinzip der vollständigen Kostenüberwälzung ausdrücklich aufgegeben und nur ein Teil der Kosten, i.e. der variable Kostenanteil auf die Produkte verrechnet. Darin ist der fundamentale Systemunterschied zwischen Voll- und Teilkostenrechnungen zu sehen. Der generelle Kostendurchlauf bei Kostenrechnungssystemen auf Teilkostenbasis läßt sich abschließend schematisch wie folgt darstellen:

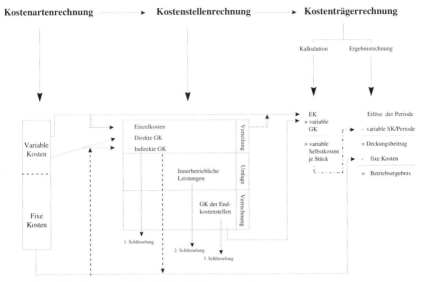

Abbildung 3.8: Kostendurchlauf in der Teilkostenrechnung

6.3 Plankostenrechnung

Die Ergänzung der Istkostenrechnung um eine Plankostenrechnung ermöglicht zum einen eine verbesserte Einflußnahme auf zukünftige Abläufe in der öffentlichen Verwaltung und zum anderen eine Konstruktion objektiver Maßstäbe für die Kostenkontrolle. Eine wichtige Voraussetzung für die Plankostenrechnung ist die integrierte Verwaltungsgesamtplanung, aus der ein zukünftiger Beschäftigungsgrad der einzelnen Behörde abgeleitet werden kann.

Der Aufbau und die Abwicklung der Plankostenrechnung vollzieht sich in folgenden Schritten:

- Ermittlung der Plankosten;
- Ermittlung der verrechneten Plankosten,
- Ermittlung der Istkosten,
- Ermittlung der Sollkosten sowie
- Ermittlung und Analyse der Abweichungen.

Plankosten als konstruierte Werteverzehre stellen den optimalen Verbrauch an Gütern und Dienstleistungen einer zukünftigen Periode dar. Sie werden auf der Basis eines Mengen- und Zeitgerüstes sowie des erwarteten Beschäftigungsgrades in Form von engineered, managed und commtitted costs bestimmt.

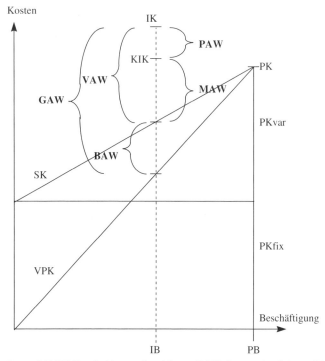

Legende: BAW: Beschäftigungsabweichung; GAW: Gesamtabweichung; IB: Istbeschäftigung; IK: Istkosten; KIK: Kontrollfähige Istkosten; MAW: Mengenabweichung; PAW: Preisabweichung; PB: Planbeschäftigung; PK: Plankosten; PK var: variable Plankosten; SK: Sollkosten; VAW: Verbrauchsabweichung; VPK: Verrechnete Plankosten

Abbildung 3.9: Grundstruktur der Plankostenrechnung

Die *verrechneten Plankosten* stellen die bei einem bestimmten Beschäftigungsgrad auf die Kostenträger tatsächlich verrechneten Kosten dar. Sie werden ausschließlich im Rahmen der Kalkulation berücksichtigt und bilden keinen objektiven Maßstab für die Kostenkontrolle (vgl. hierzu ausführlich: *Ebert, G.*, Kosten- und Leistungsrechnung, a.a.O.).

Als Maßstab für die Kontrolle der Istkosten, die bei einem bestimmten Istbeschäftigungsgrad entstanden sind, werden aus den Plankosten objektive *Sollkosten* deduziert. Dies geschieht durch die Anpassung der variablen Plankosten an die jeweilige Beschäftigung und die Übernahme der in unveränderter Höhe entstehenden fixen Plankosten.

Die *Istkosten* stellen die bei einem bestimmten Beschäftigungsgrad tatsächlich eingetretenen Werteverzehr dar. Sie sind die im Rahmen einer Abweichungsanalyse zu kontrollierende und manipulierende Größe.

Die *Kostenkontrolle* basiert auf einer differenzierten Abweichungsanalyse. In deren Verlauf wird die Gesamtabweichung in relevante Teilabweichungen gegliedert.

Dabei wird die Gesamtabweichung als Differenz zwischen Istkosten und verrechneten Plankosten ermittelt. Sie unterteilt sich in eine Beschäftigungsabweichung und eine Verbrauchsabweichung.

Die Beschäftigungsabweichung stellt die Differenz zwischen Sollkosten und verrechneten Plankosten, die Verbrauchsabweichung die Differenz zwischen Istkosten und Sollkosten dar. Weiterhin kann die Verbrauchsabweichung, nach entsprechender Bestimmung kontrollfähiger Istkosten (Istmenge * Planpreis), in eine Preisabweichung und eine Mengenabweichung gegliedert werden.

Die Preisabweichung errechnet sich als Differenz zwischen Istkosten und kontrollfähigen Istkosten, die Mengenabweichung als Differenz zwischen kontrollfähigen Istkosten und Sollkosten. Die Mengenabweichung stellt die wichtigste Teilabweichung dar, da sie vom jeweiligen Kostenstellenleiter zu vertreten ist. Sie ist entsprechend zu analysieren, zu bewerten und zu begründen (vgl. Abbildung 3.9, S. 227).

6.4 Prozeßkostenrechnung

Wesen und Ziel der Prozeßkostenrechnung

Die Prozeßkostenrechnung dient vor allem der Verbesserung der Wirtschaftlichkeitskontrolle in den indirekten Bereichen mit überwiegend dispositiven Tätigkeiten, wie z.B. Beschaffung, Logistik, Arbeitsvorbereitung, zentrale Dienste und EDV. Die Kosten werden daher nicht mehr nur kostenartenweise den Stellen zugeordnet. Vielmehr erfolgt darüber hinaus eine Zurechnung auf unterschiedliche Prozesse als neuen Kontrollobjekten in den Stellen. Außerdem soll die Genauigkeit der Kostenverrechnung auf die Kostenträger gesteigert werden. Dazu ist eine Verbesserung der verursachungsgerechten Kalkulation erforderlich, in der neben den bekannten Verrechnungssätzen prozentualer bzw. zeitbezogener Art zusätzlich auch Prozeßkostensätze zum Ansatz kommen.

Aufbau der Prozeßkostenrechnung

Die Prozeßkostenrechnung wird derzeit in der Praxis nur als Kostenstellen- und Kostenträgerstückrechnung (Kalkulation) durchgeführt. Eine umfassende prozeßorientierte Artenrechnung sowie eine prozeßorientierte Kostenträgerzeitrechnung (Betriebsergebnisrechnung) finden nicht statt. Voraussetzung hierfür wäre die vollkommene Erfassung aller Kosten in einer Prozeßkostenartenrechnung, was noch als zu schwierig und aufwendig erscheint.

Kostenstellenrechnung in der Prozeßkostenrechnung

Die prozeßorientierte Kostenstellenrechnung setzt eine kostenartenorientierte Stellenrechnung voraus. Sie umfaßt auf dieser Basis dann die Abrechnungsschritte:

- Analyse und Erfassung der Aktivitäten,
- Aggregation der Aktivitäten zu Teilprozessen,
- Kostenverteilung auf die Teilprozesse,
- Kostenumlage von leistungsmengenneutralen auf leistungsmengeninduzierte Teilprozesse,
- Ermittlung der Verrechnungssätze je Teilprozeß,
- Verrechnung der Teilprozeßkosten auf die Hauptprozesse.

Ausgangspunkt der Prozeßkostenrechnung bildet eine Analyse der als Tätigkeiten, Aktivitäten bzw. Prozesse bezeichneten Leistungen, die in den indirekten Bereichen erbracht werden. Dabei wird zwischen den kostenstellenbezogenen Teilprozessen und den kostenstellenübergreifenden Hauptprozessen unterschieden. Die Hauptprozesse entstehen durch die Zusammenfasung mehrerer sachlich zusammenhängender Teilprozesse verschiedener Kostenstellen. Sie dienen vor allem der besseren Identifikation der sogenannten Kostenantriebskräfte (cost driver), die hinter den Prozessen stehen und als Bezugs- bzw. Maßgrößen deren Quantifizierung für Planungs- und Verrechnungszwecke ermöglichen. Außerdem erleichtern die Hauptprozesse die Prozeßkalkulation.

Alle Prozesse können generell nach dem Kriterium ihres Verhaltens in bezug auf ihre Reaktion bei einer Veränderung des Leistungsvolumens eingeteilt werden. Entsprechend wird zwischen abhängigen (mengenvariablen) und unabhängigen (mengenfixen) Prozessen unterschieden. Die abhängigen Prozesse werden als leistungsmengeninduzierte (lmi), die unabhängigen Prozesse als leistungsmengenneutrale (lmn) Prozesse bezeichnet.

Die Erfassung jeweils eindeutig gegeneinander abgrenzbarer Teilprozesse beinhaltet die Bezeichnung der Prozesse (z.B. Angebote einholen), die Festlegung der Maßgrößen (z.B. Anzahl der Angebote), die Ermittlung der Prozeßmengen pro Zeiteinheit (z.B. Stück oder Stunden pro Monat) sowie die Bestimmung der erforderlichen bzw. vorgehaltenen Personalkapazität (z.B. Anzahl der Mitarbeiter in Mannjahren).

Die Kostenverteilung auf die Teilprozesse geht von der Gesamtsumme der Kostenstellenkosten aus. Diese ist dem kostenartenorientierten Betriebsabrechnungsbogen zu entnehmen. Mit entsprechend geeigneten Verteilungsschlüsseln, in der Regel auf der Basis der Kapazitäten, werden die Gesamtkosten der Stelle auf die einzelnen Teilprozesse zugerechnet. Dazu sind die Gesamtkosten der Stelle durch die Gesamtkapazität zu dividieren und der Faktor je Kapazitätseinheit mit der jeweiligen Kapazität des Teilprozesses zu multiplizieren. Daraus ergeben sich die Primärkosten je Teilprozeß. Die Kostenumlage umfaßt die Zurechnung der Kosten der lmn-Prozesse auf die lmi-Prozesse. Sie ist erforderlich, da eine direkte, verursachungsgerechte Verrechnung der lmn-Prozesse auf die Kostenträger nicht möglich ist. Die Sekundärkosten für die lmi-Prozesse, d.h. die Umlagekosten aus den lmn-Prozessen, lassen sich im Verhältnis der Kapazitäten oder der Primärkosten der lmi-Prozesse ermitteln. Die Addition der Primärkosten und der Sekundärkosten ergibt die Gesamtkosten je lmi-Prozeß. Die Berechnung des Kostensatzes je Teilprozeß erfolgt durch Division der gesamten lmi-Kosten nach der Umlage bzw. der getrennten lmi- und lmn-Kosten durch die Prozeßmenge.

Erfassung				Kosten-verteilung	Kosten-umlage	Verteilung + Umlage	Verrechnungssätze		
Teilprozesse	Maßgrößen	Prozeßmengen	Kapazität in MJ	Primärkosten	Sekundärkost.	Gesamtkosten	lmi Prozesse	lmn Prozesse	lmi + lmn Prozesse
lmi Prozesse ...									
lmn Prozesse ...									

Abbildung 3.10: Prozeßorientierte Kostenstellenrechnung

Die Berechnung des Kostensatzes je Hauptprozeß macht zunächst die Summierung der Gesamtkosten aller in den Hauptprozeß eingehenden Teilprozesse erforderlich. Dies können nur die lmi-Kosten vor der Umlage bzw. die lmi- und lmn-Kosten sein. Die entsprechenden Gesamtkosten des Hauptprozesses werden dann durch die Hauptprozeßmenge dividiert. Dadurch erhält man den jeweiligen Hauptprozeßverrechnungssatz für die Kalkulation.

Die nicht direkt auf Prozesse zurechenbaren Restgemeinkosten der Kostenstellen (Gemeinkosten derjenigen Kostenstellen, die aus Gründen der Wirtschaftlichkeit nicht bzw. nur teilweise in Prozesse gegliedert sind) werden in einer kostenstellenübergreifenden Sammelposition erfaßt und mit Hilfe eines konventionellen Zuschlagsatzes verrechnet. Dies kann mit einem summarischen Satz für alle Restgemeinkosten des Betriebes geschehen. Als Zuschlagsbasis können die Einzelkosten, die lmi-Prozeßkosten, die Gesamtprozeßkosten oder die Material-, Fertigungs- bzw. Herstellkosten verwendet werden. In die Verrechnungssätze für die Restgemeinkosten können auch die Kosten der lmn-Prozesse einbezogen werden. In diesem Falle unterbleibt dann die Umlage der einzelnen lmn-Prozesse auf die lmi-Prozesse.

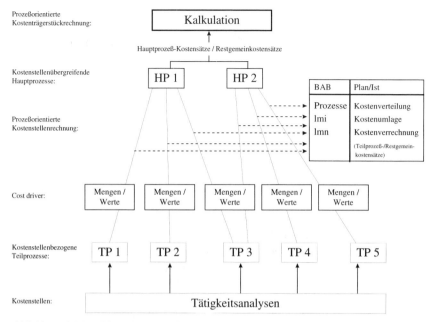

Abbildung 3.11: Ablauf der Prozeßkostenrechnung

Kalkulation in der Prozeßkostenrechnung

Die prozeßorientierte Kostenträgerstückrechnung läßt sich mit Hilfe einer Zuschlagskalkulation als Vor- bzw. Nachkalkulation durchführen. Dazu kann das nachfolgende Kalkulationsschema verwendet werden:

(1) Material pro Stück in DM
(2) + (Hauptprozeßkostensatz 1 * Anzahl der Prozesse) : Stückzahl (KTR)
(3) + (Hauptprozeßkostensatz 2 * Anzahl der Prozesse) : Stückzahl (KTR)
      ———
(4) + (Hauptprozeßkostensatz k * Anzahl der Prozesse) : Stückzahl (KTR)
(5) = Materialkosten in DM pro Stück
(6)   Lohn/Gehalt pro Stück in DM
(7) + (Hauptprozeßkostensatz l * Anzahl der Prozesse) : Stückzahl (KTR)
(8) + (Hauptprozeßkostensatz l+1 * Anzahl der Prozesse) : Stückzahl (KTR)
      ———
(9) + (Hauptprozeßkostensatz l+x * Anzahl der Prozesse) : Stückzahl (KTR)
(10) + Sondereinzelkosten in DM pro Stück
(11) = Leistungskosten in DM pro Stück

(12) = Herstellkosten in DM pro Stück (5) + (11)
(13) + Restgemeinkosten in % von (12)
(14) + (Hauptprozeßkostensatz m * Anzahl der Prozesse) : Stückzahl (KTR)
(15) + (Hauptprozeßkostensatz m+1* Anzahl der Prozesse) : Stückzahl (KTR)

(16) + (Hauptprozeßkostensatz m+y * Anzahl der Prozesse) : Stückzahl (KTR)
(17) + Sondereinzelkosten in DM pro Stück
(18) = Selbstkosten in DM pro Stück

Abbildung 3.12: Kalkulation in der Prozeßkostenrechnung

Beurteilung der Prozeßkostenrechnung

Erste Erfahrungen mit der Prozeßkostenrechnung lassen erkennen, daß sie eine sinnvolle Ergänzung zur bisher dominanten kostenartenorientierten Erfassung und wertorientierten Verrechnung in der Kosten- und Leistungsrechnung darstellt. Sie kann sowohl mit Ist- wie mit Plankosten durchgeführt werden und ermöglicht insofern eine Erweiterung und Verbesserung der Kontrolle der Wirtschaftlichkeit, vor allem auch im kostenstellenübergreifenden Sinne. Daraus resultieren eine Erhöhung der Kostentransparenz, ein effizienter Ressourcenverbrauch sowie eine verbesserte Kapazitätsauslastung, insbesondere in den, von der klassischen Voll- und Teilkostenrechnung nur schwer steuerbaren indirekten Bereichen mit überwiegend dispositiven Tätigkeiten. Der Übergang von der wertbezogenen auf die mengen- oder stundenbezogenen Verrechnung der Gemeinkosten in der Kalkulation steigert die Genauigkeit der stückbezogenen Kostenverrechnung.

Als Nachteile der Prozeßkostenrechnung sind ihre bisherige Begrenzung auf die Stellenrechnung und Kalkulation, ihre überwiegende Beschränkung auf repetitive Verwaltungstätigkeiten mit geringen Entscheidungsspielräumen, ihre mehrfachen Schlüsselungen sowie der vergleichsweise hohe Implementierungs- und laufende Arbeitsaufwand zu nennen.

6.5 Target Costing

Der in der Privatwirtschaft zunehmend verwendete Target-Costing-Ansatz erscheint geeignet, auch im Bereich der öffentlichen Verwaltung die Outputorientierung in den Vordergrund zu rücken. Analog zum Verhältnis „Markt – Unternehmen" wird hier das Verhältnis „Parlament/Regierung – Verwaltung" betrachtet. Für einen entsprechenden Target-Costing-Ansatz wäre dann das besondere Merkmal dessen „Parlament/Regierung – into Verwaltung" – Vorgehensweise. Diese zeichnet sich durch die Bestimmung eines „Zielpreises" durch die Parlaments- bzw. Regierungsebene aus, d.h. es wird bestimmt „was zu tun ist". Die Verwaltung ihrerseits legt die Produkte und deren Komponenten mit den dazugehörigen Kosten fest, d.h. es wird bestimmt „wie und womit es zu tun ist". Durch diese Arbeitsteilung kann eine ziel- und einnahmenorientierte Gestaltung der Gesetze und Produkte der Verwaltung gelingen.

Das Parlament bestimmt zunächst in einem ersten Schritt die erforderlichen Mengen, Qualitäten und „Preise" für unterschiedliche Aufgaben und Zielsetzungen mit Hilfe des Pricing. Als Methoden zum Pricing stehen dazu das Conjoint-Measurement und der Analytic-Hierarchy-Process zur Verfügung. Mit deren Hilfe können, die von den Bürgern erwarteten Funktionen mit ihren korrespondierenden Nutzengewichten festgelegt werden.

Die Verwaltung zerlegt das geplante bzw. realisierte Produkt zur Aufgabenerfüllung in seine jeweiligen Komponenten und ordnet diesen den entsprechen-

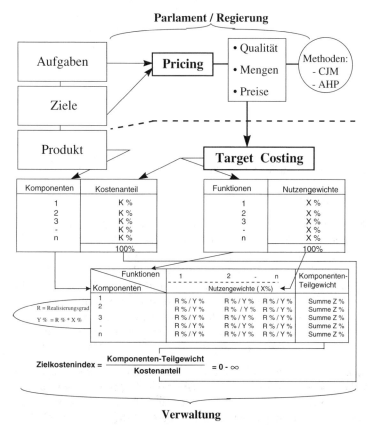

Abbildung 3.13: Target Costing

den Zielkosten- bzw. Kostenanteil zu. Die einzelnen Kostenanteile der Komponenten ergeben in der Summe 100 %. Des weiteren wird festgelegt, inwieweit die einzelnen Komponenten zur Realisierung der Funktionen beitragen. In der Summe werden alle Funktionen zu 100 % von allen Komponenten erfüllt.

Die bürgernutzenorientierte Darstellung der einzelnen Komponenten gelingt durch eine Kombination von Funktions- und Komponentenmatrix, bei der der jeweilige Realisierungsgrad mit der Funktionsbedeutung (Nutzengewicht) gewichtet wird. Die Quersumme je Komponente ergibt dann deren Teilgewicht. Im Idealfall entspricht das Komponententeilgewicht dem zugewiesenen Kostenanteil je Komponente, d.h. der Zielkostenindex nimmt den Wert 1 an. Übersteigt das Komponententeilgewicht den Kostenanteil der Komponente, nimmt der Zielkostenindex einen Wert zwischen 1 und ∞ an und es ergibt sich ein Spielraum für eine qualitative Verbesserung der Komponente. Unterschreitet das Komponententeilgewicht den Kostenanteil der Komponente, nimmt der Zielkostenindex einen Wert zwischen 0 und 1 an und es besteht die Notwendigkeit zur Kostenreduktion (vgl. Abbildung 3.13, S. 233).

II. Was ist Controlling?

1. Wesen und Entwicklung des Controlling

1.1 Veränderungsprozesse in Betrieben und im Umfeld

Zunehmend größere Veränderungen im Umfeld stellen neue Herausforderungen für eine ökonomisch erfolgreiche Gestaltung von Organisationen wie z.B. Betriebe und öffentliche Verwaltungen dar. Zwar hat es den Wandel als solchen zu allen Zeiten gegeben. Neu sind jedoch seine Ausmaße und die Geschwindigkeit, in denen er sich vollzieht. Man spricht diesbezüglich von Quantensprüngen und einer sich beschleunigenden Dynamik. Stetige, berechenbare Entwicklungen werden abgelöst durch überraschende, unberechenbare Ereignisse. Für eine effiziente Führung resultiert hieraus die Erfordernis, die „Verwaltung des Beständigen" zunehmend durch die „Gestaltung des Wandels" abzulösen.

Als wesentliche Begründung vieler Veränderungen können die ständige Ausweitung des Wettbewerbsprinzips in Wirtschaft und Gesellschaft und dessen zunehmende Intensität gesehen werden. Ausgehend von monopolistischen Strukturen im Sinne einseitiger Machtzuordnung liegt die grundlegende Wirkung eines funktionierenden Wettbewerbs in der Relativierung einseitiger Souveränität. Die Machtkonzentration wird durch einen Machtausgleich zwischen Anbietern und Nachfragern überwunden. Was der absolut dominierende Anbieter an Einfluß verliert, wächst dem zunächst weitgehend abhängigen Nachfrager an Chance zu. Im Bereich der Wirtschaft hat dieser Prozeß mit der Einführung der sozialen Marktwirtschaft seinen Anfang genommen. Im Verlauf ihrer Entwicklung hat sie auf der Anbieterseite aus Monopolisten Oligopolisten und auf der Nachfragerseite aus Bettlern Könige gemacht. Der Wettbewerb vollzieht sich heute in lokalen bis zu globalen Märkten. Global bedeutet dabei die umfassendste Form, in der Betriebe weltweit beschaffen, produzieren und vertreiben.

Der Wandlungsprozeß auf der Nachfragerseite, also beim Kunden bzw. Bürger läßt sich vereinfachend wie folgt darstellen. In der Ausgangssituation, wie sie sich z.B. unmittelbar nach dem Zweiten Weltkrieg in der Bundesrepublik Deutschland oder bis vor der Wende in Ostdeutschland dargestellt hat, war der Kunde durch folgende Merkmale geprägt:

- ungesättigt
- kaufkraftschwach
- unkritisch
- desinformiert
- undifferenziert.

Ein solcher Kunde erscheint aus der Sicht des Betriebes als „Bittsteller" bzw. „Bettler", der dankbar alles akzeptiert, was ihm vom „König" Betrieb angeboten wird.

In der am weitesten entwickelten Form zeigen heute viele Kunden ein Erscheinungsbild, das sich in folgenden Merkmalen konkretisiert:

- gesättigt
- kaufkraftstark
- kritisch
- informiert
- differenziert.

Der Kunde als „König" zwingt in dieser extremen Form die Betriebe in die Rolle des „Bittstellers", welcher um die Gunst der neuen „Majestät" betteln muß. Die skizzierten polaren Erscheinungsformen lassen eine Vielzahl von evolutionären Zwischenstufen zu (vgl. Abbildung 3.14, S. 236)

Als Reaktion auf die Entwicklungen auf der Nachfragerseite mußte auf der Angebotsseite eine grundlegende Neuorientierung erfolgen. Diese beruht letztlich auf der Erkenntnis, daß der Monopolist ein Problem darin erkennt, wenn ein Kunde kommt, während der Oligopolist begreifen muß, daß sein größtes Problem das Ausbleiben eines Kunden ist. Derzeit lassen sich dement-

sprechend die nachfolgenden Leitmaximen erkennen, die als zwangsläufige Konsequenzen auf das sich wandelnde Kundenverhalten anzusehen sind:
- Marketing
- Logistik
- Innovation
- Controlling
- Developing
- Treasuring.

Abbildung 3.14: Wandlungsprozesse des Kunden bzw. Bürger

Marketing

Zunehmend gesättigte Märkte führten vom Verkäufer- zum Käufermarkt und machten eine veränderte Vorstellung der erfolgreichen Bewältigung der Außenbeziehungen des Systems Betrieb auf der Absatz- wie auf der Beschaffungsseite erforderlich. Dazu wurde die Idee des *Marketing* entwickelt, die sich zunächst als Absatz- und später auch als Beschaffungsmarketing durchsetzte. Im umfassenden Sinne soll es mit dessen Hilfe gelingen, schon heute die noch nicht-artikulierten Bedürfnisse der Kunden zu erkennen, um sie morgen erfolgreich, d.h. unter Berücksichtigung der gewünschten Qualitäten und Preise befriedigen zu können. In den letzten Jahren wurde erkannt, daß als Kunden neben den externen Nachfragern auf der Absatzseite und den Lieferanten auf der Beschaffungsseite auch interne Kunden-/Lieferantenbeziehungen bestehen.

| Marketing = Kundenorientierung |

Logistik

Gesättigte und kaufkraftstarke Kunden entwickeln sich zu kritischen Nachfragern. Diese stellen die Qualität der angebotenen Leistungen in Frage und erzwingen damit im Bereich der Produktion eine grundlegende Neuorientierung. Die klassisch enge Einbindung des Produktionsablaufes zwischen der Beschaffung und dem Absatz wurde durch die neue Vorstellung der *Logistik* abgelöst. Sie bezieht sowohl die Lieferanten wie auch die Kunden in die gesamte zu verantwortende Leistungserstellung und -verwertung mit ein, wenn ein optimaler Durchlauf- bzw. Umlaufprozeß (Recycling) gestaltet werden soll. Daraus folgt die Ergänzung der funktionalen durch die prozessuale Orientierung.

Logistik = Prozeßorientierung

Innovation

Als neues Bindeglied zwischen dem Marketing und der Logistik beginnt sich als drittes elementares Gestaltungsfeld die *Innovation* abzuzeichnen. Bei immer kürzeren Lebenszyklen der Produkte müssen rechtzeitig verbesserte bzw. neue Leistungen auf dem Markt angeboten werden, um die Konkurrenzfähigkeit des Betriebes zu sichern. Die Realisierung erfolgreicher Produktinnovationen erfordert gleichzeitig permanente Prozeß- und Systeminnovationen.

Innovation = Schöpferische Orientierung

Während die elementaren Funktionsbereiche Beschaffung, Produktion und Absatz durch einen starken Druck von außen zu einer Veränderung in Form des Marketing, der Innovation und der Logistik gezwungen wurden, erfährt die Querschnittsfunktion der betrieblichen Verwaltung den Zwang zu einer Neuorientierung aufgrund dieser veränderten Einstellungen von innen.

Da die Verwaltung von Betrieben keinen direkten Bezug zum Kunden hat, zeigt sie zunächst wenig Bereitschaft zur Veränderung. Es entsteht das Phänomen der Verbürokratisierung. Dies führte zu einem Spannungsverhältnis zwischen der neuen Orientierung in den Elementarbereichen und der klassischen Denkweise in der Verwaltung mit dem Problem, daß die erfolgreiche Weiterentwicklung des Betriebes gefährdet wurde. Um dies zu verhindern, mußten neue Formen der Lenkung, Steuerung und Koordination entwickelt werden, um eine existenzielle Bedrohung der Unternehmung zu vermeiden.

Controlling

Am weitesten fortgeschritten ist hierbei die Entwicklung des *Controlling*, das auf einer neuen inhaltlichen Ausrichtung der Planung, Kontrolle und Information beruht und diese Elemente darüber hinaus zu lernfähigen Prozessen verknüpft. Dadurch entwickeln sich neue Planungs-, Kontroll- und Informationskulturen in Betrieben sowie individuelle und organisationale Lernprozesse zur Realisierung der lernenden Organisation.

Controlling = Lernorientierung

Developing

Zusätzlich zum Controlling werden weitere Philosophien mit Steuerungscharakter entstehen. Als zunehmend eigenständige Ausprägung zeichnet sich derzeit das *Developing* ab. Dieses beruht auf neuen inhaltlichen Ausrichtungen der Führungshandlungen Qualifizieren, Organisieren und Kommunizieren sowie auf deren integrativer Verknüpfung zur Gestaltung permanenter Entwicklungsprozesse.

Developing = Entwicklungsorientierung

Treasuring

Weiterhin gewinnt das *Treasuring* an Bedeutung, das im wesentlichen auf innovativen Neuerungen in der Finanzwirtschaft, der Beteiligung der Mitarbeiter bei der finanzorientierten Führung und auf den globalen Kapitalmärkten ab-

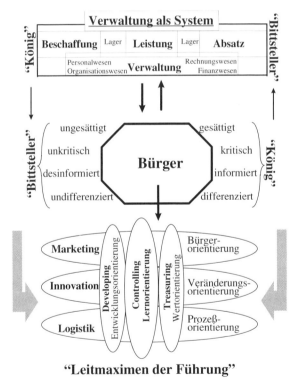

Abbildung 3.15: Verwaltung der Zukunft

stellt. Diese Konzeption versteht den Mitarbeiter als Mitunternehmer, der am finanzwirtschaftlichen Ergebnis und am Kapital partizipiert, um damit von dieser Seite die optimale Voraussetzung für unternehmerisches Denken und Handeln zu schaffen.

Treasuring = Wertorientierung

Die aufgezeigten Veränderungen und die daraus resultierenden Reaktionen münden in einer Vision „Verwaltung der Zukunft". Diese wird geprägt durch die Philosophien des Marketing, der Innovation und der Logistik als Gestaltungsfelder, die durch die Leitideen in Form der Steuerungsfelder Controlling, Developing und Treasuring koordiniert werden (vgl. Abbildung 3.15).

1.2 Systemische Führung

Die Betriebswirtschaftslehre hat sich historisch in den vier aufeinanderfolgenden Phasen, der funktionsorientierten, der faktororientierten, der entscheidungsorientierten und der systemorientierten Betriebswirtschaftslehre entwickelt. Die derzeit herrschende Lehrmeinung versteht den *Betrieb als System*, d.h. als eine abgegrenzte Gesamtheit, die sich aus mehreren miteinander verknüpften Elementen zusammensetzt und eigenständig definierte Ziel- bzw. Zwecksetzungen verfolgen kann.

Die spezifischen Merkmale des Systems Betrieb sind:
- *rechtmäßig*, d.h. der Betrieb strebt nach einer juristisch korrekten Erfüllung der von demokratisch legitimierten Institutionen vorgegebenen Aufgaben zum Zwecke der gesellschaftlichen Wohlstandsmaximierung;
- *ökonomisch*, d.h. der Betrieb strebt nach einer optimalen Wirtschaftlichkeit und nach Sparsamkeit zum Zwecke des effizienten und zielorientierten Einsatzes knapper Finanzmittel;
- *technisch*, d.h. der Betrieb strebt nach optimaler Funktionalität zum Zwecke der Erzeugung von Leistungen, die zur Befriedigung von Bürgerwünschen führen;
- *sozial*, d.h. der Betrieb strebt nach optimaler Zufriedenheit der Mitarbeiter durch Schaffung von entsprechenden Arbeitsbedingungen;
- *ökologisch*, d.h. der Betrieb strebt nach optimaler Umweltverträglichkeit, um zur Lebensfähigkeit der Gesellschaft beizutragen;
- *politisch*, d.h. der Betrieb strebt nach optimaler Umsetzung des jeweils in Form von Aufgaben und Zielen vorgegebenen politischen Willens einer Legislaturperiode;
- *offen*, d.h. das System Betrieb benötigt eine zweiseitige Öffnung zur Umwelt im Sinne der Beschaffungs- und der Absatzseite. Damit ist eine autarke Existenz ausgeschlossen;

- *autonom*, d.h. der Betrieb besitzt innerhalb gegebener Rahmenbedingungen ein hohes Maß an Eigengestaltungsmöglichkeiten;
- *kompliziert*; d.h. der Betrieb zeichnet sich durch die Differenziertheit der Beziehungen zwischen einer Vielzahl von Elementen aus;
- *dynamisch*, d.h. der Betrieb verfügt über eine Reaktions-, Lern- und Anpassungsfähigkeit im strukturellen und prozessualen Sinne;
- *komplex*, d.h. der Betrieb ist charakterisiert durch die gleichzeitige Kompliziertheit und Dynamik, welche sich sowohl in der Quantität ihrer Elemente wie auch in der Qualität ihrer Verknüpfungen zeigt.

Da Betriebe zudem *künstlich geschaffene Systeme* sind, die als solche nicht in der Natur vorkommen, bedürfen sie der Führung im Sinne der Steuerung, Lenkung und Regelung durch den Menschen. Die grundlegende Aufgabe der Führung ist die Erreichung einer möglichst störungsfreien Gestaltung des Systems Betriebs und dessen harmonische Integration in das Umfeld. Die wesentlichen Führungsfunktionen lassen sich in einem *Führungskreis* zusammenfassen, der in seiner Gesamtheit das Phänomen der „Betriebsführung" darstellt.

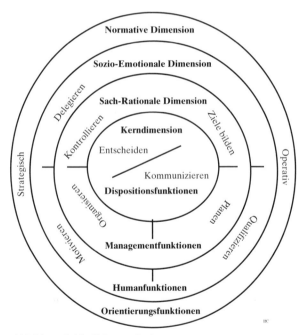

Abbildung 3.16: Führungskreis

1.3 Philosophie des Controlling

Als aktuelles Konzept zur Lenkung und Steuerung des Betriebs hat sich das Controlling bewährt, dessen Grundelemente die klassischen Führungsaufgaben *Planen, Kontrollieren* und *Informieren* sind. Damit stellt das Controlling zunächst keinen grundlegend neuen Ansatz dar. Durch die inhaltliche Neuorientierung sowie durch die synergetische Verknüpfung der drei Grundelemente in Form lernfähiger Prozesse wurde das Controlling jedoch zu einner originellen Leitidee erfolgreicher Betriebssteuerung.

Entwicklung einer neuen Planungs-, Kontroll- und Informationskultur

Der wirtschaftliche Wiederaufbau führte in der Bundesrepublik Deutschland nach dem 2. Weltkrieg zu einer längeren Phase beständiger Entwicklung. Sie begünstigte das Entstehen punktueller Vorstellungswelten bezüglich der Planungs-, Kontroll- und Informationsmöglichkeiten. Diese Form der Verengung des Denk-Horizontes beeinträchtigt die Beurteilungsfähigkeit des eigenen Tuns und bedingt letztlich die Gefahr der Degeneration der Führungs- und Fachkräfte zu „Verwaltern". Derartige Verhaltensweisen werden zunehmend problematisch, da die Veränderungen im Umfeld und im Betrieb an Turbulenz gewinnen. Dann sind „Gestalter" gefragt, die über die Beurteilungsfähigkeit bezüglich des eigenen Tuns verfügen. Diese beruht auf der Schaffung weiter Horizonte mit Hilfe eines extremen Denk-Spektrums. Durch die Formulierung

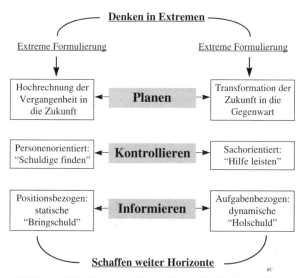

Abbildung 3.17: Planungs-, Kontroll- und Informationskultur

von möglichst weit auseinanderliegenden Polen wird ersichtlich, daß es zwischen diesen eine Vielzahl von gedanklichen und tatsächlichen Ausprägungen für das Planen, Kontrollieren und Informieren gibt (vgl. Abbildung 3.17). Optimales Controlling bedingt die Fähigkeit, situativ die jeweils bestgeeignete Planungs-, Kontroll- und Informationsvariante auszuwählen und anzuwenden. Damit läßt sich eine offene, fließende und dynamische Controlling-Kultur (Fuzzy-Controlling) erreichen.

Gestaltung lernfähiger Prozesse

Die Verknüpfung von Planung, Kontrolle und Information führt zu synergetischen Prozessen. Der *Planung* obliegt die Entwicklung eines Soll-Zustandes als Orientierungsgröße für die Realisation und als Normgröße für die Kontrolle. Die Realisation verwirklicht in Form einer Ausführungshandlung das Ist. Informationen über Störgrößen aus dem Unternehmensumfeld werden bei der Planung und der Realisation feed forward berücksichtigt. Die Führungsaufgabe *Kontrolle* vergleicht das aufgestellte Soll mit dem realisierten Ist. Die aus diesem Vergleich gewonnenen Erkenntnisse werden als *Information* an die Planung und/oder Realisation zurückgemeldet. Dieses feedback schließt den Kreislauf und führt damit zur Regelung des Systems Unternehmung.

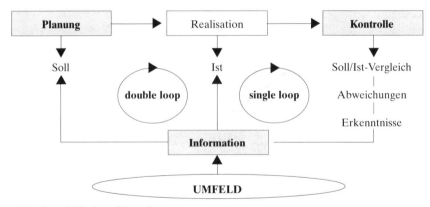

Abbildung 3.18: Lernfähige Prozesse

Die Zielsetzung der feed back-Kontrollen liegt in der Sicherstellung einer effizienten Realisierung von Handlungen zum Zwecke der Zielerreichung. Diese single-loop-learning-Prozesse ermöglichen in einem vorgegebenen Kontext aus Normen und Zielen die Korrektur von erkannten Fehlentwicklungen. In Ergänzung untersuchen feed forward-orientierte Kontrollen die Validität der gesetzten Rahmenbedingungen und Ziele. Solche double-loop-learning-Prozesse sollen die Effektivität der Zielsetzungen bei sich verändernden Umfeldbedingungen sicherstellen. Das „deutero-learning" beschreibt über die dargestellten Lernebenen hinausgehende Lernprozesse, in denen das Lernen selbst zum Objekt des Lernens wird. Die spezifischen Problemösungskontexte, i.e. unsere Denkweise, Philosophie und Methodik werden dabei kritisch reflektiert und die Unternehmung hat die Chance, Lernen zu lernen (vgl. Abbildung 3.18).

Generell wurde bei der bisherigen Gestaltung von Soll/Ist-Vergleichen in der Regel eine Deckungsgleichheit zwischen Soll und Ist angestrebt. Die Abweichung „Null" wurde in der Regel als positiv interpretiert. Ein solches Ergebnis gab keine unmittelbare Veranlassung, wesentliche Veränderungen herbeizuführen. Die zunehmende Dynamik macht es jedoch erforderlich, Veränderungsmöglichkeiten schnell zu erkennen und zu realisieren. Dazu ist die Gestaltung permanenter Lernprozesse notwendig. Solche entstehen nur, wenn die Teilhandlungen Planen, Kontrollieren und Informieren in ihrer neuen inhaltlichen Interpretation verstanden werden und die Bedeutung der Abweichung neu definiert wird. Eine veränderte Einstellung bezüglich des Umgangs mit Abweichungen, also eine neue *Abweichungskultur* ist erforderlich.

Je höher die Kreativität bei der Festlegung des Solls, um so unwahrscheinlicher ist eine sofortige Deckungsgleichheit zwischen Soll und Ist. Solchermaßen begründete Abweichungen sind positiv zu bewerten, soweit sie Lernpotentiale beinhalten. Nur wenn die Frage „wie gut sind wir?" durch die Frage „wie können wir schnell besser werden?" ersetzt wird, kann es gelingen, jeden Arbeitsplatz zu einem permanenten Lernort und den Betrieb zur lernenden Organisation umzuwandeln.

Controlling als Managementfunktion und Führungskonzeption

Die erfolgreiche Realisierung der beschriebenen Controlling-Philosophie bedingt, das Controlling zugleich als Managementfunktion und Führungskonzeption zu verstehen. Als neue Managementfunktion übernehmen die Controller die Aufgabe, ein Controllingsystem im Unternehmen aufzubauen und weiterzuentwickeln. Innerhalb dieses Systems ist es dann die Aufgabe der übrigen Führungskräfte des Betriebes, Controlling im Sinne eines neuen Denk-, Verhaltens- und Orientierungsansatzes zum Zwecke einer effektiven und effizienten ökonomischen Steuerung zu betreiben.

Der Controller trägt als ein Systemspezialist die Verantwortung für die Pflege und Weiterentwicklung des Controllingsystems. Die Führungskräfte unterstützt er bei der erfolgreichen Bewältigung der Planung, Kontrolle und Information als „interner Berater". Damit ist Controlling nur im kooperativen Miteinander von Controllern, den übrigen Führungskräften und Mitarbeitern und nicht im Kampf der Controller gegen die übrigen Führungskräfte und Mitarbeiter erfolgreich umsetzbar. Hieraus ergibt sich, daß Controlling zugleich auch als allgemeine Führungskonzeption zu begreifen ist, nach der sich alle Führungskräfte und Mitarbeiter des Unternehmens auszurichten haben, wenn eine erfolgreiche Optimierung der Betriebsstrukturen und -abläufe gelingen soll.

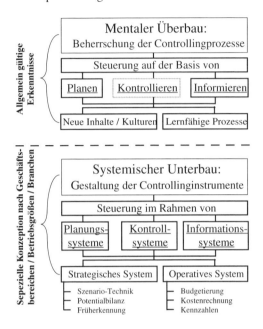

Abbildung 3.19: Controlling als Managementfunktion und Führungskonzeption

1.4 Strategisches/Operatives Controlling

Die grundlegende Differenzierung in operatives und strategisches Controlling basiert auf den beiden Zielgrößen Potentiale und Erfolg. Die ursprünglich originäre Zielgröße Erfolg in Form des Gewinns wird relativiert durch die neue, originäre Zielgröße Erfolgspotential, die den Gewinn vorsteuert und diesen damit zu einer derivativen, also abgeleiteten Größe macht. Der Erfolg übernimmt die Funktion einer Kontrollgröße für das Vorhandensein von Potentialen und dient dem Aufbau und der Erhaltung der notwendigen Potentiale.

Im Mittelpunkt des *strategischen* Controlling steht das rechtzeitige Erkennen und Schaffen neuer sowie die Pflege vorhandener Potentiale zum Zwecke der dauerhaften Sicherung der Existenz eines Betriebes. Das *operative* Controlling hingegen ist auf das Erreichen eines positiven Erfolgs zum Zwecke der aktuellen Existenzsicherung durch die Nutzung der Potentiale focussiert.

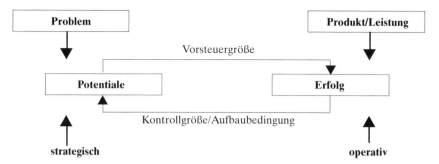

Abbildung 3.20 : Differenzierung des Controlling

Auf der Grundlage dieser Erkenntnisse ist das strategische Controlling potentialorientiert und das operative Controlling erfolgsorientiert. Als Konkretisierungsgrößen dienen dabei im strategischen Bereich das Problem und im operativen Bereich das Produkt bzw. die Leistung. Entsprechend dem grundlegenden Beziehungsverhältnis zwischen Potentialen und Erfolgen ist das strategische dem operativen Controlling vorgelagert. Das strategische Controlling setzt die Rahmenbedingungen und hat somit normativen Charakter für das operative Controlling.

Strategisches und operatives Controlling können auch hinsichtlich ihrer zeitlichen Orientierung unterschieden werden. Das operative Controlling umfaßt in der Regel eine Zeitperiode von ca. drei bis fünf Jahren. Die zeitliche Befristung ergibt sich aus der Tatsache, daß eine darüber hinausgehende Beschäftigung mit der Zielgröße Erfolg aufgrund der Determinierung durch die Potentiale einerseits nicht erforderlich ist und andererseits leicht in Spekulation ausartet. Innerhalb des operativen Controlling können in sich geschlossene Betrachtungszeiträume in kurzfristiger (Monat/Quartal/Halbjahr), mittelfristiger (ein Jahr) und langfristiger (bis zu fünf Jahren) Form gebildet werden. Im Mittelpunkt der operativen Betrachtung steht die Optimierung der Funktionen und Prozesse des Betriebes.

Das strategische Controlling umfaßt alle zeitlichen Dimensionen des operativen Controlling, geht jedoch insofern darüber hinaus, als es in Bezug auf die weitere Zukunft offen ist. Dies bedeutet, daß strategisches im Sinne von perspektivischem Denken nicht durch einen konkreten Zeitpunkt, sondern durch eine vorläufig letzte, am weitesten in der Zukunft liegende unternehmensrelevante Erkenntnis begrenzt wird. Im Mittelpunkt der strategischen Betrachtung steht die Optimierung der Projekte zur Gewinnung neuer und Erhaltung bestehender Potentiale des Betriebes.

2. Prozessuale Gestaltung des Controlling

Die allgemein anerkannten Grundelemente des Controlling, das Planen, das Kontrollieren und das Informieren stellen in sich abgrenzbare, eigenständige Handlungsprozesse dar, die auf der Grundlage des Drei-Phasen-Schemas jeweils spezifisch darstellbar sind. Dies ist zum einen in Form horizontaler Controlling-Prozesse und zum anderen als vertikaler Controlling-Prozeß möglich.

2.1 Horizontale Controllingprozesse

Planungsprozeß

Das Planen vollzieht sich als strukturierter Handlungsablauf mit den Phasen „Festlegung des Planungsziels", „Suche nach Planungshandlungen" und „Durchführung der Planungsentscheidung".

Erste Phase: Festlegung des Planungsziels

Ein *Ziel* beschreibt einen in der Zukunft liegenden, wünschens- bzw. erstrebenswerten Tatbestand, der nicht von selbst, also nur durch ein Tun oder Unterlassen erreichbar ist. Ziele haben zugleich Orientierungs- und Aktivierungsfunktion. Man unterscheidet zwischen Formalzielen und Sachzielen. Formalziele haben grundlegende Bedeutung für die Existenz des Betiebes und stehen insofern an der Spitze der Zielhierarchie. Sachziele werden aus den Formalzielen abgeleitet, sie sind damit zugleich Mittel zur Erreichung der Formalziele.

Planungsziele sind grundsätzlich Sachziele, die aus den Formalzielen abzuleiten sind. Für den weiteren Planungsablauf übernehmen die Planungsziele zwei Funktionen. Sie müssen als Sollvorgaben formuliert werden, die bei der Suche nach Planungshandlungen eine Leitfunktion übernehmen. Außerdem haben sie eine Beurteilungsfunktion im Rahmen der Planungsentscheidung zu erfüllen. Es ist daher besonders darauf zu achten, daß sie in operationaler Form definiert werden. Dazu ist erforderlich, daß im Rahmen der Zieldefinition eindeutige Aussagen über Zielinhalt, Zeitrahmen und Erfüllungsgrad erfolgen.

Die Aufstellung der Planungsziele vollzieht sich in einer konkreten wirtschaftlichen Wirklichkeit, die nur zum Teil von den Planenden beeinflußt werden kann. Die unbeeinflußbaren Gegebenheiten werden als Planungsdaten bezeichnet. Sie begrenzen die Zielinhalte und können als Nebenbedingungen der Planungsziele bezeichnet werden. Dabei lassen sich exogene und endogene Planungsdaten unterscheiden. Die exogenen sowie die endogenen Planungsdaten stellen Prämissen für den Planungsprozeß dar.

Zweite Phase: Suche nach Planungshandlungen

Zunächst muß die Ausgangssituation, d.h. der Ist-Zustand analysiert werden, der die Ausgangsbasis der Planungsziele als Soll-Zustand darstellt. Dazu sind die tatsächliche Lage möglichst eindeutig zu beschreiben und die sie beeinflussenden, durch die Planung veränderbaren Planungsvariablen aufzuzeigen. Ein Vergleich zwischen Ist- und Soll-Zustand zeigt die Zieldifferenz auf, die durch unterschiedliche Planungshandlungen auszugleichen ist. Je weiter jedoch das Planungsziel in die Zukunft hineinreicht, um so weniger aussagefähig ist ein direkter Soll-Ist-Vergleich. Die Begründung dafür ist darin zu sehen, daß sich der Ausgangszustand im Zeitablauf auch ohne eigenes Zutun verändern kann. Dies ist auf die vom Betrieb unbeeinflußbaren Wirkungen der Planungsdaten zurückzuführen.

Eine möglichst genaue Aussage über die Ziellücke ergibt sich damit erst, wenn der wahrscheinliche Ist-Zustand in der Zukunft (Wird-Zustand) mit dem Soll-Zustand, bezogen auf den gleichen, zukünftigen Zeitraum bzw. Zeitpunkt verglichen wird. Dazu ist es erforderlich, Prognosen aufzustellen, um die Wirkung der Planungsdaten auf den gegenwärtigen Ist-Zustand zu erkennen. Die Betriebswirtschaftslehre hat dazu Planungshilfen in Form von Methoden der Vorausschätzung (Trendvorhersage, Analogiemethode) bzw. Verfahren des Operations Research (Lineare Programmierung, Warteschlangentheorie, Simplex-Methode u.a.) entwickelt.

Die Ziellücke als Abweichung zwischen dem Soll und dem Ist (Wird) kann positiv, negativ oder gleich Null sein. Im letzteren Fall ist die Suche nach Planungshandlungen, nach Wegen zur Schließung der Zieldifferenz deshalb einfach, weil die Beibehaltung der bisherigen Handlungen möglich ist.

Eine negative Abweichung ergibt sich, wenn der Ist-Zustand (Wird-Zustand) günstiger ist als der Soll-Zustand. In diesem Falle muß wohl eine Überarbeitung des Planziels vorgenommen werden (Zielrevision), da ein Wirtschaftsunternehmen in der Regel nicht freiwillig auf evident mögliche Erfolge verzichtet. Üblicherweise tritt jedoch eine positive Abweichung ein, d.h. das Planziel kann nur erreicht werden, wenn andere und/oder zusätzliche Maßnahmen ergriffen werden. Damit beginnt die Suche nach Planungshandlungen, wobei in einer hoch arbeitsteiligen, durch unvollkommene Informationen geprägten Marktwirtschaft stets davon ausgegangen werden kann, daß mehrere, meistens sogar sehr viele Wege zum Ziel führen.

Bei der Suche nach Planungshandlungen kann generell zwischen Prognose- und Erwartungsalternativen unterschieden werden. Lassen sich statistisch gesicherte Wahrscheinlichkeitswerte bezüglich der Verwirklichung festlegen, so liegen Prognosealternativen vor. Sind jedoch keine quantifizierbaren Schätzungen der Wahrscheinlichkeit möglich, so handelt es sich um Erwartungsalternativen.

Sofern mehr als eine Planungshandlung gefunden wurde, ist eine Bewertung der Alternativen erforderlich, um eine bessere Grundlage für die Planungsentscheidung zu schaffen. Dabei erhält diejenige Planungshandlung die höchste Wertung, die am meisten zur Planzielerreichung beiträgt. Die Wertigkeit bezüglich der Zielwirksamkeit kann hierbei kardinal, ordinal oder nominal gemessen werden. Das Ergebnis wird in Form einer Prioritätenliste festgehalten.

Dritte Phase: Planungsentscheidung

Während die Suche nach vielfältigen Planungshandlungen den eigentlichen Kernbereich des Planungsprozesses darstellt, bildet die Planungsentscheidung die letzte Stufe im Planungsablauf. Sie beinhaltet die bewußte Festlegung auf die zielwirksamste(n) Planungshandlung(en). Dies kann (können) der (die) am höchste(n) bewertete(n) Lösungsweg(e) sein.

Das Ergebnis des Planungsprozesses wird im *Plan* festgehalten (vgl. Abbildung 3.21).

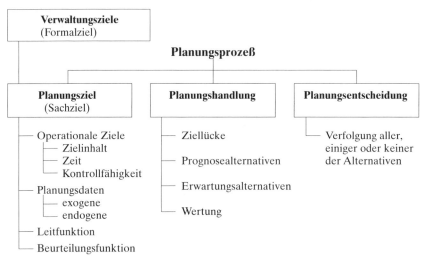

Abbildung 3.21: Planungsprozeß

Kontrollprozeß

Bewußt gestaltete Betriebsabläufe basieren auf Zielen und Planungen, deren Realisierung durch Organisation und ausführende Tätigkeiten erfolgt. Um festzustellen, inwieweit Ziel- und Planvorstellungen mit der erzielten Ist-Situation, d.h. der Realität übereinstimmen, bedarf es einer ständigen Überprüfung. Sie ist um so mehr erforderlich, als die Betriebsprozesse überwiegend arbeitsteilig durchgeführt werden, d.h. Zielfindung, Planung und Realisation werden von unterschiedlichen Aufgabenträgern in jeweils selbständigen Aktionseinheiten vollzogen.

Das Kontrollieren vollzieht sich als strukturierter Handlungsablauf mit den Phasen „Bildung der Kontrollgrößen", „Kontrollauswertung" und „Kontrollentscheidung".

Erste Phase: Bildung der Kontrollgrößen
Die erste Phase beinhaltet die Bildung von Kontrollgrößen, d.h. die Festlegung der zu kontrollierenden Objekte. Für einen aussagefähigen Vergleich muß das Kontrollobjekt in Form einer Norm (Soll) und einer Realität (Ist) vorliegen. Die Norm stellt eine für die Zukunft erstrebenswerte bzw. erhaltenswerte Wirklichkeit dar, welche von der Planung im Rahmen ihrer Kontrollfunktion zur Sicherung der Betriebsziele festgelegt wurde. Dieser steht die Ist-Größe gegenüber, die als vollzogene Wirklichkeit tatsächlich eingetreten ist. Bei der Aufstellung der Norm muß in die Soll-Größe stets eine Optimalvorstellung eingehen, die grundsätzlich realisierbar sein soll. Dies wird dadurch erreicht, daß erkannte und vermeidbare Unwirtschaftlichkeiten keine Aufnahme in die Kontrollnorm finden. Bei der Erfassung der Ist-Werte sind die tatsächlich eingetretenen Situationen möglichst genau wiederzugeben. Darüber hinaus sind bei der Ermittlung der Kontrollgrößen außerdem folgende weitere Bedingungen zu erfüllen:

- Dimensionsidentität
- Zeitidentität
- Datenidentität
- Methodenidentität

Zweite Phase: Kontrollauswertung
Die zweite Phase des Kontrollprozesses umfaßt die Kontrollauswertung, die im engeren Sinne als die eigentliche Kontrolle bezeichnet werden kann. Diese beinhaltet die Ermittlung der Abweichungsdifferenz, die Durchführung der Abweichungsanalyse sowie die Bewertung und Begründung der eingetretenen Abweichungen.

Abweichungsdifferenz: Die Ermittlung der Abweichungsdifferenz erfolgt idealerweise durch einen Soll/Ist-Vergleich, der zu folgenden Ergebnissen führen kann:

- die Sollgröße ist größer (besser) als die Istgröße,
- die Sollgröße ist gleich groß (gleich gut) wie die Istgröße,
- die Sollgröße ist kleiner (schlechter) als die Istgröße.

Abweichungsanalyse: Stimmen Soll und Ist überein, kann davon ausgegangen werden, daß keine korrigierenden Eingriffe in die Planung bzw. Realisierung vorzunehmen sind. Liegt jedoch eine Abweichung vor, muß eine Analyse durchgeführt werden, um die Ursachen, die Gründe sowie die Verantwortlichkeiten für die Abweichung festzustellen. Ursachen für positive sowie negative Abweichungen können in der Ist-Größe oder in der Soll-Größe oder gleichzeitig in beiden Größen liegen. Sie lassen sich um so besser erkennen, je mehr es gelingt, Abweichungen jeweils auf eine Störgröße zurückzuführen. Dazu ist es erforderlich, Gesamtabweichungen in Teilabweichungen aufzulösen.

Abweichungsbewertung: Die Ermittlung der Abweichung und ihre Trennung nach unterschiedlichen Abweichungsarten vollziehen sich meistens in einem Rechenvorgang. Darüber hinaus muß eine Beurteilung der Abweichung vorgenommen werden, sofern sie kontrollmäßig weiterverfolgt werden soll, was in der Praxis oft nur dann geschieht, wenn eine bestimmte Toleranzgrenze überschritten wird. An den vorgegebenen Toleranzen ist zu überprüfen, ob sich der Aufwand für weitere Untersuchungen der Abweichungen lohnt. Bei größeren Abweichungen müssen unter Beteiligung der verantwortlichen Aktionsträger fundierte Begründungen erarbeitet werden.

Abweichungsbegründung: Wird die vorgegebene Toleranzgrenze überschritten, sind Erklärungen über das Entstehen der Abweichung abzugeben. Dabei kann zwischen zu vertretenden und nicht zu vertretenden Abweichungen unterschieden werden.

Dritte Phase: Kontrollentscheidung

Die dritte Phase des Kontrollprozesses beinhaltet die Kontrollentscheidung. Sie ist von besonderer Bedeutung, da Kontrolle letztlich erst dann effizient wird, wenn sie bei relevanten Abweichungen die Erarbeitung und Einleitung von Korrekturmaßnahmen zur Folge hat. Aufgabe der Kontrolle ist es dabei, aus den ermittelten Ursachen bzw. aus den von den jeweiligen Aufgabenträgern erhaltenen Begründungen einen Maßnahmenkatalog aufzustellen (vgl. Abbildung 3.22).

Abbildung 3.22: Kontrollprozeß

Informationsprozeß

Führungsaufgaben im allgemeinen und das Treffen von Entscheidungen im besonderen können als ein Prozeß begriffen werden, der aus einer Informationsgewinnung, einer Informationsverarbeitung und schließlich aus der Abgabe von Informationen besteht. In diesem Sinne stehen Informationen im Mittelpunkt allen erfolgsorientierten Handelns, denn deren Güte und Umfang beeinflußt ceteris paribus maßgeblich die Qualität einer Entscheidung. Die Bedeutung einer Entscheidung bestimmt umgekehrt den zeitlichen Umfang der Informationsgewinnung und -verarbeitung. Der Informationsprozeß vollzieht sich als strukturierter Handlungsablauf mit den Phasen „Abgrenzung des Informationsproblems", „Ermittlung der Informationsalternativen" und „Festlegung der Informationslösung".

Erste Phase: Abgrenzung des Informationsproblems

Bei der Abgrenzung des Informationsproblems geht es um die Frage der Relevanz von Nachrichten für den Sender bzw. den Empfänger, d.h. um die Wirkungen, die jeweils erreicht werden sollen. Es gibt Informationen, die der Vorbereitung von Entscheidungen dienen und solche, die eine konkrete Verhaltensbeeinflussung bewirken sollen. Neben der Nachrichtenrelevanz wird das Informationsproblem durch den Informationsbedarf beeinflußt. Dieser bestimmt die Art, die Quantität und die Qualität einer Mitteilung, die zur Durchführung einer Handlung vom Informationsempfänger im gegebenen Informationskontext zu einer bestimmten Zeit an einem festgelegten Ort benötigt wird. Der objektive Informationsbedarf leitet sich somit aus der Aufgabenstellung ab. Der subjektive Informationsbedarf resultiert dagegen aus der jeweils unterschiedlichen Betrachtung des zu lösenden Tatbestandes. Ein Teil des Informationsbedarfs wird als Informationsnachfrage artikuliert, dem ein Informationsangebot gegenübersteht.

Zweite Phase: Ermittlung der Informationsalternativen

Bei der Entwicklung von Informationsalternativen geht es im wesentlichen um die Regelung des Übertragungsvorganges, d.h. um die Verkehrswege, auf denen die Informationen als eindeutig definierte Nachrichten übermittelt werden sollen. Sie lassen sich dabei nach den Kriterien der Informationsflußrichtung, der Stufung der Informationswege sowie der Schichtung des Informationsflusses differenzieren.

Weiterhin sind die Alternativen hinsichtlich des *Informationsangebotes* zu untersuchen. Die Informationsbeschaffung orientiert sich an den Informationsarten und -quellen. Als Informationsarten können u.a. faktische, prognostische, logische, Planungs-, Kontroll-, Markt- und betriebliche Informationen differenziert werden. Das externe Umfeld und die internen Bereiche dienen dabei als Quellen des Informationsprozesses.

Dritte Phase: Festlegung der Informationslösung
Die Festlegung der Informationslösung beinhaltet die Auswahl derjenigen Informationsalternative, die das Informationsproblem bestmöglich erfüllt. Das ist in der Regel das Informationsprogramm, welches den Informationsbedarf der beteiligten Kommunikationspartner optimal befriedigt und mit dem vergleichsweise geringstem Aufwand durchgeführt werden kann. Damit wird es möglich, unterschiedlichste Informationen als Basis für unternehmerische Entscheidungen permanent aufzunehmen und abzugeben. Der Informationsprozeß übernimmt eine wichtige Servicefunktion für den Planungs- und Kontrollprozeß (vgl. Abbildung 3.23).

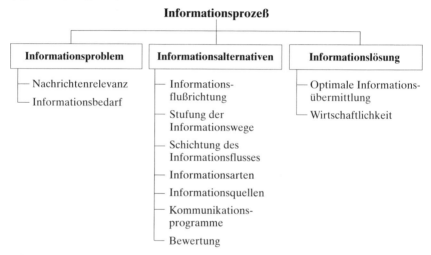

Abbildung 3.23: Informationsprozeß

2.2 Vertikaler Controllingprozeß zwischen den Verwaltungsebenen

Der vertikale Controllingprozeß vollzieht sich zwischen den Ebenen Parlament, Regierung, obere Behörde, mittlere Behörde und untere Behörde wie auch innerhalb der einzelnen Ebenen zwischen den Führungshierarchien sowie innerhalb der Abteilungen zwischen Führungskräften und Mitarbeitern. Er umfaßt die Phasen Planung, Kontrolle sowie Information. Diese werden grundsätzlich mit Hilfe des „Top-down"-, „Bottom-up"- oder als Gegenstromverfahren in Form des „Down-up"- respektive „Up-down"-Verfahrens abgewickelt (vgl. hierzu: *Rau, Thomas*, Betriebswirtschaftslehre für Städte und Gemeinden, München 1994, S. 45 ff.) Als optimaler Ansatz gilt das Gegenstromverfahren in der Version des Down-up. Dabei werden zunächst die Tatbestände der jeweils höheren Hierarchieebenen schrittweise von oben nach unten konkretisiert (Down). Im Gegenzug können dann korrigierende Aspekt von unten nach oben (up) einfließen.

Die unterschiedlichen Ebenen bzw. Stufen stehen jeweils in einer Ziel-/Mittelrelation zueinander.

Planungsprozeß

Der Planungsprozeß wird nachfolgend exemplarisch für die fünf Ebenen beschrieben. Dabei werden die Planungsinhalte der jeweiligen Stufe wie auch die Abhängigkeiten zwischen den Stufen dargestellt.

Auf der Ebene des Parlaments wird der Planungsprozeß weitestgehend von externen Zielansprüchen der Bürger beeinflußt. Das Ergebnis sind die generellen Aufgabenstellungen, die von der Mehrheit des Parlaments beschlossen wird. Als übergeordnete Formal- und Sachziele z.B. in Form von Gesetzen determinieren sie den weiteren Planungsprozeß für die folgenden Ebenen.

Auf der Regierungsebene werden aus der generellen Aufgabenstellung in Form von Gesetzen detaillierte strategische sowie operative Zielsetzungen entwickelt. Diese sollen mit geeigneten Strategien z.B. Regierungsprogrammen, Regierungserklärungen oder Koalitionsvereinbarungen manifestiert werden. Daraus lassen sich dann operative Zielvorstellungen konkretisieren, die für die weiteren Ebenen Formalzielcharakter haben.

Die von der Regierungsseite vorgegebenen Ziele werden auf der oberen Behördenebene (Ministerium) operationalisiert. Diese stellen die Oberziele der Verwaltung i.e.S. dar und werden durch Indikatoren zur Erfolgsbestimmung präzisiert. Des weiteren wird ein Grobplan zur Zielerreichung aufgestellt und der nächsten Ebene als Rahmen vorgegeben.

Auf der mittleren Behördenebene werden die vorgegebenen Ziele konkretisiert. Zu deren Erreichung sind geeignete Maßnahmen zu konzipieren und durchzuführen. Die definierten Maßnahmen haben Normcharakter für die nachfolgenden Ebene.

Die Konkretisierung der vorgegebenen Maßnahmen erfolgt auf der unteren Behördenebene durch die Bestimmung operationaler qualitativer und quantitativer Ziele. Erstere werden mit Hilfe von Indikatoren, letztere mittels mengen- und zeitorientierter Angaben beschrieben. Zur Erreichung dieser Ziele werden Ressourcen im Rahmen des Leistungserstellungsprozesses kombiniert. Diese Kombination führt zu einem Ressourcenverzehr, der in Form von Ausgaben, Aufwendungen und Kosten erfaßt werden kann. Damit ist es möglich, zum einen den Ressourceneinsatz und zum anderen deren Verzehr zu planen. Das Ergebnis dieser Planung wird in einem Budget festgehalten.

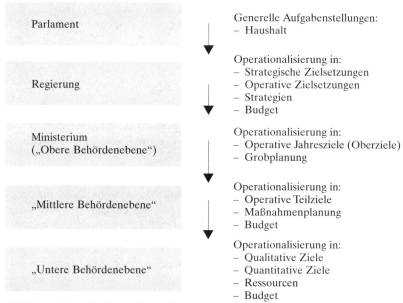

Abbildung 3.24: Vertikaler Controllingprozeß

Zur Erstellung eines Budgets stehen grundsätzlich drei Methoden zur Verfügung, i.e. vorjahresorientierte Bottom-up-Planung, aufgabenorientierte Down-up-Planung sowie aufgaben- und zielorientierte Down-up-Planung.

Die erste Methode basiert auf den Ausgaben aller Behörden des Vorjahres, die in Form einer „ex post plus-Planung" in die Zukunft fortgeschrieben werden. Die auf diese Weise ermittelten Budgets werden von unten nach oben über alle Stufen zum Gesamtbudget der Verwaltung aggregiert. Sofern die zukünftig zur Verfügung stehenden Einnahmen das geplante Gesamtbudget an Ausgaben nicht decken, erfolgt eine Reduzierung der jeweiligen Budgets Top-down.

Die zweite Methode basiert auf den von der Legislative und Exekutive definierten Aufgaben und Zielen. Diese werden Top-down, wie oben idealtypisch beschrieben, in ein Budget überführt. Das geplante Gesamtbudget an Ausgaben wird Bottom-up mit den zukünftig zur Verfügung stehenden Einnahmen verglichen. Eine Unterdeckung führt zu einer Priorisierung der Aufgaben und damit zu einer Anpassung der jeweiligen Budgets. Dieser Prozeß erfolgt iterativ bis zur Erreichung einer Optimallösung.

Die dritte Methode vollzieht sich zunächst analog der zweiten Methode. Diese wird jedoch durch eine Qualitäts- und Preisbestimmung in Form des Target Costing Top-down ergänzt. Beim Target Costing wird für die zukünftig zu erfüllenden Aufgaben ein „Preis" in Form von Zielkosten vorgegeben, der die Gestaltung der einzelnen Komponenten einer Leistung determiniert. Diese werden dabei zur optimalen Bürgerzufriedenheit und Zielerreichung bei gegebenen Kosten kombiniert. Bei einer konsequenten Anwendung der Target Costing-Philosophie entspricht das Bottom-up ermittelte Gesamtbudget an Ausgaben den zukünftig zur Verfügung stehenden Einnahmen.

Aus dieser Beschreibung folgt, daß Umfang und Inhalt des Planungsprozesses einer Verwaltung keine statischen Größen darstellen. Er unterliegt vielmehr einem ständigen Wandel, der letztlich von der Dynamik des Wirtschaftslebens sowie der Gesellschaft im allgemeinen und der Mitarbeiter im besonderen abhängt. Weiterhin zeigt sich, daß von oben (Parlament) nach unten (Untere Behördenebene) eine zunehmende Konkretisierung, Detaillierung und Operationalisierung in diesem idealtypisch beschriebenen Controllingprozeß stattfindet.

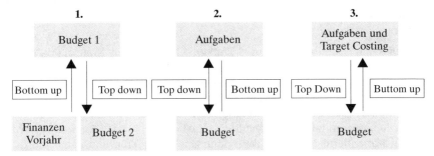

Abbildung 3.25: Budgetierungsmethoden

Kontrollprozeß

Basierend auf dem beschriebenen Planungsprozeß findet die Kontrolle der Zielerreichung in und zwischen den fünf Ebenen wie nachfolgend beschrieben statt.

Auf der Parlamentsebene stellen die definierten generellen Aufgabenstellungen in Form von übergeordneten Formal- und Sachzielen den Maßstab für die durchzuführende Kontrolle dar. An dieser Norm wird der Zielerreichungsgrad überprüft, relevante Abweichungen ermittelt, analysiert und eine eventuell notwendige Steuerung eingeleitet.

Auf der Regierungsebene stellen die strategischen und operativen Zielsetzungen sowie die generierten Strategien den Maßstab für die Realisations- und Durchführungskontrolle dar. An diesen Normen werden der Zielerreichungsgrad und die Umsetzung der Strategien überprüft, relevante Abweichungen ermittelt, analysiert und eine eventuell notwendige Steuerung eingeleitet.

Auf der oberen Behördenebene stellen die operationalen, operativen Jahresziele in Form von Oberzielen der Verwaltung den Maßstab für die Realisationskontrolle dar. An dieser Norm und an den definierten Indikatoren werden der Zielerreichungsgrad überprüft, relevante Abweichungen ermittelt, analysiert und eine eventuell notwendige Steuerung eingeleitet.

Auf der mittleren Behördenebene stellen die operationalen Teilziele den Maßstab für die Realisationskontrolle dar. An dieser Norm wird der Zielerreichungsgrad der durchgeführten Maßnahmen überprüft, relevante Abweichungen ermittelt, analysiert und eine eventuell notwendige Regelung eingeleitet.

Auf der unteren Behördenebene stellen die operationalen Meilensteine und die aufgestellten Budgets den Maßstab für die Kontrolle dar. An diesen Normen wird der Sachzielerreichungsgrad und der monetäre Deckungsgrad der durchgeführten Maßnahmen und der realisierten Verzehre überprüft, relevante Abweichungen ermittelt, analysiert und eine eventuell notwendige Regelung eingeleitet. Diese Vorgehensweise ist unabhängig von der angewandten Budgetierungsmethode.

Aus dieser Beschreibung folgt, daß Umfang und Inhalt des Kontrollprozesses der Verwaltung keine statischen Größen darstellen. Er unterliegt vielmehr einem ständigen Wandel, der letztlich von den aktuellen Entwicklungen und Ereignissen angestoßen und gesteuert wird. Als feed back-orientierte Kontrolle dient sie der Aufdeckung von realisierbaren Lernpotentialen, d.h. sie ist als single-loop-learning-Prozeß organisiert. Im Gegensatz dazu kann eine feed forward-orientierte Kontrolle Veränderungen antizipieren und damit die Institution aktiv auf die Zukunft im Sinne eines double-loop-learning-Prozesses vorbereiten.Weiterhin zeigt sich, daß von unten (Untere Behördenebene) nach oben (Parlament) eine abnehmende Konkretisierung, Detaillierung und Operationalisierung in diesem idealtypisch beschriebenen Controllingprozeß stattfindet. Daher wird empfohlen, die Kontrollen auf der unteren Ebene periodisch und die auf der oberen Ebene ereignisgesteuert durchzuführen.

Informationsprozeß

Basierend auf den beschriebenen Planungs- und Kontrollprozessen findet die Information in und zwischen den fünf Ebenen wie nachfolgend beschrieben statt.

Auf der Parlamentsebene stellen die definierten generellen Aufgabenstellungen und die als relevant erkannten Abweichungen mit Steuerungsbedarf das Objekt für den durchzuführenden Informationsprozeß dar. Das zweckorientierte Wissen wird zum einen von oben nach unten (Planungsprozeß) und zum anderen von unten nach oben (Kontrollprozeß) an die betroffenen Entscheidungsträger übermittelt. Daher ist sicherzustellen, daß die Informationen sowohl sender- wie auch empfängergesteuert mittels geeigneter Kommunikationsmedien fließen können.

Auf der Regierungsebene stellen die strategischen und operativen Zielsetzungen sowie die generierten Strategien mit ihrem jeweils als relevant erkanntem Steuerungsbedarf das Objekt für den durchzuführenden Informationsprozeß dar. Auch diese Ebene tritt als Informationsmakler nach oben und unten in Erscheinung. Der Informationsfluß ist daher ebenso zweckentsprechend zu gestalten.

Auf der oberen Behördenebene stellen die operationalen, operativen Jahresziele und die als relevant erkannten Abweichungen mit Steuerungsbedarf das Objekt für den durchzuführenden Informationsprozeß dar. Als oberste Verwaltungsebene i.e.S. sorgt sie dafür, daß die Informationen der Exekutive und Legislative in die realisierenden Ebenen übermittelt werden, vice versa. Auf der mittleren Behördenebene stellen die operationalen Teilziele und die als relevant erkannten Abweichungen mit Steuerungsbedarf das Objekt für den durchzuführenden Informationsprozeß dar. Der Informationsfluß ist entsprechend zu gestalten.

Auf der unteren Behördenebene stellen die operationalen Meilensteine und die aufgestellten Budgets und die als relevant erkannten Abweichungen mit Steuerungsbedarf das Objekt für den durchzuführenden Informationsprozeß dar. Die Informationsnachfrage und der Informationsfluß korrelieren mit der installierten Budgetierungsmethode sowie mit der angewandten Kontrollmethode und der Kontrollhäufigkeit.

Aus dieser Beschreibung folgt, daß Umfang und Inhalt des Informationsprozesses der Verwaltung keine statischen Größen darstellen. Er unterliegt vielmehr einem ständigen Wandel, der letztlich vom Zielbildungs- und Planungs- sowie vom Kontrollprozeß angestoßen und gesteuert wird. Weiterhin zeigt sich die notwendige Integration aller Verwaltungsebenen von oben (Parlament) nach unten (Untere Behördenebene) sowie die von unten (Untere Behördenebene) nach oben (Parlament) zunehmende Informationsaggregation in diesem idealtypisch beschriebenen Controllingprozeß.

2.3 Integration und Koordination von vertikalen und horizontalen Controllingprozessen

Die Integration und Koordination der Controllingprozesse wird determiniert durch die angewandte Lenkungsart in der Verwaltung und den jeweils gegebenen Entscheidungsspielraum der Führungskräfte in den Ebenen und wird zukünftig optimalerweise mit Hilfe der Target-Costing-Philosophie konkretisiert.

Lenkungsarten in der Verwaltung

Die Art und Weise der Realisierung der vertikalen und horizontalen Controllingprozesse wird auf der Ebene der Behörden entscheidend beeinflußt durch den Handlungsspielraum des Verwaltungsmanagements. Dieser wiederum ist entscheidend geprägt von der Lenkungsart, mit welcher die politisch legitimierte Aufgabe in das Handeln des Verwaltungsmanagements transformiert wird. Als Lenkungsarten können die konditionale, die finale und die reflexive bzw. organisatorische Steuerung unterschieden werden.(vgl. *Budäus, D./Oechsler, W.A.*, Die Steuerung von Verwaltungseinheiten, in: *Lüder, K.* (Hrsg.), Betriebswirtschaftliche Organsiationstheorie und öffentliche Verwaltung, Speyer 1985, S. 170 ff.)

Im Rahmen der *konditionalen Steuerung* gibt das Parlament bzw. die Regierung über Konditionalprogramme die Objekte, Aufgaben, Ziele und Maßnahmen den Verwaltungsebenen i.e.S. vor. Diesen verbleibt bei dieser Art der Lenkung lediglich die Entscheidung über die Gestaltung des optimalen Ressourceneinsatzes. Damit reduziert sich hierbei das Controlling auf eine kostenorientierte (ausgabenorientierte) Realisationskontrolle. Diese ist focussiert auf die Effizienz des Prozesses (vgl. *Budäus, D.*, Controlling in der Kommunalverwaltung, in: *Eichhorn*, P. (Hrsg.), Doppik und Kameralistik, Baden-Baden 1987, S. 240.)

Die *finale Steuerung* basiert auf vom Parlament bzw. von der Regierung definierten Aufgaben und Zielen. Dabei sind die Ziele meist nur vage formuliert und wenig operationalisiert. Den Verwaltungsebenen i.e.S. obliegt es bei dieser Lenkungsart, die Ziele zu operationalisieren, die zu deren Erreichung erforderlichen Maßnahmen zu entwickeln und den dazu notwendigen Ressourceneinsatz zu gestalten. Damit kann ein effizienzorientiertes Ressourcencontrolling, ein effizienz- und effektivitätsorientiertes Maßnahmencontrolling und letztlich ein effektivitätsorientiertes Zielcontrolling stattfinden. (Vgl. *Budäus, D.*, Konzeptionelle Grundlagen und strukturelle Bedingungen für die organisatorische Institutionalisierung des Controlling im öffentlichen Bereich, in: *Weber, J/Tylkowski, O.*, Controlling – eine Chance für öffentliche Unternehmen und Verwaltungen, Stuttgart 1988, S. 109 und *ders.*, Betriebswirtschaftslehre – Controlling – öffentliche Verwaltung, in: *Koch, R.* (Hrsg.), Verwaltungsforschung in Perspektive, Baden-Baden 1987, S. 118.)

Bei der *reflexiven bzw. organisatorischen Steuerung* werden vom Parlament bzw. von der Regierung strukturelle und prozessuale Rahmenbedingungen geschaffen, innerhalb deren die Verwaltungseinheiten i.e.S. ihre Entscheidungen und Handlungen selbständig gestalten können. Bei dieser Lenkungsart müssen zwischen der politischen Ebene und der Verwaltungsebene die zu einer bestimmten Aufgabe passenden Ziele in einem permanenten Abstimmungsprozeß vereinbart und operationalisiert werden. Auf der Grundlage dieser Rahmenvereinbarungen wird dann analog der finalen Steuerung verfahren. Zusätzlich kann damit ein effizienzorientiertes Zielcontrolling und effektivitätsorientiertes Aufgabencontrolling realisiert werden. (Vgl. *Budäus, D.*, Steuerung von Verwaltungseinheiten, a.a.O., S. 175, *ders.*, Betriebswirtschaftslehre – Controlling – öffentliche Verwaltung, a.a.O., S. 119 und *ders.*, Controlling in der öffentlichen Verwaltung, in: *Ballwieser, W./Berger, K.-H.*, Information und Wirtschaftlichkeit, Wiesbaden 1985, S. 588.)

Aus den gemachten Aussagen und der herrschenden Umfelddynamik wird ersichtlich, daß idealerweise die finale oder reflexive Steuerung im Rahmen des Verwaltungs-Controlling zur Anwendung kommen. Dann kann sich die optimale Wirkung der Managementfunktion und Führungskonzeption Controlling umfassend entfalten.

Entscheidungsspielraum der Führungskräfte

Zur Bestimmung des Entscheidungsspielraums der Führungskräfte aller Ebenen, unabhängig von der angewandten Lenkungsart, wird die Anwendung einer Freiheitsgradmatrix vorgeschlagen. Strukturelemente dieser Matrix sind Beurteilungskriterien und deren unterschiedliche Ausprägungen. Freiheitsgrade können in bezug auf Aufgaben, Ziele, Maßnahmen und Ressourcen ermittelt werden. Diese besitzen jeweils spezifische Beurteilungskriterien, wie z.B. Rechtsnormierung, Zeithorizont usw. sowie differenzierte Ausprägungen innerhalb einer Skala von 1 bis 100. Diese repräsentiert ein semantisches Differential mit zwei Extrempolen (vgl. Abbildung 3.26).

Ausprägung Kriterien	Gew.	Extrempol - determiniert - 0	50	Extrempol - frei/offen - 100
1.				
2.				
3.				
4.				
5.				
6.				
-				
n				
Summe	100			
Durchschnitt				
Ergebnis		fremdbestimmt		eigenbestimmt

Abbildung 3.26: Freiheitsgrad-Matrix

3. Instrumte/Systeme des Controlling

Zum Zwecke der Erfassung, Bewertung und Darstellung der Steuerungsgrößen sowie zur Unterstützung der grundlegenden Controllingprozesse werden entsprechende strategische und operative Instrumente und Systeme zur Realisierung der Führungsaufgaben Planen, Kontrollieren und Informieren benötigt.

3.1 Strategische Instrumente

Im strategischen Bereich stehen derzeit u.a. folgende Instrumente zur Verfügung:

- Szenario-Technik,
- Wettbewerbsanalyse (Konkurrenten, Kunden, Lieferanten, Regionen, Kapitalgeber),
- Potentialanalyse,
- Portfolio-Konzepte (Produkt-, Markt-, Ökologie-, Logistik-, Kompetenzportfolio, u.a.),
- Potentialbilanz,
- Potentialerfolgsrechnung,
- Potentialitätsdiagramm,
- Strategisches Rechnungswesen (Potentialrechnung, Prämissenbuchhaltung, Performance-Measurement-System),
- Früherkennungssystem,
- VALCOR-Matrix (Wertgeneratoren),
- Wettbewerbs-Matrizen,
- Balanced Scorecard.

3.2 Operative Controllingsysteme

Operatives Planungssystem

Entsprechend den aktuellen betriebswirtschaftlichen Erkenntnissen wird die Entwicklung und Anwendung einer „Integrierten Verwaltungsgesamtplanung" empfohlen. Die wesentlichen Besonderheiten dieses Systems sind darin zu sehen, daß alle Bereiche der Verwaltung planerisch erfaßt und die jeweiligen Teilplanungen zu einer zeitlich und inhaltlich abgestimmten Gesamtheit zusammengefaßt werden. Die Integration erfolgt dabei zugleich horizontal auf Behördenebene und vertikal zwischen den Behörden. Nachfolgend werden zunächst die für eine zielorientierte Gesamtplanung relevanten Teilplanungen in Form von Aktivitäten- und Ergebnisplanungen dargestellt. In einem zweiten Schritt erfolgt dann die Beschreibung der Integrationsmöglichkeiten.

Verwaltungsteilpläne
Eine umfassende Verwaltungsplanung basiert auf den nachfolgend dargestellten Aktivitäten- bzw. Ergebnisplanungen für die jeweilige Behördenebene (vgl. Abbildung 3.27).

- Aktivitätenpläne

Leistungsplanung
Im Mittelpunkt der Sachleistungsplanung steht das Leistungsprogramm einer Verwaltungseinheit. Diese umfaßt die zu verwertenden Sach- und Dienstleistungen, die nach Art und Menge, den Gebühren, den Erlösen, den Regionen sowie dem Erstellungstermin bzw. -zeitraum differenziert geplant werden.

Erstellungsplanung
Basis für die Erstellungsplanung ist ein Leistungserstellungsprogramm. Dieses umfaßt die zu erstellenden Sach- und Dienstleistungen. Daraus läßt sich ein Kapazitätsplan mit den Bestandteilen Betriebsmittelplan und Mitarbeitereinsatzplan ableiten.

Beschaffungsplanung
Im Mittelpunkt der Beschaffungsplanung steht die Disposition, der Einkauf und die Lagerung der für die Erstellung des Leistungsprogramms erforderlichen Komponenten. Die Planung der einzelnen Komponenten erfolgt getrennt nach Mengen und Preisen sowie dem daraus resultierenden Beschaffungsvolumen.

Personalplanung
Die Personalplanung umfaßt die Bereitstellung des für die Leistungserstellung und -verwertung notwendigen Personals. Sie wird differenziert in eine Personalbedarfs-, Personalbestands- und eine Personalbeschaffungsplanung.

Investitionsplanung
Im Rahmen der Investitionsplanung werden die Art, die Menge und der Zeitpunkt sowie die Finanzierungmöglichkeiten der erforderlichen Investitionen erhoben. Dabei sind Ersatz-, Erweiterungs- und Rationalisierungsinvestitionen zu unterscheiden.

- Ergebnispläne

Betriebsergebnisplanung
Aus den Aktivitätenplänen lassen sich die geplanten Kosten und die Werte der geplanten Leistungen ableiten. Ihre Gegenüberstellung führt zum Plan-Betriebsergebnis.

Liquiditätsplanung
Gleichzeitig zum Betriebsergebnis werden die aus den Aktivitätenplänen resultierenden Einnahmen und Ausgaben als Planwerte ermittelt und im Liquiditätsplan zusammengefaßt.

• Integration der Teilpläne

Zur Integration der Teilpläne stehen das Simultanverfahren, das Sukzessivverfahren und das Koordinationsverfahren zur Verfügung. Während der Aufbauphase eines Planungssystems kann das Koordinationsverfahren eingesetzt werden, das jedoch baldigst durch das leistungsfähigere Sukzessivverfahren ersetzt werden sollte. Bei der Anwendung des Koordinationsverfahrens muß der Behördenleiter bzw. der Controller die Abstimmungen zwischen den Planungen vornehmen. Kommt das Sukzessivverfahren zum Ansatz muß der Controller den Engpaßbereich der Behörde ermitteln. Dieser ist als erster zu planen, die übrigen Planungsbereiche schließen sich dann entsprechend der Ablauflogik an.

Zum Zwecke einer optimalen organisatorischen Abwicklung der Verwaltungsplanung wird die Erstellung eines Planungshandbuches durch den Controller empfohlen. Im Planungshandbuch werden der Planungsablauf in den einzelnen Teilbereichen beschrieben, die verantwortlichen Personen festgelegt, Formulare vorgegeben und ein Zeitplan bestimmt.

Aktivitätenplanung:
- Leistungsplanung
- Erstellungsplanung
- Beschaffungsplanung
- Personalplanung
- Investitionsplanung

Ergebnisplanung:
- Erlösplanung
- Kostenplanung
- Ausgabenplanung
- Einnahmenplanung

Abbildung 3.27: Integrierte Verwaltungsgesamtplanung

Operatives Kontrollsystem

Die Realisierung eines operativen Kontrollsystems erfolgt im Rahmen des Rechnungswesens. Dieses erfaßt, bewertet und stellt alle ökonomischen Beziehungen und Prozesse in der Verwaltung und zwischen der Verwaltung und dem Umfeld dar. Im Hinblick auf die Empfänger kann zwischen einem extern orientierten und einem intern ausgerichteten Rechnungswesen unterschieden werden. Das Externe Rechnungswesen ist in Form der Einnahmen-Ausgaben-Buchhaltung (Kameralistik) in der Verwaltung realisiert. Als Ergänzung ist in diesem Bereich die Budgetierung und der Globalhaushalt im Rahmen des Controlling vorzusehen. Eine wesentliche Erweiterung gelingt durch die Einführung des Internen Rechnungswesens, das die Substanzerhaltung der Verwaltung mit Hilfe der Steuerungsgröße Wirtschaftlichkeit gewährleisten soll. Das Interne Rechnungswesen umfaßt die Kostenrechnung und eine für die öffentliche Verwaltung im Vergleich zur gewerblichen Wirtschaft wesentlich umfassender zu gestaltende Leistungsrechnung (vgl. Abbildung 3.28).

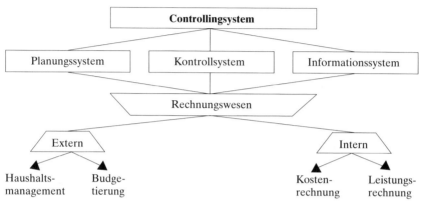

Abbildung 3.28: Rechnungswesen im operativen Controllingsystem

Operatives Informationssystem

Leitidee für eine bedarfsgerechte Informationsversorgung der Führungskräfte ist ein *dynamisches Management-/Executive-Informationssystem* (MIS/EIS). Im Rahmen seiner Gestaltung sind der Aufbau und die Strukturierung eines Berichtswesens, die Verwendung von Kennzahlen und Kennzahlensystemen sowie von Indikatoren und Indikatorensystemen zu berücksichtigen und festzulegen.

Berichtswesen

Das Problem der Implementierung eines Berichtswesens entsteht grundsätzlich immer dann, wenn die Informationsentstehung und Informationsverwendung organisatorisch getrennt voneinander vollzogen werden. Die organisatorische Separation korreliert mit dem Grad der Zentralisation und Dezentralisation in Institutionen. Auf dieser Basis sind die jeweiligen Informationsübermittlungsvorgänge zu definieren und systemisch zu realisieren.

In der weitesten Fassung versteht man unter einem betrieblichen Berichtswesen die Einrichtungen, Mittel und Maßnahmen einer Institution zur Erarbeitung, Weiterleitung und Verarbeitung von Informationen über den Betrieb und seine Umwelt. Wird der Begriff enger gefaßt, dann subsummiert man darunter nur die Erstellung und Weiterleitung von internen Managementreports.

Bei der Gestaltung eines Berichtswesens müssen generell die folgenden fünf wesentlichen Fragestellungen berücksichtigt werden:
- Wozu soll berichtet werden? Der Berichtszweck, d.h. die Informationsnachfrage bzw. der Informationsbedarf wird determiniert;
- Was soll berichtet werden? Der Inhalt, der Verdichtungsgrad und die Genauigkeit des Berichts wird bestimmt;
- Wer soll berichten und wer soll unterrichtet werden? Der Sender und der Empfänger der Berichte werden definiert;
- Wann soll berichtet werden? Der Zeitpunkt und die Termine von Berichten werden festgelegt;
- Wie soll berichtet werden? Die Form und die Übertragungsweise der Berichte werden bestimmt.

Die für ein Controlling relevanten *Berichtsarten* ergeben sich aus der Dreiteilung der Berichtszwecke in Ergebniserfassung, Interessenweckung und Problemlösung. Daraus resultieren:

- Standardberichte,
- Abweichungsberichte und
- Bedarfsberichte.

Der Informationsbedarf der Führung kann grundsätzlich nicht nur mit Hilfe einer Berichtsart gedeckt werden. Vielmehr ist eine geordnete, betriebsindividuelle Struktur von Berichten, d.h. ein *Berichtssystem* im Rahmen eines Berichtswesens zu konzipieren. Durch die Vielzahl von Daten und durch die multivariate Zielorientierung kann das Berichtswesen nur noch mittels edv-unterstützter Systeme realisiert werden. Weiterhin müssen zusätzlich zu den quantitativen Sachverhalten in Form von Kennzahlen qualitative Tatbestände durch die Verwendung von Indikatoren berücksichtigt werden.

Im Rahmen der *Berichtsgestaltung* sind insbesondere die drei Teilprobleme: Auswahl der wesentlichen Informationen, Verdichtung der Einzelinformationen und Darstellung der Informationsinhalte.

Das Auswahlproblem ist unmittelbar mit dem Informationsbedarf und mit der hierarchischen Eingliederung des Informationsempfängers verknüpft. Es wird durch die Informationsbewertung sowie die Gestaltung von Berichtshierarchien nach dem Grundsatz gelöst: je weiter das Entscheidungsfeld der Entscheidungsträger, um so höher ist der Verdichtungsgrad der Informationen, den diese zur Gegensteuerung benötigen. Das Verdichtungsproblem ist letztendlich ein Feld der Statistik, die durch das Reduzieren von Zahlen eine empfängerorientierte Information in Form von Kennzahlen erreicht. Die Lösung des Darstellungsproblems, d.h. die Vermeidung von Zahlenfriedhöfen wird durch die Entwicklung von Berichten nach den in der Literatur aufgestellten Regeln gewährleistet.

Bezugsobjekt:									
Zeitraum			Monat			Jahr			
Inhalt Kriterien	Plan	Soll	Ist	Abw. Plan/Ist Abw. Soll/Ist abs. ¦ %	Plan	Soll	Ist	Abw. Plan/Ist Abw. Soll/Ist abs. ¦ %

Abbildung 3.29: Grundstruktur eines Berichts

Kennzahlen und Kennzahlensysteme

Kennzahlen geben als zweckorientierte Informationsgrößen in komprimierter und konzentrierter Form Auskunft über wichtige, quantitativ erfaßbare betriebswirtschaftliche Tatbestände und Entwicklungen. Sie sind in der Regel kurzfristig und zielorientiert verfügbar.

Zur *Erfassung, Messung und Bewertung* betriebswirtschaftlicher Tatbestände stehen grundsätzlich vier Skalen als Meßmethoden zur Verfügung. Die Nominalskala bildet Klassen einfachster Art ohne Angabe einer Rangordnung, Klassengröße oder Regelmäßigkeit. Die Ordinalskala bildet Klassen mit einer Rangordnung, aber ohne Gleichheit der Klassengrößen und ohne Regelmäßigkeit. Die Kardinalskala bildet Klassen mit einer Rangordnung und mit einer Regelmäßigkeit der Klassengrößen. Die Verhältnisskala bildet Klassen mit einer Rangordnung, mit einer Regelmäßigkeit der Klassengrößen und der Angabe eines absoluten Nullpunktes. In Abhängigkeit des zu messenden Sachverhaltes stellen diese Meßmethoden die Meßbarkeit und die Quantifizierbarkeit sicher. Dabei ist die Quantifizierbarkeit auf das kardinale Messen mit Intervall- oder Verhältnisskalen reduziert. Dagegen ist eine Meßbarkeit immer dann gegeben, wenn es gelingt eine fundamentale, abgeleitete oder arbiträre Messung mit validen und reliablen Daten, Informationen und/oder Indikatoren durchzuführen. Auf der Basis der jeweiligen Zielsetzung, des Meßobjektes, der Meßskala, der Meßform und der Meßmethode sind jeweils geeignete Kennzahlen oder Qualitätsindikatoren von den Verantwortlichen zu definieren.

Die Vielzahl der verwendbaren Kennzahlen wird nach verschiedenen Gesichtspunkten systematisiert. Als *Systematisierungsmerkmale* werden die Funktionsbereiche, die zeitliche, inhaltliche oder quantitative Struktur, die methodisch-statistischen Gesichtspunkte, der Erkenntniswert sowie die Quelle im Rechnungswesen herangezogen.

Kriterium	**Arten von Kennzahlen**			
Funktionsbereiche	Beschaffung, Produktion, Absatz, Lager, Personal, Finanzen			
Zeitliche Struktur	Zeitpunktgrößen		Zeitraumgrößen	
Inhaltliche Struktur	Wertgrößen		Mengengrößen	
Dimension	strategisch		operativ	
Quelle im RW	Bilanz, Buchhaltung, Kosten- u. Leistungsrechnung, Statistik			
Relevanz der Aussage	Teilbetrieb		Gesamtbetrieb	
Orientierung	Soll-Kennzahlen		Ist-Kennzahlen	
Statistik/Methodik	Absol. Zahlen Bestands- od. Bewegungsz.	Mittelwerte	Verhältniszahlen	Indexzahlen

Abbildung 3.30: Klassifikation von Kennzahlen

Durch *Kennzahlenvergleiche* kann insbesondere die Informationsaufgabe von Kennzahlen geleistet werden. Sie sind als innerbetriebliche oder zwischenbetriebliche Vergleiche auf der Basis eines Ist-/Ist- oder Soll-Ist-Vergleichs denkbar. Bei zwischenbetrieblichen Vergleichen werden in der Regel nur Verhältniszahlen verwendet. Die innerbetrieblichen Vergleiche basieren dagegen auf allen möglichen Kennzahlentypen und gestatten auf der Grundlage des Plan- bzw. Soll-Ist-Vergleichs eine wirksame Kontrolle. Diese führt dann mittels einer Abweichungsanalyse zu zielkonformen Korrekturmaßnahmen.

Die An- und Verwendung von Kennzahlen als Controlling- bzw. Führungsinstrument kann durch die Gestaltung und Implementierung von *Kennzahlensystemen* erheblich intensiviert und optimiert werden. Gleichzeitig führt die Vielfalt der Einteilungsmöglichkeiten von Kennzahlen zur Notwendigkeit der Entwicklung von in sich logisch und/oder mathematisch verknüpften Beziehungssystemen. Diese als Kennzahlensysteme bezeichneten Informationsträger stellen Kennzahlen so zusammen, daß sie in einer sinnvollen Beziehung zueinander stehen, sich gegenseitig ergänzen und erklären sowie als Gesamtheit den Analysegegenstand möglichst ausgewogen und übersichtlich erfassen.

Sind die Beziehungen der Kennzahlen in einem Kennzahlensystem mathematischer und sachlogischer Natur, spricht man von einem *Rechensystem*. Dieses beruht auf der mathematischen Zerlegung von Kennzahlen und haben die Struktur einer Kennzahlenpyramide. Bei *Ordnungssystemen* sind die Beziehungen zwischen den Kennzahlen eines Kennzahlensystems ausschließlich sachlogischer Natur. Damit gelingt es, Beziehungen und Wirkungen von Elementen aufzuzeigen, obwohl diese nicht quantifiziert werden können.

Indikatoren und Indikatorensysteme

Infolge der Fülle qualitativer Zielsetzungen in Betrieben und den daraus resultierenden faktischen Schwierigkeiten einer direkten Erfolgsbeurteilung ist es erforderlich, indirekte Messungen an surrogaten Hilfsmaßstäben zu gestalten und durchzuführen.

Diese sog. *Indikatoren* dienen sowohl der Zielvorgabe als auch der Zielkontrolle. Sie können ex ante zur Operationalisierung der nicht quantitativ formulierbaren Ziele verwendet und ex post zur Beurteilung der durchgeführten Maßnahmen eingesetzt werden. Insgesamt erlauben Indikatoren somit eine Quantifizierung und Bewertung von realen Sachverhalten, die komplex und per se nicht operational abbildbar und meßbar sind.

In der Literatur werden nach funktionalen Gesichtspunkten gegliederte Indikatoren, objektive und subjektive Indikatoren sowie Input- und Outputindikatoren unterschieden.

Mit Hilfe der genannten Arten von Indikatoren ist es möglich, jeweils einen Ausschnitt des Gesamtziels indirekt messen zu können. Erst durch die Verwendung mehrerer Indikatoren und deren Zusammenfassung zu einem System kann ein Ziel dann valide operationalisiert und reliabel gemessen werden. Ein *Indikatorensystem* ist eine geordnete Menge von Indikatoren, deren Zusammenhang untereinander und deren Verhältnis zum Indikandum vorzugsweise auf der Basis einer expliziten Theorie beruhen. In Ermangelung einer solchen expliziten Theorie ist auf implizite Theorien oder auf bewährte Hypothesen zurückzugreifen.

Dynamisches Management-/Executive-Informationssystem

Die edv-gestützte Realisation eines Management- (MIS) bzw. Executive (EIS)-Informationssystems basiert auf Einzelanwendungen auf der PC-Ebene sowie auf speziellen partiellen Systemen, wie z.B. Kameralistik, Finanzbuchhaltung

(FiBu), Kosten- und Leistungsrechnung (KLR) auf der Betriebsebene. Die jeweiligen Systeme werden betriebsspezifisch zu einem MIS zusammengefaßt. Als Schnittstelle dient dabei ein sog. Data Warehouse, um Aggregationen zu ermöglichen und Redundanzen zu vermeiden. In einer abschließenden Strukturierung werden in Konzernen die einzelnen MIS zu einem EIS integriert (vgl. Abbildung 3.31).

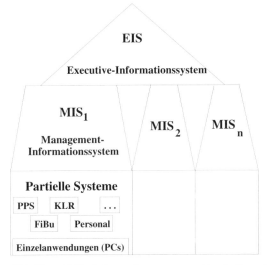

Abb.ildung 3.31: Informationssystemstruktur in Verwaltungen

4. Gestaltung des Controlling

Im Rahmen der Gestaltung des Controlling sind die Struktur und Ablauf der Verwaltungsfunktion, die organisatorische Gestaltung und Einordnung sowie die Aufgaben und Kompetenzen eines Controllers zu berücksichtigen.

4.1 Struktur und Ablauf der Verwaltungsfunktion

Die der öffentlichen Verwaltung übertragenen Funktionen werden prozessual in definierten Strukturen abgewickelt. Als Strukturelemente haben sich dabei die Objekte, Aufgaben, Leistungen (Kostenträger), Aktivitäten, Kostenstellen und Kostenarten herausgebildet.

Zwischen diesen Objekten besteht folgender Zusammenhang: Zur Erfüllung der von der Gesellschaft, der Politik und vom Umfeld vorgegebenen Aufgaben bringen die Behörden eine Vielzahl von Leistungen hervor. Dazu sind spezielle

Aktivitäten erforderlich. Voraussetzung dafür ist die Bereitstellung von Ressourcen, die durch einen Kombinationsprozeß zu einem Werteverzehr führen, der in Form unterschiedlicher Kostenarten erfaßt wird. Der Ort, an dem sich der Leistungserstellungsprozeß vollzieht, ist aus Sicht des Controlling die Kostenstelle (vgl. Abbildung 3.32).

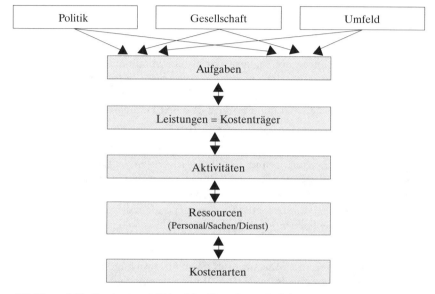

Abbildung 3.32: Struktur und Ablauf der Verwaltungsfunktion

Unter einer *Aufgabe* wird das einer Person bzw. Institution übertragene, vom Parlament legitimierte, öffentlich zu befriedigende Bedürfnis verstanden. Die Aufgaben der Verwaltung sind vielfältig und unterliegen einem stetigen, extern beeinflußten Wandel. Neue Aufgaben entstehen durch Veränderungen bei den Bedürfnissen der Bürger. Diese werden durch Parteien, Verbände, Bürgerinitiativen, Medien oder durch die Verwaltung selbst artikuliert. Von der Legislative genehmigte bzw. vorgegebene, öffentliche Aufgaben sind von der Verwaltung effizient und effektiv zu erfüllen. (vgl. *Rau, T.,* a.a.O., S. 49 ff.)

Unter einer *Leistung* wird das Ergebnis (Produkt/Kostenträger) der Verwaltungstätigkeit verstanden, das zur Erfüllung einer vorgegebenen öffentlichen Aufgabe dienen soll. Dabei können die nach außen abzugebenden, marktfähigen Leistungen von den internen Leistungen abgegrenzt werden.

Unter *Ressourcen* werden die einer Verwaltung zur Verfügung stehenden Faktoren in Form von Personal, Sachmitteln und Dienstleistungen verstanden. Sie stehen der Verwaltung in der Regel längerfristig zur Verfügung und sind aufgabenorientiert zu nutzen. Die dazu erforderliche Faktorkombination findet in eigenständigen Organisationseinheiten, den Kostenstellen, statt.

Unter *Kosten* wird der normale, bewertete Verzehr an betrieblichen Gütern und Diensten (Ressourcen) verstanden, der im Rahmen der Leistungserstellung und -verwertung in der Verwaltung anfällt.

Unter einem *Ziel* wird ein erstrebenswerter (wünschenswerter) Zustand verstanden, der in der Zukunft liegt und dessen Eintritt von bestimmten Handlungen bzw. Unterlassungen abhängig ist, der also nicht automatisch eintritt. Ziele als „generelle Imperative" (*Heinen, E.*, Grundlagen betriebswirtschaftlicher Entscheidungen, 3. Aufl., Wiesbaden 1976.) dienen der Orientierung im Handlungsvollzug und besitzen optimalerweise eine Aktivierungsfunktion.

Die betriebswirtschaftliche Eignung eines Zieles hängt von seiner Handhabbarkeit ab. In diesem Sinne sind Ziele dann operational, wenn sie bezüglich ihres Inhaltes, Zeitrahmens und Erfüllungsgrades eindeutig bestimmt sind. Durch die gleichzeitig wirksamen, vielfältigen externen und internen Einflüsse entsteht ein komplexes Beziehungsgeflecht zwischen den jeweiligen Zielen. Dabei können drei unterschiedliche Interdependenzsituationen festgestellt werden, i.e. *komplementäre, konkurrierende und indifferente* Zielsetzungen.

Unter *Kennzahlen* werden zweckorientierte Informationsgrößen verstanden, die in komprimierter und konzentrierter Form über wichtige, quantitativ erfaßbare betriebswirtschaftliche Tatbestände und Entwicklungen einer öffentlichen Verwaltung Auskunft geben und die in der Regel kurzfristig zur Verfügung stehen. Darüber hinaus kann es auch sinnvoll sein, qualitativ definierte Kenngrößen in Form von Indikatoren für die zu beschreibenden bzw. zu erfassenden Sachverhalte einzusetzen. Als Informationsquellen für die Bildung von Kennzahlen dienen insbesondere die Kosten- und Leistungsrechnung, die Planungsrechnung, die Kameralistik, betriebliche Sonderrechnungen und Verwaltungsstatistiken.

Die optimale Regelung und Steuerung der Verwaltungsfunktion erfordert operationale, quantitativ und/oder qualitativ formulierte Ziele. Quantitative Zielsetzungen können sowohl mengen- als auch wertmäßig definiert werden, qualitative Ziele lassen sich verbal beschreiben und mit Hilfe von Indikatoren konkretisieren. Entsprechend der Strukturobjekte sind Ziele für die Aufgaben, Leistungen, Aktivitäten und die einzelnen Ressourcen zu bestimmen. Die jeweils vorgegebenen Ziele werden dann mittels Kennzahlen auf der entsprechenden Ebene sowie zwischen den Strukturebenen gesteuert (vgl. Abbildung 3.33).

Die Realisierung effizienter Arbeitsabläufe erfolgt mit Hilfe eines integrierten Controllingprozesses, der sich als Planungs-, Kontroll- und Informationsprozeß

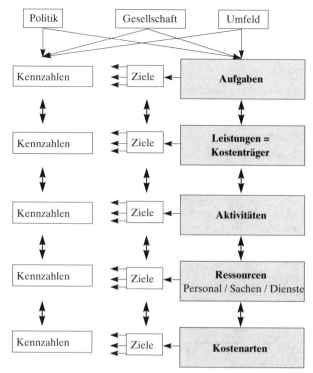

Abbildung 3.33: Ziele und Kennzahlen der Verwaltungsfunktion

über die beschriebene Struktur und den dargelegten Ablauf spannt. Eine umfassende Steuerung einer öffentlichen Verwaltung durch das Management benötigt zwei Teilregelkreise. Ein Regelkreis dient der Steuerung der Effizienz des Ressourceneinsatzes in bezug auf eine bestimmte Aktivität oder Leistung, der andere der Steuerung der Effektivität einer Leistung hinsichtlich ihres Beitrages zur Aufgaben- bzw. Funktionserfüllung. Im konkreten sind daher folgende Fragen zu stellen:

- Wurde die Leistung effizient erstellt?
- Entspricht die Leistung der effektiven Aufgabenerfüllung?

Damit gelingt es, die Aufgabenerfüllung und die Ressourcennutzung in den Kostenstellen ganzheitlich mit einem Effektivitäts- und einem Effizienzcontrolling zu lenken. Die Realisierung dieser Meta-Prozesse erfolgt durch die Gestaltung und Abwicklung unterschiedlicher Controllingsysteme und -prozesse (vgl. Abbildung 3.34).

Die Verwaltungsfunktion wird über entsprechende Institutionen realisiert. Im einzelnen sind das Parlament, die Regierung und die Behörden beteiligt. Diese sind in der Regel dreistufig organisiert, in Form der oberen, mittleren und unteren Behördenebene. Jede Ebene ist ihrerseits wiederum in drei Hierarchieebenen strukturiert, i.e. obere, mittlere und untere Führungsebene. Die einzelnen Führungsebenen sind in Form von Abteilungen organisiert. Innerhalb einer Abteilung wirken Führungskräfte und Mitarbeiter zusammen. Damit wird ersichtlich, daß die Gestaltung eines umfassenden Verwaltungscontrolling alle Institutionen im vertikalen Sinne sowie alle Prozesse im horizontalen Sinne berücksichtigen muß. Daraus resultiert die hohe Komplexität eines systemisch-ganzheitlichen Controllingansatzes für die öffentliche Verwaltung. Sogleich reduziert sich der hohe Anspruch dadurch, daß unabhängig von der jeweiligen institutionellen Ebene und deren gegenseitigen Beziehungen ein Controlling grundsätzlich für eine definierte Verwaltungseinheit immer aus einem Planungs-, Kontroll- und Informationssystem sowie entsprechenden Prozessen besteht. Das System und die Prozesse sind dann noch operativ und strategisch differenzierbar.

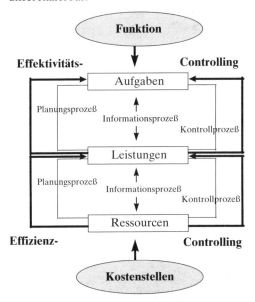

Abbildung 3.34: Effektivitäts- und Effizienzsteuerung

4.2 Organisatorische Gestaltung und Einordnung des Controlling

Die Umsetzung der oben beschriebenen Controllingprozesse und -systeme setzt letztlich einen eigenständigen Controllingbereich voraus. Insofern eine interne Lösung angestrebt wird, sind bezüglich der Gestaltung des Controllingbereichs zwei Aspekte zu beachten:

- der organisatorische Aufbau des Controllingbereichs und
- die organisatorische Eingliederung des Controllingbereichs.

Organisatorischer Aufbau des Controllingbereichs

Entsprechend den Grundelementen Planung, Kontrolle und Information umfaßt die Controllingabteilung einen Planungs-, Kontroll- und Informationsbereich. Der jeweilige Bereich ist für die Konzeption, Implementierung und Abwicklung der zugehörigen Systeme und Prozesse verantwortlich. Im einzelnen sind dies die integrierte Verwaltungsgesamtplanung, die entscheidungsorientierten Kosten- und Leistungsrechnungssysteme und das dynamische Verwaltungs-Führungsinformationssystem. Weiterhin ist die Beratung der Fach- und Führungskräfte der Verwaltung bei der Anwendung der Systeme und Prozesse von den Bereichen zu gewährleisten.

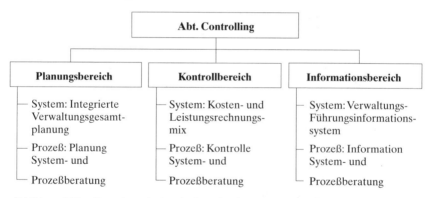

Abbildung 3.35: Organisatorischer Aufbau des Controllingbereichs

Organisatorische Eingliederung des Controlling

Bei der Eingliederung des Controlling in die Struktur der öffentlichen Verwaltung sind dessen Einordnung in die Gesamtorganisation unter Beachtung des Linien- bzw. Stablinienprinzip und Zentral- bzw. Dezentralprinzips. Außerdem ist die fachliche und disziplinarische Zuordnung der Controller festzulegen. Bezüglich der Gesamtorganisation wird beispielhaft von der Grundstruktur eines Ministeriums ausgegangen, die sich in eine obere, eine mittlere und eine untere Verwaltungsebene gliedert. Der Gesamtaufbau der Verwaltung ist als klassische Linienorganisation konzipiert, die sich durch eindeutige Anordnungs-, Informations- und Dienstwege auszeichnet.

Grundsätzlich muß damit ein durchgängig realisiertes Controlling in der idealen Form auf allen drei Verwaltungsebenen präsent sein:
- Obere Verwaltungsebene: Controlling I
- Mittlere Verwaltungsebene: Controlling II
- Untere Verwaltungsebene: Controlling III

Das Controlling I, II und III sind jeweils als umfassende Controllingbereiche im oben beschriebenen Sinne gestaltbar. Bezüglich ihrer gegenseitigen Zuordnung ist das Controlling I dem Controlling II und das Controlling II dem Controlling III vorgeordnet. Daraus ergibt sich, daß das Controlling I generell zentrale Funktionen übernimmt, während das Controlling II und III dezentrale Funktionen wahrnehmen. Konkret bedeutet dies für das Controlling I, daß sowohl alle grundlegenden Aufgabenstellungen für das gesamte Controlling entwickelt und die Gesamterkenntnisse des Controlling koordiniert werden, wie auch die konkrete Realisierung des Controlling auf der obersten Verwaltungsebene zu erfüllen ist. Entsprechend reduziert sich die Aufgabenstellung von Controlling II auf die Durchführung des Controlling auf der Verwaltungsebene II sowie auf die Koordination mit den Erkenntnissen des Controlling III. Für letzteres bleibt dann die konkrete Abwicklung des Controlling auf der Verwaltungsebene III.

Unabhängig von der zentralen oder dezentralen Funktion ist die Frage der Anweisungsbefugnis gegenüber den zu controllenden Führungsbereichen zu klären. Linienfunktion bedeutet Anweisungsbefugnis nach unten, Stabsfunktion impliziert Beratungsbefugnis nach oben und unten. Aus dem hier vertretenen Wesensverständnis des Controlling wird grundsätzlich die Einordnung des Controllingbereichs als Stabstelle empfohlen.

Bezüglich der Personen im Controlling ist weiterhin deren disziplinarische und fachliche Zuordnung zu regeln. Der Leiter von Controlling I ist dem Leiter der oberen Verwaltungsebene disziplinarisch und fachlich zu unterstellen. Die Mitarbeiter von Controlling I sind dem Leiter von Controlling I fachlich und disziplinarisch zugeordnet. Der Leiter von Controlling II ist fachlich und disziplinarisch dem Leiter von Controlling I unterstellt, die Mitarbeiter entsprechend dem Leiter Controlling II. Für die Verwaltungsebene III gilt die entsprechende Lösung.

Der bisher beschriebene Lösungsansatz ist, unter Anlehnung an die derzeitige Praxis in der Wirtschaft, als erstrebenswerte Lösung für die organisatorische Gestaltung des Controlling, konzipiert (vgl. Abbildung 3.36). Für die reale Umsetzung in der Verwaltung lassen sich eine Vielzahl möglicher Varianten entwik-

keln und realisieren, die im wesentlichen durch folgende Aspekte beeinflußt werden:
- Größe der Verwaltung,
- Differenziertheit der Verwaltung,
- Entwicklung der Führungskultur,
- Entwicklung des Controlling.

Unter Berücksichtigung von Größe und Differenziertheit einer Verwaltung sind folgende Controllingstrukturen möglich:
- Oberste Verwaltungsebene:
Controlling I als Controllingbereich;
- Mittlere Verwaltungsebene:
Entsprechend der Anzahl und der Größe eigenständiger Behörden Controlling II als Controllingbereich oder Controller;
- Untere Verwaltungsebene:
Entsprechend der Anzahl und der Größe eigenständiger Behörden Controlling III als Controllingbereich oder Controller oder Controllingbeauftragte.

Die Entwicklung der Führungskultur korreliert in der Regel mit der Entwicklung des Controlling. Bevor der beschriebene Optimalzustand erreicht wird, lassen sich drei Entwicklungsphasen als Vorstufen unterscheiden:
- die Einführungsphase, in der mit der Einführung der Kosten- und Leistungsrechnung begonnen wird, die dann schrittweise um ein Planungs- und Informationssystem zu ergänzen ist;
- die Bewährungsphase I, in der ein umfassendes operatives Controllingsystem etabliert ist und entsprechende Controllingprozesse realisiert werden;
- die Bewährungsphase II, in der das operative Controlling durch ein strategisches Controlling ergänzt und erweitert wird.

In der Einführungsphase wird das Controlling im wesentlichen durch die Verwaltungsleitung und die Haushälter getragen. Ein Controllingbereich ist noch nicht aufgebaut. Daraus resultieren ausschließlich Linienbeziehungen mit eindeutigen disziplinarischen und fachlichen Zuordnungen zu Vorgesetzten, die keine Controllingspezialisten sind.

In der Bewährungsphase I sind Controllingbereiche als Stabstellen aufzubauen, die zunächst noch disziplinarisch und fachlich den entsprechenden Führungsverantwortlichen außerhalb des Controlling zugeordnet sind.

In der Bewährungsphase II sind die Controllingbereiche als Stabstellen etabliert, die fachlich den entsprechenden Controllingabteilungen und gleichzeitig disziplinarisch den Vorgesetzten ohne spezielle Controllingfunktion zugeordnet sind.

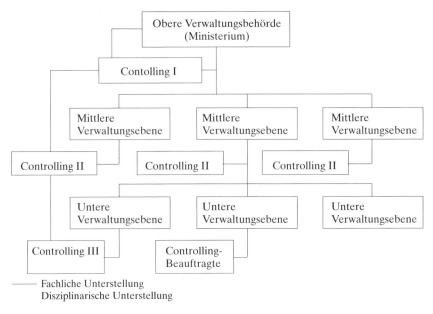

Abbildung 3.36: Organisatorische Eingliederung des Controlling

4.3 Aufgabenstellungen und Kompetenzen des Controllers

Die Realisierung der Managementfunktion Controlling bedarf der Installation von Spezialisten, den Controllern. Die Aufgaben, Funktionen und Kompetenzen sowie die Rekrutierung und zielgruppenorientierte Schulung von Verwaltungs-Controllern werden nachfolgend dargestellt.

Aufgaben und Funktionen der Controller

Controller unterstützen die Führungskräfte bei der Abwicklung der Planung, Kontrolle und Information. Insofern nehmen sie die Funktion der internen Beratung (Prozeßspezialist) für diese Führungshandlungen in der Verwaltung wahr. Dazu werden umfassende Planungs-, Kontroll- und Informationssysteme benötigt. Die Konzeption, Implementierung, Pflege und Weiterentwicklung eines verwaltungsindividuellen Controllingsystems sowie dessen Integration und Koordination (Systemspezialist) stellt demzufolge die weitere Funktion und Aufgabenstellung der Controller dar.

Die *Integrations- und Koordinationsfunktion* konkretisiert sich für die einzelnen Bereiche des Controlling in den nachfolgend dargestellten Teilaufgaben:

Im Planungsbereich sind die Controller für die Entwicklung eines verwaltungsspezifischen Zielbildungs- und Planungsprozesses, die Gestaltung von Aktivitäten- und Ergebnisplanungen, die Konzeption eines Pricing-Modells, den Aufbau eines Formularwesens im Rahmen der integrierten Verwaltungsgesamtplanung sowie für die Festlegung der inhaltlichen und hierarchischen Integrationsmethoden und den Entwurf eines Planungskalenders zuständig. Darüber hinaus stehen sie allen Führungskräften mit ihrer methodischen und fachlichen Planungskompetenz bei allen Fragestellungen im Kontext der Verwaltungsplanung zur Verfügung.

Im Kontrollbereich sind die Controller im engeren Sinne zunächst die Kostenrechner, für die Entwicklung eines verwaltungsspezifischen Kontrollprozesses, die Gestaltung einer Kostenarten-, -stellen- und -trägerrechnung, die Konzeption einer Indikatorenrechnung, den Aufbau eines Formularwesens als Teilbereiche des Internen Rechnungswesens der Verwaltung sowie für die Festlegung der inhaltlichen und hierarchischen Integrationsmethoden und die Bestimmung der Kontrollarten, -methoden, -typen, -häufigkeit und -umfang zuständig. Darüber hinaus stehen sie allen Führungskräften mit ihrer methodischen und fachlichen Kontrollkompetenz bei allen Fragestellungen im Kontext des Internen Rechnungswesens zur Verfügung.

Im Informationsbereich sind die Controller für die Entwicklung eines verwaltungsspezifischen Informationsprozesses, die Gestaltung eines Management- bzw. Executive-Informationssystems, die Konzeption von Kennzahlen und Indikatoren, den Aufbau von Berichten und eines Berichtswesens, die Implementierung eines Kennzahlen- und Indikatorensystems als Bestandteile eines Verwaltungs-Informationssystems sowie für die Festlegung der inhaltlichen und hierarchischen Integrationsmethoden und die Bestimmung der Informationsflüsse und -strukturen zuständig. Darüber hinaus stehen sie allen Führungskräften mit ihrer methodischen und fachlichen Informationskompetenz bei allen Fragestellungen im Kontext der Informationssysteme zur Verfügung.

Unabhängig vom speziellen Einsatzbereich haben die Controller noch folgende übergreifenden Funktionen:

- Widerspruchsfreie Koordination der operativen und strategischen Planungs-, Kontroll- und Informationssysteme (systemische Integration);
- Widerspruchsfreie Koordination der jeweiligen operativen und strategischen Planungs-, Kontroll- und Informationsprozesse (prozessuale Integration);
- Widerspruchsfreie Koordination der vertikalen und horizontalen Controllingprozesse in den entsprechenden Controllingsystemen (System-/Prozeßintegration);
- Koordination der Controllingsysteme und -prozesse mit den anderen verwaltungsspezifischen Führungssystemen und -prozessen (intersystemische Koordination).

Die *interne Beratungsfunktion* beinhaltet die Begleitung und Unterstützung der Führungskräfte der öffentlichen Verwaltung bei allen Fragen im Kontext einer zukunftsorientierten Planung, sachorientierten Kontrolle und aufgabenorientierten Information sowie bei der Nutzung der integrierten Verwaltungsgesamtplanung, entscheidungsorientierten Kosten- und Leistungsrechnung und der dynamischen Managementinformationssysteme. Diese umfassende Aufgabenstellung konkretisiert sich in folgenden Beratungsleistungen:

- Effiziente Anwendung der implementierten operativen und strategischen Controllingsysteme,
- Effektive Abwicklung der operativen und strategischen Controllingprozesse,
- Interpretation der gelieferten Controllinginformationen in Form von Berichten, Kennzahlen, Abweichungsanlysen etc.,
- Behördenadäquate Ausstattung mit betriebswirtschaftlichen Instrumenten,
- Betriebswirtschaftliche Schulungen für die Führungskräfte.

Kompetenzen der Controller

Die Durchführung der o.g. Aufgaben und Funktionen erfordert konkrete fachliche und besondere personenbezogene Kompetenzen bei den Controllern.

Die *fachliche Kompetenz* zeigt sich in Form ausgeprägter System- und Prozeßkenntnisse. Diese sind zur Erfüllung der Integrations- und Koordinationsfunktion unabdingbar. Als Systemspezialist ist der Controller ein ausgezeichneter Kenner der verwaltungsspezifischen Planungs-, Kontroll- und Informationssysteme. Damit ist er in der Lage, zunächst die in der Behörde installierten Systemansätze im Hinblick auf ihren Entwicklungszustand und ihre Effizienz zu beurteilen. Weiterhin kann er ihre Leistungsbereitschaft pflegen und die Effektivität der Systeme durch Neuerungen erhöhen. Als Prozeßspezialist beherrscht der Controller die Strukturierung und Abwicklung von Planungs-, Kontroll-, und Informationsprozessen.

Zur Bewältigung der Beratungsfunktion benötigt der Controller zusätzlich ausgeprägte methodische, soziale und persönliche Kompetenzen. Die *methodische* Kompetenz beschreibt seine Problemlösungsfähigkeit unter Anwendung seines Wissens, seiner Verwaltungskenntnisse und seiner Methoden und Techniken. Seine *soziale* Kompetenz zeigt sich in der partnerschaftlichen Interaktion mit den Mitarbeitern und Führungskräften und in seiner Kooperations- und Kompromißbereitschaft, Aufgeschlossenheit und Toleranz. Entsprechende *persönliche* Kompetenz manifestiert sich beim Controller durch ein hohes Maß an analytischem und gleichzeitig systemisch-ganzheitlichem Denkvermögen, das er ergebnis- und potentialorientiert zur Erreichung der gesetzten Ziele und Visionen einsetzt.

Rekrutierung und Schulung von Verwaltungs-Controllern

Die Rekrutierung zukünftiger Controller der öffentlichen Verwaltung kann grundsätzlich auf zwei unterschiedlichen Wegen, i.e. extern aus der Privatwirtschaft bzw. direkt von den Hochschulen und intern aus der Verwaltung bzw. von den Führungsakademien, erfolgen.

Der Umfang und die Intensität des Schulungsprogramms für Mitarbeiter, die *extern* gewonnen werden, ist zunächst davon abhängig, ob sie ein betriebswirtschaftliches Studium absolviert und schon als Controller in der Unternehmenspraxis gearbeitet haben. Dementsprechend ist ein personenorientiertes Weiterbildungspaket, das entweder schwerpunktmäßig den aktuellen Wissensstand zum Controlling bzw. Verwaltungscontrolling vermittelt oder auf die Umsetzungspraxis des Controlling focussiert ist, zu gestalten. Darüber hinaus müssen alle neuen Mitarbeiter mit dem Aufbau, der Abwicklung und den Besonderheiten einer öffentlichen Verwaltung vertraut gemacht werden.

Controller, die *intern* gewonnen werden, sind in der Regel aus den Bereichen Haushalt, Organisation und EDV sowie den Führungsakademien zu rekrutieren. Je nach bisherigem Einsatzbereich können unterschiedliche Entwicklungswege dargestellt werden:

- Mitarbeiter aus dem Haushalt sind insbesondere als Kostenrechner (Controller im Kontrollbereich) einzusetzen,
- Mitarbeiter aus der Organisation sind als Controller geeignet,
- Mitarbeiter aus der EDV eignen sich insbesondere als Controller des Informationsbereichs,
- Absolventen der Führungsakademien sind aufgrund ihrer Kompetenzen in der Position des Controllers denkbar,
- Mitarbeiter aus anderen Bereichen können in Abhängigkeit von ihrer Qualifikation als Kostenrechner oder Controller eingesetzt werden.

Neben der Herkunft ist die Frage der Vorqualifikation und der Berufspraxis der zukünftigen Controller von besonderer Relevanz. Im Hinblick auf die Qualifikation sind Mitarbeiter mit verwaltungs- oder finanzwirtschaftlichem Studium und Mitarbeiter mit Berufsausbildung zu unterscheiden. Die erworbene Berufspraxis beruht zum einen auf der Dauer der Beschäftigung in der öffentlichen Verwaltung und zum anderen auf der Differenziertheit der bisherigen Aufgabenstellungen. Auf dieser Basis können unterschiedliche Entwicklungswege aufgezeigt werden:

- Mitarbeiter mit einer Berufsausbildung und umfassender Berufspraxis eignen sich insbesondere als Kostenrechner (Controller i.e.S.),
- Mitarbeiter mit Studium und kurzer Berufspraxis zunächst als Kostenrechner mit der Perspektive zum Controller,
- Mitarbeiter mit Studium und umfassender Berufspraxis als Controller.

Entsprechend den Aussagen ist ein arbeitsplatzspezifisches und personenorientiertes Weiterbildungspaket zu gestalten, das im umfassenden Sinne für die zukünftigen Controller folgende Seminare und Themen beinhaltet:

- Grundlagen der Volks- und Betriebswirtschaftslehre;
- Grundlagen des Externen und Internen Rechnungswesens;
- Einführung und Vertiefung in die Kosten- und Leistungsrechnung;
- Überblick über die Kostenrechnungssysteme;
- Aufbau und Abwicklung der Prozeßkostenrechnung und des Target Costing;
- Grundlagen des Controlling und seiner verwaltungsspezifischen Besonderheiten;
- Strukturierung von Controllingsystemen, i.e. Planungs-, Kontroll- und Informationssystemen und ihrer verwaltungsspezifischen Besonderheiten;
- Grundlagen des strategischen Controlling;
- Organisation und Funktion des Controlling;
- Grundlagen der EDV sowie Einarbeitung in verwaltungsspezifische Controlling-Software.

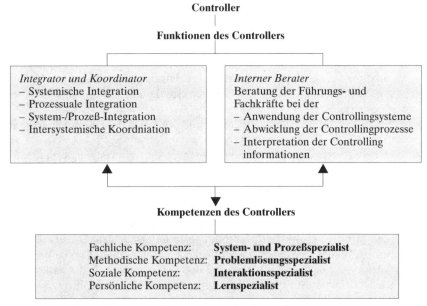

Abbildung 3.37: Funktionen und Kompetenzen des Controllers

Literaturverzeichnis

Braun, G.E., Ziele in öffentlicher Verwaltung und privatem Betrieb – Vergleich zwischen öffentlicher Verwaltung und privatem Betrieb sowie eine Analyse der Einsatzbedingungen betriebswirtschaftlicher Planungsmethoden in der öffentlichen Verwaltung, Baden-Baden 1988
Blohm, H., Berichtswesen, betriebliches, in: Management-Enzyklopädie, Band I, Landsberg/Lech 1969
Blohm, H., Die Gestaltung des betrieblichen Berichtswesens als Problem der Leitungsorganisation, 2. Aufl., Herne/Berlin 1974
Budäus, D., Controlling in der Kommunalverwaltung, in: Eichhorn, P. (Hrsg.), Doppik und Kameralistik, Baden-Baden 1987
Budäus, D., Konzeptionelle Grundlagen und strukturelle Bedingungen für die organisatorische Institutionalisierung des Controlling im öffentlichen Bereich, in: Weber, J/Tylkowski, O., Controlling – eine Chance für öffentliche Unternehmen und Verwaltungen, Stuttgart 1988
Budäus, D., Betriebswirtschaftslehre – Controlling – öffentliche Verwaltung, in: Koch, R. (Hrsg.), Verwaltungsforschung in Perspektive, Baden-Baden 1987
Budäus, D., Controlling in der öffentlichen Verwaltung, in: Ballwieser, W./Berger, K.-H., Information und Wirtschaftlichkeit, Wiesbaden 1985
Budäus, D./Oechsler, W.A., Die Steuerung von Verwaltungseinheiten, in: Lüder, K. (Hrsg.), Betriebswirtschaftliche Organisationstheorie und öffentliche Verwaltung, Speyer 1985
Ebert, G. (Hrsg.), Handbuch des Controlling – Managementfunktion und Führungskonzeption, 6. Aufl., Landsberg 1997
Ebert, G., Controlling in der Landesverwaltung BW, Gutachten für das Land Baden-Württemberg, Nürtingen/Stuttgart 1997
Ebert, G., u.a., Intensivkurs Controlling, 6. Aufl., Landsberg 1996
Ebert, G., Kosten- und Leistungsrechnung, 8. Aufl., Wiesbaden 1997
Ebert, G., Kennzahlenorientiertes Informationssystem, Gutachten für das Land Baden-Württemberg, Nürtingen 1996
Ebert, G., Handbuch Kosten- und Leistungsrechnung für die öffentliche Verwaltung Baden-Württembergs, Nürtingen 1997
Ebert, G., Kosten- und Leistungsrechnung für Einsteiger, Berlin/München 1992
Ebert, G., Unternehmensführung, in: Bestmann, U. (Hrsg.), Kompendium der Betriebswirtschaftslehre, 9. Aufl., München 1997
Ebert, G., Grundlagen des Controlling, Gutachten für das Land Baden-Württemberg, Nürtingen 1994
Ebert, G. (Hrsg.), Management aktuell, Landsberg 1992
Ebert, G., u.a., Intensivkurs Unternehmens- und Personalführung, Landsberg 1992
Ebert, G., Vom Nachdenker zum Vordenker, in: Süddeutsche Zeitung, Serie: Bildungscontrolling in der betrieblichen Personalentwicklung, Folge 3, 16./17. September 1995, Seite V 1/8
Ebert, G./Steinhübel, V., Controlling in der öffentlichen Verwaltung, in: Finanzwirtschaft – Zeitschrift zum Haushalts-, Finanz- und Steuerrecht der öffentlichen Verwaltung, Heft 11/1997, Berlin/München 1997
Ebert, G./Steinhübel, V., Unternehmen im Wandel, in: Betrieb und Wirtschaft – Zeitschrift für Rechnungswesen, Steuern, Wirtschafts-, Arbeits- und Sozialrecht im Betrieb, Heft 20/1997, Berlin 1997, S. 761-764
Ebert, G./Steinhübel, V., Controlling, in: Betrieb und Wirtschaft – Zeitschrift für Rechnungswesen, Steuern, Wirtschafts-, Arbeits- und Sozialrecht im Betrieb, Heft 18/1992, Berlin/München 1992

Heinen, E., Grundlagen betriebswirtschaftlicher Entscheidungen, 3. Aufl., Wiesbaden 1976

Horváth, P., Controlling, 5. Auflage, München 1994

Innenministerium Baden-Württemberg, Das Mitarbeitergespräch in der Landesverwaltung Baden-Württemberg, Stuttgart 1996

Innenministerium Baden-Württemberg, Verwaltung 2000 – Controlling in der Landesverwaltung Baden-Württemberg, 1995

Kirsch, W., Einführung in die Theorie der Entscheidungsprozesse, Band III: Entscheidungen in Organisationen, 2. Aufl., Wiesbaden 1973

Lüder, K. (Hrsg.), Betriebswirtschaftliche Organisationstheorie und öffentliche Verwaltung, Speyer 1985

Rau, T./Reichmann, T., Betriebswirtschaftslehre für Städte und Gemeinden, München 1994

Lachnit, L., Planung, Steuerung und Kontrolle mit Hilfe von Kennzahlen, in: ZfbF, 28. Jg. (1976)

Schmidberger, J., Controlling für öffentliche Verwaltungen, 2. Auflage, Wiesbaden 1994

Seidenschwarz, B., Controllingkonzept für öffentliche Institutionen, München 1992

Steinhübel, V., Strategisches Controlling, System und Prozeß, München 1997

Vetter, E., Verwaltungsreform in Baden-Württemberg – Eine Zwischenbilanz der wichtigsten Projekte, in Staatsanzeiger Baden-Württemberg, Juni/Juli 1994

Anhang

Anlage Nr. 1: Muster einer Leistungsbeschreibung für die Ausschreibung einer externen Beratungsleistung (vgl. Erster Teil, II. 2./3.)

Leistungsbeschreibung

für das Projekt zur Konzeptionierung und
Implementierung einer Kosten- und Leistungsrechnung
(nach VSF H 9001) als Bestandteil eines
umfassenden ControllingSystems
im ...

Inhaltsübersicht Seite

1. Präambel oder Beratungsgegenstand ....
2. Die Anpassung der Standard-KLR ....
3. Implementierung ....
4. Durchführung des Gesamtprojektes ....
5. Anforderungen an das Angebot ....
6. Zusammenarbeit ....
7. Arbeitspapiere/Gesamtbericht ....
8. Informationsmaterial ....
9. Termine ....
10. Honorar ....
11. Geheimhaltung ....
12. Haftung und Gewährleistung ....
13. Urheberrecht ....
14. Kündigung ....
15. Erfüllungsort, Gerichtsstand und Streitigkeiten ....
16. Sonstige Vereinbarungen ....

Anlagen (soweit bereits vorhanden):

I. Interne Vorbereitungskonzepte für die Einführung eines KLR/Controlling-Systems
II. Beispiel für die Produktdefinition
III. Aktuelles Organigramm
IV. Auszug Bundeshaushaltsplan Einzelplan ...
V. Bestimmungen zum gesetzlichen Auftrag der Behördenaufgaben
VI. Broschüre Behörde „ ... "
VII. etc.

Diese Leistungsbeschreibung ist ein Muster und bedarf der individuellen Anpassung, insbesondere die kursiv gedruckten Passagen

1. Präambel oder Beratungsgegenstand

Auf der Basis des Kabinettsbeschlusses vom 07.02.1996 und der Standard-KLR in der Fassung „Vorschriftensammlung Bundesfinanzverwaltung – H 90 01 KLR-Handbuch" soll *in ausgewählten Bereichen* der – Behörde – (nachfolgend **Auftraggeber** genannt) die Kosten- und Leistungsrechnung eingeführt werden. *In einer Vorbereitungsphase wurden bereits verschiedene Untersuchungen angestellt, u.a. ...*

Gegenstand der Beratungsleistung durch das externe Beratungsunternehmen (nachfolgend **Auftragnehmer** genannt) ist die konzeptionelle Anpassung der Standard-KLR und die Begleitung der Implementierung. Die Leistung soll sich auf alle in der Standard-KLR behandelten Bereiche erstrecken einschließlich der derzeitigen und geplanten IT-Unterstützung und ihrer Wechselwirkung mit der Organisation, notwendig werdende Anpassungen der Standard-KLR an zwischenzeitlich auftretende Veränderungen umfassen und zu einem erfolgreichen Wirkbetrieb führen.

Ziel der Beratungsleistung ist, daß der Auftraggeber letztlich ein modernes Controlling aufgrund von implementierten Systemen und Tools betreiben kann und bisher nicht oder nicht ausreichend genutzte Effizienzpotentiale erschlossen werden.

Dabei sind auch die *Bonner/Berliner Dienststellen* nach dem Umzug des Auftraggebers nach *Bonn/Berlin sowie (ggf. andere Behördenorganisationen)* zu berücksichtigen.

Berücksichtigt werden muß ebenfalls, daß die Einführung des Controlling beim Auftraggeber *nicht* auf eine personenbezogene Leistungskontrolle zielt.

2. Die Anpassung der Standard-KLR

Der Auftraggeber hat entschieden, die Standard-KLR in ihrer jeweils gültigen Fassung für die Einführung der KLR und ihrer Erweiterung zu einem umfassenden Controlling-System umzusetzen. *Hierzu wurden bereits verschiedene Voruntersuchungen und Fachkonzepte durch den Auftraggeber entworfen, die in wesentlichen Auszügen in der **Anlage I** beigefügt sind.*

Für die Anpassung der Standard-KLR auf die Spezifika des Auftraggebers sind insbesondere durchzuführen:

„Ist-Aufnahme" des Aufgabenbestandes und des Arbeitsablaufes

Es wird eine „Ist-Aufnahme" des wahrzunehmenden Aufgabenbestandes und des Arbeitsablaufes durch den Auftragnehmer erwartet.
Insbesondere ist die gesamte gegenwärtige Produktpalette zu identifizieren, systematisieren und typisieren, um Schlußfolgerungen für die Optimierung des Produktdurchlaufes im Sinne eines modernen Projektcontrolling zu erhalten.
Im Rahmen des Projektes auftauchende evidente Mängel sind unmittelbar aufzuzeigen und Vorschläge für eine kurzfristige Abhilfe vorzulegen.

Ablauforganisation

Im Rahmen der Überprüfung der Ablauforganisation ist schwerpunktmäßig auf folgendes zu achten:

Diese Leistungsbeschreibung ist ein Muster und bedarf der individuellen Anpassung, insbesondere die kursiv gedruckten Passagen

- Welches sind die hauptsächlichen Geschäftsprozesse?
- Wer sind die Leistungserbringer und Leistungsempfänger dieser Geschäftsprozesse?
- Welche Stellen sind einbezogen, wie sind deren Beiträge definiert und welche zeitlichen Vorgaben sind notwendig?
- Wie werden die Geschäftsprozesse initiiert (periodisch, bedarfsweise)?
- Wie erfolgt die Integration der KLR/des Controlling in bestehende Geschäftsprozesse?
- Wie sind die Formen der Zusammenarbeit mit Behörden, Einrichtungen, zu denen Schnittstellen bestehen, mit privaten Unternehmen *sowie Zuwendungsempfängern, die vom Auftraggeber mit der Durchführung von Aufträgen beauftragt werden?*

Aufbauorganisation

Die bestehende Aufbauorganisation soll insbesondere im Hinblick auf folgende Punkte untersucht werden:
- Welche hierarchischen Ebenen sind in der Gesamtorganisation sinnvoll?
- Wie sind Weisungs-, Informations-, Genehmigungs- und Berichtsprozesse zu gestalten?
- *Welche Stellen – abgeleitet aus den wahrzunehmenden Aufgaben – sind zu bilden (Berücksichtigung der „Teilzeitoffensive" der Bundesregierung)?*
  Erwartet wird eine generelle Stellendimensionierung.
- *Welche Anforderungen bestehen für die Stellen?*

Produktkatalog

Im Rahmen der Analyse soll die Darstellung schwerpunktmäßig folgende Punkte behandeln:
- Ausgehend von der „Ist-Aufnahme" der Produktpalette Aufstellung eines zukünftig durchzuführenden Produktkataloges für den Auftraggeber unter Einbeziehung von Zielgruppen und modernen Verbreitungsmechanismen
- Laufzeit-Analyse (von der Entscheidungsfindung über Realisierung bis zur Erfolgskontrolle)
- Ermittlung der Produktkosten

Instrumente der Aufgabenbewältigung

Die Berücksichtigung folgender Fragen sollte insbesondere erfolgen:
- Welche Ausstattung ist für eine KLR/Controlling erforderlich (IT, Software, Organisationsmittel, Dokumentation, Archiv)?
- Wie erfolgt die Einbindung in die vorhandene Kommunikations- und IT-Infrastruktur? Ist diese ausreichend zur Aufgabenbewältigung?
- Wie erfolgt im kameralistischen System des Auftraggebers die Implementierung einer Kosten-/Leistungsrechnung nach einer Kostenarten-, Kostenstellen- und Kostenträgerrechnung *mit Projektverfolgung* (u.a. Haushaltsüberwachungssystem)?
- Wie ist das Formular- und Berichtswesen zu gestalten?
- *Wie ist ein Erfolgskontrollsystem einzuführen?*

Aufgabenkritische Überprüfung des „Ist-Zustandes"

Der vorgefundene „Ist-Zustand" ist nach allgemeinen Gesichtspunkten der Wirtschaftlichkeit und Zweckmäßigkeit kritisch zu beurteilen.

Diese Leistungsbeschreibung ist ein Muster und bedarf der individuellen Anpassung, insbesondere die kursiv gedruckten Passagen

Insbesondere ist zu untersuchen, ob Aufgaben wegfallen können oder ob eine Verlagerung von Aufgaben auf andere bzw. von anderen Stellen sinnvoll und möglich ist.

Im Sinne der Optimierung des Produktdurchlaufs ist zu untersuchen, wie eine Projektorganisation gestaltet sein soll und mit welchen IT-gestützten Verfahren diese Aufgaben effizient und nachprüfbar durchgeführt werden können.

3. Implementierung

- Zur Vorbereitung der Implementierung sollten folgende Fragen schwerpunktmäßig beachtet werden:
– Wie sind die Organisationseinheiten und mit welcher Priorität in das KLR-/Controllingsystem einzubeziehen?
– Welcher Nutzen läßt sich aus der Einführung von KLR/Controlling in diesen Bereichen erwarten (in qualitativer Hinsicht bezüglich Planungssicherheit, Entscheidungsprozessen, Transparenz und rechtzeitiger Erkennung von Abweichungen; in quantitativer Hinsicht bezüglich monetären Einsparungen bei Personal- und Sachkosten)?
– Wie verändern sich die Abläufe in den einbezogenen Bereichen?

Der Auftragnehmer wird aufbereitete Entscheidungsvorlagen mit bewerteten Alternativen dem Lenkungsausschuß (unten Ziff. 6.2.) zur Entscheidung vorlegen.

- Im Vordergrund stehen die Projektinitialisierung, die Projektsteuerung und Projektbegleitung durch den Auftragnehmer während des gesamten Projektzeitraumes von der Startphase im *(Monat, Jahr)* bis zum Wirkbetrieb (geplant: ab – *Datum* –); dieser soll ebenfalls noch so lange begleitet werden, bis von einem erfolgreichen und problemlosen Wirkbetrieb gesprochen werden kann.

Im gesamten Projektzeitraum sollen die notwendigen Entscheidungsprozesse seitens des Auftraggebers vorbereitet und herbeigeführt werden.

Sämtliche Einzelheiten sind in einem vom Auftraggeber zu Beginn des Projektes vorzulegenden Implementierungsplan darzulegen und mit dem Auftraggeber abzustimmen (vgl. Ziff. 4.2.).

Im Angebot sollten insbesondere die folgenden Punkte und grundsätzlichen Anmerkungen berücksichtigt werden, wobei die vom Anbieter kalkulierten Personentage einzeln für die genannten Punkte (Ziff. 3.1. bis 3.7.) ausgewiesen werden sollen:

3.1. Projektplanung

Der gesamte Umsetzungsprozeß der Standard-KLR ist mit modernen Mitteln eines zielorientierten Projektmanagements zu steuern und zu überwachen. Insbesondere wird erwartet, daß die Projektplanung Zeiten und Ressourcen berücksichtigt, sich flexibel veränderten Bedingungen anpassen kann und immer wieder Initiativen für eine zügige Umsetzung gibt.

Der Projektplan ist am Anfang des Projektes aufzustellen, auf seine Einhaltung hin zu überwachen und gegebenenfalls – nach Zustimmung durch den Auftraggeber – anzupassen.

Das Angebot sollte einen möglichen Projektablauf (einschließlich Zeitabläufen) darlegen.

Diese Leistungsbeschreibung ist ein Muster und bedarf der individuellen Anpassung, insbesondere die kursiv gedruckten Passagen

3.2. Implementierungsbegleitung der IT

Hinweis: Soweit nicht die Alternative gewählt wurde, den Berater und die Software gemeinsam („Komplettlösung") auszuschreiben (vgl. dazu Ziff. 10.1.):
Die IT-Ausschreibung ist zusammen mit den Fachleuten des Auftraggebers durchzuführen und eine Entscheidung herbeizuführen, die auf die Auswahl der für die Zwecke und Ziele der KLR/des Controlling des Auftraggebers geeignetste Software zielt.

Es ist eine Ausschreibungsunterlage einschließlich Kriterienkatalog für die notwendige IT-Ausstattung für die KLR und das Controlling vorzubereiten. Anschließend ist das Ausschreibungsverfahren bis zur Zuschlagsentscheidung zusammen mit dem Auftraggeber zu begleiten. Die Zuschlagsentscheidung für die zu beschaffende Software sollte bis ... getroffen sein, damit mit der IT-Implementierung ab ... begonnen werden kann.

Die Implementierungsbegleitung der IT soll sich daher von dem gesamten Ausschreibungsverfahren, über die eigentliche Einrichtung der Hard- und Software, den Test- und Pilotbetrieb bis zum Wirkbetrieb im gesamten Organisationsbereich des Auftraggebers erstrecken.

Das Angebot soll die Maßnahmen nennen und näher darlegen, die der Anbieter im einzelnen für diesen Projektteil für erforderlich hält.

Bei der Angebotserstellung sind die folgenden bei der Projektdurchführung zu beachtenden bzw. zu erbringenden Leistungen zu berücksichtigen:
- Referenzierung aller IT-Hausstandards (hier insbesondere: Hardware, Betriebssysteme, Netzwerkprotokolle), d.h. expliziter Bezug und Verwendung der Unterlagen des IT-Rahmenkonzeptes sowie aller betriebsrelevanter Dokumente (ggf. KBSt-Empfehlungen u.ä.). Gewährleistung der Übernahme dieser strategischen Konzepte durch den Softwareanbieter.
- Referenzierung und ggf. Erweiterungskonzeption bestehender interner IT-Kommunikationsstrukturen.
- Spezifikation von Benutzergruppen und Gewährleistung der Implementierung. Erstellung eines gruppenspezifischen Anforderungsprofils für die IT-Arbeitsplatzausstattung der verschiedenen im System vorzusehenden Nutzergruppen *(ggf.: Client-Bereitstellung ist nicht Bestandteil der Beauftragung der Softwareausschreibung und wird durch den Auftraggeber erfolgen).*
- Konzeptionierung der Setup-Phase in Abstimmung mit dem Auftraggeber. Abschätzung der internen Ressourcenbindung unter Berücksichtigung der bestehenden Aufgabenverteilung und laufender Projekte.
- Kommunikation aller beim Setup der KLR-Software notwendig anzugebenden oder zu entscheidenden Einstellungsparameter. Protokollierung des Setup auf Datenträger.
- Gewährleistung aller IT-Sicherheitsanforderungen für das zu implementierende System.
- Erstellung eines Schulungs- und Online-Beratungskonzeptes (Hotline) für die verschiedenen Phasen bis zum erfolgreichen Wirkbetrieb.
- Termingerechte Vorlage noch offener Detailfragen für die Implementierung aller Erfassungsvorgänge.

Diese Leistungsbeschreibung ist ein Muster und bedarf der individuellen Anpassung, insbesondere die kursiv gedruckten Passagen

3.3. Behördenspezifische Kosten- und Leistungsrechnung (KLR)

Die Grundsätze einer ordnungsgemäßen KLR sind – auf der Grundlage der Standard-KLR einschließlich der Angaben im Implementierungsplan – zu erarbeiten.

Insbesondere ist darzulegen, welche implementierungsbegleitenden Maßnahmen zu welchen Zeitpunkten als notwendig erachtet werden und wie diese erarbeitet werden sollen. Dabei soll neben der Kostenrechnung auch die Leistungsseite berücksichtigt werden (gegebenenfalls im Zusammenhang mit Punkt 3.4.).

3.4. Schritte zur Weiterentwicklung zum Controlling als Steuerungs- und Führungssystems

Im Rahmen des Projektes soll die Frage geklärt werden, wie ein den Anforderungen entsprechendes Steuerungs- und Führungssystem auszusehen hat, um die Leistung und Wirkung der (externen) Produkte des Auftraggebers zu erfassen, zu bewerten und vergleichen zu können.

Insbesondere ist auf folgende Punkte einzugehen:

- *verstärkte Erfolgskontrolle bei der Produktwirkung*
  Dabei soll auch geprüft werden, ob sich ein System für die Erfolgskontrolle instrumentalisieren läßt und wie groß generell ein für eine erfolgreiche Erfolgskontrolle zur Verfügung stehender Etat sein muß, um die gewünschten Ergebnisse liefern zu können.
- *Einführung von Qualitätsmaßstäben für die Produkte*
- *Implementierung eines Zielsystems*
- *gezielte Abnehmerforschung und Auftragerforschung bei den Produkten des Auftraggebers*

3.5. Schulung(skonzept) für die Mitarbeiter/-innen des Auftraggebers

Es ist ein an den tatsächlichen Bedürfnissen ausgerichtetes Schulungskonzept zu erarbeiten, in das alle Mitarbeiterinnen und Mitarbeiter entsprechend ihrer Vorkenntnisse und späteren Berührungspunkten mit der KLR/dem Controlling einbezogen werden sollen.

Neben verschiedenen Möglichkeiten der Schulungsarten (soweit möglich Benennung von konkreten Schulungsanbietern) soll das Angebot enthalten, wie die notwendigen Kenntnisse beim Auftragnehmer erlangt werden sollen; weiter soll dargelegt werden, wie das Schulungskonzept zeitlich abzulaufen hat, um die Effektivität zwischen Wissensaufbau und praktischer Anwendung zu gewährleisten.

Es ist darzulegen, ob der Auftragnehmer die Schulungen selbst durchführen könnte und ggf. zu welchen Konditionen (mit Alternativen zu Dauer, Veranstaltungsort, etc.)

3.6. Aufgabenkritik

Das Angebot soll Möglichkeiten für (fortschreibbare) Verfahren aufzeigen, wie – den abnehmenden Ressourcen entsprechend – die Anpassungen der wahrzunehmenden Aufgaben des Auftraggebers vollzogen werden können. Insbesondere ist dabei zu berücksich-

---

Diese Leistungsbeschreibung ist ein Muster und bedarf der individuellen Anpassung, insbesondere die kursiv gedruckten Passagen

tigen, ob Aufgaben wegfallen können oder ob eine Verlagerung von Aufgaben auf andere bzw. von anderen Stellen sinnvoll und möglich ist.

3.7. Kommunikation

Während des Projektes erzielte Ergebnisse sollen in größtmöglichem Umfang kommuniziert werden, um das Verständnis für KLR/Controlling im Organisationsbereich des Auftraggebers weiter zu verbessern. Es wird daher im Angebot eine Darlegung erwartet, wie eine rechtzeitige und ausreichende Information und Einbeziehung der Mitarbeiterinnen und Mitarbeiter sowie der Personalvertretung gewährleistet werden soll.

3.8. Instrumente der Projektbewältigung

Im Angebot sollen die Instrumente angegeben werden, mit denen der Auftragnehmer das Projekt zu bewältigen beabsichtigt. Insbesondere sollen Aussagen dazu getroffen und gegebenenfalls durch Erfahrungen bei vergleichbaren Projekten untermauert werden,

- wie im Verlauf des Projektes ein flexibler und kurzfristig zu erfolgender Einsatz des Auftragnehmers beim Auftraggeber „vor Ort" gewährleistet werden kann
- mit welchen Mitteln die optimale Zusammenarbeit mit dem auszuwählenden Softwareanbieter erfolgen soll
- wo mögliche Projektrisiken liegen könnten und wie diese zu bewältigen sind
- wie bei den wesentlichen Umsetzungsschritten (vgl. Implementierungsplan) inhaltlich und methodisch vorgegangen werden soll
- weitere vom Auftragnehmer geplante Projektbewältigungsinstrumente

4. Durchführung des Gesamtprojektes

4.1. Der Auftragnehmer hat das Projekt nach den neuesten Erkenntnissen über Organisation, Wirtschaftlichkeit und Technik durchzuführen. Er ist verantwortlich für die sachgerechte Vorgehensweise einschließlich der Auswahl von Methoden und Techniken. Unbeschadet der Verpflichtung zur engen Zusammenarbeit mit dem Auftraggeber ist der Auftragnehmer im übrigen bei der Gestaltung seiner Tätigkeit frei.

4.2. Das Gesamtprojekt sollte in Teilprojekte aufgeteilt werden, die zeitlich gestaffelt begonnen und durchgeführt werden können. Das Gesamtprojekt soll am ... beginnen; die voraussichtliche Dauer kann zum gegenwärtigen Zeitpunkt aufgrund der nicht im Einflußbereich des Auftraggebers liegenden Faktoren nicht abgeschätzt werden; der Beginn des Wirkbetriebes ist ab dem ... geplant (Einzelheiten ergeben sich aus dem Implementierungsplan).

Für die Durchführung des Projektes hat der Auftragnehmer zu Beginn einen Arbeits- und Terminplan (Implementierungsplan) für die einzelnen Phasen aufzustellen und diesen mit dem Auftraggeber abzustimmen. Der Auftragnehmer ist verpflichtet, den Arbeits- und Terminplan dem tatsächlichen Fortschritt des Projektes anzupassen und ggf. zu detaillieren. Auftragnehmer und Auftraggeber sind an den Arbeits- und Terminplan gebunden. Änderungen im Arbeits- und Terminplan bedürfen der vorherigen Zustimmung des Auftraggebers.

Diese Leistungsbeschreibung ist ein Muster und bedarf der individuellen Anpassung, insbesondere die kursiv gedruckten Passagen

4.3. Der Auftragnehmer hat den verantwortlichen Projektleiter zu benennen. Dieser hat die Abwicklung des Auftrags kontinuierlich zu begleiten. Die Aufgabenwahrnehmung ist im wesentlichen „vor Ort" durchzuführen.

4.4. Das Projekt hat der Auftragnehmer mit eigenen Kräften durchzuführen. Andere Firmen und Personen dürfen – auch für Teilleistungen – nur mit vorheriger schriftlicher Zustimmung des Auftraggebers herangezogen werden. Die Heranziehung Dritter läßt die Haftung des Auftragnehmers unberührt; sie ist insbesondere nicht auf ein Verschulden bei der Auswahl des Dritten beschränkt.

4.5. Mitarbeiter, die im Rahmen des Auftrags tätig werden sollen, sind dem Auftraggeber vorher – nach Möglichkeit bereits im Angebot mit Kurzlebenslauf – zu benennen. Sofern der Auftraggeber der Beschäftigung nicht zustimmt oder eine ausgesprochene Zustimmung widerruft, dürfen die betroffenen Mitarbeiter nicht – bzw. nicht länger– im Rahmen des Auftrages eingesetzt werden.

4.6. Der Auftragnehmer hat im Angebot darzulegen, wieviele Bedienstete des Auftraggebers er mit welcher Qualifikation und in welchem zeitlichen Umfang zur Unterstützung bei der Durchführung des Auftrages benötigt. Diese können zu diesem Zweck – soweit erforderlich – von ihren sonstigen Aufgaben im erforderlichen Umfang freigestellt werden.

5. Anforderungen an das Angebot

5.1. Der Aufbau des Angebotes soll sich nach dem Aufbau der Leistungsbeschreibung richten.

5.2. Vor Beginn des Projektes sind die Bediensteten des Auftraggebers in einer Personalversammlung über Art, Sinn und Ziel des Projektes allgemein und gegebenenfalls bei Aufnahme der Umsetzungsmaßnahmen in den jeweiligen Abteilungen nochmals spezifiziert zu informieren. Darüber hinaus ist anzugeben, inwieweit die Bediensteten weiter informiert und in das Projekt einbezogen werden (s.o. Pkt. 3.7. und 4.6.).

6. Zusammenarbeit

6.1. Der Auftragnehmer ist verpflichtet, den Auftrag in ständigem Kontakt und in enger Zusammenarbeit mit dem Auftraggeber durchzuführen und diesen laufend über den Fortgang der Arbeiten und über die Ergebnisse der einzelnen Projektphasen in angemessener Weise zu unterrichten. Über Besprechungs- und Präsentationstermine werden zwischen Auftraggeber und Auftragnehmer im Laufe des Projektes entsprechend dem Arbeits- und Terminplan (vgl. Ziff. 4.2.) Vereinbarungen getroffen.

6.2. Zur Durchführung des Projektes wird vom Auftraggeber ein projektbegleitender Lenkungsausschuß eingerichtet.

Der Lenkungsausschuß begleitet die laufenden Arbeiten des Projektes durch regelmäßige Besprechungen mit dem Projektleiter und den Beratern des Auftragnehmers. Er wirkt darauf hin, daß die Zielsetzung des Projektes eingehalten wird, erteilt die hierzu erforderlichen Auskünfte und Hinweise und berät die vom Auftragnehmer mit der Durchführung des Projektes beauftragten Personen. Der Lenkungsausschuß steht unter der Federfüh-

---

Diese Leistungsbeschreibung ist ein Muster und bedarf der individuellen Anpassung, insbesondere die kursiv gedruckten Passagen

rung des Auftraggebers und entscheidet nach dem Konsensprinzip. Der Lenkungsausschuß besteht aus dem Auftraggeber *(z.B. Vertreter Amtsleitung, Abteilungsleiter, Leiter Referat Haushalt, Personal, Organisation, Projektkoordinator)*, dem Projektverantwortlichen des Auftragnehmers und einem Vertreter des Personalrates (mit beratender Stimme). Der Auftraggeber und der Auftragnehmer können auch weitere Personen je nach Themenstellung (z.B. IT-Unterstützung) hinzuziehen.

6.3. Der Auftragnehmer wird im Rahmen des Projektes von einer Projektgruppe unterstützt.

Für die Leitung der Projektgruppe wird ein Mitarbeiter des Auftraggebers (Projektkoordinator) in dem erforderlichen Maß freigestellt. Je nach Bedarf werden weitere Beschäftigte des BPA dieser Projektgruppe zugeordnet, um eine fachlich kompetente Unterstützung des Auftragnehmers sicherzustellen. Es ist nicht vorgesehen, eine größere Anzahl von Beschäftigten des Auftraggebers für die Projektarbeit vollständig freizustellen.

7. Arbeitspapiere/Gesamtbericht

7.1. Im Rahmen der Zusammenarbeit mit dem Auftraggeber hat der Auftragnehmer die Zwischenergebnisse der einzelnen Teilprojekte in Berichten zu dokumentieren und diese nach vorheriger Beratung im Lenkungsausschuß mit dem Auftraggeber abzustimmen.

7.2. Der Auftragnehmer hat aufgrund der mit dem Lenkungsausschuß abgestimmten Berichte, den Ergebnissen der Teilprojekte und den übrigen Projektergebnissen am Ende des Projektes (d.h. erfolgreicher 'Wirkbetrieb') dem Auftraggeber ein behördenspezifisches Handbuch zur Anwendung des KLR-/Controllingsystems für die Mitarbeiter/-innen des Auftraggebers (KLR-Handbuch) vorzulegen. In dieses auftraggeberspezifische KLR-Handbuch sollen auch Anleitungen über den praktischen Umgang mit der eingesetzten KLR-Software (z.B. Bildschirmmasken mit entsprechenden Beschreibungen) einfließen. Die Erstellung des KLR-Handbuches ist unter den bei der Texterstellung Beteiligten zu koordinieren; der Auftragnehmer trägt die Verantwortung für die fristgerechte Ablieferung des KLR-Handbuches beim Auftraggeber zum Beginn des Wirkbetriebes.

7.3. In den Berichten sind die angewandten Methoden und Techniken anzugeben. Der Auftragnehmer hat ferner seine Vorschläge im einzelnen zu nennen und zu begründen sowie – soweit notwendig– durch Wirtschaftlichkeitsberechnungen, Nutzwertanalysen oder andere geeignete Methoden zu belegen. Sie müssen so dargestellt sein, daß sie nachvollziehbar sind.

7.4. Der Auftragnehmer verpflichtet sich, nach Vorlage der Berichte bei Bedarf jeweils bis zu zwei Tagen für Besprechungen und Erläuterungen am Ort der Auftragserfüllung zur Verfügung zu stehen.

8. Informationsmaterial

8.1. Dem Auftragnehmer werden nach Vertragsschluß mindestens folgende Unterlagen zugänglich gemacht:
- ...
- ...

Diese Leistungsbeschreibung ist ein Muster und bedarf der individuellen Anpassung, insbesondere die kursiv gedruckten Passagen

- alle frei zugänglichen Unterlagen hinsichtlich des Betriebs des Auftraggebers, wie z.B.:
  - Organisationspläne
  - Geschäftsverteilungsplan
  - Dienstanweisungen und fachliche Weisungen
  - Hausmitteilungen
  - IT-Rahmenkonzept
- sonstige Unterlagen nach Bedarf und Verfügbarkeit

8.2. Die dem Auftragnehmer vom Auftraggeber überlassenen Unterlagen sind dem Auftraggeber auf Verlangen spätestens bis zur Abnahme der vom Auftragnehmer geschuldeten Leistung auszuhändigen. Der Auftragnehmer hat die Unterlagen auch bei einer Kündigung des Vertrages oder bei Rechtsstreitigkeiten auf Verlangen des Auftraggebers unverzüglich herauszugeben. Ein Zurückbehaltungsrecht des Auftragnehmers ist ausgeschlossen.

Das gleiche gilt für vom Auftragnehmer schriftlich niedergelegte „zusammengefaßte" Zwischenergebnisse. Personenbezogene Erhebungsunterlagen oder -ergebnisse, insbesondere Fragebögen oder Interviewniederschriften, dürfen weder dem Auftraggeber noch den seitens des Bundes mit der Prüfung befaßten Dienstkräften zugänglich gemacht werden.

9. Termine

9.1. Das Projekt soll spätestens am ... beginnen. Der Abschluß wird in gegenseitigem Einvernehmen je nach dem vereinbarten Projektvorgehen festgelegt. Für den Beginn des Wirkbetriebes wird der ... anvisiert (vgl. Pkt. 4.2.).

Jeder Teilberichtsentwurf ist mindestens 2 Tage vor seiner Beratung im Lenkungsausschuß den Vertretern/-innen zuzuleiten. Das gleiche gilt sinngemäß für die Gesamtdokumentation („Buchungshandbuch").

9.2. Kann der termingerechte Arbeitsablauf nicht eingehalten werden, so hat der Auftragnehmer dies unter Nennung der Gründe dem Auftraggeber unverzüglich schriftlich mitzuteilen.

9.3. Glaubt sich der Auftragnehmer in der ordnungsgemäßen Durchführung der übernommenen Leistung behindert, so hat er dies dem Auftraggeber unverzüglich schriftlich anzuzeigen.

9.4. Die Fristen für die Vorlage der Berichtsentwürfe bzw. der Berichte verlängern sich angemessen, wenn die Behinderung vom Auftraggeber zu vertreten ist, oder wenn sie durch höhere Gewalt oder andere vom Auftragnehmer oder von anderen von ihm mit Zustimmung des Auftraggebers für Teilleistungen herangezogene Firmen oder Personen (vgl. Ziff. 4.4.) nicht zu vertretende Ereignisse verursacht ist. Dabei ist es unerheblich, ob eines dieser Ereignisse im Betrieb des Auftragnehmers oder im Betrieb einer für ihn mit Zustimmung des Auftraggebers arbeitenden Firma oder Person eintritt.

10. Honorar

10.1. Der Auftragnehmer soll bei Übernahme der Gesamtverantwortung ein Pauschalhonorar für das gesamte Projekt einschließlich der zur Vorbereitung und zur Durchführung erforderlichen Besprechungen und Präsentationen als Festpreis anbieten.

Diese Leistungsbeschreibung ist ein Muster und bedarf der individuellen Anpassung, insbesondere die kursiv gedruckten Passagen

Alternative für „Ausschreibung einer „Komplettlösung" aus Beratungsleistung und Softwareeinführung:

In dem Festpreis sollen die Fragen beantwortet werden,
- *mit welchem Softwareanbieter und zu welchen Kosten der Auftragnehmer die Implementierung beim Auftraggeber durchzuführen in der Lage wäre,*
- *ob die Software (ggf. unter Einschaltung eines Unterauftragnehmers) vom Auftragnehmer selbst eingeführt werden kann,*
- *welche Kosten die Beratungsleistung und die Leistung des Softwareanbieters jeweils verursachen,*
- *welche Kosten für die Auswahl der Software (insbesondere wirtschaftliche Kriterien wie Kosten-/Nutzen-Verhältnis, laufende Betriebskosten, Gebühren für updates u.ä.) entstehen,*

so daß eindeutig die Frage beantwortet wird, **was kostet die funktionsfähige Einführung der KLR beim Auftraggeber insgesamt.**

Das Pauschalhonorar umfaßt auch sämtliche Auslagen und Nebenkosten (z.B. Fahrgelder, Reise- und Aufenthaltskosten, Post- und Fernsprechgebühren, Druck- und Versandkosten, Bürokosten, Versicherungsprämien) sowie die Mehrwertsteuer. Der Betrag der Mehrwertsteuer ist im Angebot gesondert auszuweisen. Es sind die Zahl der Beratertage und die Höhe der Tagessätze des einzusetzenden Personals (ggf. in Form einer Mischkalkulation) anzugeben, die der Pauschalhonorarberechnung zugrunde liegen.

10.2. Das Pauschalhonorar wird in ... Teilbeträgen gezahlt, und zwar zu ... Prozent nach Durchführung der implementierungsbegleitenden Vorbereitungsmaßnahmen/Auswahl des Softwareanbieters sowie zu ... Prozent nach erfolgreicher Durchführung eines Probebetriebes und zu ... Prozent nach Abnahme des Projektes (erfolgreiches Anlaufen des Wirkbetriebes).

Alternative für „Einkauf" eines Kontingents an Beratertagen:

Ein Pauschalhonorar wird nicht vereinbart; der Auftraggeber zahlt für jeden Arbeitstag eines Beraters des Auftragnehmers ein Honorar (Tagessatz bezogen auf 8 Arbeitsstunden). Dieser Betrag gilt bis zur Abnahme der vom Auftragnehmer zu erbringenden Gesamtleistung.

Neben dem Honorar leistet der Auftraggeber zur pauschalen Abgeltung der Nebenkosten (wie z.B. Reisekosten, Spesen, Unterbringung, Bürokosten) einen Betrag in Höhe von 15 % auf das Honorar. Das Honorar und die Nebenkosten verstehen sich zuzüglich der jeweils geltenden gesetzlichen Mehrwertsteuer und sind jeweils gesondert vom Auftragnehmer anzugeben.

Es wird ein Kontingent von zunächst ... Beratertagen vereinbart. Zusätzlich soll ein weiteres Kontingent vereinbart werden, das vom Auftraggeber variabel und in Abhängigkeit der zwischen Auftraggeber und Auftragnehmer vereinbarten Notwendigkeiten abgerufen werden kann. Es ist davon auszugehen, daß für die Begleitung des Wirkbetriebes bis ... weitere ... Arbeitstage des Auftragnehmers erforderlich werden. Der genaue Arbeitsumfang wird nach Maßgabe der Zusammenarbeit zwischen Auftraggeber und Auftragnehmer im einzelnen abgesprochen und vertraglich vereinbart. Der Auftragnehmer soll darlegen, wie hoch er zur Zeit der Angebotsabgabe den Aufwand in Beratertagen einschätzt, auch unter Aufzeigen von als wichtig angesehenen Projektrisiken.

Diese Leistungsbeschreibung ist ein Muster und bedarf der individuellen Anpassung, insbesondere die kursiv gedruckten Passagen

Ein besonderer Mehraufwand, der mehr als ... % über der vereinbarten Gesamtzahl von Arbeitstagen liegt, wird zu den genannten Bedingungen abgerechnet. Der Auftragnehmer hat dem Auftraggeber monatlich eine Aufstellung über die erbrachte Stundenanzahl vorzulegen.

Die Bezahlung erfolgt jeweils nach Ende jeden Quartals auf der Grundlage der nachgewiesenen Beratertage.

10.3. Vor Erteilung des Auftrages ist vom Auftragnehmer eine Bescheinigung seines für die Einkommen- bzw. Körperschaft- und Vermögenssteuer zuständigen Finanzamtes darüber vorzulegen, daß aus steuerlichen Gründen keine Bedenken bestehen, ihm öffentliche Aufträge zu erteilen. Der Auftragnehmer hat ferner im Angebot die Erklärung abzugeben, daß er seinen gesetzlichen Pflichten zur Zahlung der nicht vom Finanzamt erhobenen Steuern, z.B. Grund- und Gewerbesteuer, sowie zur Zahlung der Beiträge zur Sozialversicherung (Kranken-, Unfall-, Renten- und Arbeitslosenversicherung) nachgekommen ist und daß ihm bekannt ist, daß eine wissentlich falsche Abgabe der vorstehenden Erklärung seinen Ausschluß von Auftragserteilungen zur Folge haben kann.

10.4. Die Abtretung einer Forderung des Auftragnehmers aus dem abzuschließenden Vertrag ist nur mit vorheriger schriftlicher Zustimmung des Auftraggebers rechtswirksam. Der Auftragnehmer hat die Abtretungsanzeige dem Auftraggeber vorzulegen.

11. Geheimhaltung

Der Auftragnehmer ist verpflichtet, alle im Zusammenhang mit der Ausführung des Auftrages bekanntwerdenden Vorgänge – auch nach Abschluß des Auftrages – geheimzuhalten und nicht an Dritte weiterzugeben. Die Verpflichtung zur Geheimhaltung erstreckt sich auch auf alle Mitarbeiter des Auftragnehmers. Der Auftragnehmer hat sicherzustellen, daß sie auch bestehen bleibt, wenn das Arbeitsverhältnis zwischen Auftragnehmer und Mitarbeitern beendet wird. Die Verpflichtung gilt auch für andere Firmen und Personen, die vom Auftragnehmer – nach Zustimmung des Auftraggebers (vgl. Ziff. 4.4.) – herangezogen werden.

Der Auftraggeber wird die bei der Prüfung mitwirkenden Mitarbeiter verpflichten, ihnen bekanntwerdende Erhebungsergebnisse nicht für andere als organisatorische Entscheidungen zu verwenden.

Personenbezogene Erhebungsunterlagen, insbesondere Fragebögen und Interviewniederschriften, sind vom Auftragnehmer zu vernichten, sobald sie für diese Prüfung nicht mehr benötigt werden, spätestens bei Abschluß des Auftrages und Zahlung des letzten Teilbetrages. Elektronisch gespeicherte Daten dieser Art sind unter den gleichen Voraussetzungen zu löschen. Der Auftragnehmer hat dem Auftraggeber die Vernichtung/Löschung rechtsverbindlich zu bestätigen.

12. Haftung und Gewährleistung

12.1. Der Auftragnehmer übernimmt dem Auftraggeber gegenüber die Haftung und Gewähr für eine ordnungsgemäße Ausführung seiner Leistungen nach den neuesten Er-

---

Diese Leistungsbeschreibung ist ein Muster und bedarf der individuellen Anpassung, insbesondere die kursiv gedruckten Passagen

kenntnissen über Organisation, Wirtschaftlichkeit und Technik. Die Untersuchungsergebnisse, Beurteilungen und fachlichen Empfehlungen müssen für den vorgesehenen Zweck brauchbar und vollständig sein.

12.2. Die Haftungs- und Gewährleistungsansprüche des Auftraggebers verjähren in zwei Jahren. Die Verjährung beginnt mit Ablauf des Jahres, in dem der Gesamtbericht abgenommen wurde. Gleiches gilt für die Ansprüche des Auftragnehmers.

13. Urheberrecht

13.1. Die Ergebnisse des Projektes stehen dem Auftraggeber ausschließlich und uneingeschränkt zur Verfügung. Der Auftraggeber darf die Unterlagen des Auftragnehmers ohne dessen Mitwirkung ohne zusätzliche Kosten nutzen und ändern. Bei wesentlichen Änderungen eines nach dem Urheberrecht geschützten Werkes wird der Auftraggeber den Auftragnehmer anhören.

13.2. Der Auftraggeber hat das Recht zu Veröffentlichungen unter Namensangabe des Auftragnehmers. Der Auftragnehmer bedarf zu Veröffentlichungen der Einwilligung des Auftraggebers.

13.3. Die Ziff. 13.1. und 13.2. gelten auch, wenn das Vertragsverhältnis vorzeitig endet.

14. Kündigung

14.1. Der Auftraggeber hat das Recht, den abzuschließenden Vertrag ohne Einhaltung einer Kündigungsfrist durch schriftliche Erklärung gegenüber dem Auftragnehmer ganz oder zu einem Teil jederzeit zu kündigen.

14.2. Wird aus einem Grunde gekündigt, den der Auftraggeber zu vertreten hat, erhält der Auftragnehmer die Vergütung für die bis dahin erbrachten, in sich abgeschlossenen, nachgewiesenen und als vertragsgemäß anerkannten Einzelleistungen und Ersatz für die im Rahmen des Vertrages darüber hinausgehenden, notwendigen und nachweisbar entstandenen Kosten für weitere Leistungen.

14.3. Hat der Auftragnehmer den Kündigungsgrund zu vertreten, so sind nur die bis dahin erbrachten, in sich abgeschlossenen, nachgewiesenen und als vertragsgemäß anerkannten Einzelleistungen zu vergüten; diesen Anspruch übersteigende Teilzahlungen sind zu erstatten. Ein Schadenersatzanspruch des Auftraggebers gegen den Auftragnehmer wird dadurch nicht ausgeschlossen.

14.4. Das vereinbarte Honorar wird entsprechend gekürzt.

15. Erfüllungsort, Gerichtsstand und Streitigkeiten

15.1. Erfüllungsort für die Leistungen des Auftragnehmers und Gerichtsstand für beide Parteien ist ...

15.2. Ein Streitfall berechtigt den Auftragnehmer nicht, die Arbeiten zu unterbrechen.

Diese Leistungsbeschreibung ist ein Muster und bedarf der individuellen Anpassung, insbesondere die *kursiv gedruckten Passagen*

16. Sonstige Vereinbarungen

16.1. Diese Leistungsbeschreibung einschließlich Anschreiben und Anlagen, das Angebot des Auftragnehmers und die Allgemeinen Bedingungen für die Ausführungen von Leistungen (VOL/B) werden Bestandteile des abzuschließenden Vertrages. Im übrigen werden dem Vertrag, soweit nichts anderes vereinbart wurde, die Vorschriften des Bürgerlichen Gesetzbuches zugrunde gelegt, bei Widersprüchen in dieser Reihenfolge.

16.2. Allgemeine Geschäftsbedingungen des Auftragnehmers, die von den in dieser Ausschreibung niedergelegten Bedingungen abweichen, gelten nicht.

16.3. Änderungen und Ergänzungen des Vertrages bedürfen der Schriftform. Mündliche Abreden sind nur verbindlich, wenn sie schriftlich bestätigt werden.

Diese Leistungsbeschreibung ist ein Muster und bedarf der individuellen Anpassung, insbesondere die kursiv gedruckten Passagen

Anlage Nr. 2: Schematisch dargestellte „Idealorganisation"
für ein KLR-/Controllingsystem (Erster Teil, II.6.)

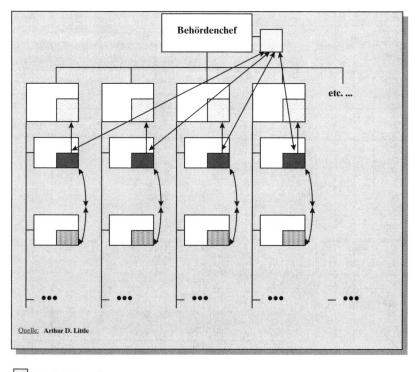

- Stabsstelle Controlling
- Berichtsempfänger (z.B. Abteilungsleiter)
- Controlling-betreibende Stellen ('Abteilungscontroller'), später: überflüssig
- Datengeber/Berichtsempfänger (Kostenstellenverantwortliche), später: Controlling-betreibende Stellen

Anlage Nr. 3: Beispiele für die Kostenartenbildung gemäß Bundeskontenrahmen (vgl. Erster Teil, III.3.1)

z.B. Kontenklasse 0 (freie Verfügbarkeit gemäß Standard-KLR), hier: Sach- und Anlagevermögen

Kostenarten-gruppe	Konto-Nr.	Bezeichnung	Verbunden mit HH-Titel	Kontoart*	Bemerkungen	Fixkosten (Ja/Nein)	Betriebs-bedingt (Ja/Nein)	Perioden-richtig (Ja/Nein)	Normal (Ja/Nein)
00 Grundstücke und Bauten									
	0020	Verwaltungsgebäude	711 01 / 712 03	G		J	J	J	J
	0040	Gebäudeeinrichtungen	711 01 / 712 03	G		J	J	J	J
02 Technische Anlagen und Maschinen					In dieser Kostenartengruppe werden die angeschafften und inventarisierten Gegenstände mit einem Anschaffungswert größer DM 800,- netto gebucht. In der Kostenart 65 werden nur die jährlichen, d.h. periodisierten Beträge gebucht. Eine weitere Postenkontierung nach Anlagegut ist zwingend				
	0220	Anlagen und Maschinen der Energieversorgung	812 01 / 515 01	G		J	J	J	J
	0240	Anlagen der Materiallagerung und Bereitstellung	812 01 / 515 01	G		J	J	J	J
	0260	... etc. ...							
04 Andere Anlagen, Betriebs- und Geschäftsausstattung					Eine Postenkontierung nach Anlagegut ist zwingend				
	0420	Andere Anlagen	812 01 / 517 01 / 515 01	G		J			J
	0440	z.B. Informationstechnik	812 01 / 515 01	G		J	J	J	J
	0460	... etc. ...							

* E = Einzelkosten; G = Gemeinkosten; K = Kalkulatorische Kosten

z.B. Kontenklasse 1 (freie Verfügbarkeit gemäß Standard-KLR), **hier: Umlaufvermögen und aktive Rechnungsabgrenzung**

	Kostenarten-gruppe	Konto-Nr.	Bezeichnung	Verbunden mit HH-Titel	Kontoart *	Bemerkungen	Fixkosten (Ja/Nein)	Betriebs-bedingt (Ja/Nein)	Perioden-richtig (Ja/Nein)	Normal (Ja/Nein)
10	Roh-, Hilfs- und Betriebsstoffe					Buchung, wenn sich aus der Beschaffung ein Bestand, ein Vorrat ergibt, der voraussichtlich in das nächste Haushaltsjahr mitgenommen wird.				
		1020	Rohstoffe/Fertigungs-material	515 01 511 01	G		N	J	N	J
		1040	Hilfsstoffe	515 01 511 01	G		N	J	N	J
		1060	Betriebsstoffe	515 01 511 01	G		N	J	N	J
		1080	Büromaterial	511 01	G		N	J	N	J
		... etc...								
12	Fertige Produkte					Buchung von eingekauften/ erstellten Werken, die eingelagert werden bis sie ihrer Verteilung zugeführt werden				
		1220	Fertige Produkte (sonstige)	542 11	E		N	J	N	J
		1240	... etc. ...		E					
14	Forderungen aus Lieferungen und Leistungen					Forderungen werden zum dem Zeitpunkt ihrer Entstehung gebucht. Ggf. werden die Forderungsbestände nach Haushaltsjahren ihrer Entstehung zu differenzieren sein. Eine Kontierung nach Schuldner ist zwingend				
		1420	Forderungen aus Lieferungen und Leistungen	119 01 119 99	E	z.B. Forderungen der Kosten-stelle xy	N	J	J	J
		1440	... etc. ...							
16	Aktive Rechnungsabgr en-zung									
		1620	Aktive Rechnungsab-grenzung		G		N	J	N	J
	... etc. ...									

* E = Einzelkosten; G = Gemeinkosten; K = Kalkulatorische Kosten

z.B. Kontenklasse 2 (freie Verfügbarkeit gemäß Standard-KLR), **hier: Eigenkapital und Rückstellungen**

Kostenarten-gruppe	Konto-Nr.	Bezeichnung	Verbunden mit HH-Titel	Kontoart *	Bemerkungen	Fixkosten (Ja/Nein)	Betriebs-bedingt (Ja/Nein)	Perioden-richtig (Ja/Nein)	Normal (Ja/Nein)
20 ggf. Eigenkapital									
	2020	... etc. ...							
22 Rückstellungen					Rückstellungen, die in den Personalkosten nicht enthalten sind	J	J	J	J
	2220	Rückstellungen für Pensionen und ähnliche Verpflichtungen		K		J	J	J	J
24 Sonstige Rückstellungen					Ggf. zu bildende Rückstellungen in Analogie zu den Regeln der privatwirtschaftl. Rechnungslegung, bis auch der Bund hier entsprechende Regelungen für sich getroffen hat				
	2420	... etc. ...							

z.B. Kontenklasse 3 (freie Verfügbarkeit gemäß Standard-KLR), **hier: Verbindlichkeiten und passive Rechnungsabgrenzung**

Kostenarten-gruppe	Konto-Nr.	Bezeichnung	Verbunden mit HH-Titel	Kontoart *	Bemerkungen	Fixkosten (Ja/Nein)	Betriebs-bedingt (Ja/Nein)	Perioden-richtig (Ja/Nein)	Normal (Ja/Nein)
30 Verbindlich-keiten					Eine Kontierung nach Gläubigern ist zwingend				
	3020	Sonstige Verbindlichkeiten aus dem Betriebszweck	kommt auf die jeweilige Verbindlich-keit an	E		N	J	J/N	J
	3040	... etc. ...							
...		... etc. ...							
32 Passive Rech-nungsabgren-zung									
	3220	Passive Rechnungsabgrenzung	----	ggf. K		N	J	J/N	J

* E = Einzelkosten; G = Gemeinkosten; K = Kalkulatorische Kosten

z.B. Kontenklasse 4: Erlöse/Erträge/Leistungen (gemäß Standard-KLR zwingend)

Kostenarten-gruppe	Konto-Nr.	Bezeichnung	Verbunden mit HH-Titel	Kontoart*	Bemerkungen	Fixkosten (Ja/Nein)	Betriebs-bedingt (Ja/Nein)	Perioden-richtig (Ja/Nein)	Normal (Ja/Nein)
400 Erlöse aus Leistungen der Produktgruppe xy									
	40020	...an Private	119 01	E		N	J	J	J
	40040	...an Bundesministerien	119 01	E		N	J	J	J
	40060	...an nachgeordnete Stellen	119 01	E		N	J	J	J
	40080	... etc. ...							
402 Erlöse aus Leistungen der Produktgruppe yy									
					Eine weitere Kontierung nach Schuldnern ist zwingend				
	40220	...an andere öffentliche Stellen	119 99	E		N	J	J	J
	40240	... etc. ...							
404 ... etc. ...									
406 Kalkulatorische Erlöse									
	40620	Kalkulatorische Erlöse für Leistungen im Rahmen von Amtshilfen	119 99	K	z. B. Erlöse für unentgeltlich erbrachte Leistungen an Behörden	N	J	J	J
	40640	kalkulatorische Mieterlöse	124 01 119 99	K		N	J	J	N
	... etc. ...								
480 Erlöse aus dem Abgang von Gegenständen aus dem Anlage- und Umlaufvermögen									
	48020	Erlöse aus Vermietung und Verpachtung	124 01	G	Weitere Kontierung nach Mietobjekten zwingend	J	N	J	N
	48040	... etc. ...							
	... etc. ...								

* E = Einzelkosten; G = Gemeinkosten; K = Kalkulatorische Kosten

z.B. Kontenklasse 5: Personalkosten (gemäß Standard-KLR zwingend)

Kostenartengruppe	Konto-Nr.	Bezeichnung	Verbunden mit HH-Titel	Kontoart*	Bemerkungen	Fixkosten (Ja/Nein)	Betriebsbedingt (Ja/Nein)	Periodenrichtig (Ja/Nein)	Normal (Ja/Nein)
50 Kosten für Dienstbezüge u.ä.					Im Rahmen des Abgrenzungsberichtes zwischen KLR- und Haushaltsergebnis zum Jahresende werden die per Zeiterfassung (kalkulatorisch) erfaßten Personalkosten den tatsächlich im HKR gebuchten und ausgezahlten Personalkosten gegenübergestellt.				
502 Dienstbezüge									
	50220	Bezüge der planmäßigen Beamtinnen und Beamten	422 01	K		N	J	J	J
	50240	Bezüge der beamteten Hilfskräfte	422 02	K		N	J	J	J
504 Vergütung Angestellte									
	50420	Vergütung der Angestellten	425 01	K		N	J	J	J
	50440	Vergütung und Löhne für Aushilfskräfte	427 01	K		N	J	J	J
506 Löhne der Arbeiterinnen und Arbeiter									
	50620	Löhne der Arbeiterinnen und Arbeiter	426 01	K		N	J	J	J
508 Soziale Abgaben und Kosten für Altersversorgung					Arbeitgeberanteil zur Renten-, Kranken-, Arbeitslosenversicherung. Separate Buchung von Gehalts-/Lohnnebenkosten				
	50820	Arbeitgeberanteil zur Sozialversicherung	425 01 / 426 01 / 427 01	K		N	J	J	J
	50840	Umlage zur zusätzlichen Altersversorgung	425 01 / 426 01 / 427 01	K		N	J	J	J

Kostenarten-gruppe	Konto-Nr.	Bezeichnung	Verbunden mit HH-Titel	Kontoart*	Bemerkungen	Fixkosten (Ja/Nein)	Betriebs-bedingt (Ja/Nein)	Perioden-richtig (Ja/Nein)	Normal (Ja/Nein)
510 Kosten für Beihilfen, Unterstützungen u.ä.					periodenfremde Zahlungen können vorkommen				
	51020	Beihilfen aufgrund der Beihilfevorschriften		K		N	J	J/N	J/N
	51040	Unfallfürsorge nach dem BeamtenversG		K		N	J	J/N	J/N
	51060	Kosten f. ärztliche Untersuchungen		K		N	J	J/N	J/N
	51080	Unterstützungen, Entschädigungs- und Ersatzleistungen, Sonstiges		K		N	J	J/N	J/N
512 Trennungsgeld, sonstige Zuschüsse und Vergütungen					Periodenfremde Zahlungen können vorkommen Pauschalierte Zurechnung auf die Kostenträger mittels Zeitaufschreibung				
	51220	Trennungsgeld	453 01	K (E)		N	J	J/N	J/N
	51240	Fahrtkostenzuschüsse	453 01	K (E)		N	J	J/N	J/N
	51260	Umzugskosten	453 01	K (E)		N	J	J/N	J/N
514 Kalkulatorische Pensions-/Pflegerückstellungen					Festlegung der Kostenhöhe in Anlehnung an die Berechnungsmethoden privatwirtschaftlicher Versorgungseinrichtungen und Pensionsfonds				
	51420	Kalkulatorische Pensions-/Pflegerückstellungen		K		N	J	J/N	J/N
516 Personalmanagementko-sten					Externe Kosten für Anzeigen, Vorstellungsreisen, ärztl. Untersuchungen, etc.				
	51620	Kosten der Personaleinstellung	539 99	G		N	J	J	J
	51640	Sonstige Kosten der Personalbetreuung	539 99	G		N	J	J	J

z.B. **Kontenklasse 6: Sach-, Kapital-, Risiko und sonstige Kosten** (gemäß Standard-KLR zwingend)

Kostenarten-gruppe	Konto-Nr.	Bezeichnung	Verbunden mit HH-Titel	Kontoart*	Bemerkungen	Fixkosten (Ja/Nein)	Betriebs-bedingt (Ja/Nein)	Perioden-richtig (Ja/Nein)	Normal (Ja/Nein)
60 Büro- und Verwaltungs-kosten sowie Kosten für Aus- und Weiterbildung									
	6020	Verbrauch Büromaterialien			Wird aufgeteilt in zwei Unterkonten				
	602002	Verbrauch Büromaterialien (allgemein)	511 01	G	Gemeinkosten, die im Wege der Vorverteilung auf alle Kostenstellen anteilig umgelegt wird	N	J	J	J
	602004	Verbrauch Büromaterialien für IT	511 55	G/E		N	J	J	J
	6040	Kauf und Bezug von Büchern, Zeitschriften, Zeitungen, Zeitschriften, Gesetzblättern							
	6060	Aus- und Fortbildung, Umschulung	525 01 525 55	G		N	J	J	J
	... etc. ...	... etc. ...							
61 Kommunikations- und Reisekosten									
	6120	Gebühren für die Nutzung von Fernmeldeanlagen	513 01 513 55 532 02	G	Möglich wäre, daß im Rahmen einer Verrechnungskostenstelle die Kosten auf alle Kostenstellen anteilig zugeschlüsselt werden	F	J	J	J
	6140	Rundfunk- und Fernsehgebühren		G					
	... etc. ...	... etc. ...							
	6160	Reisekosten	52701	G	Alternativen denkbar: Entweder eine Kostenart „Reisekosten" für die Gemeinkostenverteilung oder Aufteilung in die einzelnen Kostenarten der Reisekosten (z.B. Tagegelder, s. Beispiel unten	N	J	J	J

Kostenarten-gruppe	Konto-Nr.	Bezeichnung	Verbunden mit HH-Titel	Kontoart*	Bemerkungen	Fixkosten (Ja/Nein)	Betriebs-bedingt (Ja/Nein)	Perioden-richtig (Ja/Nein)	Normal (Ja/Nein)
	616002	Tagegeld (produktbezogen)	527 01	E		N	J	J	J
	616004	Tagegeld (allgemein)	527 01 527 03	E		N	J	J	J
	... etc. ...	... etc. ...							
etc.									

* E = Einzelkosten; G = Gemeinkosten; K = Kalkulatorische Kosten

Anmerkung:
Die Kontenklassen 7 und 8 nach dem Bundeskontenrahmen sind für Kostenstellen und Kostenträger reserviert.

z.B. Kontenklasse 9: Verrechnungs-/Abgrenzungs-/Abschlußkonten (gemäß Standard-KLR zwingend)

Kostenarten-gruppe	Konto-Nr.	Bezeichnung	Verbunden mit HH-Titel	Kontoart *	Bemerkungen	Fixkosten (Ja/Nein)	Betriebs-bedingt (Ja/Nein)	Perioden-richtig (Ja/Nein)	Normal (Ja/Nein)
90		**Verrechnungs-konten**							
	901	Verrechnungs-konten Personalkosten							
	902	Verrechnungs-konten der Leistungsverrechnung							
91		**Abgrenzungs-konten**							
	911	Investitionen	515 01, 515 55, 532 55, 711 01, 712 03, 811 01, 812 01, 812 55						
	912	Versorgungs-bezüge							
	919	Sonstige Abgrenzungen							
92		**Abschluß-konten**			Techn. Konten zum Jahresabschluß und Abgleich der Konten				
	921	Abschluß-konto 1							
	922	Abschluß-konto 2							
	923	Abschluß-konto 3							

Anlage Nr. 4: Der sog. „Formularweg" zur Kostenerfassung anhand des KLR-Softwaresystems M 1 der Firma MACH Software GmbH & Co. KG (vgl. Erster Teil, III. 3.2)

(1) Bestellung, rechtliche Verpflichtung, Festlegung

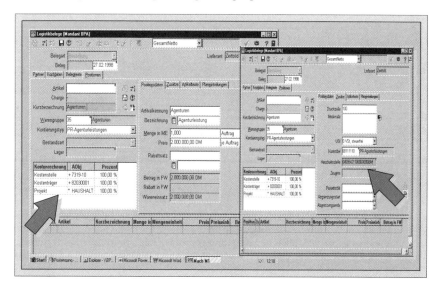

Sobald hinsichtlich der Produkterstellung die erste rechtliche Verpflichtung (z.B. Auftrag) eingegangen wird, wird diese in der „Bestellmaske" eingegeben. Dabei sollen bereits in diesem Stadium alle zahlungsbegründenden Angaben wie Lieferant, Mengen, Rabatt, Betrag etc. erfaßt werden sowie die Angabe der Kostenstelle und des Kostenträgers erfolgen (s. Pfeil links), die später durch die Buchung des der Bestellung entsprechenden Rechnungsbetrages belastet werden sollen.

Zudem wird eine Haushaltsstelle (s. Pfeil rechts) entweder aufgrund eines Vorschlagswertes der Software eingegeben oder aufgrund einer festen Verbindung mit der bereits eingegebenen Kostenart automatisch eingelesen. Danach wird die „Bestellung" abgespeichert; gleichzeitig wird sowohl der Plansatz des zu belastenden Kostenträgers als auch der entsprechende Haushaltstitel hinsichtlich der für diese Maßnahme noch verfügbaren Mittel hin überprüft. Gegebenenfalls wird die Speicherung der „Bestellung" abgewiesen, indem die Meldung erscheint: „Verfügbare Mittel überschritten ..." mit genauer Begründung.

Der Sinn der Bestellungseingabe liegt darin, daß der für die Durchführung des Auftrages benötigte Betrag festgelegt ist und für alle Leseberechtigten transparent wird, welches Produkt/Projekt gerade abgewickelt wird.

(2) Ausdruck der Bestellung

Die für die Bestellung und Festlegung eingegebenen Daten können auch in ein selbst gestaltetes und in Word formatierbares Auftragsschreiben überführt werden. Damit kann die Akzeptanz für das Ausfüllen der Bestellmaske in der KLR-Software erhöht werden, da auf diese Weise quasi in einem Arbeitsgang auch das Auftragsschreiben angefertigt werden kann.

(3) Umwandlung der Bestellung in eine Eingangsrechnung und Buchung

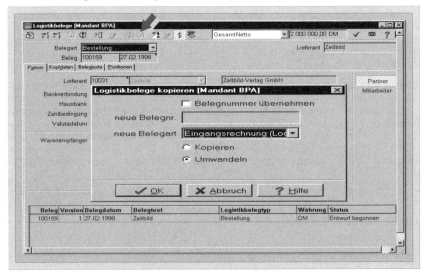

Kommt nach der Auftrags(teil)abwicklung dann die (Teil)rechnung, wird die bereits erfaßte „Bestellung" in eine „Eingangsrechnung" per „Mausklick" umgewandelt. Dabei können die Daten noch korrigiert werden, falls die Rechnung von den bei der Erfassung der „Bestellung" eingegebenen Daten abweicht (geringere Menge geliefert, anderer Preis, Skonto etc.). Anschließend wird die so in der KLR-Software erfaßte Rechnung in der KLR gebucht, indem das Symbol „Buch" in der obersten Symbolleiste (s. Pfeil oben) „angeklickt" wird. Gleichzeitig wird erneut eine Prüfung des Planansatzes und des Haushaltstitels auf noch verfügbare Mittel durchgeführt (s.o. „Bestellung").

Jetzt sind die „Kosten" im KLR-System.

(4) Zusatzangaben zur IT-gestützten Erstellung des Formulars für die Bundeskasse

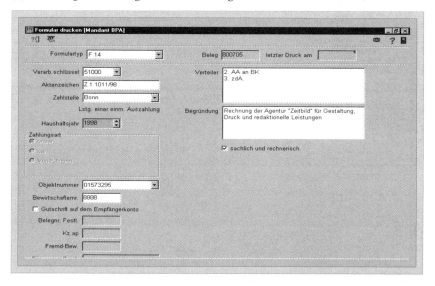

Um aus der „KLR-Buchung" auch ein z.B. F 14-Formular zu erzeugen, werden zusätzliche Angaben (z.B. Aktenzeichen, Objektnummer, Bewirtschafternummer, Verteiler, Zahlungsbegründung) benötigt, die für die reine KLR-Buchung nicht benötigt werden. Daher müssen diese Angaben noch erfaßt werden. Möglich ist das entweder über eine dafür erstellte Maske in der KLR-Software oder natürlich direkt in das Formular.

Nach diesem Vorgang und einem entsprechenden Befehl wird durch die KLR-Software das ausgewählte F ...-Formular, das als WORD-Dokument hinterlegt ist, einerseits mit den bei der KLR-Buchung und andererseits auf der Zusatzmaske erfaßten Daten „gefüttert" und ausdruckreif erstellt.

Nach dem Ausdruck kann es mit den erforderlichen Unterschriften versehen werden und an die Bundeskasse zur Ausführung der Zahlung an den Rechnungssteller geschickt werden. Der Ausdruck wird mit einem Datum dokumentiert („letzter Druck am"), um eine mehrfache Versendung des Formulars an die Bundeskasse vermeiden zu können.

Die Bundeskasse dokumentiert die erfolgreiche Zahlung – wie bisher – über den Kontoauszug; in der KLR-Software ist der Beleg dann als „gezahlt" zu dokumentieren (Ausbuchung).

(5) Ausdruck des z.B. F 14-Formulars

Anordnende Stelle	Eingangsstempel der Kasse	1 Belegnummer der Kass

Bundesbehörde xy
23746/98

F14

An die **Bundeskasse** Bonn

über die Zahlstelle Bonn

Anordnung zur Leistung einer
[X] einmaligen Auszahlung
[ ] Abschlagsauszahlung
[ ] Schlußauszahlung
Anordnung zur Annahme einer
[ ] Einzahlung
Anordnung zur Aufhebung der
[ ] Auszahlungsanordnung
[ ] Annahmeanordnung

Haushaltsjahr
1998

....
Bezeichnung des Geldinstituts mit Ortsangabe
DEUTSCHE BANK, BONN

Betrag in Buchstaben in DM (oder Fremdwährung)
zweimillionen-DM

| 3 | 8 | 0 | 7 | 0 | 0 | 5 | 9 |

9 Giro-/Postgiro-Kontonummer

Zahlungsart
[X] unbar [ ] bar [ ] Verrechnung

Begründung der Ausgabe/Einnahme.
Hinweis auf begründende Unterlagen
Rechnung der xxyy GmbH für
Auftrag Nr. 47 11 ...

| | | | | | 0 | Buchungsplatz |

H32 | | | | | | | | | | | | | | | | |

7 Angabe über den Zweck der Zahlung auf dem Überweisungsträger
7 Text zur Erläuterung im Kontoauszug,
Anlagen
....

2 Belegnummer des Bewirtschafters
Tag Monat Jahr Lfd. Nr.
| 1 | 7 | 0 | 7 | 8 | 4 | 4 | 3 |

3 Vera schlü
| 5 | 1 |

4 Bewirtschafternummer
| 8 8 8 8 i i |

5 Haushaltsstelle
| 0 4 0 3 5 4 2 1 1 9 |

6 Objektnummer
| 0 1 5 7 3 3 0 9 |

Satzart **101** 7 Kassenzeichen
| | | | | | | | | | | |

8 Kz.Mat
| 1 | 2 |

H22 7 Name/Bezeichnung des Empfangsberechtigten/Einzahlungspflic
xxyy GmbH

8
| |

9 Straße/Postfach
Mainzer Straße 255

10 LKZ PLZ Ort
DE 53117 Bonn

H01 8 Bankleitzahl

Lastschrifteinzug
| 0 | 5 | 7 | 2 | 8 | 8 | 3 | - | - | - |

100 7 Betrag DM Pf
| - | - | - | - | 2 | 0 | 0 | 0 | 0 | 0 | 0 | 0 |

8 Fälligkeitsdatum Gutschrift auf dem 9 Be
Empfängerkonto Bez

H02 Angaben zur Abschlagszahlung (Schreibstellen 1 bis 9)
| 3 | 4 | 5 | 6 | 7 | 8 | 9 | | | | | | | | | | | | |

Da die Formulare im WORD-Format der KLR-Software hinterlegt sind, können auch alle anderen von der Behörde verwendeten Formulare (z.B. F 07, F 09, F 11) auf diese Weise erstellt werden.

Anlage Nr. 5: Beispiel eines Fragebogens für Referenzkunden im Rahmen der Auswahl einer KLR-Software (vgl. Erster Teil, III. 6.2.)

A. Grundlegende Fragen zu der in Ihrer Behörde eingesetzten KLR-Software:
  I. Welche KLR-Software (Version, Typ o.ä.) setzen Sie ein?
  II. Welche anderen KLR-Softwaresysteme standen für einen Einsatz in Ihrer Behörde noch zur Diskussion?

B. Informationen über Ihre Behörde:
  I. In welchem Bereich des öffentlichen Sektors sind Sie tätig?
  II. Nennen Sie bitte einige allgemeine Firmeninformationen (z.B. Anzahl der Standorte, Anzahl der Mitarbeiter, Haushaltsvolumen (Ausgaben, Einnahmen)!
  III. Welches sind die Hauptaufgaben, die Struktur Ihrer Organisation?

C. Anwendungslandschaft
  I. Zu welchen Funktionsbereichen haben Sie Anwendungsmodule der von Ihnen eingesetzten KLR-Software im Einsatz (bitte ankreuzen)? Nennen Sie bitte ggf. den Anpassungsaufwand (hoch = h, Mittel = m, niedrig = n)!

Anwendungsmodul	im Einsatz	Einsatz geplant	Anpassungsaufwand (hoch = h; mittel = m; niedrig = n)
☐ Produktkatalog			
☐ Qualitätsindikatoren (Abbildung, Erfassung, Auswertung)			
☐ Unterstützung/Integration einer Projektverfolgung			
☐ Kostenartenrechnung			
☐ Kostenstellenrechnung			
☐ Innerbehördliche Leistungsverrechnung			
☐ Kostenträgerrechnung			
☐ Inventarisierung und Anlagenbuchhaltung			
☐ Reparaturabwicklung			
☐ Investitionsrechnung			
☐ Unterstützung der Finanzbuchhaltung			
☐ Kontrakt- und Lieferantenmanagement			
☐ Betriebsdatenerfassung (Sach-/Personalkosten/Mengenerfassung)			

	Anwendungsmodul	im Einsatz	Einsatz geplant	Anpassungsaufwand (hoch = h; mittel = m; niedrig = n)
	Kameralistische Funktionen:			
☐	Haushaltssystem			
☐	Haushaltsplanung			
☐	Mittelbewirtschaftung			
☐	Kassenwesen und Haushaltsrechnung			
	Überführungsrechnung:			
☐	„Formularweg" (z.B. F 14)			
☐	F 15-Schnittstelle			
	Berichtswesen:			
☐	Standardberichte, ad hoc-Berichte			
☐	Einsatz eines Berichtsgenerators (ggf. welcher?)			
☐	Auswertung von Qualitätsindikatoren			
☐	Planung (ggf. Abbildung von Zielen)			
☐	Sonstiges			

II. Nach welcher Kostenrechnungsphilosophie haben Sie die Anwendungsmodule für die Kosten- und Leistungsrechnung eingeführt (z.B. Prozeßkostenrechnung, Vollkostenrechnung)?

III. Verfügen Sie über eine innerbetriebliche Leistungsverrechnung oder werden für bestimmte Leistungen (z.B. Datenverarbeitung) interne Preise verrechnet?

IV. Berichtswesen: Wieviele Standardberichte (pro Anwendungsmodul) wurden mitgeliefert?

V. Gab es bei bestimmten Anwendungsmodulen/Daten oder in bestimmten Projektbereichen Probleme mit dem Personalrat?

VI. Anzahl der DV-Arbeitsplätze insgesamt:
 – ggf. davon ungefähr für die einzelnen Anwendungsbereiche:
 • Produktkatalog und Projektverfolgung: ca. . . . . Arbeitsplätze
 • Kosten- und Leistungsrechnung: ca. . . . . Arbeitsplätze
 • Anlagenbuchhaltung und Investitionsrechnung: ca. . . . . Arbeitsplätze
 • Kameralistische Funktionsbereiche: ca. . . . . Arbeitsplätze
 • Sonstige durch die KLR-Software unterstützte Prozesse: ca. . . . . . . Arbeitsplätze

VII. Sind zwischen den Anwendungsmodulen IT-Schnittstellen aktiviert (ggf. zwischen welchen Anwendungsmodulen)?

VIII. Bei Wirkbetrieb: Wieviele Mitarbeiter sind auf der Fachseite und innerhalb der Datenverarbeitung für den Betrieb und die Anwendungsbetreuung zuständig?

IX. Hat sich bereits ein erster Nutzen durch das System eingestellt (ggf. in welchen Bereichen)?

D. Systemmerkmale

I. Auf welchem Betriebssystem (ggf. für Clients und für Server) und auf welcher Datenbank läuft das bei Ihnen im Einsatz befindliche System?

II. Auf welcher Hardware läuft das bei Ihnen im Einsatz befindliche System?

E. Einführung

I. Wie war die Projektorganisation für das Einführungsprojekt (z.B. analog Standard-KLR, Anzahl interne/externe Mitarbeiterjahre)?

II. Wie lange dauerte die Einführung für alle Anwendungen insgesamt und speziell für die Module zur Kosten- und Leistungsrechnung?

III. Wie lange dauerten bestimmte Projektphasen, z.B.
  - die Anpassung der Software,
  - die Testphase und
  - ggf. die Pilotimplementierungsphase?

IV. War bereits hinreichend Hardware vorhanden oder mußte noch zusätzlich Hardware beschafft werden?

V. Wie teuer sind bei Ihnen die durchschnittlichen IT-Arbeitsplatzkosten für das System (Einführung, Software und Hardware)?

VI. Wie verteilten sich die Kosten der Einführung nach den Kategorien (prozentuale Verteilung):
  - Software:
  - Anpassungen:
  - Schulung:
  - Einführung (vor Ort):
  - Hardware:
  - Vernetzung:
  - Betriebskosten:
  - Sonstiges:

VII. Welche Dinge liefen gut, welche schlecht und wie war das „Zusammenspiel" mit der Softwarefirma?

F. Support/Systemweiterentwicklung

I. Wie sieht es mit dem Support der Softwarefirma aus bei
  - Problemen mit der Software:
  - Problemen mit dem System, der Hardware:
  - Sonstiges (z.B. Hotline-Service):

II. Wie häufig erscheinen durchschnittlich Updates und verursacht das Probleme?

III. Gibt es Anwendergremien (in dem Sie und andere Kunden des Softwareanbieters Mitglied(er) sind) und ggf. wie sind die Stimmrechte, z.B. für die Priorisierung zukünftiger Anforderungen in das neue Release?

G. Sonstiges

I. Wie sind Sie damals auf das Produkt bzw. den Softwareanbieter gekommen?
II. Was mögen Sie am liebsten am System?
III. Welche Dinge finden Sie schlecht?
IV. Würden Sie das System zum heutigen Zeitpunkt weiter empfehlen?
V. Sonstige Anmerkungen:

Anlage Nr. 6: Fortbildungskonzept für die Standard-KLR, Bonn, Brühl 1998 – Ausschnitt zum Berichtswesen (vgl. Zweiter Teil, IV.7.)*

Fortbildung Standard KLR - Auswertungsmodule   C 70

Allgemein relevante Kennzahlen im allgemeinen Verwaltungsbereich (1)

Zielgröße	Stellhebel	Kennzahl	Priorität	Aggregationsebenen	Berichtszyklus
Kosten	Kostenarten	• Gesamtkosten • Intensive Kosten • Entwicklung über die Zeit • Kostenarten	A A A A	• Produkte je nach Organisationseinheit	monatlich/ Quartal
	Kostenstruktur	• Anteil an Gesamtkosten der Organisation in % bzw. an Gesamtkosten der Auswertungsebene • Differenzierung nach Kostenarten	A A		

Vorschläge für Prioritäten: A = bei Einführung/Installation der KLR vorlegen/konzipieren; B = in Wirkbetrieb KLR nachziehen
Quelle: Arthur D. Little   C = beim Übergang von KLR zum Controlling vorlegen/konzipieren

---

* Fortbildungskonzept „Standard KLR"/Modul C: „Standard KLR"/Stand: 3/98
  Abdruck erfolgt mit Genehmigung des Bundesministeriums der Finanzen (Ref. II A 4)

Fortbildung Standard KLR - Auswertungsmodule — C 70

Allgemein relevante Kennzahlen im allgemeinen Verwaltungsbereich (2)

Zielgröße	Stellhebel	Kennzahl	Priorität	Aggregationsebenen	Berichtszyklus
Kosten	Stückkosten/ Produktkosten	• Kosten pro Zähleinheit, z. B. –Produkt –Vorgang –Arbeitsplatz –KFZ –km –Mitarbeiter/Beschäftigter –Buchung –Poststück inkl. Differenzierung nach Kostenarten und über die Zeit	A	• Produkte, Projekte • Bereiche/ Gruppen	monatlich
	Planungsgenauigkeit	• Kostenüberschreitungen/ Gesamtansatz • Planstunden/geleistete Ist-Stunden	A A	• Produkte, Projekte • Bereiche, Gruppen	monatlich

Vorschläge für Prioritäten: A = bei Einführung/Installation der KLR vorlegen/konzipieren; B = in Wirkbetrieb KLR nachziehen
Quelle: Arthur D. Little   C = beim Übergang von KLR zum Controlling vorlegen/konzipieren

Fortbildung Standard KLR - Auswertungsmodule — C 70

Allgemein relevante Kennzahlen im allgemeinen Verwaltungsbereich (3)

Zielgröße	Stellhebel	Kennzahl	Priorität	Aggregationsebenen	Berichtszyklus
Kosten	Zeitnahe Überwachung der Kosten	Ist-Kosten/Plan-Kosten Status Abarbeitung/Plan-Arbeit • Plankosten/Ist-Kosten (absolute Größen) • Ist-Kosten/Plankosten in %	B A	• Produkte, Projekte • Bereiche/Gruppen Kostenstellen	monatlich
	Management des Fremdpersonaleinsatzes	• Vergabegrad (Anteil Fremdfirmen/-behörden) • Wartestunden/Gesamtstunden • Fremdleistung/Eigenleistung (in DM/%)	A C B	• Kostenstelle	monatlich
	Effektivität des Eigenpersonaleinsatzes	• Manntageüberhang • Erfassungsgrad (Anteil detailliert geplanter Aufträge in %)	B B	• Kostenstelle	monatlich

Vorschläge für Prioritäten: A = bei Einführung/Installation der KLR vorlegen/konzipieren; B = in Wirkbetrieb KLR nachziehen
Quelle: Arthur D. Little   C = beim Übergang von KLR zum Controlling vorlegen/konzipieren

Fortbildung Standard KLR - Auswertungsmodule C 70

Weitere Kennzahlen: Personalrelevante Kennzahlen (1)

Beispiele

Zielgröße	Stellhebel	Kennzahl	Priorität	Aggregations-ebenen	Berichts-zyklus
Personal-kosten	Optimaler Einsatz der Personalkapazität	• Anzahl Mitarbeiter • Personalkapazität • Personalkosten/ Mitarbeiter • Leistungszulagen/ Mitarbeiter • Anteil Zulagen • Gearbeitete Sollstunden • Anteil Mehrarbeitsstunden/ Gesamtstunden	A A A B B A B	• Behörde • Abteilung • Referat/ Kostenstelle	monatlich
	Reduktion Ausfallzeiten	• Anteil Krankenstand • Anteil unfallbedingter Ausfallzeiten • Externe und interne Fluktuation in %	A B B	• Behörde • Abteilung	jährlich

Vorschläge für Prioritäten: A = bei Einführung/Installation der KLR vorlegen/konzipieren; B = in Wirkbetrieb KLR nachziehen
C = beim Übergang von KLR zum Controlling vorlegen/konzipieren
Quelle: Arthur D. Little

Fortbildung Standard KLR - Auswertungsmodule C 70

Weitere Kennzahlen: Personalrelevante Kennzahlen (2)

Beispiele

Zielgröße	Stellhebel	Kennzahl	Priorität	Aggregations-ebenen	Berichts-zyklus
Personal-kosten	Management des Fremdpersonaleinsatzes, auch anderer Behörden	• Eigenpersonalstunden/ Fremdpersonalstunden (Ist)	B/C	• Behörde • Abteilung • Kostenstelle/ Projekt	Quartal/ monatlich

Vorschläge für Prioritäten: A = bei Einführung/Installation der KLR vorlegen/konzipieren; B = in Wirkbetrieb KLR nachziehen
C = beim Übergang von KLR zum Controlling vorlegen/konzipieren
Quelle: Arthur D. Little

Fortbildung Standard KLR - Auswertungsmodule C 70

Weitere Kennzahlen: Personalrelevante Kennzahlen (3)

Beispiele

Zielgröße	Stellhebel	Kennzahl	Priorität	Aggregations-ebenen	Berichts-zyklus
Kosten für Mitarbei-terquali-fikation	Effektivität von Schulungen	• Kosten/Mitarbeiter (jeweils weitere Differenzierung nach Art der Schulung/ Qualifikation)	A		
		• Kosten/Schulungsstunde (jeweils weitere Diffe-renzierung nach Art der Schulung/ Qualifikation)	B	• Behörde • Abteilung • Kostenstelle	Quartal
		• Anzahl Stunden/Mitarbei-ter (jeweils weitere Diffe-renzierung nach Art der Schulung/ Qualifikation)	B		
		• Anzahl noch nicht geleisteter Fort- und Weiterbildungsstunden	C		

Vorschläge für Prioritäten: A = bei Einführung/Installation der KLR vorlegen/konzipieren; B = in Wirkbetrieb KLR nachziehen
Quelle: Arthur D. Little   C = beim Übergang von KLR zum Controlling vorlegen/konzipieren

Fortbildung Standard KLR - Auswertungsmodule C 70

Weitere Kennzahlen: Spezifische Kennzahlen der Beschaffung (1)

Beispiele

Zielgröße	Stellhebel	Kennzahl	Priorität	Aggregations-ebenen	Berichts-zyklus
Vergabe-preis	Konkurrenzie-rung	• Anteil Lieferanten > 1 pro Beschaffungsart	A		
		• Anteil konkurrenziertes Auftragsvolumen	B		
		• Anteil in Leistungsver-zeichnissen erfasstes Auftragsvolumen	B		
	Synergien	• Anteil an A-Lieferanten ver-gebenes Auftragsvolumen	B	• Behörde/ Abteilung	jährlich/ ggf. Revision
	Leistungen fixieren	• Rahmenvertragsvolumen/ Gesamtvolumen	A		
	Verhandlungs-erfolg	• Einkaufsvolumen (Vergabe-preise)/Einkaufsvolumen	A		
		• Preisindex Warenkorb/ Preisindex der Industrie	C		

Vorschläge für Prioritäten:A = bei Einführung/Installation der KLR vorlegen/konzipieren; B = in Wirkbetrieb KLR nachziehen
                  C = beim Übergang von KLR zum Controlling vorlegen/konzipieren
Quelle: Arthur D. Little

Fortbildung **Standard KLR** - Auswertungsmodule   C 70

Weitere Kennzahlen: Spezifische Kennzahlen der Beschaffung (2)

Beispiele

Zielgröße	Stellhebel	Kennzahl	Priorität	Aggregations-ebenen	Berichts-zyklus
	Frühzeitige Disposition der Bestellungen	• Anteil termingerechter Lieferungen • Anzahl Vergaben aus Nachplanungen	C C	• Behörde/ Abteilung	jährlich/ ggf. Revision
Lager-kosten	Bestandsmana-gement	• Lagerbestand (TDM) • Lagerbewegungen • Umschlagsdauer nach Artikelkategorien • etc.	B B B C		

Vorschläge für Prioritäten:A = bei Einführung/Installation der KLR vorlegen/konzipieren; B = in Wirkbetrieb KLR nachziehen
C = beim Übergang von KLR zum Controlling vorlegen/konzipieren
Quelle: Arthur D. Little

Fortbildung **Standard KLR** - Auswertungsmodule   C 70

Weitere Kennzahlen: Spezifische Kennzahlen IT-Unterstützung bzw. Anlagenverfügbarkeit

Beispiele

Zielgröße	Stellhebel	Kennzahl	Priorität	Aggregations-ebenen	Berichts-zyklus
Anlagen-verfüg-barkeit	Vermeidung produktions-bedingter Störungen	• Plan-/Ist-Verfügbarkeit	A	• Kostenstelle	Quartal
System-verfüg-barkeit	Fehler-/Störungs-analyse	• Störungsbedingter Ausfall der Systeme (in % der Gesamtzeit)	A	• Kostenstelle/ System	Quartal

Vorschläge für Prioritäten:A = bei Einführung/Installation der KLR vorlegen/konzipieren; B = in Wirkbetrieb KLR nachziehen
C = beim Übergang von KLR zum Controlling vorlegen/konzipieren
Quelle: Arthur D. Little

Fortbildung **Standard KLR** - Auswertungsmodule C 70

Der Planungskalender verbindet das Berichtswesen mit konkreten Handlungen der Verantwortlichen

/ Beispiel /

Termine	Bericht	Inhalt	Handlungs-bedarf	Verantwort-licher	Empfänger	Anmerkung
Juli/August (n - 1)	Produktpro-grammplan	Produktplan • Kosten • Leistung	Grobplanung der Produkte	Abteilungs-leiter	Abstimmung mit Produkt-verantwort-lichen	Umsetzung der Produkt-vorgaben der Behörden-leitung
Sep./Okt. (n - 1)	Produktpro-gramm-budget	Kostenorien-tierte Produkt-planung	Grobe Kosten- und Erlöspla-nung	Abteilungs-leiter	Abstimmung mit Produkt-verantwort-lichen	
Oktober (n - 1)	Kostenstel-lenbudget	Kostenorien-tierte Kosten-planung	Grobe Kapa-zitäts- und In-vestitions-planung	Kostenstellen-verantwort-licher	Abteilungs-leiter	Umsetzung der Produkt-vorgaben
November/Dezember (n - 1)	Veröffentlich-tes Produkt-programm-budget	Abgestimmte und verbind-liche Planung	Kenntnisnah-me/Abstimung der Einzel-pläne, ggf. An-passung	Behörden-leitung	Behörde	
Dez. -Jan. bzw. fort-laufend (n - 1)	Detailprodukt-planung	Kosten- und Erlösplanung der Produkte im Detail	Dezidierte Planung des Ressourcen-einsatzes	Produktverant-wortlicher	Produkt-bereichsver-antwortlicher	Anschließend Umsetzung der Pläne

Quelle: Arthur D. Little

Fortbildung C 70

Die Standardberichte unterstützen die Entscheider bei wiederkehrenden und vergleichbaren Entscheidungen (1)

/ Gestaltungsempfehlung /

Termine:monatlich	Verantwortlicher: Produktverantwortlicher		
Berichtsart	Inhalt	Handlungsnotwendigkeit	Empfänger
Ergebnisbericht	Kostendeckungsgrad, Erlöse und Kosten (Teil-/Vollkosten)	• Abweichungsanalyse zu Plankosten/-erlösen • Strukturanalyse	• Produktbereichsver-antwortlicher wenn Abweichung größer X %
Stückkosten-bericht	Stückkosten je Leistungsmenge und Gesamtkosten/-leistung	• Abweichungsanalyse • Strukturanalyse	• Produktbereichsver-antwortlicher wenn Abweichung größer X %
Produktivitäts-bericht (ggf. auch pro Quartal)	Verhältnis Input/Output, insbesondere Personal-einsatz Fremd- und Eigenpersonal	• Zeitliche Entwicklung • Abweichungsanalyse	• Pro Quartal Entwick-lungsbericht an Produktbereichs-verantwortlichen

Quelle: Arthur D. Little

Fortbildung **Standard KLR** - Auswertungsmodule C 70

Die Standardberichte unterstützen die Entscheider bei wiederkehrenden und vergleichbaren Entscheidungen (2)

Gestaltungsempfehlung

Termine: jährlich	Verantwortlicher: Produktverantwortlicher		
Berichtsart	**Inhalt**	**Handlungsnotwendigkeit**	**Empfänger**
Detailprodukt-planung	Kosten- und Ergebnis-planung je Produkt im Detail	Dezidierte Planung des Ressourceneinsatzes	• Produktbereichsver-antwortlicher und Grundlage der "Produk-tion"/Beschaffung und Produkterstellung

Quelle: Arthur D. Little

Fortbildung **Standard KLR** - Auswertungsmodule C 70

Die Standardberichte unterstützen die Entscheider bei wiederkehrenden und vergleichbaren Entscheidungen (3)

Gestaltungsempfehlung

Termine: Quartal	Verantwortlicher: Produktbereichsverantwortlicher		
Berichtsart	**Inhalt**	**Handlungsnotwendigkeit**	**Empfänger**
Produktivitätsent-wicklungsbericht	Verhältnis Input/Output insbesondere Eigen- und Fremdpersonaleinsatz	• Abweichungsursachen beeinflussen • Zeitliche Entwicklung	• Jährlich Entwicklungs-bericht an Behörden-leitung
Ergebnisbericht - relativ, aggregiert -	Kostendeckungsgrade, Plan- und Ist-Gegen-überstellung	• Vergleich mit strate-gischem Plan • Basis für Gegen-steuerung und Anreizsystem	• Zusammenfassung an Behördenleitung • Details zur Gestaltung der Anreizsystematik
Stückkosten-bericht - aggregiert -	Stückkosten je Produkt bzw. Produktgruppe im Zeitablauf	• Kontinuierliche Bearbeitung der Verbesserungs-/Optimierungs-bemühungen	• Jährliche Zusammen-fassung an Behörden-leitung

Quelle: Arthur D. Little

Fortbildung Standard KLR - Auswertungsmodule   C 70

Die Standardberichte unterstützen die Entscheider bei wiederkehrenden und vergleichbaren Entscheidungen (4)

Gestaltungsempfehlung

Termine: jährlich	Verantwortlicher: Produktbereichsverantwortlicher/Abteilungsleiter		
Berichtsart	**Inhalt**	**Handlungsnotwendigkeit**	**Empfänger**
Produktprogrammplan	Produktplan mit Kosten und Leistungen (KLR-relevant)	Grobplanung der Produkte	Abstimmung mit Produktverantwortlichen und ggf. Leitung
Produktprogrammbudget	Kostenorientierte Produktplanung	Grobe Kosten- und Erlösplanung	Abstimmung mit Produktverantwortlichen und ggf. Haushalt

Quelle: Arthur D. Little

Fortbildung Standard KLR - Auswertungsmodule   C 70

Die Standardberichte unterstützen die Entscheider bei wiederkehrenden und vergleichbaren Entscheidungen (5)

Gestaltungsempfehlung

Termine: bei Bedarf	Verantwortlicher: Produktbereichsverantwortlicher		
Berichtsart	**Inhalt**	**Handlungsnotwendigkeit**	**Empfänger**
Kalkulationsbericht	Stückkosten differenziert nach Einzel- und Gemeinkostenarten	• Vergleichsmaßstab • Preisfindung	• Behördenleitung
Preisvergleiche/ zwischenbehördliche Vergleiche	Kosten- und Preis-/ Leistungskennzahlen aufgrund von Vergleichen (Benchmarking, Market Testing)	• Vergleichsmaßstab • Abweichungs- und Ursachenanalyse	• Behördenleitung • Produktverantwortliche
Ergebnisbericht - bei Abweichungen größer X %	Kostendeckungsgrad, Erlöse und Kosten	• Vorwarnbericht bis Erklärung von Produktverantwortlichen kommt	• –

Quelle: Arthur D. Little

Fortbildung **Standard KLR** - Auswertungsmodule C 70

Die Standardberichte unterstützen die Entscheider bei wiederkehrenden und vergleichbaren Entscheidungen (6)

Gestaltungsempfehlung

Termine: monatlich	Verantwortlicher: Kostenstellenverantwortlicher/Projektverantwortlicher		
Berichtsart	Inhalt	Handlungsnotwendigkeit	Empfänger
Kostenstellen-bericht	Kosten (Einzel-, primäre, sekundäre Gemein-kosten) sowie Grad der Beeinflußbarkeit	• Kontinuierliche Bearbeitung der Verbesserungs- und Optimierungsbemühungen • Plan-/Ist-Vergleiche	• Abteilungsleitung bei Veränderungen größer X % oder Abweichungen vom Plansatz größer Y %
Kapazitätsbericht	Gegenüberstellung Plan-Aktivitäten, Plan-Kapazität und Ist-Kapazität	• Projektsteuerung • Kapazitätsplanung • Entscheidungen auf dem kritischen Pfad	• Zusammenfassung an Abteilungsleiter

Quelle: Arthur D. Little

Fortbildung **Standard KLR** - Auswertungsmodule C 70

Die Standardberichte unterstützen die Entscheider bei wiederkehrenden und vergleichbaren Entscheidungen (7)

Gestaltungsempfehlung

Termine: jährlich	Verantwortlicher: Kostenstellenverantwortlicher		
Berichtsart	Inhalt	Handlungsnotwendigkeit	Empfänger
Kostenstellen-budget	Kostenorientierte Planung der Kostenstelle	• Grobe Kapazitäts- und Investitionsplanung	• Abteilungsleitung

Quelle: Arthur D. Little

Fortbildung **Standard KLR** - Auswertungsmodule C 70

Die Standardberichte unterstützen die Entscheider bei wiederkehrenden und vergleichbaren Entscheidungen (8)

Gestaltungsempfehlung

Termine: jährlich — **Verantwortlicher: Controller/Behörden-KLR-Verantwortlicher**

Berichtsart	Inhalt	Handlungsnotwendigkeit	Empfänger
Fixkostenstruktur	Nach Organisationseinheiten differenzierter Bericht über Entwicklung und Stand der variablen und fixen Kosten sowie nach Abbaubarkeit der Fixkosten	• Abweichungsanalyse • Plan-/Ist-Vergleiche	• Abteilungs- und Behördenleitung
Abgrenzungsbericht	Überführung des KLR-Ergebnisses in das Haushaltsergebnis mittels Abgrenzung	• Abweichungserklärung • Jahresabschluß- und Korrekturbuchungen	• Zusammenarbeit mit Haushälter • Behördenleitung

Quelle: Arthur D. Little

Fortbildung **Standard KLR** - Auswertungsmodule C 70

Beispiel zum Abgrenzungsbericht (1)

▶ **Annahmen:**

Eines der Produkte, für das das KLR-Handbuch (VSF Anhang 2: Produktsteckbriefe für den allgemeinen Verwaltungsbereich) einen Standard vorgibt, ist die Bewirtschaftung von Dienstgebäuden/Liegenschaften.

Für dieses Produkt wurden in der Abrechnungsperiode (1998!) die in Spalte 1 angegebenen "Personalmengen" eingesetzt. Berechnen Sie die Personalkosten (in DM/Jahr) unter der Annahme, daß im Vorjahr die Dienstbezüge einschließlich etwaiger Arbeitgeberanteile zur Sozialversicherung die in Spalte 2 angegebenen Beträge ausmachten. Beachten Sie, daß bei Beamten noch ein lt. KLR-Handbuch als Standard ein 30%-Versorgungszuschlag auf die Dienstbezüge (Spalte: kalkulatorische Kosten) hinzugerechnet werden soll.

Vollzeitbeschäftigte für das Produkt gem. Zeitaufschätzung	Grundkosten	kalkulatorische Kosten	Summe
1 x A15 (Referatsleiter)	120.000		
1 x A8 (Sachbearbeiter)	60.000		
3 x Lohngruppe IV (1 Hausmeister, 2 Liegenschaftsarbeiter: 3* 45.000 DM)	135.000		
Summe	315.000		

Quelle: Arthur D. Little

323

Fortbildung **Standard KLR** - Auswertungsmodule   C 70

Beispiel zum Abgrenzungsbericht (2)

Die folgenden Investitionen sind am Anfang der Abrechnungsperiode 1998 (Spalte 1) zu den in Spalte 2 angegebenen Anschaffungswerten getätigt worden. In Spalte 3 sind Nutzungsdauern (entsprechend der Nutzungsdauertabelle im Anhang 3 der VSF) angegeben. Berechnen Sie die Abschreibungen der Abrechnungsperiode 1998 (Spalte 4) und die Zinsen auf das im Jahresdurchschnitt in diesen Anlagen gebundene Kapital bei einem Kalkulationszinssatz von 6 % für das Jahr 1998.

Investitionen für 1998	Anschaffungswert in DM	Nutzungsdauer in Jahren	Abschreibung in 1998	Zinsen für 1998
Alarmanlage	60.000	8	7.500	$\frac{60.000 + 52.500}{2} = 3.375$
Heizkessel	30.000	20	1.500	$\frac{30.000 + 28.500}{2} = 1.755$
Summe	90.000		9.000	$\frac{90.000 + 81.000}{2} \times 0,06 = 5.130$

Die Stadtwerke haben im Jahr 1998 Strom-, Gas-, Wasser-Rechnungen in Höhe von 120.000 DM geschickt. Unter welchen Voraussetzungen handelt es sich bei diesen Rechnungen um Bewirtschaftungskosten der Abrechnungsperioder 1998?

Quelle: Arthur D. Little

Fortbildung **Standard KLR** - Auswertungsmodule   C 70

Beispiel zum Abgrenzungsbericht (3)

Statt einer Gebäudeabschreibung und Zinsen auf das im Gebäude steckende betriebsnotwendige Kapital soll in der Kostenrechnung mit einer Vergleichsmiete in Höhe von 30 DM/qm gerechnet werden. Berechnen Sie die kalkulatorische Miete für eine Betriebsfläche von 1.000 qm.

In der Vergangenheit gab es im Durchschnitt alle 3 Jahre - und so auch 1998 - ein Hochwasser mit anschließenden Reparaturen in Höhe von 30.000 DM. Wie hoch sind die Wagniskosten in der Abrechnungsperiode 1998 anzusetzen?

Überprüfen Sie mit Hilfe der VSF H 9000 (Anhang 6) die Zuordnung von Haushaltstiteln und Konten des Bundeskontenrahmens in der folgenden Tabelle.

Titel-Gruppe	Bezeichnung	Konto-Nr. im Bundeskontenrahmen	Kostenart	Konto-Nr. im Bundeskontenrahmen	Verrechnungs-, Abgrenzungs-, Abschlußkonten
422	Bezüge der Beamten	51	Dienstbezüge		
426	Löhne der Arbeiter	51	Dienstbezüge		
		54	Versorgungsrückstellungen		
517	Bewirtschaftung der Grundstücke, Gebäude und Räume	62	Unterhaltung u. Bewirtschaftung von Immobilien		
712	Kleinere Neu-, Um- und Erweiterungsbauten			911	Investitionen

Quelle: Arthur D. Little

Fortbildung Standard KLR - Auswertungsmodule   C 70

Beispiel zum Abgrenzungsbericht (4)

Titel-Gruppe	Bezeichnung	Konto-Nr. im Bundeskontenrahmen	Kostenart	Konto-Nr. im Bundeskontenrahmen	Verrechnungs-, Abgrenzungs-, Abschlußkonten
		65	Abschreibungen		
		65	Zinskosten		
		66	Risikokosten		
	Hochwasserschaden				
		63	kalkulatorische Miete		

Nun soll ein Abgrenzungsbericht nach Maßgabe des Schemas in Teil III 3.4 des KLR-Handbuchs gefertigt werden. Verwenden Sie dabei das Formular auf der folgenden Seite.

Quelle: Arthur D. Little

Fortbildung Standard KLR - Auswertungsmodule   C 70

Beispiel zum Abgrenzungsbericht (5)
➡ Annahmen:

Abgrenzungsbericht

Erlöse
- Personalkosten
- Sachkosten
- Kapitalkosten
- Wagniskosten

KLR-Ergebnis (Ergebnis der gewöhnlichen Verwaltungstätigkeit)
+ Wagniskosten für tatsächlichen Eintritt ⎫
+ Neutrale Erträge   ⎬ a. o. Ergebnis
− Neutrale Aufwendungen   ⎭

Jahresergebnis (Ergebnis der gesamten Verwaltungstätigkeit)
+ Kapitalkosten
+ Versorgungsrückstellungen
− Kalkulatorische Erlöse
+ Kalkulatorische Kosten (z.B. Abschreibungen, Pensionen etc.)
+/− nicht KLR-relevante Zahlungen

Haushaltsergebnis

Quelle: Arthur D. Little

Erläuterungen

➡ Grundlage für die Erstellung des Abgrenzungsberichts sind abgegrenzte Rechnungskreise im Haushalt

➡ Der Abgrenzungsbericht ist grundsätzlich auf der Ebene der Haushaltskapitel zu erstellen

➡ Wenn mehrere Organisationseinheiten in einem Kapitel abgedeckt sind, so ist für die Erstellung des Abgrenzungsberichts eine Konsolidierung der KLR auf Kapitelebene durchzuführen*

* Dabei ist die Konsolidierung sinnvoll nur möglich, wenn alle relevanten Organisationseinheiten als für die KLR geeignet eingestuft sind

325

Fortbildung **Standard KLR** - Auswertungsmodule C 70

Beispiel zum Abgrenzungsbericht (6)

4. Abgrenzung

Erlöse	0
– Personalkosten (n - 1)	- 369.000
– Sachkosten (Bewirtschaftung + kalk. Miete)	- 150.000
– Kapitalkosten (= Abschreibungen + Zinsen)	- 14.130
– Wagniskosten	- 10.000
KLR-Ergebnis	**- 543.130**
– verrechnete Wagniskosten	+ 10.000
+ Neutrale Erträge	–
– Neutrale Aufwendungen (inkl. eingetretene Wagniskosten)	- 30.000
Jahresergebnis	**- 563.130**
+ Kapitalkosten (Inv.kosten - Abs.)	+ 14.130
– Investitionszahlungen	- 90.000
+ kalkulatorische Versorgungsrückstellungen	+ 54.000
– Gezahlte Versorgungsbezüge	
+ kalkulatorische Erlöse	
– nicht KLR-relevante Zahlungen	- 6.000
Haushaltsergebnis	**- 591.000**

Quelle: Arthur D. Little

Fortbildung **Standard KLR** - Auswertungsmodule C 70

Im Abgrenzungsbericht werden die Ergebnisse von HKR und KLR transparent gegenüber gestellt

illustrativ

Berichtsteckbrief Abgrenzungsbericht

Verantwortlicher	• Haushälter/Behörden-KLR-Verantwortlicher
Berichtsempfänger	• Behördenleitung
Ziel des Berichtes	• Zusammenfassung aller zahlungswirksamen Kosten und Leistungen auf Ebene der Gesamtbehörde Darstellung und Aggregation der im Jahresverlauf abgegrenzten Buchungen/Transaktion nach den Kategorien –KLR-wirksam –periodengerecht –betrieblich bedingt (bzw. für die jeweilige Behörde) –normal • Darstellung der via Abgrenzungskonten aus der KLR abgegrenzten Beträge • Vollständigkeitskontrolle der zahlungswirksamen KLR-Buchungen/-Transaktionen • Gegenüberstellung der Einnahmen und Ausgaben mit den korrespondierenden Kosten und Leistungen sowie die entsprechenden Abgrenzungspositionen
Aussagen und Verwendung in Enscheidungssituationen	• Konsistenz Haushaltsrechnung-KLR • Kostengruppen- und Haushaltstitelvergleich mit Vorperioden und Planung • Strukturvergleiche mit Vorperioden und Planung • Gegenüberstellung der Gesamtkosten mit dem Haushaltsansatz
Erscheinungsrhythmus	• Jährlich
Dateninhalte und Dimensionen	• Aggregation der Kostenarten auf Ebene der Kostenartengruppen (3 bzw. 4-stellig) (soweit sinnvoll) • Aggregation der Haushaltsansätze auf Ebene der Haupt- bzw. Obergruppen

Abgrenzungsbericht

Erlöse ....
- Kosten ....
= Ergebnis
+ Anders-/Zusatzkosten   .....
+ kalkulatorische Kosten   ....
- kalkulatoische Erlöse   ....
- Anders-/Zusatzerlöse   ....
+/- Periodenabgrenzung   ....
= Saldo Haushaltseinnahmen/ -ausgaben   ....

Quelle: Arthur D. Little

Stichwortregister

A

Abgrenzung (von Kostenarten) 71, 74, 141
Abgrenzungsbericht 74, 164, 209 f., 264
Abschreibung (kalkulatorische) 90 ff., 176 ff., 210
Abschreibungsmethode 92
Abteilungscontroller/-controlling 42, 106
Abweichung 110 ff., 138 ff., 242 f., 246 ff.
Abweichungsanalyse 42, 113, 249 f.
Abweichungsbegründung 110 ff., 250
Abweichungsbericht 128, 200 f., 264
Abweichungsbewertung 250
Ad hoc - Bericht 128 ff.
AfA (Absetzung für Abnutzung) 96, 177
Aktivität 48 ff., 228 ff.
Altdatenübernahme (Anlagenbuchhaltung) 93 ff., 178 f.
Ampelbericht 128
Änderungsbedarf 104 f.
Anlagenbuchhaltung 90 ff., 175 ff.
Anlagevermögen 92, 176
Anwendungsadministrator 106
Aufgabenbegrenzung/-kritik 5, 22, 31, 124
Aufgabentypologisierung 155 ff., 197
Auftragstätigkeit 49
Ausgaben (und Einnahmen) 5 ff., 75 ff., 138 ff., 162 f., 262 f.
Ausschreibung
- externe Beratungsleistung 26 f.
- KLR-Software 101 ff., 193 f.
- Schulungsanbieter 34
- Unterlagen 26 f., 102 f., 134
Auszahlungsanordnung 77

B

Balanced scorecard 207 f., 260
Berater (externer/interner) 25 ff., 276 ff.
Benchmarking 24, 145 f.
Berichtsgenerator 132 f.
Berichtskalender 131 f., 201
Berichtswesen, Berichte 23, 113 ff., 199 ff., 263 ff.

Betriebsabrechnungsbogen (BAB) 69, 219, 229
Betriebsbedingt/betriebsfremd 74 f., 91, 209
Betriebsdatenerfassung 81 ff., 179 f.
Betriebsergebnis 75 f., 91
Bewertungsregeln 94, 148, 180 ff.
Bezugsgröße 55, 97, 152
Bilanz 141 f., 182
Budget, Budgetierung 16 ff., 25, 61 ff., 143 f., 253 ff.
Bundeshaushaltsordnung (BHO) 10 ff.
Bundeskontenrahmen 71 f., 157 ff.

C

Controlling(system) 234 ff.
- Liniencontrolling 39 ff., 273 ff.
- operatives 244 f., 260 ff., 277 f.
- Organisation 39 ff., 273 ff.
- Philosophie 241 ff.
- Schulungsmaßnahmen 34 ff., 279 f.
- Stabsstelle, Controllingreferat 40 ff., 273 ff.
- Steuerungsinstrument 1 ff., 112, 138 ff.
- strategisches 244 f., 260, 277 f.
- Tätigkeitsbereiche 29 f., 41 ff., 276 ff.

D

Deckungsbeitrag 124, 197, 224 f.
Dezentralisierung 16, 22, 39 ff., 82 f., 87, 200, 273 f.
Developing 238
Dienstleistung 20, 107, 183 ff., 218
Differenziertheit 55
Dokumentation 133 ff.
Doppeleingabe 76 ff.
Doppik/doppelte Buchführung 8 ff., 138 f.
Doppischer Rechnungsstil/ Rechnungswesen 15, 138 f.

E

Effektivität 23, 45 f., 270 f.
Effizienz 23, 45 f., 270 f.
Effizienzrendite 144
Eigenverantwortung 18, 24, 60 f.

Einnahmen s. Ausgaben
Einsparauflagen 31
Einsparpotential 5
Einzelkosten(rechnung, relative) 48,
  68 f., 151 f., 221 ff.
Empfängersicht 49, 264
Endkostenstelle 66, 191, 219
Endprodukt s. Produkt
Erfolgskontrolle 117
Erlöse (kalkulatorische) 20, 68 f., 84,
  120, 187 f.
Externe Produkte s. Produkt

F
Feiertage s. Zeitaufschreibung
Fernziele s. Ziele
F 15-Schnittstelle 78 ff.
Final Prinzip 153, 258
Finanzbuchhaltung 70 f., 75, 142 f., 216
Fixe Kosten s. Kosten
Fixkostenstrukturbericht 74, 130 f., 154
Fixkostenstrukturrechnung 154
Formularweg 77 ff.
Fortbildung (als Kostenart) 163 ff.
Fortbildungsmaßnahmen 34 ff., 209
Frauenbeauftragte 30 f., 38, 89

G
Gebühren 20, 84, 217, 261
Geldverbrauchskonzept 138
Gemeinkosten 48, 60, 64 ff., 118 ff.,
  161 f., 219 f.
Gemeinkostenarten 68
Gewinn 3 f., 57 f., 119 f., 148, 244 f.
Gewinn- und Verlustrechnung 157 f.,
  181, 209
Globalisierung 1 ff.

H
Hauptkostenstelle 66 ff., 124
Hauptprozeßkostensatz 231 f.
Haushalt(s)
– bericht 127
– rechts-Fortentwicklungsgesetz 9
– grundsätze 6 f.
– grundsätzegesetz (HGrG) 9
– plan/-vollzug 6 ff., 21, 54, 158 ff., 214 f.
– recht 5 ff.
Hierarchiebericht 126
Hilfskostenstelle 66 ff.
HKR-Verfahren 75 ff.

Homo oeconomicus 148 ff.
Horizontaler Controllingprozeß 246 ff.,
  257 ff.

I
Implementierungsplan 44 f.
Index 203 ff., 232 ff.
Indikatoren 49 f., 57 ff., 187 ff., 253 ff.,
  263 ff.
Indikatorensysteme 267 ff.
Infomarkt/-seminar 39, 105
Informationsbrief 38
Informationskultur 241 ff.
Innerbetriebliche Leistungsverrechnung
  s. Leistungsverrechnung
Innovation 237
Inventarisierung 91 ff., 177 ff.
Investitionen 165 f.
Interne Produkte s. Produkt
Ist-/Ist-Vergleich 108, 265 ff.
Ist-Kosten(rechnung) 108 ff., 150 ff.
IT-Unterstützung 98 ff.

J
Jährlichkeit(sprinzip) 6, 61

K
Kalkulation 118, 173
Kalkulationssätze 60
Kalkulatorische
– Abschreibung s. Abschreibung
– Erlöse s. Erlöse
– Kostenarten s. Kostenarten
– Miete s. Miete
– Zinsen s. Zinsen
Kameralistik 5 ff., 214 f., 262
Kausal Prinzip 153
Kennzahlen 115 ff., 199 f., 265 ff.
Kennzahlenbaum 119 ff., 265 ff.
KLR-Software 40, 75 ff., 98 ff.
Kommunikation 37 ff.
Konsolidierung 141
Kontrollentscheidung 250
Kontrollkultur 241 ff.
Kontrollinstrumente/-systeme 18, 262 ff.
Kontrollprozeß 255 f.
Kosten
– arten(rechnung) (kalkulatorische)
  70 ff., 82 f., 90 f., 157 f., 197 f., 217 ff.
– artengruppe 72 ff., 131
– artennummer 82, 162

- artenplan 70 ff., 90 ff., 160 ff.
- außergewöhnliche/normale 74 f.
- fixe 74, 130, 161 f., 223 ff.
- management 5, 7, 120
- remanenz 154
- stellenbericht 66 ff., 122 f.
- stellenbildung 59 ff.
- stellen(rechnung) 64 ff., 189 ff., 219 ff.
- stellenverantwortlicher/-verantwortung 35, 61 ff.
- träger(rechnung) 47 ff., 66 ff., 217 ff.
- trägerbericht 124 f.
- trägerstückrechnung 218 f., 228 ff.
- trägerzeitrechnung 218 f., 223 ff.
- treiber 120, 173, 186
- umlage 66 ff., 189 ff., 219 ff.
- variable 74, 130 f., 161 f., 223 ff.
- verrechnung 66 ff., 189 ff., 219 ff.
- verteilung 66 ff., 189 ff., 219 ff.

Krankheit s. Zeitaufschreibung
Kunden
- management 84
- orientierung 23, 51 f., 236
- zufriedenheit (als Kennzahl) 119

L

Leistung(sarten) 70 ff., 157 ff., 224
Leistungsbeschreibung (für Ausschreibung) 27, 31, 102, 134
Leistungserstellung(sprozeß) 56, 60, 107 f., 125
Leistungskontrolle 89, 168
Leistungsrechnung 57 ff., 187 ff.
Leistungsverrechnung 66 ff., 189 ff.
Lenkungsausschuß 30 f.
Lernende Organisation 237, 242 f.
Lernorientierung 110 ff., 237
Lernprozesse 237, 242
Lieferantenmanagement 84
Liquidität 4, 116, 143, 146 f., 158 f., 214
Logistik 236

M

Marketing 51, 236
Marktpreis 107 f., 118
Marktwirtschaft 1, 234 ff.
Mengenerfassung 89 f., 173 ff.
Meßbarkeit(skriterien) 57 ff., 117 ff., 265 ff.
Miete (kalkulatorische) 91 ff.
Mitarbeitergespräch 38

Mitarbeiterzeitung 38
Mitarbeiterzufriedenheit 5, 46, 119
Mittelbewirtschaftung 19 f., 22, 81 ff., 157
Motivation 3, 18, 24 f., 46
Multiplikator(enmodell) 36

N

Nahziele s. Ziele
Neuerfassung (von Anlagen) 96 f.
Neue Steuerungsmodelle (NSM) 139, 145
Nichtproduktbezogene Arbeitszeit
 s. Zeitaufschreibung
Normalkosten 198, 221 ff.
Nummerierungssystem 71 f., 157 f.

O

Operative Zielsetzung s. Zielsetzung
Operatives Controlling s. Controlling
Organisation s. Controlling;
 s. Zeitaufschreibung
Organisationsveränderungen 21
Outsourcing s. Privatisierung

P

Parlament 16 ff., 158 f., 184
Periodenrichtig/periodenfalsch 75, 209
Periodenvergleich 128
Personal
- kosten 85 ff., 111 f., 167 ff.
- kostendurchschnittssätze
 s. Zeitaufschreibung
- rat 30 f., 86 ff.
- ratsmitbestimmung s. Zeitaufschreibung
- versammlung 38
Pilotbetrieb 43 f.
Pilotimplementierung 43 f.
Plankostenrechnung (flexible) 151 ff., 226 ff.
Planungskalender 201, 277
Planungskultur 241 ff.
Planungsprozeß 246 ff., 253 ff.
Planungssystem 21, 106 ff., 260 ff.
Politische Aufgaben/Politik 48 ff., 138 ff., 158 ff., 205 f., 208, 239, 258 f.
Prioritäten 13 f., 61 ff., 111
Privatisierung 1, 10
Privatwirtschaft 1 ff., 48 ff., 107 f., 119 f., 140 ff.

Produkt
- ansatz 21, 48 ff.
- bereich 53 ff., 126
- bericht 124 f., 201
- beschreibung 111
- bezogen 86, 168
- bildung 48 ff., 182 ff.
- definition 53 ff.
- ebene 53 f., 153
- Endprodukt 183
- externes 20, 53 ff., 182 ff.
- gesamtkosten 118
- gruppe 53 ff., 117 ff., 182 ff.
- information 53 ff.
- internes 20, 53 ff., 161 ff., 182 ff.
- katalog 53 ff., 110 f., 169
- liste 55
- menge 111
- nummer 111
- produktorientierte Budgetierung 143 f.
- produktorientierte Haushaltsführung 21, 158 f.
- produktorientierte Planung/Steuerung 122, 143, 162 f.
- palette/-sortiment 22, 46, 52, 119, 146
- qualität 57 ff., 187 ff.
- steckbrief 55, 57, 111, 187 f.
- steuerung 159 f.
- verantwortlicher 82 ff., 159 f.
- vergleich 122
- Verwaltungsprodukte 55, 186 f.
- wirkung 52, 119
- ziel 52 f., 111
Produktionsfaktor 107, 217
Projekt
- arbeitsgruppe 31 ff.
- beteiligte 27 ff.
- plan 26, 33, 44 f.
- management 19 ff.
- kommunikation s. Kommunikation
- koordinator/-leiter 29 ff.
- logo 37
- tätigkeit 49
- team 31 ff.
- verantwortlicher 82 ff., 159 f.
Prozeß/Prozesse 24, 69, 109 f., 185 f.
Prozeßkostenrechnung 151 f., 228 ff.
Prozeßorientierte Kostenstellenrechnung 228 ff.

Prozeßorientierte Kostenträgerstückrechnung 228 ff.
Pilotprojekt 21, 25, 145

Q
Qualitätsindikatoren 57 ff., 118 f., 187 f.
Qualitätskennzahlen 118 f.
Qualitätsorientierung 202 f.
Qualitätssteigerung 5
Quantitätskennzahlen 118 f.

R
Rechnungswesen 7, 70 ff., 214 ff.
Referenzkunden
- besuche 101
- fragebogen 101
Reform 8 ff., 138 ff.
Relative Einzelkostenrechnung
  s. Einzelkosten
Repetitive Tätigkeiten 49, 155 ff.
Ressourcensteuerung 60, 194

S
Sachkosten 81 ff., 179 ff.
Schnittstelle 78 ff., 93 ff., 166
Schulungsmaßnahmen 34 ff., 278 ff.
Soll-/Ist-Vergleich 117 ff., 241 ff.
Sonderberichte 128 f.
Sparsamkeit 8 ff., 214 ff.
Spezifität 55
Spitzenkennzahl 119 ff.
Sprechstunde 38
Stammdaten 105
Strategisches Controlling
  s. Controlling
Strukturdaten 105
Stückkosten 89, 108, 113 ff., 173 ff.
Systemadministrator 106

T
Target Costing 232 ff.
Teilkostenrechnung 47 f., 150 f., 223 ff.
Teststellung 103
Titelstruktur 17 f., 157 ff.
Transparenz 7 f., 20, 71, 111, 145 f.
Treasuring 238 f.

U
Überführungsrechnung 75 ff., 157 ff.
Überstunden s. Zeitaufschreibung
Umsatz 3, 119 f., 202

Unternehmen 1 ff., 110, 180 f., 232 f.
Urlaub s. Zeitaufschreibung

V

Variable Kosten s. Kosten
Vergleich 106 ff., 113 ff., 241 ff.
Verarbeitungsmodule 197
Vermögen(s)
- gegenstand 92 ff., 175 ff.
- güter 92 ff., 175 ff.
- unbewegliches Vermögen 94 ff., 175 ff.
Verrechnungspreise 60, 192
Vertikaler Controllingprozeß 110, 252 ff.
Vertrauensfrau/-mann der
 Schwerbehinderten 30, 89
Verwaltungsreform 1 ff.
Vollkostenrechnung 47 f., 150 f., 221 ff.
Vorträge 39

W

Wagniskosten (kalkulatorische) 167, 176, 181, 210
Wartungsvertrag 106
Wirkeinheit 13
Wirkungsmessung 23, 116 f., 202 f., 246 ff.
Wirtschaftlichkeit 8 ff., 214 ff.
Wirtschaftlichkeitsberechnung 100
Workshop 38

Z

Zeitaufschreibung/Zeiterfassung 85 ff., 167 ff.
- Feiertage 87
- Formular 85 f.
- Krankheit 87
- Nichtproduktbezogene Arbeitszeit 86, 203 f.
- Organisation 87
- Personalkostendurchschnittssätze 88
- Personalratsmitbestimmung 86 ff.
- Überstunden 87, 171
- Urlaub 87, 171
- Wochenarbeitszeit 87
Ziele
- allgemein 1 ff., 19 ff., 106 ff., 239 ff.
- Definition 19 ff.
- Fernziele 23 f.
- Nahziele 20 ff.
Zielgruppe 19 ff., 110 f., 203 ff.
Zielsetzung
- der KLR 216 f.
- operative 244 ff.
- strategische 244 ff.
Zielsystem 106 ff.
Zinsen (kalkulatorische) 90 ff.

FACHBÜCHEREI
Öffentliche Verwaltung

Herausgegeben von Michael Streffer, Ministerialdirigent im Bundesministerium der Verteidigung

Arbeiter bei Bund und Land
Pflichten, Rechte, Ansprüche.
Von Oberregierungsrat Peter
Linde. 3., völlig neubearbeitete
und erweiterte Auflage. 1998.
XXI, 325 S. Kt. DM 39,80.
ISBN 3-7685-2797-2

Angestellte in Öffentlichen Dienst
Von Oberregierungsrat
Peter Linde

I: Grundlagen des Arbeitsverhältnisses. 2., neubearbeitete und erweiterte Auflage. 1996. XXIII, 261 S. Kt. DM 38,-.
ISBN 3-7685-2396-9

II: Vergütung und Eingruppierung. 2., neubearbeitete und erweiterte Auflage. 1998. XXV, 309 S. Kt. DM 42,80.
ISBN 3-7685-0798-X

Öffentliche Finanzwirtschaft
Von Prof. Herbert Wiesner.
10., völlig überarbeitete Auflage.
1997. XXIII, 375 S. Kt. DM 42,–
ISBN 3-7685-5096-6

Europäische Union
Eine systematische Darstellung
von Recht, Wirtschaft und
politischer Organisation. Von Dr.
Klaus Erdmann, Prof. Dr. Martin
Sattler, Prof. Dr. Walter Schönfelder und Klaus Staender. 1995.
XX, 283 S. Kt. DM 38,–.
ISBN 3-7685-1095-6

Staats- und Verwaltungsrecht
Fallösungsmethodik, Übersichten,
Schemata. Ein Übungslehrbuch.
Von Dr. Volker Haug. 1998.
XIX, 301 S. Kt. DM 38,–.
ISBN 3-7685-2198-2

Staatsrecht der Bundesrepublik Deutschland
Grundlagen, Hintergründe und
Erläuterungen. Von Prof. Dr.
Siegfried F. Franke. 1998.
XIX, 288 S. DM 34 ,-.
ISBN 3-7685-1098-0

Einführung in das Recht
Technik und Methoden der
Rechtsfindung. Von Prof. Dr.
Eleonora Kohler-Gehrig. 1997.
XIX, 169 S. Kt. DM 29,80
ISBN 3-7685-2497-3

Allgemeines Verwaltungsrecht
Ein Leitfaden für Studium und
Praxis. Von Prof. Dr. Hans
Ludwig Schmahl. 4., überarbeitete Auflage. 1997. XVI, 164 S.
Kt. DM 26,80.
ISBN 3-7685-4996-8

Der Verwaltungsrechtsfall
Eine Anleitung für Studierende
an Fachhochschulen. Von Prof.
Dr. Wolfgang Schütz. 4., neubearbeitete und erweiterte Auflage.
1997. XIX, 152 S. Kt. DM 26,80.
ISBN 3-7685-1397-1

Die Verwaltungsrechtsklausur
15 Klausuren aus dem allgemeinen und besonderen Verwaltungsrecht mit ausführlichen Lösungsvorschlägen. Von Prof. Dr. Fritjof
Wagner. 3., neubearbeitete
Auflage. 1998. XIV, 128 S.
DM 28,-. ISBN 3-7685-1598-2

Kosten-, Leistungsrechnung und Controlling. Eine systematische Darstellung. Von Dr. Tilman
Seeger, Dr. Matthias Walter,
Rüdiger Liebe und Prof. Dr.
Günter Ebert.

1999. XV, 331 S. Kt. DM 49,80.
ISBN 3-7685-0799-8

Lexikon der öffentlichen Finanzwirtschaft
Wirtschafts-, Haushalts- und
Kassenwesen. Von Klaus
Staender. 4., überarbeitete und
erweiterte Auflage. 1997. XII,
481 S. Kt. DM 44,–.
ISBN 3-7685-0497-2

Betriebswirtschaftslehre für die Verwaltung
Eine Einführung. Von Prof. Hans-
Jürgen Schmidt. 4., völlig neubearbeitete und erweiterte Auflage.
1998. XXIV, 472 S. Kt.
DM 49,80. ISBN 3-7685-1198-7

Beamtenrecht
Von Prof. Dr. Fritjof Wagner.
5., neubearbeitete Auflage.
1997. XV, 161 S. Kt. DM 29,80.
ISBN 3-7685-1497-8

Reisekostenrecht
Von Wolfhart Schulz.
11., neubearbeitete Auflage. 1998.
XXXI, 234 S. Kt. DM 38,-.
ISBN 3-7685-1398-X

Bekleidungswirtschaft in der Bundeswehr
Von Dietrich Walkiewicz.
9., neubearbeitete Auflage. 1998.
XVII, 146 S. Kt. DM 36,80.
ISBN 3-7685-0998-2

Prüfungsschemata Verwaltungsrecht. Von Prof. Lutz
Treder und Prof. Wolfgang Rohr.
1999. XIV, 177 S. Kt. DM 34,-.
ISBN 3-7685-0599-5

R.v. Decker

Hüthig Fachverlage
Im Weiher 10, D-69121 Heidelberg, Tel. 06221/489 555
Fax 06221/489 624, Internet http://www.rechtsforum.de